O Paraíso à Porta
Ensaio Sobre uma Alegria que Desconcerta

Copyright © Editions du Seuil, 2011
Copyright da edição brasileira © 2015 É Realizações
Título original: *Le Paradis à la Porte: Essai sur Une Joie Qui Dérange*

Editor
Edson Manoel de Oliveira Filho

Produção editorial, capa e projeto gráfico
É Realizações Editora

Preparação de texto
Clarice Lima

Revisão
Lizete Mercadante Machado

Ilustração da capa
Claudio Pastro

Diagramação
Douglas Kenji Watanabe

Reservados todos os direitos desta obra. Proibida toda e qualquer reprodução desta edição por qualquer meio ou forma, seja ela eletrônica ou mecânica, fotocópia, gravação ou qualquer outro meio de reprodução, sem permissão expressa do editor.

CIP-BRASIL. CATALOGAÇÃO NA PUBLICAÇÃO
SINDICATO NACIONAL DOS EDITORES DE LIVROS, RJ

H147p

Hadjadj, Fabrice
  O paraíso à porta : ensaio sobre uma alegria que desconcerta / Fabrice Hadjadj; tradução Pedro Sette-Câmara. - 1. ed. - São Paulo : É Realizações, 2015.
  416 p. ; 23 cm.

  Tradução de: Le paradis à la porte
  ISBN 978-85-8033-207-0

  1. Filosofia e religião. 2. Teologia. 3. Filosofia. 4. Catolicismo. 5. Arte. I. Sette-Câmara, Pedro. II. Título.

15-25942
CDD: 210
CDU: 2-1

26/08/2015   27/08/2015

É Realizações Editora, Livraria e Distribuidora Ltda.
Rua França Pinto, 498 · São Paulo SP · 04016-002
Caixa Postal: 45321 · 04010-970 · Telefax: (5511) 5572 5363
atendimento@erealizacoes.com.br · www.erealizacoes.com.br

Este livro foi impresso pela Edições Loyola em setembro de 2015. Os tipos são da família Dante MT Std e Bodoni 72 Oldstyle. O papel do miolo é o off white norbrite 66g, e o da capa, cartão ningbo 250g.

FaBRice HaDjaDj

O paraíso à porta
Ensaio Sobre uma Alegria que Desconcerta

Tradução: Pedro Sette-Câmara

É Realizações
Editora

No que me aproximo do aposento sagrado,
Aonde para sempre, no coro angelical,
Eu serei tua Música; no que me translado,
Afino meu instrumento já aqui no portal,
E vou treinando para meu futuro coral.

> *Hino a Deus, meu Deus, em minha doença,*
> *John Donne*[1]

---

[1] John Donne, *Poesia metafísica – uma antologia*. Trad. Aíla de Oliveira Gomes. São Paulo, Companhia das Letras, 1991, p. 75.

Aos passantes (e, mais especialmente, às passantes),
este encontro com aquilo que não passa.

Sumário

TEMA 15

PRELÚDIO
Entrada Possível
Simples como Bom-dia 19
O Alho-Poró de Pascal 23
O Aspargo de Proust 25
O Inferno É Preferível? 27
Crer no Paraíso por Engano 29
De uma Finitude a Outra 33
No Logro da Soleira 35

PRIMEIRO MOVIMENTO
A Política Assombrada pela Cidade do Alto
[onde percebe-se que a noção de paraíso, longe de ser apenas uma noção teológica, é o motor de nossa história]
No Paraíso Latino 39
De Ciclo em Flecha 42
Sob os Aterros da Política, a Praia da Teologia 47
Primeira Figura de Separação: a Cidade Celeste Contra a Cidade Terrestre 48
Primeira Figura de Confusão: a Cidade Celeste como Cidade Terrestre 52
Segunda Figura de Separação: a Cidade Terrestre ao Lado da Cidade Celeste 55

    Segunda Figura de Confusão: a Cidade Terrestre como Cidade Celeste 60
    Terceira Figura de Separação: a Cidade Terrestre Contra a Cidade Celeste 65
    Terceira Figura de Confusão: Celeste e Terrestre numa Mistura com Desconto 68
    O Paraíso como Ideia Reguladora e como Catástrofe 73

SEGUNDO MOVIMENTO
Dos Além-Mundos ao Interior
[onde se pergunta se o paraíso não é uma invenção do ódio, mais que do amor, a fim de fugir diante de nossa tarefa terrestre]

    Aquela que Passa e Aquilo que Não Passa – Dois Exemplos.......... 77
    Nietzsche e os Além-Mundos 81
    A Transcendência na Casa do Tio Raimundo 87
    Com Yves Bonnefoy: o Interior 89
    A Experiência do Paraíso Segundo Baudelaire 94
    A Volta ao Decote, ou: a Ilusão da Ilusão 103
    A Páscoa de uma Passante: Itinerário Dantesco 106
    Além do Futuro e do Outro Lugar 113

INTERMÉDIO I:
Kafka no Limiar da Terra Prometida

    A Dança de Não Saber com Qual Pé Dançar 117
    Em Algum Lugar no Inconcluso 119
    Entre o Processo Inevitável e o Castelo Inacessível: o Caso K. 121
    O Livro como Machado e como Oração 122
    O Paradigma Mosaico 124
    Diante da Lei 127
    O Judeu Errante como Único Guia 128
    O Grande Teatro do Novo Mundo 129

TERCEIRO MOVIMENTO
Sofrer a Alegria
[onde compreende-se que a beatitude, ao nos tornar menos beatos que escancarados, pode nos causar muito medo]

Mozart for Never 131
Os Fundos do Desespero (I) – Relatividade do Malvado 134
Os Fundos do Desespero (II) – Relatividade da Infelicidade 136
Primazia do Maravilhamento 139
Sade, uma Forcinha! 143
Escancaramento da Beatitude e Jugo da Alegria 148
Da Vergonha de ser Feliz à Vertigem de ser Clown
(Caminho de Michaux) 153
Profetas da Alegria (o Billy Budd *de Herman Melville)* 159
Se É Crime Ser Triste 162
Os Três Sofrimentos da Alegria 168

INTERMÉDIO II:
Mozart ou o Fim de *Don Giovanni*

É Tanta Alegria que dá Vontade de Chorar 173
Divertimento Contra Distração 175
"Nesse Caso, o Gênio É Bom Menino" 178
Do Brilhante ao Luminoso 180
Do Rapto à Clemência 181
Tragédia da Graça 185
O que Recomenda o Comendador? 187
O Julgamento da Alegria 189

QUARTO MOVIMENTO
Segunda Palavra do Cristo na Cruz
[onde se descobre como o Hoje da Cruz pode coincidir com o Hoje da Glória]

Luzes para uma Escuridão 191
Os Três Crucificados (I) – Gestas, o Mau Ladrão 195

  Os Três Crucificados (II) – Dimas, o Bom Malfeitor 201
  Os Três Crucificados (III) – Jesus, ou o Paraíso
  Posto na Cruz 206
  O Hoje Único do Paraíso e do Calvário 211
  ... Tu Serás... 216
  Duas Teresas (I) – de Liseux 220
  Duas Teresas (II) – D'Auschwitz 224
  Obscuridades Para a Luz 230

INTERMÉDIO III:
Proust e a Impossibilidade de Abraçar Albertine
  Na Falta de Essência 235
  Nas Origens do Gênio Proustiano: o "Zut" 237
  Crítica do Voluntarismo 241
  "De Onde me Pôde Vir Essa Forte Alegria?" 242
  Tocar para Ver 244
  O Beijo Impossível 246
  O Ciúme como Percepção e Recusa do Mistério 248
  O Sucesso da Busca como Confissão de um Fracasso 251

QUINTO MOVIMENTO
Vocês Verão Aquilo que Vocês Verão
[onde se explora a ideia de visão beatífica e em que ela é inteiramente o contrário de uma televisão hipnótica]
  No Silêncio de Arthur e de Tomás 255
  Melhor do que a Felicidade 261
  Face a Face (I) – Da Eternidade Geral ao
  Eterno Singular 265
  "Outramente" Outro e Unicamente Único 268
  Conhecer para Nunca Compreender 274
  Itinerário da Mente a meu Vizinho 278
  Face a Face (II) – Entre o Arcanjo e o Pobre Lázaro 282
  Causar com Deus 286

O Tempo Reencontrado (I) – Surpresa do Amor 292
O Tempo Reencontrado (II) – O passado Mais Presente
do que Ontem 295
O Mal Invertido 298
O Futuro após o Advento 302

INTERMÉDIO IV
Bernini ou a Ressurreição a Golpes de Martelo

O Colapso do Céu 307
Uma Materialidade até o Impossível 310
Antimedusa: a Pedra Transformada em Carne 313
Bustos 316
Apreender o Instante da Transformação 317
Esplendores do Despojamento 319
Fontes 321
O Verdadeiro Campo de Gravitação 323
Extensão Cósmica do Corpo Humano 325

SEXTO MOVIMENTO
Depois do Fim do Mundo (Elementos de Física Nova)
[onde se fala da ressurreição da carne e da vocação
poética dos nossos corpos]

Ecologia do Desastre 327
Futuro Anterior 329
Contra a Fé Inútil 333
Para o outro Espaço 335
O Festim de Núpcias 341
Hœc est Corpus MEUM 346
Claridade de Entranhas 346
A Glória da Ferida e o Brilho do Pneu de Gordura 352
O Corpo Poético 355
Macieiras de Amor e Joaninhas 360
Do Jardim do Éden à Jerusalém Celeste 369

SÉTIMO MOVIMENTO
A Chave dos Cantos
[onde se permite interrogar por essa afirmação bíblica tão insistente quanto desconhecida, a saber, que a vida dos santos se realiza menos na moral que na música]

Mensagem ou Música? 379
O Canto Nu 382
Sirenas (de Charme e de Alarme) 386
A Via das Vozes 392
Sobre a Escala e o Ritmo: Razão e Sentimentos 396
Coral: Comunhão e Dissidência 399
Fuga: o Tempo Transfigurado 402
Louvor: Dilaceramento e Dilatação 408
Anacruse..413

Tema

...e talvez não seja à luta,
mas à alegria,
que acabarei por sucumbir.
Franz Kafka

Diz Descartes, no começo de suas *Meditações Metafísicas*: "Uma vez na vida *(semel in vita)* eu deveria tentar seriamente me desfazer de todas as opiniões que recebi, inclusive daquelas em que ainda acredito, e começar novamente desde o fundamento..." Eu também, uma vez na vida, queria realizar alguma coisa séria, enfim. E essa coisa séria seria o riso. Não importa qual riso, pândego, bufão, zombeteiro, mas aquele riso de uma menina tão alegre que imaginamos "Deus a gozar"[1] em sua face. Não me isolarei no silêncio de um quartinho: escreverei no meio da algazarra das crianças, e o contentamento de seus rostos me servirá de critério. Não vou me desfazer de nenhuma das minhas opiniões: vou acolhê-las todas, na minha crença mais religiosa. E isso para começar de novo a partir do fim último.

---
[1] Dante, *A Divina Comédia*, tomo III: *Paraíso*, XXVII, 105. As traduções de *A Divina Comédia* serão tiradas de Vasco Graça Moura, doravante VGM. São Paulo, Landmark, 2005. (N. T.)

A questão não será, aliás, estabelecer "algo de firme e constante nas ciências". (Que são as ciências, meu amor, se nossos cérebros ao final estão menos destinados à verdade do que à putrefação? O que é o firme e constante quando tudo escorre debaixo de um sol que pode evaporar-se tanto quanto a água?) Aquilo que seria preciso interrogar antes de tudo é o que ainda se dá a nós, quando não nos resta mais nada... A questão, portanto, em meu coração inconstante e mole, será descobrir uma abertura irremediável: a esperança ingênua de que a música dos encontros nunca acabe. Para tanto, não usarei a dúvida hiperbólica e radical, mas antes um maravilhamento não menos radical e hiperbólico. Sim, uma vez na vida, considerar aquilo que poderia ser para sempre, escutar esse paraíso que harmoniosamente nos convoca, para que nossa vida, se não tomar o bom caminho, pelo menos se desencaminhe da maneira certa, devidamente deslumbrada.

Trata-se de um princípio do saber? Antes, da origem do canto. Será para encontrar um solo firme? Mais para perder o chão – mas a condição da queda, não esqueçamos, é a mesma do voo. Minha pergunta no fundo é a seguinte: qual livro pode se abrir com mais força do que uma tumba se fecha? Que poesia é possível ao pé de um moribundo? Que futuro, depois que é tarde demais e quando o fim do mundo chegou? Ah! Isso não será para consolar. Será só para morrer com a boca um pouco mais aberta.

Advertência

O autor gostaria de comunicar um brilho que rasga a noite e foram quinhentas minuciosas páginas que lhe saíram das mãos. Aparentemente, mais um tijolo que pesa do que uma estrela que brilha. Como isso o deixa ainda mais assustado do que o leitor (mas menos do que sua gentil editora, Elsa Rosenberger, que acredita que uma obra pode ser longa quando não é prolixa), ele gostaria de tranquilizá-lo dizendo que este livro imenso é, na verdade, uma coleção de livrinhos: mesmo que eles sigam uma progressão coerente, seus capítulos, seus intermédios, podem ser lidos separadamente, como se fossem opúsculos destacáveis, e ele tem toda a liberdade de ir ao sumário para averiguar aquele cujo assunto lhe interessar mais particularmente.

Sem dúvida, um livro cuja tese é que o paraíso é um livro de fecundidade transbordante, e não um devaneio esterilizador, não poderia ser curto, devendo já participar dessa superabundância. Que não se tenha, também, respeito excessivo por esse ser de papel – ele existe para servir, não para ser servido. E quando surgir a alegria de ter lido dele apenas uma parte, usando o resto de suas folhas para apoiar a mesa ou para acolher um pobre, ou para fazer origamis que deslumbrem as crianças, ele terá cumprido à perfeição sua pequena tarefa neste mundo.

PRELÚDIO
Entrada Possível

(Bate-se à porta.)
LEPORELLO – Ah! Ouça!

Mozart / Da Ponte,
Don Giovanni, ato II, cena 18

Simples como Bom-Dia

Na soleira da porta aberta, ou num encontro na rua, a conversa – sempre – começa com estas palavras iniciais ou algo semelhante: "Bom dia!". Nada mais comum. Nada mais prodigioso. Essas palavras, de fato, nos escapam duas vezes: da primeira, como reflexo; da segunda, como promessa. Elas são mais disparadas do que enunciadas – gatilho da mecânica social – e, ao mesmo tempo – sopro de uma palavra a manter –, elas significam mais do que julgam exprimir. Sem a reflexão, elas parecem algo simples, passam despercebidas; mas basta prestar atenção um instante que elas mergulham em súbitas vertigens. Numa página de *Sodoma e Gomorra*, Proust menciona a extrema presença de espírito com a qual ele compreende o gesto apropriado quando, na casa da duquesa de Montmorency, ele deve saudar o duque de Guermantes, que leva em seu braço a rainha da Inglaterra: "Eu poderia ter escrito uma obra-prima, comenta ele, e os Guermantes me teriam dado por ela menos honrarias do que por essa saudação".[1] Como? Uma saudação seria mais importante do que *Em Busca do Tempo Perdido*? As boas maneiras de uma civilização fugidia, mais dignas de honra do que aquele monumento da literatura? Tamanha obsessão pelo decoro – o cidadão não deixará de observar – confirma a decadência irremediável da aristocracia. Mas uma observação como essa confirmaria nossa própria decadência, se nos fizesse parar de dar qualquer atenção a nossos salamaleques. Afinal, o salamaleque, mesmo superficial, tem um peso que a obra mais bela simplesmente explicita. A grande travessia de Dante não foi impulsionada pelo mero cumprimento feito por Beatriz Portinari numa tarde de 1278? Eram 3 horas, numa rua de Florença: "Mui virtuosamente me saudou, de modo que me pareceu ver então todos os extremos da beatitude".[2] Sim, um simples cumprimento, e eis a "Vida Nova", e o Paraíso não está mais tão distante. Que palavra foi dita por Beatriz? Que reverência em particular? Que delicado abaixar das pálpebras? Não é essa a questão. A anedota nos leva, para além de uma arte mundana de saudar, para uma metafísica da saudação. Bastou que a bela jovem pronunciasse palavras banais para que o banal desse a ouvir sua promessa inaudita: o bom dia, o dia feliz enfim realizado, essa luz que não se apaga que invocamos no começo de todo encontro, e que não é nada menos do que o "ápice da beatitude", a eternidade reencontrada e o resgate do tempo perdido...

Alguns fazem literatura sem ter essa intenção, mas todos, querendo ou não, fazem escatologia. O inconsciente coloca em nossos lábios essa prece que foge a qualquer censura. Apesar de minha descrença, levo esse desejo liminar, balizo com um introito a conversa profana,

---

[1] Marcel Proust, *À la Recherche du Temps Perdu*. Tomo II: *Sodome et Gomorrhe*. Paris, Robert Laffont, 1987, p. 547. (Coleção Bouquins)

[2] Dante, *Vita Nuova*, III. A tradução usada é de VGM, *A Vita Nuova de Dante Alighieri*. 2. ed. Lisboa, Bertrand, 2001, p. 19. (N. T.)

oficio involuntariamente o cerimonial universal: invoco o *Bom-Dia* – como um outro que surgiria com as portas trancadas e diria: *A paz esteja convosco*! E o abraço que se segue, imitando os reencontros dos irmãos ou o retorno do filho pródigo, é também seu anúncio silencioso e corporal. Assim como o distante aperto de mão. Uns esmagam-na, é verdade, e outros parecem estar oferecendo um sapo morto; mas o verdadeiro aperto consiste naquele tato em que cada um encerra o outro gentilmente, até o ponto em que as duas pressões tornam-se iguais, como no fecho de uma abóbada: fechamento que não vem da pressão mas do cuidado, receptividade ativa que se opõe à passividade mole e também ao torno limador. Não seria isso, por assim dizer, o encerramento de uma situação em que um não fica acima do outro, o acolhimento oferecido enquanto tal, sem deformá-lo – não seria isso uma prefiguração manual do Dia da Reconciliação? Enfim, aquilo que se diz no momento da despedida não é menos exorbitante do que aquilo que se disse no momento do encontro: "Até breve... até a próxima", palavras ditas outra vez à soleira, e que outra vez levam a esperar um belo remorso (o retorno ao bom), assim como outro encontro na visão renovada. E nem falo do ostensivo "adeus"...

Sem dúvida, não temos uma ideia muito clara daquilo que enunciamos com tanta clareza. Por que, após tantos massacres, nossas vozes obstinam-se em dizer "bom dia" e "*shalom*", quando teria sido após tantos atritos mais conveniente fazer uso de "mau dia", "boas trevas", não "saudações", mas "perdições", não "adeus", mas "ao nada"... Em vez disso, continuamos na rotina, prolongamos a convenção vazia e a ilusão vital. Mas uma ilusão tão vital, para dizer a verdade, tão teimosa que, se eu fosse livrar-me dela como me livro de uma mancha, acabaria fazendo com que minhas mãos desaparecessem. Que aurora é essa que, no desastre, quer sempre vir à tona? Que miragem é essa que, no deserto, é mais refrescante do que o oásis (uma miragem tão refrescante que, sem ela, a própria água não me refrescaria, porque destinar-se-ia, no fim das contas, para a secura do cadáver)?

PRELÚDIO

É impressionante isto (diz Deus).
Que pobres crianças vejam como as coisas acontecem
e que achem que amanhã serão melhores.
Que vejam como as coisas são hoje e creiam
que serão melhores amanhã de manhã.³

O homem comum é um oráculo. Piedoso, fala mais forte do que a Pítia. Bilioso, enxerga mais longe do que a Sibila. Simplesmente porque diz bom-dia. Ou saudações. Aqui, no começo de uma conversa qualquer, talvez no início de uma noite entediante, e contudo, com essa palavra imediata indo para a fronteira do improvável, para o limite do inesperado. É apenas a entrada da porta, e já a possível entrada de um paraíso...

Assim, reiteramos a promessa dos incalculáveis bons-dias lançados todos os dias e em todos os lugares desde o primeiro dia, e aqueles que virão depois de nós vão reiterá-la até aquele Dia inacreditável em que a promessa não cumprida e, no entanto, sempre repetida, será enfim traída pela poeira ou realizada por um deus. Como não pensar nestes versículos do Deuteronômio: *"Porque este mandamento que hoje te ordeno não é excessivo para ti, nem está fora do teu alcance. [...] Sim, porque a palavra está muito perto de ti: está na tua boca e no teu coração, para que a ponhas em prática"* (Dt 30, 11-14)?

O mandamento de hoje – e não de ontem – se esconde no termo mais batido e me convoca com minha própria língua. Não esperemos o apelo de um além. Ele já está presente, incubado em nossa saliva. Ele se dirige a nós como nós nos dirigimos a nosso próximo. E para nos levar em sua aventura, ele só pede uma coisa: que, uma vez na vida, uma só, como Dante (que antes se chamava Durante, como o homem comum), mas definitiva, ouçamos o "bom-dia" que se lança todos os dias e cuja superficialidade coincide com nossa mais profunda aspiração...

---

³ Charles Péguy, *Le Porche du Mystère de la Deuxième Vertu*, in *Oeuvres Poétiques Complètes*. Paris, Gallimard, 1957, p. 534. (Coleção Bibliothèque de la Pléiade)

O Alho-Poró de Pascal

A esperança faz viver, como se diz. Belo demais para ser verdade, esse desejo da luz imensa. Quem suspeitaria que isso não passa de esnobismo e afetação de quem tem medo de olhar a morte na cara? Pois eu devolvo essa observação mais grave: a esperança também faz morrer. E o cínico está perfeitamente obrigado a confessar sua própria covardia por trás de sua altivez. Afinal, nossa vida seria confortável sem essa maldita necessidade do Éden. Eu poderia subsistir de cara na tina, com a satisfação do porco e com a inocência do tubarão. Eu poderia morrer sem angústia – talvez até em êxtase –, como o macho devorado pela louva-a-deus ou pelo sapo que, sem ter a menor ideia do que está acontecendo, morre esmagado por um pneu. Mas eis esse desejo malvado de uma felicidade concreta, essa pulsão paradisíaca, essa *libido caeli* que me impede de me contentar com o que tenho e que faz com que eu me lance de cabeça baixa contra o primeiro muro que eu volte a achar que é a saída de emergência. É em primeiro lugar porque há em nós essa esperança de que podemos ficar desesperados. É por causa desse impulso para a felicidade que a infelicidade nos faz tanto mal. Sem ela, diz Pascal, não ficaríamos em suspense: a noite só é atroz na medida do "bom dia" em que se acreditou, e acreditar que ela será suprimida suprimindo-se a si mesmo é também um esforço desajeitado no sentido da aurora.

Da nossa ideia de paraíso já despontam o paradoxo necessário e a paródia possível. A ideia de paraíso é paradoxal sob mais de um aspecto, como veremos, mas em primeiro lugar porque ela nos faz mal, e pode tornar-se causa do inferno. Desgastados por ela, nós nos resignamos menos bem à nossa condição dolente e mortal (a ausência de um paraíso vindouro seria o verdadeiro ópio do povo), e, mais ainda, disputamos a respeito daquilo a que ele poderia corresponder (Marx e Maria não têm a mesma concepção). Todas as guerras foram feitas em nome da felicidade. Todos os massacres, em nome da fraternidade. Dos dois lados, os vocábulos são os mesmos ("Justiça!", "Paz!", "Virtude!", "Grande Noite antes do Bom Dia!"), mas, como há oposição a respeito de seu sentido, os benfeitores forçosamente se anatematizam, os irmãos se matam entre si, os artesãos da paz constroem sobre as ossadas. Será que se deve renunciar a procurar o "verdadeiro paraíso"? Reivindicar apenas um pequeno éden portátil, só para si, quiçá com seu cachorro? Isso seria dar livre curso a todas as contrafações. Cada qual venderia sua alma ao primeiro saltimbanco. Não voltaríamos, talvez, àquelas baixezas, mas isso seria porque não valeria a pena, cada um estaria na sua bolha, e o outro já teria morrido.

"Desde que o homem deixou o verdadeiro bem", observa Pascal, "é estranho que na natureza não haja nada que tenha sido capaz de mantê-lo no lugar: astros, céu, terra, elementos, plantas, repolhos, alhos-porós, animais, insetos, bezerros, serpentes, febre, peste, guerra, fome, vícios, adultério, incesto."[4] Compreendo – ainda que isso seja horrível – que alguém possa colocar a felicidade no incesto (como demonstrado pela dinastia dos Ptolomeus), ou que alguém a meta no sol (Aton, adorado por nosso caro Akenaton), ou que a associe a um bezerro (o de ouro, no deserto), ou mesmo à peste (que tinha em Nergal o deus ameaçador e respeitado dos mesopotâmios). Mas nos repolhos e nos alhos-porós? Como Pascal pode afirmar que podemos divinizar um alho-poró? Será que ele estava pensando nos alhos-porós de Quéops, outrora tão célebres quanto sua pirâmide, porque ele recompensava seus guerreiros dando-lhes maços enormes? Será que ele estava pensando em Nero, apelidado por seus contemporâneos de "porófago" porque o comia todos os dias para limpar a voz? Pouco importa. A ideia de Pascal é simples: se não procuro mais "o bem verdadeiro", então, sem dúvida, não espero mais nada verdadeiramente, e fico só vegetando. Crio um idílio do repolho ou um ídolo do próprio barro. Renunciemos ao paraíso, e ficamos submetidos a todas as suas paródias. Por mais que ele esteja perdido, nunca conseguimos sair dele.

---

[4] Pascal, *Pensées*, §138. Ed. de Le Guern, Paris, Gallimard, 1977.

O Aspargo de Proust

Ainda assim, o drama do paraíso metamorfoseado em alho-poró poderia ser entendido em sentido inverso. De maneira menos jansenista, por assim dizer, e de certo modo mais jesuítica. Quero dizer, olhando menos a miséria do homem e mais a bondade das coisas. Caminhando em primeiro lugar para a origem. Indagando-se sobre as condições de possibilidade desse drama. Efetivamente, uma questão se apresenta: como é possível que um ser limitado, como a esposa de Maurice, um bezerro de metal dourado ou alhos-porós ao vinagrete possam fascinar-me a tal ponto que pretendo satisfazer com eles minha sede de beatitude? Como explicar a facilidade com que o homem pretende satisfazer-se? Pascal nos remete ao pecado original. Mas isso é apenas negativo, e é preciso o positivo para atrair-nos. É preciso que haja algo de bom no alho-poró e em Edmonde (a esposa de Maurice) para que eu ache que neles vislumbro um pedacinho do céu. Será que não é por que eles já participam realmente de um verdadeiro paraíso ou por que, em seu bem tão modesto, mais ou menos se reflete algo do Sumo Bem?

Porque não há só os alhos-porós. Há também os aspargos. A alegria que Proust tira de sua contemplação pode ilustrar o que estamos dizendo: "Meu encantamento era, diante dos aspargos, banhados de lápis-lazúli e de rosa, e cuja espiga, finamente pincelada de púrpura e de azul, tem um suave degradê até a ponta – no entanto ainda manchada de terra – *de irisações que não são da terra*".[5] De onde procedem essas irisações – o autor fala em outra parte de "nuances celestes" – que afloram num caule ordinário e comestível? Seria uma exaltação linguística? Uma projeção do poeta que embeleza o mundo?

É isso que sugere o duque de Guermantes quando lhe é servido "aspargo ao molho *mousseline*". Aqui o êxtase seria ridículo. O que

---

[5] Marcel Proust, *À La Recherche du Temps Perdu*. Tomo I: *Du Côté de Chez Swann*. Paris, Robert Laffont, 1987, p. 116. (Coleção Bouquins) (Grifos do autor.)

interessa é terminar o prato, não contemplá-lo. Aliás, o que é mais absurdo do que aspargos pintados? Guermantes chega a indignar-se.

> Swann teve o topete de querer que comprássemos um maço de aspargos. Eles ficaram aqui por alguns dias, até. Eles eram tudo o que havia no quadro, um molho de aspargos exatamente semelhantes àqueles que vocês estão comendo agora. Mas eu, eu me recusei a comer os aspargos do senhor Elstir. Ele queria trezentos francos por eles. Trezentos francos por um molho de aspargos! Um luís é o que isso vale, mesmo fresco.[6]

A pintura que a ficção atribui a Elstir ganha realidade numa natureza morta de Manet. O maço, contra um fundo sombrio, amarrado por dois fios cor de cobre, colocado sobre um leito vividíssimo de hirsutas verduras, nos apresenta essas coisas simultaneamente insípidas e esplêndidas, de um branco acinzentado e que ao mesmo tempo solicita a paleta inteira, até o violeta-escuro de suas pontas, entre a argamassa de gesso e o arco-íris. O legume se torna o lugar de uma experiência-limite. O toque do pintor é ao mesmo tempo espesso de matéria e sublime de espírito. Sua paleta oscila entre o desaparecimento das cores e seu aparecimento. O gênero atinge no mesmo lance o fundo do realismo e a fronteira da abstração. A terra e o céu. Aspargos e anjos. Basta olhar com atenção esse maço, em si mesmo, e ela se torna uma bota de sete léguas. Seu nome pode então ser modulado por uma estranha reminiscência. É o primeiro verbo do canto, no começo da missa, em que o padre lança a água benta: *Asperge-me...*

Posso rir disso. Posso dar cabo do aspargo como glutão ou como filisteu. Mesmo assim, resta a visão fugaz: um brilho do céu vislum-

---

[6] Idem, Tomo III: *La Côté de Guermantes*. Paris, Robert Laffont, 1987, p. 407. (Coleção Bouquins)

brado nas coisas terrenas (e note que nem falei dos rostos – "epifanias do infinito", segundo Lévinas –, mas só de legumes), um paraíso em migalhas espalhado pelo cotidiano.

O Inferno É Preferível?

Mas um paraíso sem fim, alguém dirá, não seria uma coisa entediante? A eternidade parece bem longa. E quando a alegria é muito forte, tem a brevidade de um relâmpago. Será que a morte é mesmo uma tragédia? Talvez, mas é preciso apontar imediatamente que a grande beleza é trágica. Ela abre um "paraíso de tristeza". E a ceifeira que nela bate aparece como o fundo escuro que dá relevo aos clarões, o termo que torna cada segundo precioso, o grito que arranca da tolice dos bons sentimentos. Se, além disso, dermos atenção à ideia de que o paraíso consiste na adoração unânime e permanente do mesmo Deus, podemos imaginá-lo como um reino de clones, e, a esse preço, achar que o inferno é realmente preferível.

Um caso comum nos prova isso. Em geral lemos com prazer o Inferno de Dante, mas, chegando às cornijas do Purgatório, o grande poema cai de nossas mãos, e tememos os cantos de seu Paraíso como uma condenação às galés: a difícil travessia de uma extensão branca e desértica na monotonia de aleluias sem fim, sem que haja um xingamento, uma blasfêmia, um "merda" que sirva de contraste. Estamos convencidos de que a alegria não é tão empolgante quanto o drama, e que os vivos bem-aventurados nos entediarão como ratos mortos. Victor Hugo afirma, bem no meio de seu elogio a Dante:

> [...] à medida que subimos, perdemos o interesse; pertencíamos ao inferno, mas não somos do céu; não nos reconhecemos nos anjos; o olho humano não foi feito, talvez, para tanto sol, e, quando o poema fica feliz, ele entedia. Isso é um pouco a história de todos os felizes. Casem-se os aman-

tes, vão as almas para o paraíso, tudo bem, mas procure o drama em outro lugar.⁷

Onde estarão, no céu, as grelhas e os espetos para me distrair? Onde estão os insultos e as piadas sujas que fazem a gente se dobrar? Mas o que é isso, meu gosto está tão corrompido que, sem que meus irmãos sejam insultados e assados, o festim do céu me pareceria insípido? Entretanto, é outra coisa que Hugo teme: a ausência de drama. Angústia nenhuma a superar, provação nenhuma para suportar. Nossos maiores júbilos não são conquistados na luta mais dura? O rude inverno não traz o fundo seco e sombrio que permite o resplandecer da primavera? Basta que a primavera se prolongue indevidamente, e temos saudade da tempestade de neve. Se o júbilo se eterniza, a auréola nos enfada, e o céu parece um tédio. Pronto. Não há paraíso, então. Porque o paraíso seria um inferno. E o inferno é bem mais alegre. Contentemo-nos, pois, com nossa história cheia de som e fúria.

Uma conclusão assim não me desagradaria, porque iria poupar-me o labor destas linhas. Mas, ai!, sua contradição é flagrante. O paraíso é por definição o lugar de toda perfeição. *Ergo*, um paraíso impessoal e tedioso é um círculo quadrado (mas, na época da cerveja sem álcool, do café sem cafeína e do sexo sem sexualidade, a crença num paraíso desinteressante pode se tornar comum.) Sendo uma perfeição do eu, a adoração beatífica não poderia aboli-lo, e sim realizá-lo, de modo que no céu eu seria mais ainda eu mesmo, e distinto dos outros, do que na terra. E sendo uma perfeição no drama, na fugacidade, na angústia mesma, ela deve aparecer na vida eterna, no infinito. Por exemplo, se a fragilidade é um componente essencial da beleza da flor ou da menina, devemos concluir que a menina bem-aventurada e a flor paradisíaca serão também infinitamente frágeis. – Mas assim você sai de uma contradição para cair em outra! – Contradição essa imaginária, e

---

⁷ Victor Hugo, William Shakespeare, I, II, 2, § XI, in *Oeuvres Complètes – Critique*. Paris, Robert Laffont, 1985. p. 278. (Coleção Bouquins)

que dissimula o deslumbramento real que será abordado nas páginas a seguir. Além disso, a vida eterna não poderia ser uma prisão perpétua, e o paraíso há de ser o drama soberano, gloriosa participação no Ato puro. Se para nossa beatitude é preciso que haja sangue, então vai haver! O *Retábulo* dos irmãos Van Eyck não mostra, no centro da gloriosa pradaria, o Cordeiro cujo coração está sempre aberto e que, no cálice de ouro – num jato – lança continuamente seu sangue?

Quanto a Dante, ele nos advertiu desde o primeiro círculo do inferno. Qual é o pecado de Francesca da Rimini e de seu cunhado Paolo da Malatesta? Serem cúmplices no adultério? Sem dúvida, mas se eles se tornaram adúlteros, foi porque começaram a ler os amores de Lancelote sem ir até as páginas em que se manifesta sua mentira diante do amor verdadeiro: "Nesse dia, não lemos adiante".[8] Aqueles que leem o Inferno e que não vão mais longe cometem a mesma falta que os primeiros condenados do livro. Eles ignoram a que grau de inimaginável violência (violência de vida, não de violação) o Paraíso os teria transportado. O poeta que o canta fraqueja muito mais ali do que no inferno: de um céu tão doce, "à memória tanto excesso (tanto *oltraggio*) agrava".[9] É nisso que devemos meditar: nos excessos – quiçá no ultraje – do outro mundo; ou que a alegria sem falhas só possa passar por uma falha jamais curada.

Crer no Paraíso por Engano

De mais a mais, o que é o inferno? A visão que temos dele vulgarmente não é menos deformada do que aquela que geralmente temos do Céu. Vejo um sintoma disso no uso abusivo do termo em certas expressões, como "o inferno de Auschwitz". Se Auschwitz é um inferno em sentido teológico, é preciso deduzir que ali não há nenhuma vítima, mas somente carrascos que sabem muito bem o que fizeram... Esse erro de

---

[8] Dante, *Inferno*, V, 138.
[9] Dante, *Paraíso*, XXXIII, 57.

perspectiva procede de uma confusão dupla: achamos que a danação é uma condenação inteiramente externa, e que a pena infernal é essencialmente dor. Quanto a esses dois pontos, o Catecismo é claro: o inferno é, "por nossa própria livre escolha", um "estado de *auto*exclusão definitiva", e "sua pena principal consiste na separação eterna de Deus".[10]

Os falsos generosos que afirmam que a doutrina do inferno é intolerante caem na maior das contradições. De fato, o inferno é muito precisamente o lugar da tolerância divina: Deus se inclina diante daquele que recusa livre e conscientemente sua graça, ele tolera para sempre essa dissidência, pois, se ele pode agradar a uma alma, ele não quer de modo algum raptá-la. Por outro lado, os falsos pregadores que brandem a geena antes de tudo como um lugar de dores atrozes se esquecem de uma coisa: quem poderia converter um sadomasoquista ameaçando-o com o espeto? O princípio do inferno não é o castigo corporal, mas a privação voluntária da visão divina. Ora, só se pode ter a medida de uma privação por comparação com a coisa de que ela nos priva. Se primeiro não pregamos o paraíso, se seu sabor não é despertado nem mesmo de longe, o inferno vai parecer um lugar, no fim das contas, bem legal. Um pequeno paraíso, não pela graça de Deus, com certeza, mas por minha própria.

Simone Weil propõe esta definição notável: "O inferno é acreditar no paraíso por engano".[11] Para sermos rigorosos, seria preciso acrescentar que o engano em questão é afetivo, e não especulativo. Aquele que se lançasse no precipício por ter uma venda nos olhos não mergulharia exatamente "por sua própria livre escolha". O condenado só pode ignorar voluntariamente o paraíso celeste. Trata-se menos de um engano do que de um orgulho. E a definição de Weil fica assim explicitada: o inferno é preferir fabricar seu pequeno paraíso privado em vez de acolher o grande paraíso comum. Esse paraíso

---

[10] *Catecismo da Igreja Católica*, §§ 1033 e 1035.

[11] Citado por Gustave Thibon, *Vous Serez Comme des Dieux*. Paris, Fayard, 1959, p. 9.

comum, isto é, aberto a todos na comunhão mais íntima – e especialmente (é aí que a beatitude dói) com meu antipaticíssimo vizinho –, é o verdadeiro paraíso de luz; mas o danado prefere ser o primeiro em seu mundo penumbral e artificial a ser um dentre tantos na fonte da clareza. Eis por que, no lugar do "inferno de Auschwitz", seria mais justo falar do "inferno do sucesso mundano".

Essa desventura é admiravelmente descrita no episódio 28 da primeira temporada de *Twilight Zone* (escrito por Charles Beaumont e transmitido pela primeira vez no canal CBS em 15 de abril de 1960[12]). A televisão americana nele segue a escola de São Tomás de Aquino. Esse episódio, intitulado *A Nice Place to Visit* [Um Bom Lugar para Se Visitar], nos conta a história *post mortem* de Henry, chamado "Rocky", Valentine. A voz em *off* anuncia: "Um homenzinho covarde e cheio de ódio que nunca teve refresco. Agora ele tem tudo que sempre quis, e vai ter de viver com isso, eternamente". Esse vadio inveterado acaba de ser morto pela polícia, e então, despertando após morrer, um homem barbudo chamado Pip está ali para servi-lo, oferecendo-lhe notas de dinheiro, levando-o a uma luxuosa casa de mau gosto, exatamente como ele aprecia. Rocky Valentine não acredita no que está vendo. Ele pede uma loira bonita: ei-la! Um conversível de primeira: aqui as chaves! Ganhar na roleta: bingo! Pip realiza todas as suas fantasias, e nosso camarada acha que está no paraíso. "É você meu anjo da guarda? – Sim, responde o servo de branco, algo desse gênero..."

Alguns dias se passam, talvez algumas semanas, e o sistema de apostas pouco a pouco revela sua maldição. Os dados, viciados, sempre dão seis, mas isso porque não existe sorte. Embolsar tudo toda vez, sem jamais correr o risco de perder, ter mil mulheres a seus pés sem jamais precisar agradá-las, ter sucessos fáceis sem jamais enfrentar o esforço que desgasta, nem o fracasso que impõe a renovação, essa facilidade acaba pesando muito, porque tudo que

---

[12] É possível vê-lo em *cbs.com*, e também em *youtube.com*.

ela oferece são fantasmas. Quando todas as portas só se abrirem à minha ordem, eis o mais irremediável dos enclausuramentos: não há nenhum lugar substancial onde eu possa estar, exceto meu sonho. Rocky pede para ver seus companheiros de antigamente. Pip explica-lhe que é impossível, num lugar como aquele, reencontrar algum outro: *This is your own private world*, "este mundo é só seu...". Quando Rocky pedia meninas, usava a palavra *dolls*: eram "bonecas" que ele queria, não mulheres de verdade. Naquele momento, quando pede os companheiros, ele usa a palavra *buddies*: são os "colegas" que ele quer, e não os verdadeiros amigos. Ao recusar-lhe esses últimos, Pip outra vez o atende. Ele o atende sem jamais exaltá-lo. É esse o verdadeiro demônio infernal, que não joga mas está cheio de cartas na manga, menos torturador do que bajulador, prendendo você infinitamente em seu paraíso artificial.

Através desse intermediário angélico, o condenado é antes de tudo atendido por Deus. Ele é até atendido de maneira mais precisa do que o eleito. Porque o eleito, por definição, é aquele que não é inteiramente escolhido, mas que escolheu deixar-se escolher, que consentiu em eleger-se por um outro para uma missão que difere de seus próprios objetivos. Se ele é exaltado, isso não acontece por causa de seu próprio plano, mas a partir de um desígnio que o ultrapassa. Esse é o ultraje de que fala Dante. Mas ele se impõe com o seguinte corolário: o verdadeiro paraíso tem algo de assustador. Sobre isso, o catecismo não é menos claro que declara pudicamente: "Esse mistério de comunhão bem-aventurada com Deus e com todos os que estão em Cristo ultrapassa toda a compreensão e toda a representação".[13] Consagrando-nos assim ao incompreensível (mas não ao ininteligível, observemos, porque podemos tomar conhecimento dessa incompreensibilidade), "esse mistério" nos manda perder a compostura – que o velho odre não pare de quebrar com o vinho novo. E provavelmente o medo de há pouco servia a esconder

---

[13] *Catecismo da Igreja Católica*, § 1027.

atrás de si um outro medo que dá vergonha: difamamos o paraíso temendo seus longos tédios, mas isso é para não admitir que antes de tudo temos seu encantamento excessivamente aventuroso: estar entregue ao inteiramente outro inteiramente próximo com sua realidade, que eu não esperava, sua liberdade que vem surpreender-me, sua alegria que me faz transbordar até romper minha estreita capacidade...

De uma Finitude a Outra

Tudo isso talvez não passe de uma alucinação de medo diante de minha própria finitude. Com certeza, não quero confessar-me acabado, e assim me eternizo em falsas questões... Mas qual é a finitude mais evidente? É aquela implicada pela morte, ou aquela que impõe um Deus? O professor Destour, especialista em Heidegger, tem apenas desprezo por esses tagarelas que pretendem fugir ao "ser-para-a-morte": os "crentes", os "religiosos", todos uns medrosos que não querem encarar a própria finitude. Ele, por outro lado, com seu suéter de tricô com gola em V, encara-a completamente. Ele tem um Dasein magnífico, autêntico, profundo, um verdadeiro animal de raça que apresenta orgulhosamente, com olhares distantes e silêncios sonoros. Mas não queira contradizê-lo ou censurá-lo. Ele vai zangar-se, ou vai fingir que não está ouvindo. Ele está tão dentro de sua própria finitude, veja só, que ninguém poderia servir-lhe de obstáculo...

No fundo, a finitude viva, aquela que faz mal imediatamente, não é tanto experimentada diante do nada, mas diante do outro. Sobretudo se esse outro me excede, ultrapassa os limites, me empurra para minhas últimas defesas. Sobretudo se é um judeu (aquele que responde a uma pergunta com um chamado, e a um problema, com um mistério). Ou sobretudo se ela se chama Siffreine (aquela que está – minha esposa – concretamente diante de mim). Então passo à "projeção-existencial-do-próprio-ser-para-a-morte", para não ter de suportar a verdade das reprimendas de Siffreine. Incho-me com meu sentido da finitude. E julgo que Siffreine, em contrapartida, tem uma perspectiva muito limitada ("Será que você pode colocar suas meias no cesto de roupa suja?").

Se a finitude é mais concreta diante do outro, que exige de mim imediatamente uma pequena morte, do que diante da grande morte que no momento não me pede nada, ela é também menos radical diante do zero do que diante do infinito. Acabamos de observar: os céus podem parecer mais temíveis do que as cinzas. E o eterno, mais limitador do que o nada. Porque, com o nada, como Epicuro recorda a Meneceu, não sou atingido por coisa nenhuma: "Enquanto estou aqui, ele não é. E quanto ele é, não estou mais aqui". Minha finitude só se apresenta diante do finito, ela pode estar cheia de si mesma. Posso viver minha vida como uma breve imortalidade. Nada me exigirá que eu vá além de mim mesmo. Nada vai matar minha suficiência. Nenhuma vida mais alta virá medir minha vida. Com o nada sem rodeios, quem diz a última palavra sou eu.

É bastante provável que, se nosso século cede com tanta facilidade ao dogmatismo do nada, seja para escapar da angústia diante do dogma do outro eterno. Assim, pode-se entender o que dizia Rivarol: "Deus é a mais alta medida da nossa incapacidade; o universo, e o espaço em si mesmo não são tão inacessíveis".[14] O moralista francês junta-se à língua hebraica: El Chaddaï, que em geral traduzimos por "Todo-Poderoso", significa literalmente "Aquele que diz *Basta*", aquele que fixa o limite. Sem dúvida, a Terra não passa de um grão de poeira lançado no cosmos; o homem, um filho do primata e do celacanto; o eu, a aia do inconsciente psíquico; a morte, um caixão que se fecha sobre um rosto que já é menos do que uma máscara; tudo isso vem humilhar-nos, mas apresentá--lo como aquilo que cava para sempre o necrotério do homem não passa de um artifício suplementar a seu orgulho. Porque, com essas humilhações, não tenho de prestar contas a ninguém. Posso

---

[14] *L'Esprit de Rivarol*. Paris, Crès, 1924, cap. XXXI. (Coleção Les Variétés Littéraires)

ficar no pó sobre um monte de excrementos, mesmo assim ali é meu trono. Elas são infinitamente menores do que a de um Amor que me perscruta e que me exige no que tenho de mais íntimo. A ideia de um Deus Criador me remete não a um nada futuro, mas ao nada que sou por mim mesmo, a esse nada fundamental de que ele me tira a cada instante, pelo que sou grato. A ideia de um Deus redentor não me remete a uma miséria corporal, mas a uma miséria espiritual de que eu não conseguiria sair por minhas próprias forças.

E é por isso, em último lugar, que poderíamos reconhecer que a finitude marcada pela morte é menos esmagadora do que aquela revelada pela alegria. Frequentemente temos de nos voltar para essa evidência: condenar à morte está mais ao alcance da mão do que encher de felicidade. Posso me matar a mim mesmo. Mas não posso beatificar-me a mim mesmo... A morte física não é, aliás, tão cruel quanto mostrar-me como aquele que ressalta minha impotência em me fazer feliz: eu só construo sobre a areia, eu só trabalho sobre o mar, o campo semeado de colheitas fabulosas não passa de um sulco que a época seguinte logo vai apagar... Talvez, então, a angústia que ela me causa seja menos oposta à alegria do que parece. Minha finitude diante da morte, ao decompor todos os meus pequenos prazeres, me recorda de minha finitude diante da alegria, ao me fazer gritar para aquele outro que é o único que nos pode dá-la.

No Logro da Soleira

Ao fim desta introdução, nosso livro pode começar a dar a entender a ambiguidade de seu título. O paraíso está à porta – mas em sentidos contrários. A expressão é ambivalente em si mesma: aquilo que está à porta já está lá sem ali estar inteiramente. Ele dá notícia de sua presença, mas escapa aos olhos. Assim, desejamos o paraíso sem percebê-lo. É como se ele apertasse a campainha (da entrada, de alarme), mas fosse tão impossível de ver pelo olho mágico (também chamado, em francês, de judas) que não estamos longe de concluir, como a Sra. Smith: "Quando a gente ouve tocar a campainha, nunca tem ninguém!".[15]

Por outro lado, se o paraíso é como o pobre que vem bater, pobre a tal ponto de ser invisível, ele é também como o pobre que mandamos embora. Na porta, porque o pusemos para fora. No alçapão, porque incomoda. O que ele pede não é um ultraje? Se ele só me pedisse uma tigela de sopa, eu poderia abrir. Mas não, o senhor quer os olhos da cara. Ele quer até que eu lhe dê meu coração fumegante. Como assim, a esse desconhecido? A esse sujeito que brinca de esconde-esconde? A esse convidado invasivo? Isso não parece coisa séria. Isso seria um desperdício de tempo...

E depois, para que serve fugir do destino? O Todo-Poderoso não poderia ser um pouco mais expansivo? Por que ele não dá sinais mais evidentes? As almas bem-aventuradas, nós não vamos chegar a vê-las, porque elas vivem atrás de um portão secreto e fechado com três voltas. Mas não é difícil cruzar a porta do necrotério: os cadáveres são fáceis de ver, tanto que a nós cabe dissimulá-los, esconder sua podridão excessivamente evidente. Então por que os anjos que levam você não são tão óbvios quanto o verme que o come? A entrada do paraíso não dispõe de um letreiro luminoso igual ao de um supermercado. Deus parece uma negação em marketing. Ei você, aí em cima, acorda aí! É por isso que a gente duvida, é por isso que a gente corre para o supermercado e não para a vida eterna. Mas não, nada, não tem uma única agenciazinha de publicidade competente no meio dos serafins!

Agora, tanto em mim quanto em você todas essas questões permanecem intactas. Para onde foram aqueles milhares de mortos da história, que cada pessoa, como eu, sentiu como se fossem um centro do mundo? Para onde irão minha mulher, minhas filhas, meus amigos, meus pais? Recitamos o *Kadish* para a cova? E essa aurora que

---

[15] Eugène Ionesco, *A Cantora Careca*, cena 7.

ergue a plena luz do dia a beleza de um rosto e o cintilar do mar, ela é só uma farsa? Do nada, certamente, ninguém jamais voltou para nos garantir que ele existe. Mas o além também não é muito mais manifesto, e esses ex-comatosos, que num estúdio de TV falam da luz vislumbrada no fim de um túnel escuro, talvez me façam duvidar mais do que a tranquilidade florida de um cemitério. Tenho dificuldades, confesso, para crer nas multidões do Céu, talvez por causa do simples problema demográfico que elas apresentam, e isso mesmo que eu saiba que não se deve pensar no Céu em termos de gerenciamento do território e de crise de moradia. E depois, acima de tudo, ter a companhia da Virgem Maria, de Maria Madalena, de Pedro e de Paulo, de Moisés, de Platão, de Tomás de Aquino, de Nietzsche (porque creio que ele foi salvo), de Bach e de Mozart, de Claudel e de Proust, de Luís XIII e de Tutankâmon... mas também de meu bisavô Shlomo, tesoureiro de uma sinagoga em Túnis, de François Martin, empregado dos correios em Flayosc, daquela velha no metrô que rezou por mim e que eu deveria ter abraçado como minha irmã, ou ainda daquela mãe de família bakouba ou de um caçador orocheno com quem, devido às necessidades do novo louvor, cantarei um trio de improviso... e isso tudo sem qualquer mentira, sem nenhuma concorrência, profundamente, vivamente, desnudadamente... isso me dá um cagaço maluco!

Esse universo invisível mais vasto do que o mundo me parece no mais das vezes improvável. E, ao mesmo tempo, ele me é insuportável, não, é-me impossível pensar que posso ficar separado para sempre de minhas filhas, por exemplo, ou mesmo simplesmente do canto de um melro, do cheiro da madressilva, do gosto de favas ao cominho, da cor azul... Se imagino o paraíso como pura ficção, sou obrigado, apesar de tudo, a ficar "no logro da soleira", batendo, batendo para sempre no batente inexistente:

Na porta, fechada.
Na frase, vazia.

No ferro, suscitando só
essas palavras, o ferro.[16]

Mas se o paraíso existe, tenho tanta vontade de viver cá embaixo tão debaixo de sua poética, de sua amorosa exigência, que tremo da cabeça aos pés na iminência de sua glória tão insondável quanto sondável, e sinto-me, mais do que indigno, incapaz de verdadeiramente apresentar-me diante da Santa Virgem ou mesmo diante de minha própria esposa, como? Não poderei mais fazer meu personagem? Serei obrigado a mostrar-me como a criança caprichosa e malcriada que sou? Não, não, o paraíso só pode ser um logro malvado. Mas por que esse logro brilha desse jeito? E se um logro é um artifício, esse artifício é também o pedaço de couro vermelho graças ao qual o falcoeiro faz com que o falcão retorne a seu punho. Não sou seu artesão voluntário. Então, quem colocou essa isca? Quem é esse falcoeiro que procura me atrair com esse sinal tão insistente quanto surdo?

Paradoxo do paraíso: de um lado, sua ausência me devasta; de outro, sua presença me aterroriza. Ali, bato na porta das pedras tumulares, esmagando o crânio depois de ter esmagado as falanges. Aqui, é o Céu em pessoa que bate na minha porta blindada, no meu palavreado oco, no meu coração de ferro. E tenho medo de abrir. E temo dizer bom-dia a seu Bom Dia. Porque esse Bom Dia é também Dia do Juízo, obrigatoriamente, sua bondade pura quer que eu me separe de todo o mal. Então faço uma barricada melhor. E ele bate com mais força. E tudo isso vai acabar, sinto bem, ou com um golpe na minha cabeça, ou com seu golpe de misericórdia.

---

[16] Yves Bonnefoy, "Dans la Leurre du Seuil", em *Poèmes*. Paris, Gallimard, 1982, p. 257. (Coleção Poésie)

PRIMEIRO MOVIMENTO

A Política Assombrada pela Cidade do Alto

> *– Era longe?*
> *– Não, não era muito longe, mas era tudo camuflado: as paliçadas e o arame farpado ficavam cobertos de galhos para que ninguém visse, nem imaginasse que aquele caminho levava para as câmaras de gás.*
> *– É isso que a SS chamava de "túnel"?*
> *– Não, eles diziam, calma... "O Caminho do Céu".*
>
> Abraham Bomba interrogado
> por Claude Lanzmann em *Shoah*

No Paraíso Latino

1. O mecanismo é bem conhecido: recalque um desejo e ele volta sob uma forma torturada, que o assombra e que faz você procurar algum sucedâneo. Assim, aqueles que desconhecem a liturgia romana não ignoram o *Paradis Latin* [Paraíso Latino]. Falo do cabaré que fica na rua Cardinal-Lemoine, em Paris, a poucos passos da igreja de São Nicolau de Chardonnet. Ele foi construído por Gustave Eiffel ao mesmo tempo que sua torre, e ambos atestam seu fascínio por lâminas de chumbo. Os ônibus cheios de turistas não param de chegar: alemães, japoneses, clubes da terceira idade, comitês de empresa... Eles vão assistir ao espetáculo de revista *Paradis à la Folie* [Paraíso na Loucura]. Nele, moças dançam e cantam com maiôs de paetês, de preferência com os seios nus. Aliás, elas têm aquele peito que parece ter sido cultivado, saliente como um baixo-relevo, mas nunca volumoso demais, de maneira que suas piruetas e outras cabriolas nunca deixam ver o malabarismo desajeitado e súbito, semelhante a uma jovem galinha que foge, de uma mama descontrolada.

Os senhores ficam cobiçando aqueles maravilhosos frangos, e a direção alegremente lhes oferece, ao final do espetáculo, a oportunidade de saciar-se com uma *fricassée* de galinha ou com um *tournedos* ao molho Rossini. Eles querem estar com a cara calma e distante, mas, no fundo, para além daquela rigidez debaixo de sua cintura, é a palavra de Alá que os fustiga: eles vão voltar para casa perseguidos pelas imagens de um paraíso muçulmano.

Impossível escapar. Assim que você é posto para fora do Éden, o Éden sai em seu encalço. Você esquece os Céus, e fica obcecado por um azul de Ripolin. A República chama seu palácio presidencial de "Elísio". A Durex, graças ao "gel orgásmico Play O", coloca "o sétimo céu ao alcance da mão". Mas não se engane: o "Paradis d'une Femme" [Paraíso de uma Mulher] fica no número 222 do Boulevard Voltaire, no décimo segundo distrito de Paris, onde, "numa atmosfera das Mil e Uma Noites", ela desfruta do "Programa de Emagrecimento e Bem-Estar". Enquanto isso, o marido vai a Saint-Tropez, ao "Paraíso Porsche", que lhe oferece um circuito motorizado onde "correr no nirvana da velocidade". De fato, os grandes teatros de palco italiano sempre colocam à disposição dos pobres um "paraíso", que também chamamos prosaicamente de galinheiro. Quanto aos ricos, eles fogem para seu "paraíso fiscal", ilha de areia fina, respeitosa do segredo bancário, e cercada de tanta água turquesa que, bem antes de chegar ali, os refugiados se afogam.

2. De fato, a felicidade é o objetivo, o paraíso, o fim último. E, como diz Aristóteles, a causa final é a causa das coisas. É em função do fim que os meios são determinados. Por exemplo, quero alguma coisa para esconder meu baixo-ventre de maneira cômoda, e é por isso que procuro um tecido flexível e macio, algodão, digamos, dou-lhe um corte envolvente, como de uma calça, mas também, para que não marque demais a calça, uma elasticidade de roupa colada (portanto, o algodão deverá ser tramado junto com uma fibra extensível), e para que eu não tenha de baixar a certas circunstân-

cias da vida, a fim de passar rapidamente de marmota acomodada a lebre empedernida, será necessário fazer uma abertura e juntar mais tecido... Assim nasce a cueca. O essencial de sua fisionomia vem de sua finalidade. É em função dela que foram escolhidos matéria, forma e instrumentos. Mas por que inventar a cueca? A que fim último serve esse fim intermediário?

Perguntemos ao Sr. Verdeaux, por exemplo, cliente da nossa famosa sala de música, e cujo olhar se perde no tricotar de coxas do cancã: "– Por que a cueca, senhor Verdeaux? – Porque é mais prático. – E por que o senhor prefere o prático ao incômodo? – Porque gosto de alívio. – E por que o senhor procura lugares onde possa aliviar-se?". Em suma, fio na agulha, da cueca ao pássaro-lira, dos boxers ao cancã. O Sr. Verdeaux está constrangido por confessar que todas as suas escolhas, inclusive a de ir ao *Paradis Latin*, visam a aproximá-lo do paraíso mesmo. Eis o fino do fino, ou melhor, o fim dos fins. É ele que faz com que as pernas das dançarinas se movam, é ele que lança na bolsa uma nova ação, é ele que leva a construir torres gêmeas e impulsiona à sua destruição, ele que ordena o plano quinquenal e ele que pede o livre comércio. Todas as páginas publicitárias exibem um novo Éden. E também todas as revoluções sangrentas.

O paraíso talvez esteja em outro lugar. De todo modo, ele já está presente como força de aspiração. Ele pressiona nosso mundo, rompe o ciclo das satisfações animais, instiga-nos a procurar sempre além... Primeiro motor imóvel da história, ou último refúgio intangível da ilusão, utopia de um amanhã que legitima o massacre de hoje, ou recompensa de um julgamento que insta a obras de misericórdia, é ele o horizonte de todas as nossas esperanças, e a medida de todas as nossas decepções. Falar do paraíso, então, não é cair na arbitrariedade e promover a fuga? Talvez. Mas não tentar meditar sobre sua verdadeira natureza é entregar o terreno a todas as contrafações. Desprezar de início o paraíso celeste é dar livre curso a suas paródias terrestres. Ou, como observa Claudel com justiça, "quando o homem tenta imaginar o Paraíso na terra, isso logo vira um Inferno muito conveniente".[1]

De Ciclo em Flecha

3. Comecemos por uma constatação impressionante: temos uma tendência a opor paraíso e história; contudo, a ideia de História, com H maiúsculo (e até com uma bomba H), deriva do paraíso tal como pregado por judeus e cristãos. Não temos consciência disso por se tratar de algo que nos é extremamente familiar: desdenhando do judaísmo e do cristianismo, somos, apesar de tudo, seus herdeiros, e vamos vivendo graças ao que cai de sua mesa.

A ideia de um tempo orientado, com um começo e um fim, e de um certo progresso no meio, irrevogável, na verdade nada tem de evidente. Quando se trata de pensar o tempo longo, o modelo que imediatamente se apresenta a nossos sentidos é o da natureza: primavera, verão, outono, inverno; nascimento, crescimento, maturidade, decrepitude; e depois tudo começa outra vez. A roda das eras e das estações induz a uma visão cíclica da duração. Segundo os *Upanishades* indianos, o universo é sucessivas vezes fiado e desfiado pelo Princípio, como a teia pela aranha. No masdeísmo do Irã, o tempo é ritmado por três grandes atos – criação, catástrofe, separação – que se repetem em períodos de 12 mil anos (nós estaríamos no período da catástrofe, com certeza). Para os egípcios, bronzeados pela revolução do sol e também inundados pelas cheias sazonais do Nilo, "tudo é ciclo", e cada faraó inaugura uma nova era, que zera o calendário. Os estoicos afirmam o eterno retorno em que o cosmos é purificado pelo fogo antes de renascer de seus vapores. Quanto a Aristóteles, ele não teme defender em seu *Problema XVII* que não existe anterioridade nem posterioridade absolutas: no ponto da rotação do círculo em que

---

[1] Paul Claudel, *Conversations dans le Loir-et-Cher*. Paris, Gallimard, 1962, p. 24. (Coleção L'Imaginaire)

nos encontramos, podemos dizer que somos posteriores à guerra de Troia, mas, como a roda continua a girar, ele colocará novamente, depois de nós, aquela mesma guerra de Troia.

Essa grande rotativa pode continuar seu circuito infinito – até que o Céu caia sobre as nossas cabeças. Porque é exatamente isso que acontece com a Revelação de um Deus que salta sem retorno de pés juntos no tempo. A ambivalência do termo "paraíso" é uma pista disso. Efetivamente, nas religiões judaica e cristã, existem dois paraísos: um que foi perdido por culpa, e que não deve mais ser procurado, ao risco de enfrentar a cólera dos *querubins* que guardam sua entrada com uma *espada fulgurante* (Gênesis 3, 24); o outro, que é oferecido por acréscimo, e que deve ser, a partir de agora, acolhido, esquecendo-me do que fica para trás *e avançando para o que está diante* (Filipenses 3, 13). Sob esse aspecto, a religião do perdão é também a do irremediável. O paraíso celeste não é a restauração do paraíso terrestre. O que se perdeu não é reencontrado, antes cedendo o lugar a um outro, que faz dessa perda a ocasião de uma graça. Não é apenas como aqueles preciosos vasos Ming que por descuido foram quebrados em dois: os antigos chineses recusavam-se a colá-los de maneira invisível, como se nada tivesse acontecido, mas os reparavam realçando a linha da quebra como um fio de ouro. Então é como se o vaso mesmo, após ter sido completamente reduzido a caquinhos, tivesse sido refeito miraculosamente com uma presença mais vasta e um aspecto mais belo, mais impressionante, por assumir e superar o próprio irreparável: *vinho novo se põe em odres novos* (Mateus 9, 17). Assim, entre o jardim do Éden e a Jerusalém celeste estende-se uma linha de sentido único. Entre o perdido e o gracioso corre um rio sem refluxo. E querer voltar ao ponto de partida, negar a consistência da história, cobiçar o paraíso regressivo de sabe-se lá qual retratação irresponsável no útero da mamãe, é isso que a Lei proíbe, como um chute no traseiro. O Eterno diz a Abraão (que ainda não é Abraão): *Sai da tua terra, da tua parentela e da casa de teu pai, para a terra que te mostrarei* (Gênesis 12, 1). E, na hora da destruição de Sodoma e Gomorra – cuja planície é descrita precisamente como o *jardim do Senhor*, isto é, como uma suposta restauração do Éden (Gênesis 13, 10), os anjos ordenam a Lot: *Salva-te, pela tua vida! Não olhes para trás de ti nem te detenhas em nenhum lugar da Planície* (Gênesis 19, 17). Todo mundo sabe que, por ter desobedecido, a mulher de Lot foi transformada numa *estátua de sal* (Gênesis 19, 26): ela é congelada não apenas na forma de uma estátua, insensível ao passar do tempo, mas em estátua de sal, alimento conhecido por seu poder de conservação, mas que, se se torna conservador a ponto de negar o futuro, transforma um lugar numa terra queimada *onde nada cresce* (Deuteronômio 29, 22). É por isso que Jesus confirma a ordem: *Deixa que os mortos enterrem seus mortos; quanto a ti, vai anunciar o Reino de Deus.* [...] Quem põe a *mão no arado e olha para trás não é apto para o Reino de Deus* (Lucas 9, 60.62). A atração do Reino supõe a abertura irresistível do tempo.

4. Claro que antes havia céus e aléns. Mas eles não caíam neste mundo. Eles respeitavam os sincipúcios. Eles ficavam neste mundo ou em grande continuidade, ou em grande ruptura, e por conseguinte só exerciam sobre ele um impulso assintótico.

Para o que diz respeito à continuidade excessivamente grande, Alphonse Allais dá o exemplo perfeito do primitivo: "O paraíso, para mim, seria o terraço de um café de onde eu nunca iria embora". Um certo senso comum não diz outra coisa. O lá é concebido como o aqui. O cro-magnon sonha com um além cheio de caças ao mamute inebriantes e inofensivas. O esquimó vê nele focas dóceis numa superfície de gelo luminosa e morna como uma cobertura "polar". O farmacêutico normando, diante de um porto de Honfleur mais belo do que um Turner em brasa, senta-se em sua mesa reservada, saboreando uma inefável aguardente de cidra, mexendo com uma bela senhorita, discutindo com um ou dois amigos.

No que diz respeito à ruptura grande demais, é outro aspecto do senso comum que fala: o tempo nos manifesta uma tal impermanência das coisas, a morte uma tal decomposição, que este mundo, mutável demais, não poderia corresponder ao imutável do além. Ele não passa de uma ilusão que acabará por ser reabsorvida numa Luz absoluta, a única realidade. Assim, para Shânkara, o sono profundo é o estado mais próximo do Despertar, ao passo que o estado de vigília é semelhante a um sonho, porque nos entrega à multidão cambiante das sensações: "Essa faculdade de percepção que, no sono profundo, permite-lhe constatar: 'Não há nada a ver aqui', é idêntica à sua própria essência consciente".[2] Não é: "Circulando, nada a ver aqui", mas "Aqui não há nada a ver, pare aqui".

Esteja o além em perfeita continuidade ou em completa ruptura, a conclusão é a mesma: não há nada a modificar no curso coletivo do tempo, seja porque esse curso já é celeste, seja porque, considerando o objetivo, não há tanto interesse. Mircea Eliade constata com justeza:

> Aquilo que principalmente nos mantém nesses sistemas arcaicos é a abolição do tempo concreto, e por conseguinte sua intenção anti-histórica. Em último caso, deciframos em todos esses ritos e em todas essas atitudes a vontade de desvalorizar o tempo. Levados a seus limites extremos, todos os ritos e todas as atitudes caberiam no seguinte enunciado: *Se não prestamos nenhuma atenção no tempo, ele não existe...*[3]

Aqui o símbolo prevalece sobre o acontecimento. E, por consequência, a tradição imemorial encarregada dele pode impor sua inabalável hierarquia social. O rei deste mundo será sempre rei no além, e é por gentileza, para conservar sua posição, que suas esposas, suas concubinas e seus funcionários são enterrados vivos com seu cadáver. O brâmane e o intocável têm um lugar atribuído pelo *karma*: se um ou outro contesta sua casta ou sua exclusão, falta-lhe obediência, ele despreza o sagrado e passa ao largo de sua libertação nirvânica.

---

[2] Çânkara, *Traité des Mille Enseignements*, § 93. In Michel Hulin, *Qu'est-ce que l'Ignorance Métaphysique?* Paris, Vrin, 1994, p. 60.

[3] Mircea Eliade, *Le Mythe de l'Éternel Retour: Archétypes et Répétition*. Paris, Gallimard, 1949, p. 128.

O faraó tem as chaves da vida e da morte, e só ele pode distribuir concessões no céu: quem vai se meter em disputas com esse Ministro da Moradia eterno?

5. Mas eis que os judeus chegam de lugar nenhum, piores do que os extraterrestres. Eles explicam que o universo teve um começo e que vai acabar. Eles afirmam que o Eterno se revelou a Moisés e que o faraó tem de responder a ele. Eles pregam que não é a casta de nascimento que traz o paraíso, mas a justiça e a santidade realizadas até por um escravo raquítico. E eis a saída do Egito, menos uma divisão de águas do Mar Vermelho do que uma divisão entre um antes e um depois em torno de um acontecimento radical; menos mudança de espaço do que mudança de tempo. O ciclo se curva como um arco, sua corda se rompe, mas ele soltou sua flecha irreversível. O eterno retorno é dilacerado pela iminência do Messias. Logo vem Jesus, o Judeu infinito, e a tendência se radicaliza. O Messias vindo de maneira humilde nos ensina a permanecer na urgência de sua vinda gloriosa. *Eis o que vos digo, irmãos: o tempo se abrevia. [...] A figura deste mundo passa. [...] A caridade jamais passará* (1 Coríntios 7, 29-31; 13, 8). O anúncio se propaga como um rastro de pólvora e a terra inteira começa a queimar: *O dia do Senhor chegará como ladrão e então os céus se desfarão com estrondo, os elementos, devorados pelas chamas, se dissolverão e a terra, juntamente com suas obras, será consumida* (2 Pedro 3, 10). Os pagãos gritam diante do incêndio criminoso. Em nome das tradições ancestrais, só lhes resta denunciar a "quimera cristã": seus sectários são ateus, reclama o filósofo Celso, eles desprezam os ídolos e seus manes, o culto do Imperador, a harmonia do cosmos, as armas e ciclos...

Assim, a história entra na história de maneira assaz tardia. Foi preciso que o Eterno entrasse nela e levasse consigo todos aqueles deuses que *têm pés, mas não andam* (Salmo 115, 7). O céu a partir de agora pesa sobre a terra com toda a sua força. Ele a arrasta como um rio na cheia. Para que isso fosse possível, foi necessário que seu além se apresentasse ao mesmo tempo como ruptura mais radical e como continuidade mais profunda. A ruptura é efetivamente mais radical:

trata-se de passar da noite da fé à visão da glória. E a continuidade é mais profunda: é a mesma caridade que faz viver de uma margem à outra. Essa ruptura e essa continuidade se unem para engendrar o desencadeamento da história: a continuidade dá suficiente ocasião para que a ruptura dos Céus coloque o tempo fora de seus gonzos. *The time is out of joint.* Não é preciso bolha especulativa: a crise, isto é, a passagem de todas as coisas pelo crivo, torna-se o comum. Tudo tem de acontecer nesta vida, de maneira crítica, sem garantia de posição, nem recuperação. Que se dane o faraó. O intocável foi tocado por Deus. O tempo não é mais aquela roda que toda vez reconvoca suas castas imutáveis, mas sim, para o melhor e para o pior, uma missão universal de verdade e de amor. É uma lei nova da encarnação: agora, o esplendor do Céu atrai mais, e convoca ainda mais a que haja sobre a terra uma justiça sem precedentes.

Sob os Aterros da Política, a Praia da Teologia

6. A noção de paraíso não é portanto apenas religiosa e privada. Ela faz com que o mundo gire mais redondo. Ela coloca – sobretudo – a política em crise. Esta última tem por tarefa conduzir a multidão ao bem comum temporal. Mas como definir esse bem comum, senão relacionando-o ao bem eterno subitamente proclamado e distinguindo-o dele? Tente-se defini-lo em si, como um bem absoluto, e a política, em seu próprio anticlericalismo, inventa um novo clero com seus autos de fé e seus anátemas. Reconheça-se um bem absoluto no além, mas inteiramente privado, sem nexo com a esfera pública, e a política, abandonando qualquer profundidade, degrada-se em gerenciamento e se contenta em melhorar a domesticação e a engorda.

Essa é claramente a aporia: ou a cidade terrestre é confundida com a cidade celeste, e assim torna-se totalitária, ou a cidade terrestre é separada da cidade celeste, e então perde a bússola. Também, e pretendo fazer um inventário sucinto, são essas as diferentes reações que a irrupção do paraíso judaico-cristão suscita numa política como que fulminada. Peço desculpas de início pelo modo dialético de minhas palavras a seguir. Não se trata de modo algum de fazer uma nova "filosofia da história" a partir do eterno. As seis figuras de confusão e de separação que abordarei sucessivamente (cada qual subdividida em pelo menos duas formas antagonistas) poderiam perfeitamente ser encontradas na realidade em concreções híbridas e numa ordem totalmente diferente.

O essencial, mais do que congelá-la em ilustrações, é perceber o motivo oculto: a questão do paraíso não para de trabalhar a política. Benny Lévy julgava essa tarefa decisiva: "E se sob os aterros da política se ocultasse a praia da teologia? A tarefa do pensamento: caçar o *crypto*. A política é *crypto*-teológica".[4] Aquele que passou de Mao a Moisés não tem como não a entrever. A infraestrutura não deve ser procurada nas relações de produção, mas na maneira, no mais das vezes impensada, de considerar a relação da cidade de baixo com a Cidade do alto. Essa tese nos expõe outra vez à censura que Marx fazia a Hegel: seu pensamento anda de ponta-cabeça, é preciso colocá-lo de pé de novo. Mas podemos devolver-lhe a delicadeza: sem dúvida nenhuma, são os pés e não a cabeça que suportam a caminhada; mesmo assim, continua sendo o coração que a dirige.

Primeira Figura de Separação:
a Cidade Celeste Contra a Cidade Terrestre

7. No topo da lista: a "GNOSE de nome mentiroso", como a chama Santo Irineu de Lyon. O chamado do Céu nela é sentido de maneira tão forte que vaporiza a terra. Sob esse aspecto, constata-se uma certa diferença entre o Antigo e o Novo Testamentos: o primeiro fala bem menos, ou de maneira menos explícita, da Vida Eterna. O Antigo Testamento é de fato ordenado "não imediatamente para a

---

[4] Benny Lévy, *Le Meurtre du Pasteur, Critique de la Vision Politique du Monde*. Paris, Grasset-Verdier, 2002, p. 13.

vida eterna, mas para a vinda do Salvador prometido, o qual, após sua morte, abrirá aos justos as portas do Céu".[5] A Aliança é em primeiro lugar messiânica, e depois, com a vinda do Messias, ela se torna paradisíaca. Sem dúvida o Cristo é esperado para uma segunda vinda, mas não para o cumprimento da Lei – e sim para a consumação da glória.

É tentador fazer dessa diferença entre o Antigo e o Novo uma ruptura, e o célebre Marcião se esforça nesse sentido. O Antigo Testamento, com suas promessas temporais, seria um louvor a um sub-deus, um demiurgo mau, inventor e guarda deste mundo. O Novo, absolutamente novo, seria para a glória do Deus verdadeiro, o qual nos livra dos pesares terrestres e nos chama para si num Paraíso puramente espiritual. A Encarnação, se não é totalmente ilusória, em última instância aponta para uma desencarnação: o Excelsíssimo mergulha sua mão na sujeira para tirar dela a dura pepita de ouro. Somente o amor não passa. Os gnósticos guardam essa lição para dela concluir que o amor é contrário à lei que passa e que nos prende à moralidade deste mundo: "É efetivamente pela fé e pelo amor que somos salvos; todo o resto é indiferente; segundo a opinião dos homens, tal coisa é chamada de boa, ora de má, mas na realidade nada existe que, por sua própria natureza, seja mau".[6] Para dizer a verdade, este mundo é inteiramente corrompido, e é essa a razão pela qual é impossível discernir nele uma parte boa e uma parte má: como fazer uma triagem no excremento? O essencial é ser um pneumático, isto é, ter a centelha do espírito fixada nas coisas do alto. O resto pode banhar-se na sujeira. Isso pouco importa.

8. Convém distinguir uma gnose *puritana* e uma gnose *laxista*. Forçosamente, entre os pneumáticos que não querem rolar no chão, duas tendências se observam: o emagrecimento e a morte. Uns são os

---

[5] Pe. Réginald Garrigou-Lagrange, *L'Éternelle Vie et la Profondeur de l'Âme*. Paris, Desclée de Brouwer, 1950, p. 286.

[6] Doutrina gnóstica reproduzida por Irineu de Lyon, *Contre les Hérésies*. Tomo I, 25, 5, tradução de A. Rousseau. Paris, Cerf, 1991, p. 116.

campeões da ascese: exaltam a anorexia, comem pedra moída, usam calças de pregas, lavam-se extaticamente com um caco de vidro. Outros são especialistas em bebedeira: fazem banquetes todo dia, blasfemam enquanto peidam, não conseguem fartar-se uns das esposas dos outros, praticam o coito – por que não? – com animais (destacando-se a ovelha perdida).

Licenciosidade sem limites ou maceração sem fim, trata-se sempre de atestar uma existência esquizofrênica em que a carne está separada do espírito. "Fazendo-se no limite da saciedade escravos dos prazeres carnais, eles dizem pagar o tributo do carnal ao que é carnal, e o tributo do pneumático ao que é pneumático."[7] O verdadeiro abuso seria casar-se e ter filhos: os anjinhos ficariam presos na carcaça de um corpo perecível. Mas aquele que, por fraqueza, chafurdasse na torpeza conjugal, sempre poderia purificar-se emasculando-se, ou penitenciar-se numa orgia; e se, por infelicidade, em plena expiação, sua semente acabasse engravidando uma discípula, ele poderia fazer com o aborto uma omelete para compartilhar numa refeição eucarística.[8]

9. Entre todos esses celestiais, tenho um fraco por Carpócrates. Pierre Klossowski via nele um precursor de Sade. Toda a sua ética, contudo, era tirada de um verso do Sermão da Montanha: *Assume logo uma atitude conciliadora com o teu adversário, enquanto estás com ele no caminho, para não acontecer que o adversário te entregue ao juiz e o juiz ao guarda e, assim, sejas lançado na prisão. Em verdade te digo: dali não sairás, enquanto não pagares o último centavo* (Mateus 5, 25-26). Não é um apelo à reconciliação? Carpócrates entende aí uma exortação à revolta. Segundo sua exegese, o adversário é o diabo, o juiz é o Arconte que pesa as almas, e o guarda é o demônio encarregado de reencarcerar as almas nos corpos. Como sair do ciclo fatal desses renascimentos de enterros? Pagando até o último centavo:

---

[7] Ibidem, I, 6, 3, op. cit., p. 49.
[8] Santo Epifânio, *Panarion*, XXVI, 5.

As almas deverão, de todo modo, por meio de sua passagem por corpos sucessivos, experimentar todas as maneiras possíveis de viver e de agir – a menos que, apressando-se, elas realizem de uma só vez, numa única vinda, todas as ações que não apenas não nos é permitido dizer e ouvir, mas até as que sequer nos chegam ao pensamento.[9]

Trata-se de experimentar de tudo, de esgotar todas as possibilidades antes de poder chegar definitivamente ao Céu. Numa semana, você não para de insultar a Deus e de cuspir em seus sinais; na semana seguinte, você se confunde na mais submissa devoção. Numa semana, você vira defensor de uma liga da virtude; na semana seguinte, estupra as virgens que tinha coroado. Numa semana, você rouba os pobres; na semana seguinte, vira filantropo. Numa semana, você coloca a vida em risco para salvar o próximo; na seguinte, mata a sangue-frio o primeiro que aparecer. Não se trata de praticar todas as variações do assassinato: por estrangulamento, quebrando a cabeça, com um punhal, na barriga, entre as omoplatas, cortando a vítima em quatro pedaços, cortando-a em doze pedaços, executando-a com um pé só, de ponta-cabeça... Isso não teria fim. Carpócrates não seria assim tão estrito. Segundo toda verossimilhança, para ele, bastava colocar em prática o Decálogo, e depois executar o contrário: os dez mandamentos e depois os dez crimes, e a conta estaria certa.

Mas não nos enganemos: um projeto assim na verdade esconde a recusa de qualquer projeto terrestre. Querer provar tudo é não guardar o sabor de nada. O desejo de experimentar tudo antes de partir, tão difundido entre supostos hedonistas, está enraizado num niilismo: ser nenhum deste mundo tem profundidade ou consistência, e esse mundo mesmo não é mais do que uma prisão, porque todas as possibilidades prestam-se a ser atingidas.

---

[9] Irineu de Lyon, I, 25, 4, op. cit., p. 115.

Primeira Figura de Confusão:
a Cidade Celeste como Cidade Terrestre

10. O Evangelho está bem longe daqueles legumes extáticos e desses místicos ensandecidos. É verdade que *o fim de todas as coisas está próximo*, mas isso para que nos coloquemos *ao serviço uns aos outros, como bons dispenseiros da multiforme graça de Deus* (1 Pedro 4, 7-10). O Verbo se fez carne, ele arrebatou nossa carne até assentá-la à direita do Pai, de modo que agora, no mais alto dos céus, há dedões, um osso zigomático, uma vesícula biliar... Cuidado com a gnose, então. Consideremos o barro, então. O casamento é um sacramento. O paraíso celeste não deve desprezar a Terra. É preciso dar *a César o que é de César, e a Deus o que é de Deus* (Mateus 22, 21). Ora, como César é uma criatura, disso se conclui que é preciso entregar a Deus o próprio César. O papa Gelásio I (492-496) escreveu, numa carta a Anastásio, o César de sua época: "Dois poderes, augusto imperador, reinam sobre o mundo: o poder sagrado dos bispos e o poder dos reis. O poder dos bispos é mais importante do que o dos reis na medida em que os bispos terão de prestar contas no tribunal do Deus de todos os homens, inclusive dos reis".[10]

Aqui é forte a tentação de uma TEOCRACIA, a qual leva a forrar o capuz ou a reforçar a casula com uma cota de malha. Em sua condição terrestre, a Igreja é sempre militante: querê-la triunfante no século é confundir tempo e eternidade, naturalizar o sobrenatural, mundanizar o Espírito e, a pretexto de sacralizar a política, levar a uma secularização da religião. Caímos no *pontificalismo*. A Igreja é identificada com um Estado supranacional, ainda que alguns de seus príncipes façam de sua fé prostituta da razão de Estado. Se, em 866, em suas *Responsa ad Consulta Bulgarorum*, o grande papa Nicolau I insiste em três grandes pontos: a liberdade da fé, a interdição da tortura e o caráter essencialmente diabólico da guerra ("excetuando

---

[10] Citado por Guillaume de Thieulloy, *Le Pape et le Roi*. Paris, Gallimard, 2010, p. 103-04.

casos de necessidade"), alguns de seus sucessores, apreciando em excesso o poder temporal, esquecerão um após o outro esses pontos decisivos de seu magistério. Por ocasião da tomada de Damieta (1219), Inocêncio III mostra uma certa complacência em relação às cruzadas sanguinárias; Inocêncio IV (1243-1254), por necessidade da Inquisição, ratifica o uso da tortura pelo "braço secular"; quanto à conversão forçada sob ameaça de exílio, ela logo é praticada contra os judeus, exatamente como no caso das jovens católicas, que devem aceitar um casamento forçado ou ser obrigadas a ir para o convento (o que canonicamente supõe, tanto para aquele batismo como para esse matrimônio, que o padre celebra tão somente sua nulidade). Todas essas violências são exercidas em nome das almas, é verdade, a fim de que a Cristandade se instale sobre a Terra e nela irradie a paz do paraíso. Torquemada não tem nenhum outro desejo além dessa pacificação ardente:

> Um passo a mais, e o mundo está perdido. Mas estou chegando.
> Eis-me aqui. Levo comigo os ardores.
> Pensativo, venho soprar as fogueiras salvadoras.[11]

11. Com o tempo, o domínio faz com que você engorde. A vitória sobre o trono o deixa balofo. Uma vez que a Cristandade se sente à vontade no mundo, onde estão seus mártires? O bispo não passa de um notável. A fome de justiça se dissolve nos costumes cortesãos. A implacabilidade das fogueiras resvala no tráfico de indulgências. O negócio é fazer carreira na batina e obter os melhores benefícios. Essa teocracia pontificalista, como seu sal se torna insípido e seu açúcar dá nojo, acaba suscitando a reação de uma outra teocracia, de forma revolucionária: o messianismo. O monge Joachim de Flore sonha com um reino do Espírito que

---

[11] Victor Hugo, *Torquemada*. Primeira parte, ato I, cena 6.

vai suceder o reino do Cristo: nele, a *"Ecclesia clericorum"* será suplantada por uma *"Ecclesia contemplantium"*; a era de João marcará o fim da era de Pedro.[12]

Thomas Münzer entende isso como um chamado à revolução. No começo do século XVI, esse discípulo de Lutero, indo além do mestre, a quem passou a chamar de "Gordão", "Doutor Mentira" e "Senhorita Martinha", vem reivindicar uma Nova Igreja absolutamente igualitária, retornando "à Natureza e ao Paraíso": "A voz do Espírito Santo está em mim como o murmúrio de rios inumeráveis; sei mais dele do que se tivesse engolido cem mil Bíblias".[13] Ele se torna chefe da revolta camponesa e a transforma num exército de forquilhas e de malhos furiosos: "Quem quiser ser uma pedra fundamental da Nova Igreja tem de arriscar a cabeça!... Quem não quer o Cristo amargo, morrerá para ficar repleto de mel".[14] Na batalha de Frankenhausen, atrás do estandarte desse Messias da amargura, a "clara tropa cristã" é esmagada pelo exército dos príncipes. Balanço: a pedra fundamental foi decapitada, e entre os pobres houve 100 mil mortos.

12. Uma peça de Yeats conta uma aventura semelhante: um construtor de carroças alucinado por visões do alto lidera um bando de maltrapilhos num ataque à corja burguesa. No último ato, diante da casa incendiada que acabam de pilhar, ele é tomado por uma alucinação acústica: "Sem dúvida essa é a música do Paraíso. Ah, agora entendo, agora compreendo. Ela é feita do tilintar contínuo das espadas".[15] O Paraíso faz a guerra, não há dúvida nenhuma. Sua música ressoa na barriga flácida de nossas tagarelices. Mas trata-se

---

[12] Henri de Lubac, *La Posterité Spirituelle de Joachim de Flore*. Paris, Lethielleux, 1987, cap. I, p. 52. (Coleção Le Sycomore)

[13] Ibidem, p. 177.

[14] Ibidem, p. 178.

[15] William Butler Yeats, *La Licorne aux Étoiles*, in *Dix Pièces*. Trad. J. Genet, Paris, L'Arche, 2000, p. 157.

antes de tudo de uma guerra íntima consigo mesmo, e não de uma *jihad* dissipadora:

> Enganei-me quando tentei destruir a Igreja e a Lei. A batalha que devemos travar acontece em nossa própria alma. Há um momento luminoso, talvez uma vez em nossa vida, e nesse momento enxergamos a única coisa que importa. É nesse momento que as grandes batalhas são perdidas ou ganhas, porque então fazemos parte do exército celeste.[16]

Segunda Figura de Separação: a Cidade Terrestre ao Lado da Cidade Celeste

13. Diante do crescimento da teocracia, é necessário afirmar uma certa autonomia do poder temporal. Esse AUTONOMISMO pode tomar duas formas: uma, otimista e centralizadora; outra, pessimista e mercantil. A primeira pode ser chamada de *regalismo*. Ela se impõe, por exemplo, com Filipe, o Belo, que, em 7 de setembro de 1303, em Anagni, manda sequestrar Bonifácio VIII, acusa-o de heresia, e bloqueia as ambições políticas do soberano pontífice. Os legistas reais então teorizam o absolutismo. Eles afirmam que, de certo modo, há dois "Vigários do Cristo", um na ordem temporal, que é o rei católico, o outro na ordem espiritual, que é o papa em Roma. Ao rei cabe garantir o bem comum terrestre, sem prestar contas ao papa. Este deve pensar no paraíso celeste, deixando a preocupação da cidade de baixo inteiramente a outro, que, nesse campo, não tem ninguém acima de si além de Deus.

Acreditando nessa separação, a Inglaterra vai correr para o cisma anglicano, e a França também não consegue evitar a ascensão galicana. O rei católico de todo modo tem de enfrentar a Reforma. É difícil manter uma cristandade unida sob seu poder. Vêm as guer-

---

[16] Ibidem, p. 158.

ras de religião que, além da autonomia, vão exigir do rei que ele não seja mais muito católico. Pode-se até estimar que o absolutismo levado às últimas consequências conduz inevitavelmente à afirmação de uma autonomia total da política, a um nacionalismo anticatólico. O rei "catolicíssimo" seria então o precursor da Revolução Francesa. A "filha primogênita da Igreja" presidiria o funeral de sua mãe. Charles Péguy observa que tudo já está em germe na passagem do cavaleiro ao legista, de São Luís a Filipe, o Belo, da humildade do Céu à soberania da corte:

> Quando a Revolução Francesa decapitou a realeza, ela não decapitou a realeza. Ela só decapitou a modernidade. Foi um moderno que decapitou outro. No momento em que a realeza tornou-se comerciante, ela ia acabar encontrando quem fosse mais comerciante do que ela. E no momento em que se tornou "filósofa", fatalmente ia encontrar quem fosse mais filósofa do que ela. E isso foi justo.[17]

14. Como, depois da Reforma, não há mais acordo sobre o Evangelho, uma certa paz social supõe a desistência da ideia de estabelecer neste mundo uma justiça moldada no Céu. Duas ideias vão aparecer por meio do protestantismo e do jansenismo. A primeira é que a graça despreza a natureza: o reino de Deus existe nos corações; ele pertence essencialmente a uma terceira ordem, a da caridade, separada da ordem da razão e da ordem dos corpos. A segunda é que, como a humanidade está corrompida e é pequeno o número dos eleitos, Deus teve de organizar o mundo de tal maneira que os pecadores pudessem, involuntariamente, por sua "mão invisível", contribuir para o bem. A política deve então distinguir-se da ordem moral. Se essa desejaria proibir todos os vícios, aquela deve acomodar a maior parte

---

[17] Charles Péguy, "Note Conjointe sur M. Descartes", em *Oeuvres en Prose Complètes*. Tomo III, Paris, Gallimard, 1992, p. 1355. (Coleção Bibliothèque de la Pléiade)

deles. Nas palavras de Pascal, aí está a grandeza do homem: em ter sabido "tirar da concupiscência uma ordem tão bela".[18]

Em seu tratado *De la Charité et de l'Amour-Propre* [Sobre a Caridade e o Amor-Próprio], o jansenista Pierre Nicole afirma que o amor-próprio "esclarecido", mesmo que no outro mundo leve ao inverno, neste mundo produz os mesmos efeitos da caridade: a vaidade leva a dar esmolas, o orgulho a passar por mais humilde do que os outros, a covardia a tornar-se artesão da paz... Tamanha é a equivocidade entre o visível e o invisível, entre o ato exterior e a intenção, que o vício espiritual, que não tem lugar na cidade celeste, serve tão bem à cidade terrestre quanto a virtude. Assim, os dois reinos vivem um ao lado do outro, separados por uma divisória impermeável. A questão da fé tende a tornar-se uma questão privada, o direito público se separa de qualquer impulso no sentido do Julgamento de Deus, contentando-se em estabelecer um equilíbrio entre as cupidezes.

É essa a tentação do *liberalismo*.[19] Ela procede do "pavor da guerra civil" e tenta demolir aquilo que parece ser suas duas causas: o desejo de glória terrena e a pretensão de realizar o verdadeiro.[20] A figura do herói torna-se suspeita: será que ele não é movido pela soberba? A ele preferem a figura mais pacífica do comerciante. Quanto à religião, ela ainda é venerada – mas à parte. O que afastou a questão da salvação de qualquer evidência na sociedade não foi o ateísmo, mas uma teologia cristã da suspeita: somente Deus sonda os rins e os co-

---

[18] Pascal, *Pensées*. Ed. Le Guern, Paris, Gallimard, 1977, § 97.

[19] Sobre esse fundamento teológico do liberalismo, ver o excelente livro de Christian Laval, *L'Homme Économique: Essai sur les Racines du Néolibéralisme*. Paris, Gallimard, 2007, cap. III: "Le trafic général ou le grand paradoxe moral". Consultar também, apesar de alguns contrassensos devidos a uma visão psicanalítica limitada, Dany-Robert Dufour, *La Cité Perverse: Libéralisme et Pornographie*. Paris, Denoël, 2009.

[20] Sobre esse assunto, ver Jean-Claude Michéa, *L'Empire du Moindre Mal: Essai sur la Civilisation Libérale*. Paris, Flammarion, 2007, cap. I, p. 31. (Coleção Climats)

rações, somente ele sabe se mereço o céu ou o inferno. As únicas pistas do caminho do Paraíso estão no segredo de nossa alma. O bem celeste da graça nada tem em comum com o bem terrestre da prosperidade.

15. Kant justapôs resolutamente esses dois Reinos. Não recordamos o suficiente que o defensor do rigorismo moral é também partidário do liberalismo político. A ideia de um poder político moral ou religioso é a seus olhos uma contradição em termos, porque a política diz respeito aos atos exteriores, ao passo que a moral, que nos torna dignos do Céu, diz respeito às intenções secretas do coração:

> Vemos surgir certos projetos, diferentes segundo as épocas, e muitas vezes repletos de contrassensos, que visam a propor meios próprios para dar à religião, em todo o conjunto de um povo, mais pompa e ao mesmo tempo mais força. Diante desse espetáculo, difícil não exclamar: pobres mortais, nada em vós é mais constante do que a inconstância! Ora, façamos uma suposição. Admitamos que os esforços dessa sabedoria humana tenham de qualquer modo, no fim das contas, produzido frutos. Suponhamos que o povo mesmo se interesse, senão de maneira detalhada, ao menos de maneira geral pelo aperfeiçoamento de sua faculdade moral. Esse movimento não é imposto pela autoridade, ele nasce de uma necessidade real, de uma aspiração geral. Se é assim, não convém então deixar todas essas pessoas seguirem seus caminhos, deixá-las agir?[21]

Aqui reconhecemos a resposta do mercador Legendre a Colbert, ministro das Finanças de Luís XIV. Quando Colbert lhe pergunta: "O que podemos fazer para ajudá-los?", Legendre lhe responde simplesmente: "Deixe-nos agir." Ele era kantiano antes do

---

[21] Emmanuel Kant, "La Fin de Toutes Choses", in *Considérations sur l'Optimisme et Autres Textes*. Trad. P. Festugière, Paris, Vrin, 1972, p. 229.

tempo. A autoridade pública não poderia impor um comportamento moral e espiritual, uma vez que este seria da exclusiva alçada da vontade própria. Mesmo assim, não deveria ela regulá-lo? Kant fala principalmente de "deixar as coisas seguirem o curso que seguem atualmente". Na verdade, ele pensa que a justiça deve contentar-se em ser um ajuste. Em vez de uma política do bem comum, basta uma mecânica dos interesses individuais. É assim que a sociedade pode orientar-se "para a paz perpétua":

> O problema da instituição do Estado, por mais difícil que pareça, não é insolúvel, *mesmo para um povo de demônios* (desde que eles cheguem a um acordo) [...]. Esse problema não exige a melhoria moral dos homens, mas apenas saber como fazer girar em proveito dos homens o mecanismo da natureza, para gerenciar, no interior de um povo, o antagonismo de suas intenções hostis, de tal maneira que eles mesmos se constranjam mutuamente a submeter-se às leis do constrangimento, e assim produzam o estado de paz em que as leis disponham de força.[22]

Página extraordinária essa, em que, para produzir o único paraíso possível sobre a Terra, basta contrabalançar todas as vontades infernais umas com as outras.

Bernard de Mandeville, em sua *Fable des Abeilles* [Fábula das Abelhas], já promovia essa providência mecânica. Numa colmeia em que há mais patifes do que gente honesta, tudo concorre para a prosperidade geral:

> Cada indivíduo tinha toda espécie de vícios, mas o todo era porém um paraíso. [...] A harmonia de um concerto resulta de uma combinação de sons que são diretamente

---

[22] Emmanuel Kant, *Vers la Paix Perpétuelle*. Trad. J. F. Poirier e F. Proust, Paris, Flammarion, 2006, p. 105. (Coleção GF)

opostos. Assim, os membros da sociedade, seguindo caminhos absolutamente contrários, ajudavam-se como que por ressentimento.[23]

Os ladrões fazem o dinheiro dos avarentos circular. Os gulosos financiam a indústria alimentar. As coquetes salvam milhares de pobres contratando-os para trabalhar em suas frescuras. Os assassinos criam empregos na polícia. Por fim, o que seria da virtude de nossas filhas sem a prostituição? Imagine um bando de marinheiros desembarcando após diversos meses de abstinência oceânica: se o bordel está fechado, eles vão arrombar as portas e violar mulheres e crianças. O convento é protegido pelo bordel. A virgem, sem a prostituta, não ficaria virgem por muito tempo. A virtude de uns pressupõe os vícios de outros. Será então que o paraíso é cúmplice da geena?

Segunda Figura de Confusão:
a Cidade Terrestre como Cidade Celeste

16. Aquilo que distingue esse liberalismo da imoralidade pura e simples é que ele sempre tem em vista a prosperidade temporal e que ele, contrariamente a ela, apela a uma retribuição eterna: "Deixai viver, deixai morrer, no fim tudo concorrerá para o menor mal da Cidade terrestre e, no que diz respeito à Cidade celeste, Deus reconhecerá os seus". O paraíso se apresenta em primeiro lugar como proteção contra a concorrência egoísta. Ele acaba se tornando sua garantia. A hipocrisia generalizada, a injustiça social, a primazia do comércio sobre o heroísmo, essas três baixezas são admitidas em nome de uma verdade, de uma justiça, de uma glória indefinidamente transferidas para o futuro. Como não pensar, por conseguinte, que o Céu da religião não passa de uma fuga diante da grande piedade do mundo? Ainda mais quando as ciências experimentais, reduzindo todas as coisas

---

[23] Bernard de Mandeville, *La Fable des Abeilles*. Paris, Vrin, 1988, cap. I, p. 30.

a uma quantidade calculável e a uma matéria-prima a ser utilizada, parecem recusar a existência de um além.

Ernest Renan resume a nova figura que se desenha:

> Destruímos o paraíso e o inferno. Se fizemos bem, se fizemos mal, não sei. Não é possível replantar um paraíso, nem reacender um inferno. Não é preciso permanecer a caminho. É preciso fazer o paraíso descer a este mundo, para todos. E o paraíso estará neste mundo quando tomarem parte na luz, na perfeição, na bondade, e *por isso* à felicidade.[24]

Que nome dar a esse esforço humano de dar tudo a todos, senão o de TOTALITARISMO? Decliná-lo-ei segundo três ambições que correspondem às três baixezas mencionadas: Saint-Just se volta contra a hipocrisia; Marx, a injustiça social; Hitler, à vilania anti-heroica.

17. O primeiro dos três, o totalitarismo *moralizador*, revela o *pathos* mais generoso da Revolução Francesa: o amor pela virtude e o ódio da corte. Segundo Saint-Just, a rejeição da monarquia equivale a uma rejeição da hipocrisia. Os costumes monárquicos resumiam-se à etiqueta. São costumes de trejeitos e de máscaras. Quando são denunciados por um La Fontaine ou por um Molière, isso não passa de um lançar de uma máscara sobre outra: o logro do corvo[25] diverte os bajuladores, o ridículo de Tartufo provoca risos nos falsos devotos. "Se o ridículo é censurado", escreve Saint-Just, "somos corruptos. Se os vícios são censurados, somos virtuosos. O primeiro caso é o da monarquia, o segundo o da república." A monarquia se contenta com um retoque de pó branco. A república deve purgar nosso sangue de tudo aquilo que ele tem de impuro. Trata-se de abolir o reino das aparências. O Comitê de Salvação Pública faz-se tribunal do Juízo Final.

---

[24] Ernest Renan, *L'Avenir de la Science*. Paris, Calmann-Lévy, 1890, p. 330.
[25] Referência à fábula "O Corvo e a Raposa", de La Fontaine. (N. T.)

Infelizmente, a política só diz respeito àquilo que aparece no espaço público, e não àquilo que diz respeito ao santuário das almas. De um lado, o homem só pode julgar seu semelhante a partir de seus atos exteriores; de outro, ele não teria como torná-lo virtuoso valendo-se da força. Quanto mais ele julga comunicar a verdadeira virtude por meio da ameaça, mais ele reforça, no temeroso, as aparências da virtude. Desse modo, ele redobra a hipocrisia que pretendia remover. De tanto querer penetrar nos corações, eles fogem, e logo você fica com vontade de arrancá-los.

Para acabar com todas as máscaras, é preciso estar disposto a cortar as cabeças: "É a guerra contra a hipocrisia que transforma a ditadura de Robespierre em reino do Terror, e a característica desse período é a autopurgação dos dirigentes".[26] A máquina em que Saint-Just e seus colegas dão a partida inevitavelmente se volta contra eles. Será que quem fala de virtude com tanto ardor não tem nada a censurar em si mesmo? Ele se torna suspeito na medida em que sua pureza é muito chamativa. Sua pretensão de trazer o Juízo Final faz dele o primeiro a enfrentar esse Juízo.

18. Marx com justeza afasta do *socialismo* a questão do moralismo. A virtude tem a ver com a introspecção burguesa. O que importa é a igualdade material de condições. Mas aí também se denota a obsessão paradisíaca:

> A abolição da religião como felicidade ilusória do povo é a exigência que formula sua felicidade real. *Exigir que ele renuncie às ilusões sobre sua situação é exigir que ele renuncie a uma situação que necessita de ilusões. A crítica da religião é portanto em germe a crítica desse vale de lágrimas de que a religião é a auréola.*[27]

---

[26] Hannah Arendt, *Essai sur la Révolution*. Trad. M. Chrestien, Paris, Gallimard, 1985, p. 142. (Coleção Tel)

[27] Karl Marx, *Critique de la Philosophie du Droit de Hegel,* in Marx e Engels, *Sur la Religion*, textos escolhidos por G. Badia, P. Bange e E. Bottigelli, Paris, Éditions Sociales, 1960, p. 42.

Marx fixa-se na versão liberal do cristianismo. Nela, o paraíso celeste autoriza o *laissez-faire* terrestre. A fé, em vez de mover montanhas, resigna-se diante delas, como um vale de lágrimas. O desejo do Céu é portanto simultaneamente "expressão da angústia" e "protesto contra a angústia". Ele opera como um ópio: analgésico e alucinógeno, mascara o sintoma em vez de combater o mal.

O comunismo vai fazer o inverso... Sob sua ação, o sintoma se torna sempre mais doloroso, mas ele faz com que você entenda que isso acontece precisamente porque ele afastou o ópio e está atacando o mal pela raiz. Os sovietes fazem com que você primeiro experimente a miséria da sua situação? Eis o sinal mais infalível de que eles estão a curá-lo. Eles têm a receita do Éden verdadeiro: qualquer contestação seria uma recaída na ilusão. O essencial é crer no Partido. De resto, como a questão é realizar um paraíso na Terra, não seria normal estabelecer nela um inferno não muito distante? Contudo, fique tranquilo: em vez das chamas, são as neves da Sibéria.

19. Hitler também se julga socialista, mas leva o problema para uma *estética da força*. Aos trabalhadores da Terra do Nunca, ele prefere os cavaleiros da Floresta Negra. A perfeição não está mais na igualdade de uma sociedade sem classes, mas na superioridade de uma morte heroica. Quantas vezes, em sua juventude, ele se privou de comida para ir beber com os ouvidos e comer com os olhos *Lohengrin, Os Mestres Cantores de Nuremberg, Tristão e Isolda*? Ele conhecia de cor as repetições. Ele sonha com uma vida atravessada por esse sopro. Como ele confessa em 1939 a Winifred Wagner, nora do genial compositor, a ópera *Rienzi, o Último dos Tribunos*, ter-lhe-ia inspirado literalmente toda sua futura carreira.

Certos profissionais do teatro gostariam de realizar, por meio da ação política, uma vida social tão sublime quanto sua representação teatral: eles acham que são de esquerda, eles são essencialmente hitlerianos. Para Hitler, o paraíso a ser construído é em primeiro lugar música eficiente e arquitetura grandiosa. Ele o afirma em 1937 ao Congresso do Partido:

Como acreditamos na eternidade do Reich, ao menos na medida em que podemos calculá-la segundo critérios humanos, suas obras também devem ser eternas, isto é, não apenas pela grandeza de sua concepção, mas também pela clareza de suas linhas e pela harmonia de suas proporções, elas devem responder a exigências eternas. Nosso Estado não deve ser uma potência sem cultura, nem uma força sem beleza.[28]

É a preocupação com essa eficiência estética que liga os aspectos mais díspares do nacional-socialismo: a ciência eugênica e o mito do Nibelungo, o tanque rutilante e a *7ª Sinfonia* de Bruckner; Hugo Boss para vestir as SS e Himmler para instruí-las; as operações das *Einsatzgruppen* e as viagens da Filarmônica de Berlim; os guetos e os campos para exterminar judeus e ciganos, as pontes e os túneis (passando acima ou abaixo das novas autoestradas) para poupar cervos e porcos-espinhos.

Que o fogo se dirija especialmente para os filhos de Israel sinaliza a pureza utópica da intenção. Os judeus são anti-heróis: não porque fiquem confinados às vis profissões do comércio e das finanças, ou porque sua errância os impeça de estar em contato com as forças telúricas da pátria; mas porque, como Davi diante de Golias, eles creem menos na própria força do que no Nome do Senhor. Seu Êxodo é uma contra-epopeia. Sua realeza se apresenta como um desastre. O Templo mesmo só é construído na lembrança de sua vaidade e na iminência de sua destruição. Quanto ao judeuzíssimo Jesus, ele pede a Pedro que guarde sua espada, e ele mesmo se compara antes a um cordeiro do que a uma águia ou a um tigre. A presença dos judeus é uma espécie de *bug* na grande programação. Ela assinala esse rasgo na história, sua impossibilidade de fechar-se sobre si mesma, sua intolerável recalcitrância diante de todo esforço de totalização...

---

[28] Citado por Joachim Fest, *Les Maîtres du IIIᵉ Reich*. Paris, Grasset, 1969, p. 239.

Terceira Figura de Separação: a Cidade Terrestre Contra a Cidade Celeste

20. A experiência totalitária teve a vantagem de encerrar-nos esperanças edênicas. Vimos que, quando se trata de realizá-las politicamente, o desejo de uma verdade transparente leva ao Terror, a dedicação a uma justiça absoluta, ao Gulag, a aspiração à sublimidade heroica, à câmara de gás. Assim, o verdadeiro, o bom e o belo realizados perfeitamente por nossas mãos neste mundo – eis o que há de mais falso, de mais maligno, de mais abominável. Isso é recordado pelas garatujas de Ikonnikov, o "louco de Deus" de *Vie et Destin* [Vida e Destino]: "Onde se ergue a aurora do bem, morrem crianças e velhos, corre o sangue. [...] Tudo isso custou mais sofrimentos do que os crimes dos pilantras que praticam o mal pelo mal".[29] É o fim do Humanismo que destrói o homem concreto. A Grande Noite tem de dar lugar ao dia a dia:

> Existe, ao lado desse grande bem tão terrível, a bondade humana na vida cotidiana. É a bondade de uma senhora que, à beira da estrada, dá um pedaço de pão a um condenado que passa, é a bondade de um soldado que oferece seu cantil ao inimigo ferido [...] Essa bondade privada de um indivíduo para com outro indivíduo é uma bondade sem testemunho, uma pequena bondade sem ideologia.[30]

Quem não se comoveria com essas linhas? A recusa de todo grande projeto social sugere no entanto outra tentação paradisíaca, a de uma bondade imediata e sem futuro. Como ela afirma que tudo se consome no instante, podemos chamá-la de CONSUMISMO, o qual pode tomar dois caminhos, caso pretenda consumir os séculos

---

[29] Vassili Grossman, *Vie et Destin*, in *Oeuvres*. Paris, Robert Laffont, 2006, p. 342-43. (Coleção Bouquins)
[30] Ibidem, p. 344.

ou consumir a Terra: o consumismo do pós-revolução e o consumismo do hipermercado. Os dois estão mais próximos do que parece à primeira vista. Quantos jovens de 1968 não viraram publicitários? Nos dois casos, trata-se de um mesmo culto prestado ao imediatismo: o gozo e a mercadoria são fornecidos instantaneamente.

21. Maio de 1968, no que teve de mais profundo, é a epifania dessa impaciência. Trata-se, sem dúvida, de um movimento revolucionário, mas contrário ao processo da Revolução. Ele é *pós-revolucionário*. A questão não é mais esperar a canção dos amanhãs. Como saber, considerando a bomba atômica, se sequer haverá amanhã? É preciso cantar hoje. A primavera de maio brota do inverno nuclear. É um impulso que não espera mais nada do progresso. As evidências mostram que o progresso caiu num impasse triplo: tomamos uma nova consciência de nossa finitude enquanto espécie, da aberração das utopias partidárias, da mortalidade das civilizações. Aonde pode levar esse impasse (afinal, para a juventude, em seu frescor, assim como para as plantas selvagens que crescem nas frestas das calçadas, é preciso que ele leve a algum lugar)? Ao *hic et nunc*.

Toda separação entre presente e futuro, entre o aqui e o alhures tem de cair resolutamente. Essa queda é declarada por meio da primazia da rua, lugar de passagem, e da metamorfose das paredes em clamores apaixonados. Nos da escola Condorcet: "Uma revolução que exige que nos sacrifiquemos por ela é uma revolução à moda antiga". No corredor do grande anfiteatro da Sorbonne: "Não vamos reivindicar nada. Não vamos exigir nada. Vamos tomar. Vamos ocupar". Escada C do primeiro andar de Nanterre: "A perspectiva de gozar amanhã jamais me consolará do tédio de hoje". Na nova Faculdade de Medicina: "Aproveitai aqui e agora". Enfim, perto de um elevador da Sciences Po: "Decreto o estado de felicidade permanente", *slogan* que tem o mesmo sentido de outro, aparentemente contrário, não distante dos banheiros da Sorbonne: "Dane-se a felicidade. (Vivam)". Essa nova arte parietal outra vez proclama o desejo primitivo e irreprimível do paraíso. Que é esse estado de felicidade perpétua e imediata, senão o postulado da consumação dos séculos, o sonho de pôr os pés na Cidade de que fala o Apocalipse (21, 22-23), o Reino em que não há mais templo, nem sol, nem lua, nem lágrimas, nem ladrões, nem noite?

O espontaneísmo de maio não passa de sua antecipação transviada e desolada. A liberdade humana é efetivamente exercida na deliberação, não na espontaneidade: o único instinto do homem é sua razão que tateia, ainda que, a partir do momento em que pretende ser espontâneo, ele se deixa levar pelas mais baixas determinações. Além disso, é o próprio Epicuro quem nos ensina que o prazer imediato não é o melhor, porque ele pode conduzir a uma dor futura, e nos levar a perder, na falta de uma mediação racional ou tradicional, um prazer maior. Aí estão os amanhãs que desencantam.

22. A esse consumismo espontaneísta opõe-se diretamente o consumismo do hipermercado. Os dois lutam no mesmo terreno, o da pós-ideologia e do prazer imediato. As paredes de maio têm uma estranha semelhança com os painéis do grande comércio. É o mesmo imperativo categórico que neles se expõe: "Beba Bem!", "Durma Pesadão!", "Compre a Carne no Carninha!", "Com Zebulgaz, dogmatize seus limites!"[31]: todas palavras de ordem cuja essência é "Aproveite o aqui e agora".

Mercadorias do mundo inteiro aparecem magicamente nas prateleiras. Esquece-se de que, para comer, é preciso a pecuária, a pesca, a agricultura. Fica-se com a impressão de que tudo vem das profissões de serviço. A embalagem multicor dissimula a escravidão deslocalizada, e o consumidor francês pode não ver que seu paraíso repousa sobre um suplício chinês. Tudo está ao alcance da mão ou de dois cliques. Os corredores do Leclerc, as arborescências da loja na web querem abrir um caminho para o jardim das delícias. Por que suas "celofanias" são tão fascinantes para nós? Porque o consumo não é um materialismo, mas uma espiritualidade do desapego.[32]

---

[31] *Slogans* publicitários forjados por Valère Novarina.

[32] Aqui retomo algumas análises de William Cavanaugh, *Être Consommé*. Paris, Éditions de l'Homme Nouveau, 2007.

A velha cristaleira da vovó Robert, o cavalo de madeira da tia-avó Úrsula, a biblioteca do tio-bisavô Paulo, todos os seus móveis, seus livros já lidos, seus bibelôs que passarão de geração em geração não interessam ao consumidor. Ele não se apega às coisas. Ele paga, consome e descarta. Sua mobília vem da Ikea. Seus objetos de valor foram adquiridos por ele mesmo. Aquilo que se deve mostrar não são eles, mas seu próprio poder. E o poder de compra é o exato contrário de um sentido de uso. Ele consiste naquela inconsistência que permite passar de um artigo a outro no supermercado, de um assunto a outro no jornal das oito, e dar a sensação de que se é soberano de toda-mercadoria.

Recentemente, um "antigo alto funcionário", armado de um dicionário de citações e de uma conexão à internet, ficou obcecado com a ideia de escrever um *Guia do Paraíso*: as diferentes versões do além tal como apresentadas pelo cristianismo, pelo judaísmo, pelo islã e por alguns outros fornecedores são listadas, sopesadas, comparadas segundo seus rótulos mais comuns, mas a partir de qual balança superior? Procedendo assim, o autor afirma ser neutro, mas desde o início ele escolheu seu Céu: o do cliente-rei, que não permite que haja nada além dele, e que quer reduzir tudo à defesa do consumidor, ao catálogo da La Redoute e ao modo de usar.

Terceira Figura de Confusão:
Celeste e Terrestre numa Mistura com Desconto

23. Ao contrário do desapego dos antigos místicos, esse desapego consumista não tem como propósito apegar-se ao princípio de toda criatura. Ele corre para o ser, mas para o nada. O consumidor, desprezando a duração e a resistência das coisas, não se permitindo ser tomado de gratidão diante daquilo que se dá e que não tem preço, torna-se um sujeito sem mundo. Ele habita acima de um universo de brochuras e do lixo doméstico, no principado do vazio (e até do vácuo). Além disso, como não há mais regra transcendente para orde-

nar seu poder de compra e reconhecer no real um caráter não negociável, em suma, como ele não consegue mais ser, ele se permite ser possuído. Ele é convocado a também tornar-se mercadoria. A não ser mais do que matéria-prima para a indústria, adequada para a fabricação do Novo Adão. Ele acaba se consumindo a si mesmo. Haverá algo mais imediato do que um festim autófago?

A miséria do vácuo então pede por um novo depósito repleto de sonhos. No fundo, é o homem que não vai bem. Escangalhado desde o princípio. Incomodado por seus próprios genes. Essa marionete já teve seu tempo em cena e seus gestos já não nos divertem mais. Inútil transformar suas condições de vida se ele mesmo não é transformado: é como tentar pintar uma rosa mostrando o adubo. A velha lenda do pecado original não nos enganaria nem um pouco se nos falasse desse veneno que corre em nossas veias e se transmite por nosso próprio sangue. Dante cantava a necessidade de "transumanizar".[33] Trata-se exatamente disso. Contudo, não é de um Deus que se vai esperar essa graça, cabendo a nossas próprias forças fabricá-la. O transumanismo será sem dúvida menos "trans", uma vez que sairá de nossas mãos. Mas, como seu objetivo é acabar com o homem, ele na verdade nos levará ao PÓS-HUMANO. Dois caminhos se abrem diante dessa grande mutação.

24. Em primeiro lugar, o pós-humano tal como projetado pela técnica. Seus adeptos lhe deram o nome deveras explícito de *paradise-engineering*. Essa engenharia do paraíso acontece em primeiro lugar por meio do virtual, que é uma primeira superação do desapego consumista. Logo pensamos na Arcádia dos jogos de *arcade* e em outros estimuladores de aventura. Contudo o virtual já pode ser encontrado no nostálgico que vive entre os cromos de uma época finda, no cinéfilo que só sai da cama por Bergman e por Kubrick, ou ainda no escritor que trabalha o desejo da Plêiade: sua própria cadeira não passa de um local de passagem; o

---

[33] Dante, *Paraíso*, I, 70.

corpo verdadeiramente glorioso seria o livro que leva sua palavra em papel-bíblia, com capa de couro e fios de ouro, como se as folhas não fossem jamais cair no esquecimento. A juventude é de certo modo mais lúcida quando se entrega às orgias informáticas: ela sente a iminência de uma destruição total e, devidamente desesperada por seus pais, não enxerga outra saída além de atordoar-se. Os títulos de alguns jogos falam por si próprios: *Time Crisis* [Crise do Tempo], *World of Warcraft* [O Mundo da Arte da Guerra], *Dead Space* [Espaço Morto] (que pertencem, aliás, ao gênero de simulação que os especialistas denominam *survival horror* [horror na sobrevivência])...

As tecnologias hápticas prometem combinações integrais que, com as da visão e as da audição, simularão a sensação do tato. Você poderá abrir em si novos orifícios, prolongar falos tentaculares que também serão lança-foguetes, viver e morrer diversas vezes para rir na pele pixelada de todos os heróis possíveis. Uma recente *História do Espaço de Dante à Internet* constata com muita justeza:

> Os prosélitos atuais do ciberespaço apresentam seu domínio como um território idealizado, além das vicissitudes do mundo material. [...] O ciberespaço não é em si uma construção da religião, mas é possível compreender esse novo mundo digital como uma tentação de criar um *ersatz* tecnológico do céu cristão.[34]

Guy Débord já observava em *La Societé du Spectacle* [A Sociedade do Espetáculo]:

> A técnica espetacular não dissipou as nuvens religiosas em que os homens tinham colocado seus próprios poderes, separados deles: ela apenas os associou a uma base terrestre.

---

[34] Margaret Wertheim, *The Pearly Gates of Cyberspace. A History of Space from Dante to the Internet.* New York, W. W. Norton, 1999, p. 18.

Assim, é a vida mais terrestre que se torna irrespirável. Ela não recua mais para o céu, mas abriga em si sua recusa absoluta, seu paraíso falacioso.[35]

Os jogadores não se deixam enganar por completo: em seu linguajar próprio, aquele que se torna cativo do computador é chamado de *no-life* [sem vida].

25. E enquanto seu avatar realiza seus feitos, sua verdadeira roupagem se esparrama na poltrona. É por isso que a engenharia do paraíso acaba internalizando todos esses problemas externos. Eis o super-homem. Seu arquétipo? O peixe dentro d'água. A menos que seja a máquina-ferramenta com peças sobressalentes. Em que, efetivamente, reside sua perfeição? Numa perfeita adaptação ao mundo. E qual o modelo dessa adaptação perfeita? O mexilhão, por exemplo, ou a britadeira. O primeiro possui tudo de que precisa para uma vida plena e tranquila sem antidepressivos: tem o mar e o rochedo. A segunda corresponde exatamente à tarefa que se lhe atribui: foi expressamente fabricada para ela. Assim, um super-homem é necessariamente um "sub-homem": ele tão somente estende de maneira desmesurada um poder horizontal, e nenhuma angústia e nenhuma alegria o rasgam de alto a baixo.

Quanto à sua imortalidade, não levo muita fé nela, porque essa imortalidade será hipotecada ou pela obsolescência ou pelo extermínio. Produto tecnológico, o super-homem conhecerá a rápida decrepitude dos objetos tecnológicos: cada "nova geração", como a das máquinas, forçosamente suplantará a anterior – uma década, um ano, quiçá um mês, e o imortal vai para a lata de lixo. Aliás, imaginem só a ascendência de uma sogra não muito mais velha do que sua nora. Imaginem o enorme complexo de Édipo em relação

---

[35] Guy Débord, *La Societé du Spectacle*, in *Oeuvres*. Paris, Gallimard, 2006, § 20, p. 771. (Coleção Quarto)

a um pai que fabricou você e que não morre. Uma imortalidade como essa só levaria a uma concorrência assassina. Seria preciso, para torná-la tolerável, uma caridade sem medida. Uma caridade que capacita a morrer pelos outros...

26. Segundo caminho para o pós-humano, aparentemente oposto ao anterior, mas que se combina com ele para que o homem entre na fileira: a *deep ecology* [ecologia profunda]. Ao além técnico, ela opõe seu aquém. Contra a última utopia, ela propõe a velha Arcádia. Estamos sufocados pelos artefatos. É preciso retornar à natureza. Preferir o biscoito de tofu ao chucrute enlatado William Saurin, praticar o biomagnetismo e a macrobiótica entre uma colherada de Elixir do Sueco e uma unção de Bálsamo do Tigre, não colocar crucifixo em casa porque atrapalha o feng-shui, tratar os animais como irmãos e seus irmãos como porquinhos-da-índia...

La Fontaine punha os animais para falar para ensinar uma rude moralidade humana: hoje, fazemos os homens falarem para inculcar uma bestialidade bovina. As novas histórias para crianças não param de mostrar caçadores malvados cercados de animais selvagens adeptos da não violência. O ano de 1942 é recordado pela criação de Bambi, ao passo que a Conferência de Wannsee, onde se reuniram tantos inimigos da vivissecção, pouco a pouco some das lembranças. O éden ecologista, assim como a utopia técnica, projeta uma saída radical da história e da cultura. Sua obsessão com a saúde natural lhe impõe uma frivolidade extrema de viver. Ela também quer seu mutante, mas este é um mutante regressivo. Ela insinua outra solução final: as crianças são um peso para o ecossistema – os 7 bilhões de *sapiens sapiens* no planeta são um excesso, e não há "30 milhões de amigos"[36] que bastem. Eis seu projeto para um jardim luxuriante: os corpos humanos darão um excelente adubo.

---

[36] *"Trente Millions d'Amis"* ["Trinta Milhões de Amigos"] é o nome de um programa de TV e de uma fundação dedicados à proteção dos animais na França. (N. T.)

O Paraíso como Ideia Reguladora e como Catástrofe

27. Uma vez que se feche o panorama de nossas fúrias em busca do paraíso perdido, é permissível outra vez percorrê-lo. Suas figuras são mais lógicas do que cronológicas. Algumas são recorrentes, como aquelas que associamos à teocracia, por intermédio do fundamentalismo "evangélico" ou muçulmano. São hidras que se enfrentam, se acasalam, se bajulam, se decapitam e renascem com nova pele. São talvez outros mil bastardos que o futuro nos reserva e que não conseguimos discernir. Depois que a Boa Nova do Reino foi anunciada a todas as nações, as sociedades tornaram-se instáveis, as tradições estão fora de si mesmas, a roda da fortuna saiu do eixo e está rolando para sabe-se lá qual precipício. Na mesma medida em que não fascinou nossos corações, o Céu não para de nos cair sobre a cabeça.

E nossa pobre humanidade nos parece um besouro que não cessa de bater contra o vidro ou de arder no fogo: sempre renovando seu choque e seu voo. Será que a intenção paradisíaca só realizaria "infernos convenientes"? Como evitar o fechamento totalitário e também a explosão liberal? Como não solidificar esse paraíso que nos possui numa ideologia, nem dissolvê-lo numa distração? Não haverá um ponto de equilíbrio entre Céu e Terra que possa conter essas guinadas fatais?

28. Daquilo que precede é preciso concluir duas coisas contrárias: 1º O bem comum temporal não pode ser confundido com o bem comum eterno, ou a política (ou a religião) se fecharia num projeto totalitário. 2º O bem comum temporal não pode ser separado do bem comum eterno, ou a política (ou a religião) resvala num *laisser-faire* assassino. Estamos numa enrascada. Mas contrário não é contraditório. Nem separar nem confundir, é distinguir para unir.

O paraíso, ainda há pouco um sonho terrorista, pode aparecer como ideal regulador – desde que fique de lado, como um além que esclarece e que ordena a vida presente. Se a flor julga ser o Sol, torna-se ridícula e é reduzida a cinzas; se, inversamente, ela julga poder dispensar seus raios, ela murcha e apodrece; mas se, ao mesmo tempo que tem ideia da infinita distância, ela se permite ser suscitada e elevada por ele, então participa da sua glória da irradiação de suas pétalas. É assim que a ideia de paraíso se torna a condição da responsabilidade política. De um lado, ela leva a política às suas justas proporções terrestres (antitotalitarismo): de outro, ela a faz irradiar-se, ordenando-a para a verdadeira justiça (antiliberalismo).

Esse limite e essa ordenação, sem dúvida, produzem uma espécie de desequilíbrio. Mas quem disse que o equilíbrio absoluto podia ser realizado aqui embaixo? Era essa precisamente a pretensão das seis figuras percorridas anteriormente: nos prender por nossas pernas e nos amarrar a nossas asas. Mas a verdade é que, entre uma asa nascente e uma perna incerta, não paramos de cair. O homem só é especificado pela postura ereta para poder distinguir-se melhor ao escorregar e ajoelhar-se. Enquanto ele não está no paraíso, seus apoios só podem ser parciais, suas quedas frequentes, sua caminhada só pode progredir por acaso. Sua postura mais adequada? Mancar como Jacó após seu combate com o anjo...

29. Para entender o primeiro desses dois pontos (levar a política às suas devidas proporções), podemos retomar aquela tese de *Vie et Destin*, citada anteriormente (os folhetos de Ikonnikov) como comentada por Emmanuel Lévinas:

> A "pequena bondade" que vai de um homem a seu próximo se perde e se deforma quando tenta organizar-se e universalizar-se e sistematizar-se, quando quer-se doutrina, tratado de política e de teologia, Partido, Estado e mesmo Igreja. Ela, porém, permanecerá o único refúgio do Bem no Ser. Invicta, ela enfrenta a violência do Mal que, pequena bondade, não conseguiria nem vencer, nem afastar. Pequena bondade que vai apenas de um homem a outro, sem atravessar os lugares e os espaços em que

se desenrolam acontecimentos e forças! Utopia notável do Bem, ou segredo de seu além.[37]

Lévinas não nega a necessidade de um poder político, coordenando a multidão e assegurando-lhe certa segurança, prosperidade e cultura. Mas esse poder, em sua própria justiça, deve reconhecer que não é *a* Justiça, e não arrogar-se a planificação do Bem. O essencial está menos nas altas questões discutidas no Conselho de Ministros do que na pequena cena que acontece atrás do palácio presidencial, onde, por exemplo, um rapaz oferece a uma menina uma flor de dente-de-leão. A maior tarefa do Conselho de Ministros é garantir que essa oferta de dente-de-leão sempre possa acontecer. E isso porque o Bem se apresenta essencialmente na proximidade do face a face e na intimidade do coração a coração – os quais tornam o beijo com que a jovem responde algo maior do que o crescimento do PIB.

Mas não corremos outra vez o risco de uma apologia da esfera privada e da indiferença liberal? O que fazer para não resvalar no léu de um deixar-viver cúmplice do deixar-morrer? Onde encontrar sobretudo a coragem desse Bem diante do colapso de todos os progressismos e do horizonte de uma extinção de nossa espécie inumana e humana? É aí que reconhecemos o quanto nossa época é formidável. Seu desastre permite a aurora de um desejo mais alto. Cada vez mais parece politicamente necessário que existe no meio dela algo como uma sinagoga ou uma Igreja, radicalmente distinto do Estado, sem qualquer outra força além da verdade de seu testemunho e da vulnerabilidade de suas testemunhas, anunciando que o amor concerto do próximo é a única coisa "eterna" e ministrando uma esperança que começa exatamente onde não há mais esperanças. E essa Igreja seria uma instituição, mas a instituição de um buraco, de um buraco escancarado, a falha do amor, a brecha sobre um Céu que excede a terra iluminando-a.

---

[37] Emmanuel Lévinas, *Entre Nous*. Paris, Grasset, 1991, p. 242-43.

30. Se a instituição do buraco impede a política de fechar-se em si mesma, também a manda não se resumir a um vil negócio (nosso segundo ponto: "Ordenar para a verdadeira justiça"). O paraíso nesse sentido é a catástrofe, no sentido grego do termo. Ele realiza essa conclusão terrível, porque é indissociável da noção de Juízo. Não que haja de um lado o Juízo e de outro o Céu: o Céu mesmo é que nos julga e nos interroga: "Que fizeste com a verdadeira alegria?". Ele ergue, sobre o drama inteiro da história, essa luz plena em que as ações dos homens, mesmo as mais secretas, serão reveladas à plena luz do dia (um dia que realiza a grande noite em vão ambicionada pelas revoluções). É isso que observa outra vez Emmanuel Lévinas, no começo de *Totalité et Infini* [Totalidade e Infinito]: "O escatológico, enquanto 'além' da história, tira os seres da jurisdição da história e do futuro – ele os suscita em sua plena responsabilidade, e a ela os convoca".[38]

Aquilo que faço escondido aqui, o paraíso enxerga. Assim, ele me chama a uma bondade radical e concreta. Não a projeção longínqua de um plano quinquenal, nem a uma conformidade de folha morta ao espírito do tempo, nem a uma encenação em que a mão esquerda, exaltando a mão direita, a leva a crispar-se sobre suas próprias obras, mas a exigência do coração e o encontro do outro para nos conduzir ao Eterno segundo os caminhos que só ele conhece. Nesse sentido, o paraíso não mais aparece como fuga para outro lugar ou modelo da utopia, mas como acolhimento daquilo que existe segundo uma luz que nos ultrapassa. Seu além exige a bondade aqui e agora, sem aparato e sem completude, sem esperar a sanção publicitária do mundo, nem pretender compreender o mistério da salvação. Essa exigência é discreta. O ruído do século facilmente a recobre. Ela murmura no fundo da alma como o soluço de uma fonte.

---

[38] Emmanuel Lévinas, *Totalité et Infini*. Paris, Livre de Poche, 1990, p. 8.

SEGUNDO MOVIMENTO
Dos Além-Mundos ao Interior[1]

O paraíso está espalhado, eu sei,
a tarefa terrestre é reconhecê-lo,
as flores disseminadas pela parca grama,
mas o anjo sumiu, luz
não mais súbita do que sol poente.

Yves Bonnefoy, L'Adieu [O Adeus]

Aquela que Passa e Aquilo que Não Passa – Dois Exemplos

1. Que significa a crença num mundo melhor? Que este mundo aqui, por uma consequência necessária, não é bom o suficiente. Essa crença aparece então como produto do ressentimento. Sua esperança é tão somente o rosto aceitável de uma assustadora ingratidão.

A menos que seja exatamente o contrário. Esse mundo é tão bom, apesar de suas calamidades, que está prenhe de uma vida nova, semelhante à mulher em trabalho de parto: sua beleza, desfigurada pela dor, remete a outra coisa, e aí está o sinal de que ela não é estéril...

Que pensar então dessa crença? O Céu ilumina a terra ou a enche de sombra? Se ele se proclama em sua esmagadora majestade, ela

---

[1] Há no título original, *"Des-à l'Arrière-Pays"* um trocadilho intraduzível. A expressão *"arrière-monde"* é de *Assim Falava Zaratustra*, de Nietzsche; a versão em português aqui foi tirada da tradução de Mário Ferreira dos Santos (São Paulo, Logos, 1954). *"Arrière-Pays"* significa o interior, mas sempre em relação a algum ponto de referência, como uma cidade, e aparece em maiúsculas no original. (N. T.)

parece diminuída; se ele não se revela em filigrana, ela parece infecunda. Se creio nele, torno-me ingrato para com ela; se não creio, nela não percebo nenhuma aurora. Será a fé no paraíso que tira a cor deste mundo? Ou, ao contrário, será ela que reconhece nele uma irradiação? Na árvore, ela sempre dá notícia do pó que virá? Ou ela adivinha a brasa no mais negro carvão?

2. Dois exemplos simétricos, tirados de duas lendas adversas. O primeiro, da *Legenda Áurea*; o segundo, da *Lenda dos Séculos*. Os dois mencionam o encontro com uma mulher belíssima. Os dois a situam nos limites entre a morte e a vida. Mas qual recebe melhor o brilho desta terra? É isso que vamos decidir.

O primeiro exemplo está na Vida de São Josafá, versão cristã da vida de Buda. Josafá, príncipe da Índia, tornou-se cristão e deseja ser monge. Seu pai real usa cem estratagemas para levá-lo de volta ao paganismo ou ao menos para garantir a sucessão. Uma noite, no quarto do filho, ele introduz uma jovem princesa "de beleza extraordinária". Josafá fica tocado, percebemos, e se começa a pregar imediatamente o Evangelho, é para silenciar a pregação silenciosa de seu corpo. A jovem lhe responde com sutileza: "Se você quer me impedir de adorar os ídolos, case-se comigo". Ela recorda que os patriarcas, os profetas e até São Pedro eram casados. Josafá lhe contrapõe seu desejo de permanecer virgem: "Então", retruca ela, "mas se você quer salvar minha alma, conceda-me um simples pedido que farei: deite-se apenas essa noite comigo, e prometo que serei cristã quando o dia raiar. Porque, como você diz, se há no céu alegria por um pecador que faz penitência, não é devida uma grande recompensa ao autor de uma conversão?"[2] A beldade sabe como falar a um jovem cristão cheio de zelo. Ela acrescenta a seus argumentos físicos encantos deveras teológicos. Prometer uma conversão ao fim de uma noite na cama, a proposta tem algo de sedutor

---

[2] Jacques de Voragine, *La Légende Dorée*. Trad. Roze, Paris, GF-Flammarion, 1967, tomo. II, p. 421-22.

e, se podemos repetir *in petto*, de convincente, porque a cama não é tão distante do confessionário.

Josafá está tomado de vertigem diante do duplo abismo: a salvação daquela alma, o desejo daquele corpo, tudo conspira para que ele se jogue. Então ele usa de violência contra si, começa a orar com lágrimas, e o Altíssimo, comovido com seu combate, dá-lhe o favor de uma visão celeste:

> Ele se viu levado a um campo florido, onde um vento doce fazia as folhas das árvores ressoar com acordes encantadores, ao mesmo tempo que enchia o ar de perfumes inefáveis; naquelas árvores, estavam suspensos frutos admiráveis à visão e deliciosos ao paladar. Ele via ainda cadeiras cobertas de ouro e de pérolas colocadas aqui e ali, camas resplandecendo com os mais preciosos panos e ornamentos, e riachos que corriam com uma água limpíssima. Dali ele foi levado a uma cidade cujas muralhas eram de ouro fino e brilhavam maravilhosamente, e nelas coros celestes cantavam um cântico maravilhoso, jamais escutado por nenhum ouvido mortal.

Depois os anjos mostraram, fedido e sujo, o lugar onde ficavam os condenados. Josafá viu o suficiente para recuperar a firmeza. O fim da história deixa isso claro de maneira atordoante: "Ao acordar, a beleza daquela jovem lhe parecia mais repulsiva do que o excremento".[3]

Não é essa a expressão da negação tantas vezes censurada nos cristãos? A beleza do alto lhes serve para desprezar a beleza deste mundo. O desejo sensível torna-se desastre espiritual, a jovem menina em flor, menos do que esterco. O "glória a Deus" é dirigido ao firmamento, mas isso é só um jeito melhor de dizer "dane-se o mundo". E o suposto Céu dos humildes aparece como um jeito de menosprezar todas as coisas com um orgulho perverso.

---

[3] Ibidem, p. 422.

3. Na comparação, a aventura contada por Victor Hugo nos parece muito mais piedosa em relação às bondades desta terra. A mulher, aliás, não é colocada em cena como pagã que traz a tentação, mas exatamente como cristã que presta socorro. E que socorro! O tio do poeta conta sua história: ele é soldado, tem 20 anos: crivado de balas na batalha, é transportado, moribundo, para a ambulância. O médico que tira sua roupa descobre em seu bolso quartetos galantes dedicados a Chloris: "É um pagão", diz. A enfermeira, irmã de caridade, se benze. O doutor não tem gaze para atar o ferimento: "Panos! Ou em uma hora ele vai morrer!" Mas eis que ele é chamado por outras urgências e abandona o jovem agonizante. Fica só a religiosa, que exclama a meia-voz:

"Se morrer, será condenado, o pobre ímpio!" –
Ela tirou o lenço e fez um curativo.
Entregue em cuidados ao desconhecido,
não percebia seu seio então despido.
Eu, reabrindo os olhos... – Ó, musas da Sicília,
dizei em que eu pensava, coisa difícil![4]

O tio de Hugo fica curado subitamente. E menos por causa da bandagem da ferida do que pela ereção do desejo. Na mesma medida em que, em *Voragine*, as palavras artificiosas da tentadora levavam direto ao inferno, em Hugo o seio nu da enfermeira opera uma espécie de ressurreição. Aqui as graças sensuais não são desprezadas. Os coros celestes são ouvidos num decote. Não há necessidade de um paraíso num lugar diferente desse mundo, onde a carne feminina é capaz de atiçar a alma...

4. E, mesmo assim, quando olhamos mais de perto, os sinais de nossas duas histórias ficam trocados. A de Josafá subentende a seguinte admissão: para contrabalançar os encantos de uma mulher,

---

[4] Victor Hugo, "La Soeur de la Charité", in *La Légende des Siècles*. Paris, Classiques Garnier, 1950, vol. II, p. 209.

é preciso nada menos do que o esplendor do Céu. A do tio de Hugo deixa escapar a seguinte confidência: para que apareça uma nudez tão transtornadora, é preciso nada menos do que a caridade preocupada das almas. Em seu contraste, a primeira confirma as maravilhas da Terra, e a segunda manifesta a exigência do Paraíso.

Sem a exigência do Paraíso, de fato, o acontecimento erótico não poderia ter acontecido: o profundo pudor da freira não teria existido, nem sua ingênua transgressão cometida na esperança de evitar a condenação de um pagão. Inversamente, sem as maravilhas da Terra, a visão paradisíaca tornar-se-ia inútil: teria bastado ao asceta concentrar-se em suas mortificações. São Josafá tem, de certa maneira, necessidade da beleza de sua tentadora como degrau para que seu fascínio se manifeste em toda a sua força sobrenatural. E Dom Juan precisa da piedade de Dona Elvira como se fosse um alvo para que sua sedução se envaideça de ter sido mais forte do que a graça.

Céu e Terra são portanto menos inseparáveis do que parece à primeira vista. Eles se chamam mutuamente como fundo e forma, promessa e cumprimento, lei e violação. Antes de competir, eles contrastam um com o outro.

Nietzsche e os Além-Mundos

5. De onde vem, de todo modo, essa ideia de Céu? De que experiência terrestre ela derivaria? Não é preciso procurar muito longe. A derivação procede de uma deriva evidente: a rosa murcha, a meia desfia, a próstata incha, a sanha do tubarão não é apaziguada pelas negociações pacifistas, o câncer de cólon não é afastado pela poesia; assim, mais do que aceitar um mundo desse jeito, ficamos sonhando com a rosa imarcescível, a meia inrasgável, uma próstata gloriosa, um tubarão membro da liga dos direitos do homem, um câncer que vira animal doméstico. Reino em que *o lobo habitará com o cordeiro* (Isaías 11, 6) e a flatulência soará como uma melodia de flauta...

Assim, Nietzsche estima que os membros do coro do além são todos mais ou menos dispépticos. Sua "vida interior" não passa de uma compensação imaginária da vida ruim de seus órgãos internos. Eles não digerem os alimentos terrestres. Eles ficam com problemas no estômago. Então, como não possuem barriga sólida, inventam uma alma imortal. E, como não suportam as carnes gordurosas, sonham com uma carninha angelical. Sua páscoa espiritual é apenas a sublimação de um bom trânsito intestinal. Seu "outro mundo" não passa de um "além-mundo", onde eles poderiam ocupar a boca de cena que sua impotência lhes veda neste mundo:

> Crede-me, meus irmãos! Foi o corpo que desesperou do corpo; que apalpou com os dedos do espírito extraviado as últimas muralhas.
>
> Crede, meus irmãos! Foi o corpo que desesperou da terra, que ouviu falar o ventre do ser.
>
> [...] Enfermos e moribundos foram os que desprezaram o corpo e a terra, os que inventaram as coisas celestes e as gotas de sangue redentoras; e, até esses doces e lúgubres venenos eles os tiraram do corpo e da terra![5]

6. O alto é fabricado com o que há de mais baixo. É de uma crise de loucura que a fé pode nascer. É do espírito de vingança que pode brotar a caridade. Ela é pregada pelo fraco para desarmar o forte e rebaixá-lo a sua neurastenia, sob pena do castigo infernal:

> Dante engana-se grosseiramente, creio, quando, com uma ingenuidade assustadora, coloca a seguinte inscrição aci-

---

[5] Friedrich Nietzsche, *Ainsi Parlait Zarathoustra*, cap. I, "Ceux des Arrière-Mondes". A tradução usada é a de Mário Ferreira dos Santos, "Dos Crentes em Além-Mundos", p. 50-1. (Ver a primeira nota do capítulo.) (N. T.)

ma da porta de seu inferno: "O amor eterno também me criou". Seria ainda mais adequado colocar acima da porta do paraíso cristão e de sua sempiterna "beatitude": "O *ódio* eterno também me criou", supondo que uma verdade pudesse figurar acima da porta que abre para a mentira![6]

Pode-se odiar o irmão ou o próximo, isso não é nada diante da esperança cristã, que leva a odiar o universo inteiro, uma vez que ela consiste em dizer não àquilo que está aqui em nome de um lá que não passa de um "nada celestial". No pensamento de Nietzsche, o paraíso só pode ser o coroamento do ódio. A religião, assim como a metafísica, ao promover uma "realidade" oculta mais real do que as coisas tangíveis, nos arrastou para essa "história lamentável": "O homem procura um princípio em nome do qual pode desprezar o homem; ele inventa um outro mundo para poder caluniar e sujar este mundo; de fato, ele só consegue apreender o nada, e faz desse nada um 'Deus', uma 'Verdade', chamadas a julgar e a condenar esta existência".[7]

A essa fuga impossível para o vazio, Nietzsche opõe a figura trágica de Dioniso. Trata-se de dizer SIM ao mundo, de aquiescer à vida por inteiro, até naquilo que ela tem de mais assustador: "Sereis os defensores e os justificadores de tudo o que é efêmero...".[8] "O trágico não é um pessimista, ele diz *sim* a tudo aquilo que é problemático e terrível, ele é *dionisíaco*..."[9] Esse *amém* às coisas tais como são dadas tira do dionisíaco a lógica da carência e o leva para a da superabundância. Procurar a felicidade seria desertar da alegria aqui e agora. Seria o procedimento digno de um rabugento e de um moribundo. Ele não tem interesse para aquele que, como a criança, transborda

---

[6] Idem, *Généalogie de la Morale*. Primeiro Tratado, § 15.

[7] Idem, trad. G. Bianquis, *La Volonté de Puissance*. Paris, Gallimard, 1947, vol. 1, livro 1, § 210, p. 103.

[8] Idem, *Ainsi Parlait Zarathoustra*, cap. II, "Aux Îles Fortunées" [Nas Ilhas Bem-Aventuradas]. Trad. Mário Ferreira dos Santos, op. cit., p. 115.

[9] Idem, *Crépuscule des Idoles*, p. 104.

da vida: "O desejo de 'felicidade' caracteriza os homens parcial ou totalmente 'incompetentes', os impotentes; os outros não pensam na 'felicidade', sua força tenta *gastar*-se".[10]

7. No fundo, aquilo que Nietzsche reclama, e que lhe confere toda a sua aura religiosa, é uma gratidão sem reservas e uma oferenda sem retorno. Nisso ele se aproxima do santo verdadeiro. E, para além de Dioniso, ele recorda aquele que é o *Amém* (Apocalipse 3, 14), que foi *unicamente sim* (2 Coríntios 1, 19), e que *se fez pobre, embora fosse rico para vos enriquecer com sua pobreza* (2 Coríntios 8, 9). (Não é sem razão que, em sua loucura, Nietzsche assinou diversas cartas como "Dioniso, o Crucificado".) Sua grandeza, como a de todos os verdadeiros materialistas, provém desse esforço para acolher o dado sensível com uma alegria selvagem, sem jamais ceder à ilusão de um além-mundo que viesse difamar o nosso.

Essa dimensão *eucarística*, no sentido etimológico de "ação de graças", é provavelmente aquilo que fundou meu nietzscheísmo naquilo que ele podia ter de sincero. Ainda hoje ela me ordena a ser fiel a ele, e me faz temer o caráter amargurado e rabugento de certos crentes, às vezes mais ingratos para com o Criador do que aquele "anticristo" que procurava amar a criação inteira tal como apresentada a nosso olhar. Proust indica essa possibilidade de um ateísmo mais religioso do que o desprezo pelo mundo que encontramos em alguns devotos autoproclamados: "Poder-se-ia até dizer que o mais elevado elogio de Deus está na negação do ateu que acha a Criação perfeita o suficiente para dispensar um criador".[11]

8. Mas o paradoxo que serviu para denunciar o paraíso cristão volta-se imediatamente contra o amém nietzscheano: se a esperança, segundo ele, tinha seu princípio no ressentimento, sua gratidão sem defeito tem sua conclusão na crueldade, e, portanto, seu princípio está, sem dúvida, num ressentimento de segundo grau. Afinal, seria preciso

---

[10] Idem, *Écrits Posthumes*, citado por Georges Bataille, *Mémorandum*, in *Oeuvres Complètes*. Paris, Gallimard, 1973, vol. 6, p. 246.

[11] Marcel Proust, *Le Côté de Guermantes*, op. cit., tomo. II, p. 343.

dizer sim a tudo e inclusive àquilo que esconde em si o não, à violeta de Parma e à cólica renal, à música de Bizet e ao estupro de uma criança, a Zaratustra e ao "último homem" sem que isso pudesse vir a assumir um outro sentido:

> O ser mais transbordante de vida, o dionisíaco, deus ou homem, compraz-se não apenas no espetáculo do que é enigmático e assustador, mas ama o próprio assustador, e todo luxo de destruição, de transtorno, de negação; a maldade, a insanidade, a canalhice lhe parecem permitidas em virtude de um excesso de forças criadoras que o tornam capaz de fazer do deserto um solo fecundo.[12]

Que é esse luxo de negação que seria permitido ao dionisíaco e proibido ao cristão? A compaixão dele tinha sido desqualificada em razão de sua crueldade subjacente; por que o *sim* dele seria marcado pela mesma motivação? Será que aquele que se torna cúmplice daquilo que arruína as criaturas diz verdadeiramente *sim* àquilo que é?

Contudo, na passagem que acabamos de citar e que leva o sim até a comprazer-se no horror, devemos observar um deslize, quase um remorso, como se Nietzsche confessasse que a injunção de viver aqui e agora nos leva a não parar por aí. De fato, o sim ao deserto não se contenta com o desértico: ele faz "do próprio deserto um solo fecundo". O excesso de força atribuído ao dionisíaco toma emprestado da força que o salmista atribui ao Eterno: *transformou o deserto em lençóis de água* (Salmo 107, 35). Friedrich Nietzsche, filho de pastor, nascido no presbitério de Rocken, cita a Bíblia como quem respira, sem perceber. E como essa citação lhe vem desde a semiconsciência do berço, ele consegue ouvi-la com mais frescor do que aqueles que a recobriram com uma morna rotina. O "vale de lágrimas" não é o lugar de uma secura, mas de uma fecundidade. E é exatamente isso que diz a passagem de onde veio essa expres-

---

[12] Friedrich Nietzsche, *Le Gai Savoir*, V, § 370.

são: *ao atravessar o vale da sede* [*in valle lacrimarum*, segundo a *Vulgata*] *eles os transformaram* em oásis (Salmo 83, 7). Não temos aqui, no próprio Nietzsche, o vislumbre de uma esperança que faz passar das trevas à luz?

9. O pensamento de Nietzsche, por ser em primeiro lugar inimigo do niilismo, é certamente passagem obrigatória de qualquer devida consideração do paraíso. Todos os teólogos ficam obrigados a responder sua crítica decisiva: por que a promessa de uma vida eterna não é a desvalorização de nossa vida no tempo? E a resposta deles tem de partir dos três postulados sobre os quais se funda essa crítica e mostrar por que, ainda que tenham sido mantidos por cristãos bem--intencionados, esses postulados são eminentemente discutíveis.

O primeiro dentre eles é que a experiência do sofrimento estaria na origem da ideia paradisíaca como compensação nervosa. Mas o que é um paraíso que não passa da negação do sofrimento? Defini-lo assim não leva a negar-lhe todo esplendor positivo? Analgésico óbvio, ele não seria mais do que a privação de uma privação. E seu conceito se destruiria por si mesmo. É essa a razão por que seria preciso perguntar se o sentido do paraíso não nasceria antes da experiência da alegria. Mais profunda do que o mal que as assalta, seria a beleza das coisas que abriria em nós essa fissura, como uma chaga feliz.

Segundo postulado: a ideia de um paraíso estaria associada ao "pensamento de outro lugar e de outro jeito"[13], invulnerável na medida em que se apoiaria no negativo, impossível de verificar por experiência. Mas por que ele não se fundaria no aqui e no assim mesmo? E se fosse a Terra mesma que escondesse o Céu como o bulbo enlameado tão improvavelmente esconde o jacinto? E se fossem as coisas tais como são que exigissem sua glória? A esperança não seria mais uma deserção ressentida, mas o acolhimento do mais puro presente. Ela só floresceria na gratidão.

Terceiro postulado: o paraíso seria apenas o completar de uma carência, e, portanto, o horizonte dos "incompetentes", dos cansados e dos mesquinhos – um sonho de esparadrapo que só teria valor para

---

[13] Clément Rosset, *L'École du Réel*. Paris, Éditions de Minuit, 2008, p. 127.

o impressionável obcecado por seus arranhões, e não para o bravo cavaleiro endurecido por cada golpe que recebeu. Mas isso seria justamente falar do paraíso com mais verdade do que deduzir que ele é mais o espaço de uma oferenda do que um travesseiro carinhoso. Em vez de compensar uma carência, ele libera um excesso, ele aprofunda uma capacidade de dispensa divina.

A Transcendência na Casa do Tio Raimundo

10. Esse preconceito segundo o qual Deus e seu paraíso seriam pistas falsas e implicariam por si o desprezo de nossos dias profanos, sem dúvida procede do seguinte: muitos imaginam que a transcendência só se encontra no excepcional e no raríssimo. Ela seria um orgasmo de luz. Uma grande lavagem espiritual. Algo que só seria dado a um pequeno número de eleitos e que seria vedado aos proletários da alma. Nunca a veríamos na mercearia da esquina. Não sentaríamos ao lado dela na praça.

Diante dessas esquivanças, forçosamente começa-se a duvidar do cotidiano: "Se eu pudesse agarrá-la num êxtase permanente, essa maldita transcendência! Mas preciso tomar uma ducha, colocar o casaco que minha mãe me deu e ir no almoço de família na casa do tio Raimundo...". Depois, como não é possível duvidar muito do cotidiano o tempo inteiro, acabamos duvidando da própria transcendência: "Por que ela não está perto do altar ou no ermitério? Por que ela não me segue até o banheiro? O que é que a impede de me acompanhar na cozinha ou no metrô? Ela é orgulhosa, eis a verdade". Tanto num caso como no outro, a transcendência é confundida com uma exterioridade. Ela está fora da vida cotidiana. Se bem que a vida cotidiana, ofendida, só pode mesmo colocá-la para fora. Ela a acha desdenhosa demais. Ela não vai mais convidá-la.

11. Mas talvez tenha havido um engano a seu respeito desde o começo. Era necessário tê-la olhado com mais atenção, aquela atenção que Malebranche chama de "oração natural" e que as coisas realizam por sua súbita presença. Porque, na verdade, "a transcendência é a coisa

mais ordinária do mundo".[14] Ela é talvez a "arlesiana",[15] mas também pode ser perfeitamente encontrada em qualquer arlesiana, isto é, igualmente em uma "puteoliana" ou numa "falsaburguesa". Ela está até na papoula, na roda de bicicleta, no tio Raimundo. Sua conversa pode ser aflitiva, mas ele está ali, o indizível de suspensório, o mistério avermelhado e que sua, e basta que você transfira sua atenção da inanidade de suas palavras para o poema inconsciente de sua existência para que a tediosa banalidade de vê-lo se transforme num fulgurante milagre. Sua corpulência, em que o queixo e o peito caem como se fossem de cera derretida e resfriada não é mais viva do que uma estátua de Michelangelo? O velho catarro que ele não para de reciclar no tonel taurino de sua garganta não produz ruídos mais desolados do que os primeiros acordes da *Chaconne* de Bach? Ele não lhe disse "Bom-Dia"? Ele não levantou o braço, revelando sob a axila a única auréola que ele reivindica? Mesmo que ele não creia nem em Deus, nem no diabo, o fato mesmo de que ele decide agir é um enigma. Enigma não apenas de seu ser sem por quê, aqui, diante de você, suspenso sem fio nem rede acima do nada, mas também enigma de uma ação deliberada que supõe uma esperança inextirpável. Porque, se a esperança não estivesse em Raimundo – fome de aproximar-se da felicidade tão real quanto sua fome pelo frango com tomate, pimentão e presunto que ele engole de mão cheia e de boca oleosa – por que ele faria ainda um gesto, por que até ele não comeria uma outra asinha?

"O homem passa o homem", diz Pascal, e Nietzsche: "A grandeza do homem consiste em ser uma ponte e não uma meta; o que se pode amar no homem, é ele ser uma ascensão e um declínio".[16] Assim, Rai-

---

[14] Yves Bonnefoy, *"Une Experience du Monde"*, entrevista com Patrick Kéchichian, *Le Monde – Dossiers & Documents*, n. 43, abr. 2004.

[15] Em francês, *"l'Arlesienne"*, expressão que remete a um conto de Alphonse Daudet e que se refere a um personagem do qual se fala mas que nunca aparece. A arlesiana é a mulher que vem da cidade de Arles. (N. T.)

[16] Friedrich Nietzsche, *Ainsi Parlait Zarathoustra*, "Prólogo", p. iv. Trad. Mário Ferreira dos Santos, p. 24.

mundo transcende Raimundo. Para quem quiser olhá-lo direito, o tio é uma epifania – ofegante e corada, é verdade, mas ainda assim uma epifania. E pouco a pouco sua sala de jantar, coberta por um papel de parede pintado com folhagens imbecis e empoladas pode soltar as amarras, ventilar-se como o tombadilho de um navio que parte.

Com Yves Bonnefoy: o Interior

12. Além dos além-mundos secretados pela amargura, Yves Bonnefoy reconhece um Interior entreaberto pela contemplação. Os esplendores arquiteturais de Bizâncio não são necessários para percebê-lo; basta uma peça de louça para o maravilhamento: "Por que esses pratos de prata, ou de estanho? Deles vêm reflexos tão simples, tão desprovidos de inveja, de matéria, parece até que eles falam de um limiar, iluminado".[17] Os objetos mais simples, em sua superfície mesma, parecem abrir uma passagem. O abrir e, ao mesmo tempo, o fechar. Porque essa passagem é sugerida ao sábio, mas de modo algum se abre diante de seus pés.

No barco que caminha sobre as ondas, vejo as ilhas de Lérins, e, sob o calmo sol de outubro, e, além dessa costa a exibir sua juba sobre as rendas de espuma, atrás das primeiras árvores que parecem fazer-me um sinal de acolhida com suas folhas, pressinto a clareira onde viver, amar, morrer sem dúvida, mas para viver novamente num perpétuo encantamento. E, no entanto, uma vez que eu desembarque, meus passos pelas aleias bordadas de flores limitam-se a evitar o limiar que eu estava prestes a cruzar. Não é que a ilusão se dissipe. É a realização que sofre um adiamento sem fim. A ilha em que penetro ainda é tão somente uma margem cintilante. A clareira a que chego torna-se outro limiar. Assim, os envolventes perfumes das giestas e do tomilho, que reclamam à minha memória uma inencontrável memória da infância, os cantos do pintassilgo e da gaivota reorganizam o espaço segundo a abscissa e a ordenada de suas alegrias contrárias, as videiras vindimadas

---

[17] Yves Bonnefoy, *L'Arrière-Pays*. Paris, Gallimard, 2003, p. 23. (Coleção Poésie)

cujas folhas enrubescem sobre a cepa e parecem oferecer-me um gole de um segundo vinho de chamas, a velha torre de calcário branco que serve de sentinela entre os dois azuis do céu e do mar e que parece espreitar a hora em que o horizonte se abrirá como uma tampa sobre a aurora sem declínio, tudo reitera a promessa, tudo repele a realização.

O Interior se interioriza à medida que avanço. O suceder dos seres repete a iminência de uma revelação que não acontece. Depois sou tomado pelas preocupações de hospedagem, do horário das refeições e das missas, das crianças que devem ser mais vigiadas do que admiradas como brasas vívidas, e meus olhos ficam embaçados mais rápido e por mais tempo do que tinham ficado límpidos. Então posso dizer com o poeta: "Ali, após dois passos no caminho que não tomei e no qual já avanço, sim, foi ali que se abriu uma terra de essência mais alta, onde eu poderia ter ido viver, e que agora perdi".[18] Mas essa terra mais alta, poderia ela existir num plano cadastral? Será que ela ocupa uma região do espaço? Será que se pode falar exatamente de um outro lugar? Não, porque tudo acontece aqui mesmo, e se eu estivesse em outro lugar, as coisas aconteceriam do mesmo jeito. Essa experiência do Interior oferecido e negado não diz respeito a um desejo de coisas distantes, nem de um sonho de evasão, porque ela acontece, na verdade, dentro de uma suave proximidade com o real. É no momento em que acolho o aqui e agora que o aqui e agora me convida a um outro lugar que não se encontra em outro lugar, e a um a-vir que não está no que virá: "Não me apetece sonhar com cores ou com formas desconhecidas, nem com uma superação das belezas deste mundo. [...] Aqui, dentro dessa promessa, é que fica o lugar".[19]

Assim, não é nossa amargura, mas nossa atenção para as coisas mesmas, que parece prometer sua assunção gloriosa. Por menos que as olhemos, que as escutemos, que as respiremos com um coração vazio, elas nos aparecem, na angústia e na alegria, e mais ainda na alegria

---

[18] Ibidem, p. 9.
[19] Ibidem, p. 10.

mesma, como que no sofrimento de seu paraíso. Diante do rosto de minha filha, desfigurado pela doença, espero o lugar onde o mal não vai mais nos atingir; mas, diante de seu rosto transfigurado pela cascata de seu riso ou pelo simples abandono do sono, vislumbro mais ainda esse lugar, e é por tê-lo percebido primeiro nessa alegria transtornante que a tristeza me faz então desejá-lo com tanta ferocidade: "... então o invisível e o próximo se confundem, o outro lugar está por toda parte, o centro talvez a dois passos; estou há muito tempo no caminho, não é preciso mais do que uma curva para ver as primeiras muralhas, ou para que eu fale com as primeiras sombras...".[20] Uma curva? Outros dirão que é preciso uma conversão. Pouco importa. O essencial é recordar que, nos dois casos, nossas próprias forças não serão suficientes.

13. Para Bonnefoy, contudo, o sentido dessa experiência mostra-se indecidível: "Fico intimado pela esperança, ou pela ilusão".[21] Ao brilho percebido superpõe-se uma outra lucidez, que é a da morte (mas talvez a mesma fulgurância que ilumina seja a que fulmina). A presença das coisas e nossa presença em relação a elas se revela como uma palavra que se oferece mas que nem nós nem elas chegamos a segurar. Ela promete o Interior, e nós só conseguimos enxergar as cercanias.

Se deixamos de lado suas reticências quanto ao encontro da "velha plumagem, felizmente derrubada, Deus" – "palavra da tribo" a que Mallarmé não soube "dar um sentido mais puro" –, Yves Bonnefoy nega ao paraíso judeu ou cristão o poder de *realizar* o Interior, e isso por pelo menos três motivos. O primeiro é que esse paraíso lhe parece apesar de tudo cúmplice do "refugo gnóstico". Sem dúvida ele viu, por meio das pinturas de Giotto, Masaccio ou de Piero della Francesca, que esse paraíso tem a ver com o mistério da Encarnação, e que por conseguinte ele se opõe à "força de excarnação"[22] que opera na gnose antiga. Mas o que pode existir fora desse universo feito de átomos em movimento? "Eu, cio-

---

[20] Ibidem, p. 18.

[21] Ibidem, p. 17.

[22] Ibidem, p. 65.

so de uma transcendência, mas também de um lugar onde ela tenha suas raízes, confiro a isto, 'vã forma de matéria', a qualidade do absoluto..."²³

Segundo motivo, esse paraíso tornaria menos afiada a ponta da morte. Bonnefoy aqui enxerga um embate entre Baudelaire e Dante pela definição do ato e do lugar da poesia:

> Assim, Dante, que a perdeu, vai *nomear* Beatriz. Ele chama sua ideia por essa palavra, e pede aos ritmos, às rimas, a todos os meios de solenidade, um meio de erguer para ela um terraço, de construir para ela um castelo de presença, de imortalidade, de retorno. Toda uma poesia vai buscar sempre, para melhor captar aquilo que ama, desfazer-se do mundo.²⁴

Mas é outra poesia, que aceita radicalmente nossa finitude, que tem um discurso, inimigo dos ornamentos insípidos e das flores artificiais, que pode enfim ser autêntico. Baudelaire "deu esse passo improvável. Ele nomeou a morte".²⁵

O que leva ao terceiro motivo, isto é, que a morte, em seu caráter mais definitivo, só nos condena a pronunciar palavras de miséria e de luto. Ela também nos ensina a cantar a singularidade. Não é a mortalidade dos seres aquilo que concorre para outorgar-lhes sua raridade e seu valor? Ser perecível não é contrário à beleza da flor ou da mulher: sua precariedade acusa o acontecimento de sua presença e a urgência de cantá-las antes que seja tarde demais. Sem esse fundo negro da morte próxima e sem retorno, como o instante poderia brotar luminosamente?

A invenção baudelairiana – para voltar ao verdadeiro momento decisivo – a invenção baudelairiana de *tal* ser ou de *tal* coisa

---

²³ Ibidem, p. 45.
²⁴ Yves Bonnefoy, "L'Acte et le Lieu de la Poésie", in *L'Improbable*. Paris, Gallimard, 1983, p. 107-08. (Coleção Idées)
²⁵ Idem, "Les Fleurs du Mal", p. 34.

é bastante cristã, na medida em que Jesus sofreu sob Pôncio Pilatos, dando uma dignidade a um lugar e a uma hora, uma realidade a cada ser. Mas o cristianismo só afirma a existência singular por um breve instante. Coisa criada, ela a reconduz a Deus pelos caminhos da Providência, e eis aquilo que é outra vez privado de seu valor absoluto.[26]

14. Ninguém poderia contestar essa "recondução" cristã. Mas será que se pode dizer, como supõe Bonnefoy, que ela é uma redução? Será que a existência singular é *reconduzida* a Deus para que sua singularidade seja abolida, ou, exatamente ao contrário, para que ela seja precisamente reconduzida? Afinal, é um contrassenso, no que diz respeito ao eterno, pensar que ele poderia destruir a fulgurância de um ser, quando, por definição, ele é sua origem. E é antes a crença na morte como última palavra que, também por definição, "só afirma *por um breve instante* a existência singular", porque a condena a perecer.

Assim, Bonnefoy hesita: ele reconhece que aquilo que salva, no cristianismo, não é um arquétipo atemporal e abstrato, mas o acontecimento daquela carne em tal lugar e em tal época precisa (sub *Pontio Pilatos* e não *sub specie aeternitatis*). Sua vitória, aliás, não é a de um Imortal, mas a de um Ressuscitado, isto é, de quem morreu, e morreu a mais assustadora morte, e cuja vida mais forte assume essa morte como ocasião de uma oferenda sem restrições. Bonnefoy também pressente que a morte não é aquilo que dá valor à existência. No máximo, ela pode aumentá-lo a nossos olhos, assim como a escuridão que, por contraste, pode tornar a luz ofuscante; mas a escuridão, em si mesma, é incapaz de produzir o mais mínimo raio de luz.

A ilusão, por conseguinte, talvez não passe de uma ilusão, e a esperança se mantém contra toda esperança. Por que ela não é mais evidente? Ela é forte o bastante, em sua discrição, para que o poeta também confesse:

---

[26] Idem, "L'Acte et le Lieu de la Poésie", p. 122.

Mas também me parece que real apenas
é a voz que espera, mesmo sendo
inconsciente das leis que a negam.[27]

A Experiência do Paraíso Segundo Baudelaire

15. Yves Bonnefoy, como acabamos de ler, estima que a grandeza de Baudelaire está em não ter medo de nomear a morte. De todo modo, parece-me que ela está antes em ter sabido nomear o paraíso como experiência. Grandeza mais perigosa, sem dúvida, porque o último refúgio aí também se torna causa de combate, e a própria morte física aí aparece como uma libertação diante dessa outra morte – a morte na alma – que só é possível por causa do paraíso, como sua perda, sua recusa e seu remorso. É essa morte que Baudelaire nomeou com mais dureza: o pecado irremissível que encerra o condenado em si mesmo e lhe faz responder sem parar a seu Anjo, que queria levá-lo às alturas: "Não serei teu jamais!"[28] Nessa situação, o trágico não é não haver outro mundo: é que nem este mundo aqui existe mais. Porque este mundo aqui, por causa da culpa, perdeu sua consistência e seu sabor.

Comecemos dissipando um mal-entendido. Quando Baudelaire quer estar *"anywhere out of the world"* [em qualquer lugar fora do mundo], ele não cai no desprezo gnóstico das coisas deste mundo: não conhece ele "a arte de evocar os minutos felizes", nem sabe ele ser transportado por um perfume para uma ilha de pureza, ou detectar numa cabeleira "um porto barulhento, onde [sua] alma pode beber?" Mas eis: alguma coisa nos proíbe de estar presentes nessas maravilhas incubadas sob a matéria. Perda da graça, em todos os

---

[27] Idem, "Dans le Leurre des Mots", in *Les Planches Courbes*. Paris, Gallimard, 2003, p. 77. (Coleção Poésie)

[28] Charles Baudelaire, "Le Rebelle", in *Les Fleurs du Mal*, acréscimos da terceira edição (1868), in *Oeuvres Complètes*. Paris, Robert Laffont, 1980, p. 126. (Coleção Bouquins) Trad. Ivan Junqueira. (N. T.)

sentidos do termo, de que o Tédio é o começo e o fim. Ele se enuncia no discurso "Au Lecteur" [Ao Leitor], que inaugura *As Flores do Mal*. Ele reaparece em "Le Voyage" [A Viagem], que fecha a primeira versão da coletânea. Assim, a questão não é fugir deste mundo em si mesmo, mas do mundo enquanto espelho de nossa humanidade tagarela e tolamente ébria de si mesma: "O mundo, hoje pequeno e quase sem remédio, / hoje, ontem, amanhã, nos faz ver nossa imagem: / Sempre um oásis de horror num deserto de tédio!".[29]

De todo modo, o deserto não se faria sentir, se não tivéssemos primeiro notado o jardim. Para Baudelaire, a experiência fundamental certamente não é *"spleenétique"*.[30] É paradisíaca. A primeira parte de *Flores do Mal* dá a entender isso no equilíbrio de seu título: "Spleen e Ideal". É a perda do Ideal que está na origem do *spleen*. A experiência do Ideal – aquilo que poderia ser chamado de "prelibação" do Céu – vem, portanto, em primeiro lugar. Ela tem parentesco com três lugares comuns que habitam os primeiros poemas de *Flores do Mal*, e que, uma vez que o Ideal seja destruído, assombram todos os outros: a infância, a beleza e "os [raros] dias em que o homem acorda com disposição jovem e vigorosa".[31] (Notemos, por conseguinte: a esses três começos do Céu, que tornam a queda mais dura, correspondem três começos do inferno, que se esforçam para ignorá-lo.)

16. Desde o começo, portanto, Baudelaire canta "o verde paraíso dos amores infantis"[32]. As *Flores* começam com essa *"Bénédiction"*

---

[29] Id., "Le Voyage", op. cit., p. 99. (Grifos do autor) Trad. Ivan Junqueira. (N. T.)

[30] Aqui o autor exprime o termo francês *spleen*, que representa o estado de tristeza pensativa ou de melancolia. A palavra e seu sentido ganhou certa importância na invenção literária quando o poeta Charles Baudelaire lançou mão dela, embora tenha sido usada anteriormente, em especial na literatura do romantismo. O *spleen* baudelairiano é um profundo sentimento de desânimo, isolamento, angústia e tédio existencial, que Baudelaire exprime em vários dos seus poemas reunidos em *Les Fleurs du Mal*. (N. E.)

[31] Idem, "Le Poème du Hachich", in *Les Paradis Artificiels*, op. cit., I, p. 232.

[32] Idem, "Moesta et Errabunda", in *Les Fleurs du Mal*, op. cit, LXII, p. 47.

["Bênção"]. O Poeta aí surge na figura de uma criança tão inapta à loja e ao balcão que, "sem compreender os desígnios eternos", sua mãe o amaldiçoa. O pequeno deserdado, contudo, "sob a tutela invisível de um anjo", "inebria-se de sol":

> Às nuvens ele fala, aos ventos desafia
> e a via-sacra entre canções percorre em festa;
> o Espírito que o segue em sua romaria
> chora ao vê-lo feliz como ave da floresta.[33]

O Anjo da Guarda chora por causa da alegria infantil: ele sabe que o mundo vai estilhaçá-la. Todos aqueles que a criança quer amar farão nele "o ensaio de sua ferocidade". Uma mulher poderá até gabar-se de colocar o pássaro do bosque numa gaiola ou de calá-lo: "Como ave tenra que treme e que palpita / Ao seio hei de arrancar-lhe o rubro coração..." Mas o mal não vem só do exterior: o Tempo come a vida da criança, o obscuro Inimigo o derrota, e o torna hipócrita, impuro, venal. Assim, o pecado viola o pequeno amor por fora e por dentro. O paraíso da infância é irremediavelmente perdido.

A consciência dessa perda faz muito mal, mas ela é um bem. O que é propriamente diabólico é o sentimentalismo que finge inocência intacta ou recuperável, como afirma George Sand, valendo-se do "bom coração" e do "bom senso".[34] O pior, de fato, não está na queda, mas na obstinação em não reconhecê-la, porque essa obstinação nos fecha a possibilidade da reedificação. É por isso que Baudelaire, aguilhoado pela "Musa dos últimos dias", inicia sua operação de perda da inocência, revelando por bondade nosso horror, espalhando a boa nova da danação. Então eu julgo enxergar numa menina uma absoluta maravilha virginal? "Há na menina toda a abjeção do vadio e do colegial."[35] Acho que vou encontrar quietude no zen estoico?

---

[33] Idem, "Bénédiction", op. cit, I, p. 5. Trad. Ivan Junqueira. (N. T.)
[34] Idem, "Mon Coeur Mis à Nu", op. cit., XVII, p. 411.
[35] Ibidem, XXXIII, p. 419.

"O estoicismo, religião que só tem um sacramento – o suicídio!"³⁶ Penso em curar-me viajando a Citera? Lá espera para me receber um enforcado já maduro: "Tinha vazio o olhar, e dos flancos ridículos / fluíam pela coxa os graves intestinos".³⁷ Pregador, alegro-me por "dobrar os corações indiferentes" e por "erguido à etérea altura" o "meu Jesus" com minhas frases? Isso seria ser "possuído de um orgulho satânico" e tornar-me "semelhante aos animais da estrada".³⁸

17. O outro paraíso vislumbrado que nos é imediatamente roubado se encontra na experiência do belo (ar, enfim ar!). Quem reduzir sua comoção ao mero prazer estético seria culpado de falta de sensibilidade, ou de desatenção. A experiência do belo neste mundo sempre apresenta duas faces: alegria do Céu e suplício de Tântalo. A voluptuosidade que ele oferece sempre tem por companhia uma tristeza, nos diz o poeta, "como se viesse da privação ou da desesperança": "Não consigo imaginar (seria meu cérebro um espelho encantado?) um tipo de Beleza onde não haja *Infelicidade*".³⁹ Mas, ainda outra vez, essa infelicidade existe sempre na mesma medida da felicidade vislumbrada:

> Quando um maravilhoso poema leva lágrimas às bordas dos olhos, essas lágrimas não são prova de um excesso de gozo, elas são antes o testemunho de uma melancolia irritada, de uma postulação dos nervos, de uma natureza exilada na imperfeição e que gostaria de apossar-se imediatamente, nesta terra aqui, de um paraíso revelado.⁴⁰

---

³⁶ Idem, "Fusées", op. cit., XV, p. 398.
³⁷ Idem, "Un Voyage à Cythère", in *Les Fleurs du Mal*, op. cit., CXVI, p. 88. Trad. Ivan Junqueira. (N. T.)
³⁸ Idem, "Châtiment de l'Orgueil", op. cit., XVI, p. 15. Trad. Ivan Junqueira. (N. T.)
³⁹ Idem, "Fusées", op. cit., X, p. 394.
⁴⁰ Idem, "Notes Nouvelles sur Edgar Poe", in *Critique Littéraire*, op. cit., p. 598.

A beleza terrestre, segundo Baudelaire, é um antegosto do Céu; como todo antegosto, na medida em que sugere o gosto, ele traz alegria; mas, na medida que não o dá inteiramente, ele agrava a melancolia – e uma melancolia tão mais amarga quanto mais foi doce a alegria. O claro êxodo entrevisto só faz com que nosso exílio seja mais duramente sentido.

Assim, o "Rêve Parisien" [Sonho Parisiense], que leva o sonhador a um maravilhoso palácio de lagos e de cascatas, só pode concluir num despertar deprimente:

> Reabrindo os meus olhos sem calma,
> eu vi o horror de meu tugúrio,
> e senti, entrando em minha alma,
> a ponta de um maldito augúrio.[41]

Como não revoltar-se imediatamente contra aquilo que nos eleva para nos humilhar melhor?

> E agora a profundeza do céu me consterna; sua limpidez me exaspera. A insensibilidade do mar, a imutabilidade do espetáculo revoltam-me... Ah! Será preciso sofrer eternamente, ou fugir eternamente da beleza? Natureza, encantadora sem piedade, rival sempre vitoriosa, larga-me![42]

Sob essa consternadora "profundidade do céu", não é um, mas são três demônios que nos tentam, um depois do outro: a devassidão, que tenta apoderar-se da onda que reflui, possuir esse esplendor que nos despossui, mas descobrindo ao raiar do dia nada além do vazio e da infecção; o filistinismo, que odeia essa beleza que revela nossa impotência e nossa baixeza, e que vai se refugiar em seus livros de contabilidade; o estetismo, que acomoda o deslumbrante no agradável plástico de um

---

[41] Idem, "Rêve Parisien", in *Les Fleurs du Mal*, op. cit., CI, p. 76. Trad. Ivan Junqueira. (N. T.)

[42] Idem, "Le Confiteor de l'Artiste", in *Petits Poèmes en Prose*, op. cit., III, p. 163.

gentil lustre mundano. A fim de desmascarar esse último inferno, o do Parnaso, muito pior do que os infernos do bordel e da mercearia ("O artista-burguês é mil vezes mais perigoso do que o burguês"[43]), Baudelaire cultiva suas *Flores* carnívoras e venenosas a fim de provar a possibilidade da "Beleza dentro do Mal": aquilo que você julgava talhado em puro mármore é conivente com a putrefação.

18. Resta ainda outra prelibação do Céu menos qualificável e mais gratuita. Uma bela manhã, o homem acorda (mas essa aurora pode chegar no meio de seu dia, quando ele já está acordado há muito tempo) e suas pálpebras se abrem para um mundo mais intenso, "com um forte relevo, uma clareza de contornos, uma riqueza de cores admiráveis": "O que há de mais singular nesse estado excepcional de espírito e de sentidos, que eu poderia sem exagero chamar de *paradisíaco*, se o comparo às pesadas trevas da existência comum e diária, é que ele não foi criado por nenhuma causa visível e fácil de definir".[44] Esse estado não é o "resultado" de um regime sensato. Também não é a "recompensa" dos ardores espirituais. Ele pode surgir após uma bebedeira, "após culpáveis orgias da imaginação": "É por isso que prefiro considerar essa condição anormal do espírito uma *verdadeira graça*, como um espelho mágico em que o homem é convidado e a ver-se belo, isto é, da maneira como deveria e poderia ser; uma espécie de excitação angélica, uma convocação à ordem sob forma elogiosa".[45]

Essas linhas são decisivas. Aqui chegamos àquilo que especifica a experiência baudelairiana em relação às de um Georges Bataille ou, opostamente, às de um São João da Cruz. Para o autor da *Noite Escura*, a união mística é o coroamento de um despojamento virtuoso: Baudelaire evoca um estado menos elevado, é verdade, mas que não supõe moral nenhuma, porque pode combinar-se indevidamente até

---

[43] Idem, "Le Musée Classique du Bazar Bonne-Nouvelle", in *Critique d'Art*, op. cit., p. 638.

[44] Idem, "Les Paradis Artificiels", op. cit., p. 232.

[45] Loc. cit.

com a canalhice e a depravação. Para o autor de *Madame Edwarda*, a experiência interior está sempre ligada a uma espécie de transgressão subversiva: Baudelaire, pelo contrário, descreve um "estado em que todas as forças se equilibram", um êxtase que não abole a palavra e o pensamento, antes conferindo-lhes uma acuidade mais elevada. Mais do que uma transgressão, trata-se de um "chamado à ordem" – ordem sublime, sem dúvida, e que, relativamente às normas sociais, pode parecer uma horrível desordem – mas que vem "como que de uma força superior", "dedicada a despertar na alma do homem a lembrança das realidades invisíveis": "É uma espécie de obsessão intermitente, de que deveríamos tirar, se sábios formos, a certeza de uma existência melhor e a esperança de chegar a ela pelo exercício diário de nossa vontade".[46] (A experiência paradisíaca, como observamos, não é necessariamente precedida por uma disposição moral, mas Baudelaire rapidamente precisa que ela deveria ser seguida de uma disciplina, de um exercício cotidiano, daquilo que ele também chama de "higiene". Para ele, assim como para o profeta Oseias, Deus vem abraçar sua noite antes que ela seja bela e pura, e até mesmo quando ela ainda é puta. Ele espera, de todo modo, que o prazer desse abraço a leve a lavar-se e a tornar-se sábia em função das bodas definitivas.)

Mas não somos sábios. Queremos agarrar essa graça. Da maneira mais absurda ("O absurdo é a graça das pessoas fatigadas"[47]), sem nos "inquietar por violar as leis de nossa constituição", pedimos à produção material, à farmácia, às ciências físicas, o meio de "tomar o paraíso de uma vez".[48] É esse o propósito das mais diversas drogas, como também do progresso técnico: nossa natureza, mortalmente ferida, em vez de deixar sua chaga ser iluminada pelo sobrenatural, reclama sem fim uma sutura feita com seus próprios artifícios, faz os pontos com um fio manchado por sua corrupção. Assim, nossos desinfetantes infectam. Nossa

---

[46] Ibidem, p. 233.

[47] Idem, "Pensées Diverses", op. cit., p. 426.

[48] Idem, "Les Paradis Artificiels", op. cit., p. 233.

carne apodrece debaixo de gazes cada vez mais magistrais. As intenções são generosas, não há dúvida, elas logo chegam à "perfeição diabólica": não apenas por inflar-se, chegando a dizer: "Sou Deus", mas, mais sutilmente, mais angelicalmente, por "admirar seu remorso".[49] As "Litanies de Satan" [Litanias de Satã] estão lá para recordar essa resolução extrema: "Ó, Satã [...] Faze com que esta alma um dia, sob a Árvore da Ciência, / Repouse junto a ti".[50]

A essa busca de receitas tão mais falsas quanto mais infalíveis parecem, a essa "americanização" por uma mecânica que se esquece do "grito", da "ambição desesperada do coração", de "tudo aquilo que é gratuito e que vem de Deus",[51] Baudelaire contrapõe sua "teoria da verdadeira civilização": "Ela não está no gás, nem no vapor, nem nas mesas girantes, mas na diminuição das marcas do pecado original".[52]

19. A pressão do paraíso ordena assim uma experiência dupla, primeiro na forma de nostalgia, depois na de remorso. A primeira experiência propõe a seguinte alternativa: ou esperá-lo com atenção e paciência como dom daquilo que nos escapa, ou, numa mistura de impaciência e de ostentação, fabricar para si um paraíso substituto, artificial, que é o começo do verdadeiro inferno. Ou, em nossa "mesquinhez", não deixamos de escolher o sucedâneo, mais acessível, e da ordem do sucesso pessoal, como se diz: sua face de sucesso nos atrai e nos oculta seu lado de danação. É então que se prepara a segunda experiência: o verdadeiro paraíso outra vez se faz sentir como uma mordida, e ou eu acolho sua violência que me incita a destruir os lamentáveis édens em que tinha encerrado minha esperança, ou me lanço de uma vez em sua caricatura, com o deleite de não ter contas a prestar ao senhor de minha ruína. Essa obsessão é muito mais assustadora do que a morte, porque

---

[49] Ibidem, p. 253.
[50] Idem, *Les Fleurs du Mal*, op. cit., CXX, p. 93. Trad. Ivan Junqueira. (N. T.)
[51] Idem, "Réflexions sur Quelques-uns de mes Contemporains", in *Critique Littéraire*, op. cit., III, p. 518.
[52] Idem, "Mon Coeur Mis à Nu", op. cit., XXXII, p. 418.

há quem se mate para deixar de senti-la. Trata-se de uma misericórdia feroz e insistente, pior do que a vingança, porque revela com sua "aurora" em que miserável penumbra atolamos nossas asas:

> Entre os devassos, quando a branca e rubra aurora
> faz mútua sociedade com o Ideal roedor,
> por obra e graça de um mistério vingador
> na entorpecida besta fera um anjo aflora.

> Dos céus espirituais o azul inacessível,
> para o homem que padece e sonha em paroxismo,
> se entreabre e se aprofunda em fascinante abismo.[53]

Em nosso pecado, esperamos o Nada, alguma coisa que nos absolva sem penitência, uma decomposição que não exija nossa santa ressurreição; mas "o Nada nos será traição", e "até a Morte nos mente"![54]: seria preciso talvez entregar-se ainda numa eterna oferenda ao outro, ou endurecer-se num sempiterno recurvar-se sobre si mesmo. O azul abre um abismo, o Ideal rói como um verme, o anjo bom em nós desperta como uma velha chaga, porque, para verdadeiramente acolher o paraíso, seria preciso primeiro admitir nosso inferno individual.

Para evitar essa tragédia da Graça, afundamos nos pequenos prazeres e nas baixas intrigas, caindo no melodrama, resvalando no *vaudeville*: "Francês quer dizer vaudevillista, e vaudevillista um homem a quem Michelangelo dá a vertigem, e que Delacroix enche de um estupor bestial, como a tempestade faz com certos animais. Tudo aquilo que é abismo, seja no alto, seja embaixo, faz com que ele fuja prudentemente".[55] Vamos

---

[53] Idem, "L'Aube Spirituelle", in *Les Fleurs du Mal*, op. cit., XLVI, p. 34. Trad. Ivan Junqueira. (N. T.)

[54] Idem, "Le Squelette Laboureur", op. cit., XCIV, p. 69. Trad. Ivan Junqueira. (N. T.)

[55] Idem, "Salon de 1846", op. cit., XI, p. 673.

dar no otimismo da utopia ou no pessimismo do nada, segundo nossos hábitos de constrangimento e de conforto. Uns julgam fechar-se com as tábuas de seu caixão, e outros, com as penas de seu edredom, todos creem poder ficar a salvo dos abismos de cima e de baixo. Mas, acima de nós, há sempre a tampa, e ela pode a qualquer momento ser levantada:

> Teto iluminado por uma ópera bufa
> em que cada histrião repisa um sol ensanguentado;
>
> terror do libertino, esperança do louco eremita;
> ó, Céu! tampa negra da grande marmita
> em que ferve a imperceptível e vasta Humanidade.[56]

A Volta ao Decote, ou: a Ilusão da Ilusão

20. Volto àquele pano removido que deixou entrever o seio de uma freira: o que foi que o tio de Victor viu ali, que o fez esquecer seu ferimento e esbugalhar os olhos? Dentre todos os seres, para o homem, a mulher promete o paraíso. É uma promessa feita involuntariamente, uma palavra que é dada por meio de seu corpo e que ela mesma não pensa em dar, e menos ainda em manter. Consideremos Roberta: agora ela só pensa no aro do sutiã que lhe aperta o torso, mas eis que chega um camarada e diz que ela é seu sol. O efeito que ela chega a produzir sobre ele é completamente desproporcional aos meios empregados: ela usa alguns cosméticos, e o cosmos inteiro fica em brasas; ela usa um decote, e os céus se entreabrem; ela coloca meia-calça, e o que há de mais sublime?

Ela, que se sente tão oca, somente ele consegue vê-la irresistível, com incalculáveis tesouros, e é por isso que ela acaba se preocupando com seu parecer aparentemente mais rico do que seu ser, com sua superfície esteticamente mais profunda do que sua interioridade. Ela aprende

---

[56] Idem, "Le Couvercle", in *Les Fleurs du Mal*, acréscimos da terceira edição (1868), op. cit., p. 127.

a brincar com essa discrepância. Ela se inicia na arte de preparar, com uma porção de carne nua, o filtro próprio para acorrentar uma alma. É normal que sua figura seja associada à da sedutora ou da feiticeira: Circe, que transforma em porcos os companheiros de Ulisses, Lady Macbeth, que inclina seu esposo ao assassinato de Duncan. Mas essa duplicidade que lhe imputamos vem desse desdobramento que lhe impomos: ser ao mesmo tempo besta e anjo, frasco de um corpo mortal repleto da ambrosia dos deuses. Aliás, ela é a primeira a pagar o preço por isso – prova de que só se tratava mesmo de uma necessidade física. O sujeito a culpa por tê-la desejado. Por refletir o eterno feminino e por não passar da efêmera Roberta. Por prometer-lhe o infinito e fazê-lo encalhar no limiar de suas membranas mucosas. Em uma palavra, por ser uma *criatura* (a língua francesa traz de maneira indelével a mancha desse engano, uma vez que designa, sem precisar nada além, uma "mulher desprezível"). E contudo ela, a coitada, nada fez. Tudo isso foi proferido nela, com ela, sem ela. Isso foi oferecido, algo paradisíaco quando ela se sabia pálida, santo quando ela se achava boba, pleno quando ela se sentia oca.

Os verdadeiros poetas, longe de embelezar o negócio, enunciaram o fato. Hofmannsthal resume tudo numa fórmula: "O encontro promete mais do que o abraço consegue reter".[57] Claudel o utiliza em todos os seus dramas: "Esse paraíso que Deus me abriu e que teus braços recriaram para mim por um breve momento, ah!, mulher, tu só mo ofereces para comunicar minha exclusão".[58] Rilke gravou-a em versos inesquecíveis em que também é afirmado o entrelaçamento de aqui e de alhures, do imanente e do transcendente:

Mas nós, quando pensamos o um inteiramente,
já o sentimos transbordando do outro. A hostilidade

---

[57] Hugo von Hofmannsthal, "Les Chemins et les Rencontres", in *Lord Chandos et Autres Texts*. Paris, Gallimard, 1992, p. 117. (Coleção Poésie)
[58] Paul Claudel, *Le Soulier de Satin*, segundo dia, cena 14, in *Théâtre*. Tomo II, Paris, Gallimard, 1965, p. 781. (Coleção Bibliothèque de la Pleìade)

nos é mais próxima do que tudo. Os amantes não se batem
sem parar contra os limites, um dentro do outro,
eles que se tinham prometido o mar, a busca, a pátria?[59]

21. Diante desse fenômeno, o espírito frágil (aquele que se toma por espírito forte) conclui da maneira mais redutora: o impulso vegetativo da espécie que quer propagar-se, o desejo animal de carícias busca satisfazer-se, a inspiração de feromônios leva à secreção de dopamina, eis o que nos faz projetar na fêmea um ideal de que ela é apenas a ideia. Todo o paraíso prometido e jamais obtido não poderia ser mais do que uma ilusão. Quantas vezes essa última palavra, durante os três últimos séculos, pôde prestar serviços! Ela merecia figurar em negrito no dicionário, dominando as entradas que ainda acham – iludidas – referir coisas reais. Ela mesmo é uma espécie de abracadabra. Cioran confessou-o em seus momentos de implacável lucidez: "Se *ilusão* fosse um vocábulo convocado a desaparecer, pergunto-me o que seria de mim".[60]

Isso porque, nessa perpétua denúncia de uma amargura ilusória, há algo que contradiz o paradoxo intrínseco a seu conceito. Uma ilusão só é ilusão se não é conhecida como ilusão. A partir do momento que sei que ela é uma ilusão, ela se dissipa, ou ao menos para de funcionar: por que eu tentaria saciar minha sede na fonte se sei que ela é só uma miragem? Deixo-a a seu riacho de sombra e caminho até uma fonte verdadeira. Que ilusão é essa que, ainda que denunciada, continua a agir? Uns acham que escapam do problema acrescentando um adjetivo e falando em "ilusão vital". Mas por que nossa vitalidade teria necessidade de uma ilusão quando para todos os outros animais basta o instinto seguro? Será que a evolução só se enganou com o homem? Será que nele ela gerou o único ser cujo desejo natural foi vão? Seria sua natureza contra a nature-

---

[59] Rainer Marie Rilke, "Quatrième Élégie de Duino", in *Oeuvres 2, Poésie*. Paris, Seuil, 1972, p. 324 e 356.

[60] Emil Cioran, *Aveux et Anathèmes*, in *Oeuvres*. Paris, Gallimard, 1995, p. 1686. (Coleção Quarto)

za? Será que ela fez com que para ele aparecesse uma quimera insensata? Mas então essa quimera devia ter morrido já no berço.

"Ilusão mortal" é algo que se pode entender. Mas "ilusão vital", isto é, necessária, indestrutível, que dá vida e assim nos conforma a uma certa realidade salutar, eis uma expressão que não consigo compreender, exceto como eufemismo cômodo para designar uma realidade que nos recusamos a reconhecer. Temo o seguinte: achar que está tudo resolvido porque uma suposta ilusão foi denunciada é cair na ilusão mais comum do pensamento moderno.

A Páscoa de uma Passante: Itinerário Dantesco

22. Voltemos ao fato: essa camisa aberta na altura do redondo de um seio me faz entrever mais do que vejo na "parceira" desnuda e conquistada. Aqui também o buraco da agulha abre uma perspectiva mais vasta do que o portão que o camelo atravessou. Cada véu mais íntimo promete revelar um esplendor maior, e é isso que me leva, *acelerando*, a retirá-los um depois do outro, numa intensificação de eminência. Mas, uma vez que chego à mulher, todos os véus removidos, resta-me menos do que todos os véus de fora, e meu barco sem mastro não tem mais como cavalgar o vento e avançar no mar... É a partir dessa evidência que se desdobra o itinerário de Dante. O epíteto "dantesco" vem qualificar a enormidade sombria e sublime como uma imensa bocarra que abre sua mandíbula em dez circos infernais. Mas o dantesco começa por um pequenino vislumbre: um bater de cílios, um leve meneio da cabeça, um fino sorriso sem ironia – a breve saudação de uma simples passante.

Num dia de junho de 1274, em Florença, Dante Alighieri cruza com Beatriz Portinari. Ele tem 8 anos, e ela, 9. A visão dela já lhe penetra o coração e faz com que nele ressoem as seguintes palavras: *Ecce deus fortios me, qui veniens dominabitur mihi* – "Eis um deus mais forte do que eu, que vem para dominar-me". Nove anos depois, "na nona hora do dia", aquela em que o Verbo feito carne entregou o espírito, ele a encontrou uma segunda vez, agora uma moça no esplendor de suas dezoito primaveras: "... passando numa rua, volveu os olhos para o lado onde eu estava em grande receio, e [...] mui virtuosamente me saudou, de modo que me pareceu ver então todos os extremos da beatitude".[61]

Esse simples acontecimento de um segundo bastará para abrir-lhe o precipício do inferno, a montanha do purgatório e os nove céus do paraíso. Mas não sem antes ter sido devorado pela onça, pelo leão e pela loba. As três bestas carniceiras correspondem, segundo as alegorias da época, à luxúria, ao orgulho e à avareza. Mas elas também designam duas falsas maneiras (a onça e a loba, sobre as quais reina o leão-orgulho) de responder a esse paraíso vislumbrado na passante. Como ser fiel, de fato, a esse acontecimento de uma senhorita que, com uma saudação de um instante, parece oferecer a saudação eterna?

23. A primeira falsa maneira (a onça) diz respeito ao "amor cortês". Canto a senhorita como se ela mesma já fosse o paraíso. E, para evitar a decepção física, adio o momento do contato, ou melhor, as circunstâncias se encarregam de adiá-lo, mantendo-me na tensão do primeiro desejo. Quem é a esposa de Dante? Não é Beatriz, mas uma certa Gemma Donati, da qual nada se sabe. Não é nunca ela que o poeta canta. Como seria ela a "princesa longínqua", se é a dona de casa? Beatriz mesma casa-se com Simone di Bardi, e depois, em 8 de junho de 1290, falece aos 25 anos. O que seria melhor para passar ao gênero elegíaco? "Pobre de mim, que tanto lembro em vão / que não poderei mais / ver a senhora que me traz doente."[62]

Após ter despejado seu poema repleto de trêmulos sobre "a insubstituível", o poeta pode ir beijar outra, Lisette, Gentucca, Pietra, quantas garotas mais? Essa é a contradição descoberta por *Vita Nuova*. De um lado, idealização; de outro, dissolução. Para não explodir, a panela de pressão tampada pelo fantasma precisa de uma válvula de segurança. O angelismo do *fin'amor* entende que será equilibrado pela luxúria.

---

[61] Dante, "Vita Nuova", III, em *Oeuvres Complètes*. Trad. Christian Bec, Paris, Le Livre de Poche, 1996, p. 28-29. VGM, op. cit., p. 19. (N. T.)

[62] Ibidem, XXXIII, p. 73. VGM, op. cit., p. 123. (N. T.)

No Inferno, o primeiro diálogo de Dante com uma alma danada é uma condenação desse lirismo equívoco. Francesca da Rimini lhe conta como, encantada pelo poema de *Lancelote*, comete adultério. Mal ela termina e Dante desaba: *E como um corpo morto assim caí*.[63] Em nenhuma outra parte, no inferno, o choque, para o poeta, será mais violento. Com ele, cai toda essa literatura em que ele acreditou.

24. A segunda falsa maneira (a loba) é indicada pelo *Banquete*. A mulher Beatriz não é o paraíso. Ela é apenas um reflexo da inteligência divina. Ela pode ser reduzida a um símbolo da filosofia. Dante ainda louva a dama, mas é por aluguel, por empréstimo, por assim dizer, porque a dama verídica é puramente especulativa. A partir de sua beleza corporal, ela precisa elevar-se pouco a pouco até sua beleza conceitual. O platônico duvidoso torna-se platônico cheio de certeza. A partir de então, "Amor *raciocina* em [sua] alma".[64]

Mas o que são conceitos diante de uma presença de carne e de sangue? De que vale uma moral universal e abstrata diante do desejo que suscita uma mulher tão singular? Alguns se satisfarão com o onanismo transcendental do "saber absoluto", em que Dante enxerga miséria. Para ele, uma pessoa é sempre mais viva do que uma doutrina. De resto, não é ele cristão? Ora, para um cristão, a Verdade não é primeiramente uma filosofia (nem, aliás, uma teologia), mas uma Pessoa irredutível, que é também o Caminho e a Vida, e que revela que é por meio do amor das pessoas (de meu próximo) que posso ir a seu encontro...

Quando chega ao Purgatório, o músico Casela canta a Dante o canto do "Convivio": "Amor que raciocina em minh'alma". Mas o guardião dos lugares faz com que eles se calem e os censura por serem "almas lentas". Depois, naquele lugar de purificação, e como que no centro de *A Divina Comédia*, Dante sonha com uma sereia. É entre a cornija dos coléricos e a dos avaros (cólera essa que o

---

[63] Dante, "Inferno", V, 142.
[64] Idem, "Convivio", III, op. cit., p. 250.

afastava da literatura cortês, e avareza que queria guardar toda a sabedoria em sua cabeça). A sereia é um ser duplo: metade mulher, metade peixe, assim como a Beatriz simbólica é metade mulher, metade sistema. Ela canta para ele uma canção que o cativa, feita para desviá-lo, como Ulisses, de sua "rota vagabunda". Mas surge uma dama, "santa e presta", para confundi-la. Ela pergunta a Virgílio: "Quem é essa?", e Virgílio, que por sua ordem rasga o vestido da sedutora, revela ao poeta seu ventre híbrido. Suas narinas são mais rápidas do que seus olhos: "E me espertou fedor que lá saía".[65] O que fede assim é o conceito, isso a partir do momento em que ele não mais reconhece a primazia dos rostos, e que "Beatriz" é apenas um codinome. Mas a verdadeira mulher, "santa e presta", liberta do monstro. Contra uma realidade vaporizada em teoria, ele exige o Verbo feito carne. E eis o despertar.

25. *A Divina Comédia* começa onde, com Baudelaire, tínhamos parado: numa "selva escura", quando a "direita via era perdida".[66] A lira ali tornou-se cúmplice da luxúria; a filosofia, da avareza; e o orgulho, rei dos vícios, figurado pelos rei dos animais, acaricia as costas de uma e o focinho da outra. Nesse impasse, Dante suplica, diante da sombra de Virgílio: *"Miserere di me"*. Somente uma graça pode tirá-lo daquela. E essa saída, para não ser uma fuga, tem de ser operada contra o fantasma de poesia cortês e para além da do conceito da filosofia platonizante: ela não ignora a miséria da criatura, nem mais despreza sua beleza singular.

Assim, para chegar ao Paraíso, é preciso em primeiro lugar reconhecer seu próprio inferno; depois, no limiar do purgatório, confessar, com os ex-orgulhosos: "Venha a nós do teu reino assim tamanho / a paz, que só por nós não vamos ter, / se ela não vem, com todo o nosso engenho"[67]; conhecer, entre os avaros, "A sede natural que nun-

---

[65] Idem, "Purgatório", XIX, 33.
[66] Idem, "Inferno", I, 2-3.
[67] Idem, "Purgatório", XI, 7-9.

ca passa / se não com água onde a mulherzita / samaritana foi pedir a graça"[68]; passar, com os luxuriantes, pela parede de chamas que, como a sarça ardente, queima sem consumir; enfim, no paraíso terrestre, na borda do alto paraíso, enfrentar as censuras de uma Beatriz bastante real: "Nunca te apresentou natura e arte / prazer, qual belo corpo em mim se viu / guardar-me, e ora em terra se reparte; / e se o sumo prazer pois te fugiu / por minha morte, qual coisa mortal / a desejá-la assim já te impeliu?".[69]

A repriminda é clara: uma vez que a passante faleceu, Dante não devia confiar sua felicidade a moçoilas, nem à filosofia, nem mesmo à arte, porque corpo nenhum, exceto o daquela passante, poderia sinalizar para ele o paraíso. Restava-lhe então voltar-se por inteiro para o Céu, não para fugir da terra, mas para que em sua origem luminosa a terra lhe fosse verdadeiramente dada.

Essa é a grande intuição de Dante. O paraíso não é o além-mundo que Zaratustra e Nietzsche denunciam, mas a consequência daquele SIM que ele se esforça para pregar. Ele é a afirmação daquela passante não como um passe poético ou um trampolim filosófico, mas como uma páscoa que não termina. Ele é a realização do singular. Dante nos leva para céus que nada têm de luz anônima, porque sua própria história nunca para de ressoar por eles. O eterno ali não destrói as contingências do tempo, mas assume-as como sua fonte: "Contingência, que fora do caderno / lá da vossa matéria não se estende, / toda é pintada no conspecto eterno".[70] Como poderia Deus eclipsar Beatriz? Pelo contrário, ele a ilumina, e Dante vê "em tão dilecta / face Deus a gozar".[71]

26. No final de "Vita Nuova", Dante fez o seguinte voto: "... se aprouver àquele por quem vivem todas as cousas, que a minha vida

---

[68] Ibidem, XXI, 1-3.
[69] Ibidem, XXXI, 49-54.
[70] Dante, "Paraíso", XVII, 37-39.
[71] Ibidem, XXVII, 104-105.

dure ainda alguns anos, dela espero dizer o que de mais nenhuma foi dito".[72] Que foi que ele disse de Beatriz que não foi dito de mais nenhuma? Em que consiste o caráter próprio da visão dantesca? Já esboçamos seu itinerário. Seu canto foi capaz de resistir tanto ao sensualismo enganador quanto ao espiritualismo etéreo. Ele abandona a poesia cortês para voltar-se para a sabedoria filosófica, mas abandona também a sabedoria filosófica para seguir a Sabedoria encarnada, aquela que, para além de toda doutrina, oferece-se singularmente com uma alma e um corpo. E é a ideia de paraíso que lhe permite cruzar esse limiar. Somente ela pode traçar uma trilha entre as encostas do ascetismo e da incontinência, do intelectualismo e da sensualidade, porque o paraíso é o lugar onde os sentidos estão no máximo, mas isso não se deve apenas a carícias. E o paraíso é o lugar onde a inteligência está no máximo, mas não somente por causa de silogismos. Nele, a Verdade se oferece nos seres vivos. A ideia não é superior ao rosto. O prazer não supera a comunhão.

Se é esse o alvo, dele podemos deduzir qual deve ser a flecha – não tolice lúbrica, nem sabedoria abstrata, nem poesia evasiva. Contra a mera fuga, para além da abstração e da fornicação, o paraíso consistirá num cantar unânime com aquelas pessoas e coisas com que esbarro neste mundo, mesmo as mais ínfimas, mesmos as mais antipáticas. Assim, ele me proíbe de desprezar qualquer coisa em nome de uma disciplina, exceto aquela que me ordena maravilhar-me. A passante passa, é verdade, e isso para remeter-me àquilo que não passa. Mas aquilo que não passa não é um deus que a substitui (pequeno o suficiente, de todo modo, para sentir-se em concorrência com ela): é um Deus que tem a ver com ela e que deseja estar "em sua *dilecta* face a gozar", e que se manifesta a mim por sua face.

Beatriz não é mais o fantasma de um desejo, nem o símbolo de uma sabedoria. Ela é Beatriz, simplesmente, exatamente como a eternidade a salva. Aquilo que Dante diz dela e que não foi dito

---

[72] Dante, "Vita Nuova", op. cit., XLII, p. 84. VGM, op. cit., p. 149.

de nenhuma outra é precisamente aquilo que não pode ser dito de nenhuma outra e que só diz respeito a ela, isto é, Beatriz Portinari em seu mistério, com sua singularidade que nem os clichês da cortesia nem os conceitos do saber poderiam esgotar. É o fim da mulher-objeto (mesmo que o objeto seja poético ou místico). Beatriz não é mais do que um sinal, a ocasião de escrever um poema ou a escada para subir ao princípio, porque, uma vez que se chegue ao princípio, Beatriz torna-se acessória, e Dante só teria feito seu elogio para poder livrar-se dela com mais facilidade... É verdade que a criatura sinaliza para o Criador, mas o Criador também sinaliza para ela, porque desde toda a eternidade ele quer unir-se a ela por amor. Beatriz, para Dante, é apenas o meio de chegar ao eterno. Mas é antes o Eterno que oferece enfim a Dante a oportunidade de chegar a Beatriz.

27. Yves Bonnefoy dizia que o poeta da *Comédia* tinha apenas "nomeado Beatriz", construindo para ela, com sua obra, um "castelo de imortalidade", e recusando-se assim a "nomear a morte". Mas, de um lado, Dante nomeou essa morte espiritual que ocupará o centro da poesia de Baudelaire; de outro, ele nomeou outra morte, outro excesso, digamos, que vem a ser da própria alegria. Tendo chegado ao sétimo céu, o céu de Saturno, Beatriz se dirige a Dante: "Se eu risse", / me começou, "tu te farias qual / foi Sémele nas cinzas que vestisse".[73] Em momento nenhum, no inferno, conheceu o poeta semelhante ameaça. Sem dúvida, a cara de Lúcifer o deixa um momento "sem morte e sem vida"; o riso de Beatriz é muito mais assustador, porque poderia desintegrá-lo definitivamente. Que alegria é essa, mais violenta do que as devastações do diabo? Que cinzas são essas, possíveis até no paraíso? É a isso que Bonnefoy evita, e sobre o quê ainda temos de meditar.

Para Dante, a teologia não é tão necessária quanto afirmar aquilo que excede. Não é fixando-se nela (e menos ainda neste livro) que a esperança se torna viva. É pelo encontro amoroso dos

---

[73] Idem, "Paraíso", XXI, 4-6.

passantes. Basta que algum deles me aflija com a promessa que sua presença esconde, e fico obrigado a procurar o foco de sua luz, até atravessar minhas trevas. Assim, essa jovem cuja beleza vem sacudir aquilo que até então era apenas um Zé qualquer, mesmo no inferno de sua presunção:

> Dama que em esperança se me erige,
> que aceitaste, por me salvar, no rude
> inferno deixar marca onde ele aflige.[74]

Além do Futuro e do Outro Lugar

28. Singularidade notável: o paraíso de Dante não tem porta. O inferno tem uma cujo letreiro é celebérrimo: "Deixai toda a esperança, vós que entrais".[75] Não há ninguém para proteger a entrada, com certeza. Qualquer um entra por conta própria, sem ser forçado, sem ter de mostrar suas credenciais (nem a falta de qualquer credencial). Ela se abre e se fecha – insensível, impalpável, insonora. O canto nada diz de seu movimento, nem de sua passagem, e esse silêncio a torna ainda mais terrificante. Inteiramente diversa é a porta do purgatório, menos conhecida, e que tem dobradiças. Três degraus levam a ela, o primeiro de mármore alvo e polido, o segundo de pedra calcinada e cheia de fendas, o terceiro de pórfiro tão flamejante que é "como o sangue da veia quando esguicha"[76] – três degraus de uma iniciação que infunde a fé até os ossos, a esperança até as cinzas, a caridade até o sangue. Na soleira, que parece de diamante, um anjo de hábito cor de terra seca brande uma espada que solta raios. Dante se lança a seus pés e suplica misericórdia. Quando giram as dobradiças da porta, o que se ouve é um rugir de trovão, é um "doce som" do qual sobe um *Te Deum*. A instrução

---

[74] Ibidem, XXXI, 79-81.
[75] Dante, "Inferno", III, 9.
[76] Idem, "Purgatório", IX, 102.

aqui não é um "Deixai toda a esperança", mas algo mais para um rude "Deixai toda a nostalgia": "Entrai, mas atentai bem antes, / que expulso é quem der atrás olhada".⁷⁷ Nessa porta, então, há ruído e canto, instrução de retorno sem retorno, encontro com um outro, que ama e castiga. Depois disso, não há mais porta. O caminho é livre, e vertical.

Por que esse paraíso sem porta? Porque a porta do paraíso não fica em outro lugar. Para Dante, é a salvadora Beatriz. Para Bonnefoy, é um prato de estanho. Mas, se nossos olhos se esclarecerem, qualquer coisa servirá, até um beco sem saída, até uma janela tapada, até as páginas deste livro... No fundo, tudo aquilo que está de passagem pode tornar-se passagem para Aquele que é. Passagem, dissemos, e ao mesmo tempo impasse: qual pista seguir para transpor aquilo cujo limiar está por toda parte? Com que impulso atravessar essa porta *mise en abîme*? Assim como o Interior, quanto mais tentamos abri-la, mais ela nos foge. É um pouco o que diz Teresa d'Ávila no começo do *Castelo Interior*: "Pareceria desatino dizer a alguém que entrasse num aposento estando já dentro".⁷⁸ Diante dessa colocação, Houdini e outros ases da fuga sentem-se subitamente desajeitados.

29. A ideia do paraíso, portanto, não nasce de um ressentimento contra as asperezas da terra, mas de um pressentimento diante de suas belezas. Antes de ser a postulação de uma carência, é o chamado de uma superabundância. Antes de ser outro mundo, é o horizonte deste mundo aqui – horizonte em que se levanta uma aurora mais alta mesmo à plena luz do meio dia –, horizonte para o qual tendem todas as minhas ações em seu impulso nativo, porque o amor quer sempre amar mais, o conhecimento quer sempre conhecer mais, e o coração procura o alto mar de uma infinita dilatação.

Sua questão não é mais saber como preparar-se para uma Citera quimérica, mas como estar plenamente presente na realidade em sua plenitude. Ela ressoa no *Carpe diem*. "Aproveite o dia", o impera-

---

⁷⁷ Ibidem, 131-132.
⁷⁸ Teresa d'Ávila, *O Castelo Interior*, "Primeiras Moradas", cap. I, § 5.

tivo é generoso, e aliás retoma o voto de nossos bons-dias cotidianos. Mas como realizá-lo? Com que mãos de claridade tirar esse proveito? Onde encontrar o dia em sua pura flor radiante? E sobretudo de que maneira poderemos aproveitá-lo sem que o *Carpe* não se inverta num *Tolle diem*, "descarte o dia", uma vez que cada dia morre e nos leva a descartá-lo em prol do dia seguinte? Uma ideia justa do paraíso não repele a injunção de viver *hic et nunc*. Ela procura, pelo contrário, cumpri-la, e é por isso que ela nos convida a esta constatação: há um busílis do *hic* (e um *não* do *nunca*). Aqui ainda não é ali. O agora não chega a ficar. Basta que eu abrace minha filha para saber o quanto ela me escapa. E essa peônia que observo, o meteoro de suas pétalas me parece uma estrela cadente, uma promessa sem palavras, um desvelamento decisivo mas o tempo todo adiado. Eu queria estar aqui para sempre, mas sejamos sinceros: esse desejo de atualidade total é também uma esperança. A presença está vindo. Ela se retira agora no segredo de seu princípio, e na fugacidade de suas aparências.

De um lado, toda coisa por si mesma convoca a uma profundidade inescrutável: sua presença, minha própria presença, remete à transcendência daquilo que nos torna presentes, no mistério da existência, de modo que nossa presença falta ainda ao chamado de nosso saber (o que observamos com Bonnefoy). Por outro lado, toda coisa parece, conosco mesmos, ferida por um mal que arruína nossa presença mútua: somos tornados ausentes pelo sofrimento e pela morte, e nos ausentamos pela injustiça e pelo desamor (o que abordamos com Baudelaire). O pecado não tem em primeiro lugar um sentido moral, mas ontológico: ele pode ser definido exatamente como a recusa voluntária do ser apresentado – ou a preferência por um vazio que só existe para si mesmo – e, portanto, como diminuição e ocultação da presença diante daquilo que está presente em benefício de uma posse factícia.

30. Nesse sentido, o paraíso não está em outro lugar, nem está por chegar. Se estivesse em outro lugar, ele ainda pertenceria a esse espaço, mas a outra parte: onde, então? Em Marte? Em Vênus? Em

Aldebaran? Se estivesse por chegar, ele ainda pertenceria a este tempo, mas a outra época: quando, então? 2048? Antes da guerra nuclear? Após o desaparecimento do sapiens *sapiens*? A esperança se reduziria a um sonho de progresso ou projeto de organização. Ela não seria mais *âncora da alma, segura e firme, penetrando para além do véu* (Hebreus 6, 19). Ela não poderia mergulhar no desespero até tocar seu fundo.

Como o paraíso não é nem do espaço, nem *do* tempo, ele já está por toda parte e sempre *no* tempo e *no* espaço, cintilante e furtivo. Pode-se designá-lo como "mundo por chegar", mas isso enquanto aquilo que chega a todo instante neste mundo. Pode-se localizá-lo como "Céu" ou "Interior", mas isso enquanto aquilo que germina enfiado nesta terra. Não está o Eterno no princípio do tempo? Ele está, portanto, no coração do hoje, e posso pressenti-lo nos cinco segundos de um beijo. O Imenso não está no princípio do espaço? Ele é, portanto, o segredo do aqui, e posso adivinhá-lo nos vinte centímetros de um olhar. De fato, o que é o paraíso, senão viver próximo d'Aquele que é a Causa de todas as coisas? Ir em sua direção não é fugir para outro século ou outro lugar, mas subir o rio a montante, lançar-se no real até sua fonte, ali onde todas as coisas levantam-se em seu frescor e em sua incandescência. Essa esperança não é uma tentativa de deserção, mas trabalho de uma restauração e de uma glória. Seu além não tem nenhum outro sentido além de nos proporcionar o estar enfim, juntos, profundamente, aqui e agora.

INTERMÉDIO I:

Kafka no Limiar da Terra Prometida

Prefiro deter-me no limiar da casa de meu Deus a morar nas tendas dos pecadores.

Salmo 83, 11

A Dança de Não Saber com Qual Pé Dançar

Que é um limiar? Um intermédio. Uma fronteira entre o aqui e o ali. Nele, o ali já está aqui, e o aqui ainda está ali. É por isso que aqueles que nele estão, nele se perdem. Eles nem sabem direito onde estão. Normalmente, é preciso cruzá-lo com passo ágil, mas, supondo que devêssemos ficar no limiar, não aguentaríamos, perderíamos toda compostura, sapatearíamos buscando onde pisar. Como ficar num lugar que é só uma passagem?

Mas transponhamos outra etapa para o intransponível. Admitamos que todo lugar deste mundo é um limiar, que intimamente sintamos isso, e que, no entanto, nos seja impossível enxergar exatamente do quê ele é limiar. O que há do outro lado? O Céu? O Nada? De todo modo, esse Céu não seria menos obscuro do que o Nada, e esse Nada não seria menos incerto do que esse Céu. Eles trocariam de natureza. E seria até possível que, ao contrário de nossas primeiras estimativas, o Céu fosse terrível, e o Nada, confortável. Assim, nosso limiar ficaria no limiar de duas possibilidades, elas mesmas no limiar de duas outras, e nossa existência só encontraria sua autenticidade na altitude sem velocidade daquele que a vontade aperta contra os banheiros ocupados, e que não sabe, de fato, se esses banheiros não estão condenados desde sempre, e nem mesmo se existe algum lugar para o alívio de sua necessidade interior, uma vez que sua única certeza explosiva é a dolorosa tensão de sua bexiga (seu coração?). Nessa situação, com certeza, todos os homens são iguais. A primeira dama fecha as pernas tão nervosamente quanto a caixa do supermercado, o cardeal-arcebispo se retorce tanto quanto o torneiro-mecânico. Todos tentam fazer boa figura. Todos escondem a mão que refreia sua conduta. Mas ninguém sabe em que pé dançar. E o mais feliz ainda é aquele que consegue fazer desse não saber uma dança nova, um rigodão de seu ridículo...

Aí é que está o que torna a obra de Kafka tão estranha e tão verdadeira. Ela se atém ao coração do trágico sem dar essa impressão, como um burocrata numa cena da *Oresteia*: ele acha que as Fúrias são diaristas, e suplica à atendente responsável pelo banheiro como se ela fosse uma deusa, porque ele não tem uma moeda e é absolutamente necessário que tenha acesso ao urinol antes da grande entrevista de emprego. O empregado Franz Kafka não o ignoraria, ele que trabalha na "Companhia de Seguros dos Acidentes de Trabalho": o mais duro oráculo dos deuses não pesa tanto sobre o herói da tragédia quanto sobre o faz-tudo: o mais alto chamado metafísico diz menos respeito ao filósofo do que ao agente subalterno. No limite, o orgulhoso heroísmo também é uma fraqueza, e o domínio filosófico, também uma fuga: o herói é rapidamente fotografado fazendo sua pose, e seu humor massacrante durante suas crises de hemorroidas é esquecido; o filósofo é ouvido em suas brilhantes dissertações sobre a ética, e evitamos falar de sua mesquinharia rabugenta com sua mulher. Seu soberbo sucesso leva ao risco da ignorância da baixeza comum – aquilo que em nossas construções é como a hera, agarrando-se ao mais forte, sufocando o fraco, em suma, aviltando-se. Kafka sabe disso. O Deus de Israel veio para libertar os escravos. Inútil posar de grande herói. A barreira entre os grandes e os pequenos não existe mais. Para ser digno dessa liberação, é preciso confessar em primeiro lugar sua própria indignidade, descobrir-se pequeno funcionário, ora vingativo, ora obsequioso, reconhecer-se no suplicante desajeitado e servil subchefe da 10ª Seção. Aquilo que há de funcionário médio em nós, eis o que deve ser olhado de frente e exposto à luz do dia. Mesmo que esse Dia do Juízo aconteça entre a sala de espera e a entrada do banheiro.

Em Algum Lugar no Inconcluso

A obra kafkiana está soterrada por comentários divergentes. Nela se pode ler um modo de denunciar a corrupção dos tribunais, de anunciar o Estado totalitário, de enunciar algumas verdades psicanalíticas, de afirmar a necessidade do sionismo, de renunciar a qualquer transcendência positiva, etc. Mas se o sentido é tão capaz de se fazer e de se desfazer nessas "puras parábolas", é porque elas se situam sempre no limiar: está-se à porta o tempo inteiro, naquela iminência de uma chegada que não acontece. Tensão dilatória que tão bem atestada pela vida de onde elas brotam quanto por sua forma e seu fundo.

Comecemos pela vida. Kafka jamais cruza o limiar do casamento com Felice Bauer nem o do amor com Milena Jesenská. Suas indisposições crônicas, que o levam a passar as férias no sanatório, colocam-no na fronteira entre a energia e a agonia. Quanto à política, ele assiste a reuniões sionistas sem se envolver. Quanto à religião, ele também fica na margem da prática judaica e até da conversão cristã (em seu *Diário*, em 2 de fevereiro de 1914, ele defende Lourdes e seus milagres). Ele também fica na soleira de uma vocação aberta, porque nunca se decide entre sua carreira de autor e seu cargo de empregado: tivesse ele só o talento, poderia olhar de cima os patrões e pedestalizar-se na atitude do "Escritor": mas seu gênio era suficientemente abissal para que ele sempre ficasse pasmo diante da humildade do menor funcionário escrupuloso. Segurador sem segurança, portanto, e que, vendo-se inapto para qualquer habitação firme, vê multiplicarem-se todas as suas obsessões.

A tensão do limiar se declara em seguida por meio da forma de seus textos. Estes permanecem inconclusos, sobretudo quando estão terminados. Seu final mais faz apertar o nó do que levar a algum fim. Seu estilo singular se situa o tempo inteiro na fronteira entre o humor e a angústia, entre o natural mais prosaico e o fantástico mais incongruente, entre a objetividade fria e o sinal de angústia. A julgar apenas por sua célebre *Metamorfose*, cujo título indica justamente uma passagem no limite, ela trata ao mesmo tempo do burlesco e do gravíssimo, e ficamos a nos perguntar se estamos diante de alguém profundíssimo ou de um garoto de escola.

Mas é pelo fundo de sua obra que o limiar aparece como uma obsessão. Afinal, toda vez, de que é que se está falando? Do absurdo da existência? Talvez, mas esse absurdo só é tão perfurante por manifestar-se num desejo renovado de sentido. Como tão bem observa Camus:

> A palavra esperança aqui não é ridícula. Mais trágica, ao contrário, é a condição relatada por Kafka, quanto mais rígida e mais provocante se torna essa esperança. [...] Aqui redescobrimos em estado puro o paradoxo expresso por Kirkegaard: "É preciso desferir um golpe mortal na esperança terrestre, porque é só assim que somos salvos pela esperança verdadeira".[1]

De todo modo, Alexandre Vialatte especifica que essa tragédia da verdadeira esperança, em Kafka, nasce de um veio cômico. O adro do Céu em sua obra não se distingue da linha amarela na frente do

---

[1] Albert Camus, *Le Mythe de Sisyphe*, in *Essais*. Paris, Gallimard, 1965, p. 208. (Coleção Bibliothèque de la Pléiade)

guichê: "O homem de Kafka reclama às portas da eternidade como o cliente no balcão do correio".[2]

Entre o Processo Inevitável e o Castelo Inacessível: o Caso K.

Assim, o adjetivo "kafkiano" (mas poderíamos dizer "o abjetivo") não deveria qualificar tanto o *imbroglio* delirante dos formulários burocráticos ou o "despedaçamento de toda justificação transcendental"[3] quanto essa desproporção tragicômica entre o empregado burocrático medíocre e o inefável paraíso de Deus. Como pode o coitado pretender o amor do Altíssimo? E, ao mesmo tempo, como esse vermezinho escaparia ao Todo-Poderoso? Poderia o Espírito Santo, por assim dizer, genuinamente interessar-se pelo caso de K.? Mas poderia o caso de K. escapar a esse impiedoso lavador das almas? É difícil de crer. É no lugar dessa desproporção entre meu pequeno eu e a Alegria imensa que o pé tropeça, como num limiar intransponível. Minhas mais belas súplicas aqui parecem ridículas e interesseiras. Minhas tentativas de diminuir-me revelam-se impossíveis e vergonhosas.

As duas últimas novelas sugerem isso de maneira tão límpida quanto as duas grandes obras. Com *A Construção*, a toupeira narradora não para de explicar as fortificações labirínticas acrescentadas à sua toca subterrânea, mas ela confessa sua angústia em relação a uma ameaça onipresente, ela sente a irrupção inevitável do Outro que virá pilhar seu conforto. Em *Investigações de um Cão*, o cachorro filósofo se interroga sobre a possibilidade de uma vida superior à vida canina, e, por exemplo, diante de seu prato, que volta a ficar magicamente cheio, ele se pergunta em "cachorrês" metafísico: "De onde a terra tira esse alimento?".

---

[2] Alexandre Vialatte, *La Porte de Bath-Rabbim*. Paris, Julliard, 1986, p. 265.
[3] Gilles Deleuze, Félix Guattari, *Kafka: Pour une Littérature Mineure*. Paris, Éditions de Minuit, 1975.

Tratando-se de duas grandes obras, *O Processo* e *O Castelo*, a mesma simetria, segundo a qual o limiar é percebido como aquilo que expõe o vil lugar onde o medíocre gostaria de abrigar-se, ou como aquilo que defende o alto lugar a que o medíocre gostaria de chegar. De um lado, uma ameaça que arranca da rotina; de outro, um esforço que tenta conquistar o inacessível. Logo antes de os dois homens de paletó assassinarem Joseph K. observando-o com "as faces coladas", o narrador declara: "A lógica, na verdade, é inabalável, mas ela não resiste a uma pessoa que quer viver".[4] E o agrimensor K. diz à estalajadeira uma palavra que valeria ainda mais para ele mesmo: "A bênção estava sobre vós, mas não se soube como fazê-la descer".[5] Ali o paraíso está ausente, mas é sempre desejado; aqui, o paraíso está presente, mas é impenetrável.

O Livro como Machado e como Oração

Vãos são todos os esforços do homem para salvar a si próprio. Mas vã também é sua tentativa de viver sem se preocupar com sua salvação. Os acontecimentos estão lá para tirá-lo de seu sono. Os verdadeiros livros não têm outra finalidade:

> É bom que a consciência traga imensas chagas, ela fica mais sensível às mordidas. Parece-me, aliás, que só deveríamos ler livros que mordem e que espetam. Se o livro que lemos não nos desperta como um soco na cabeça, para quê lê-lo? Por que ele nos deixa felizes? Meu Deus, seríamos tão felizes se não tivéssemos livros, e livros que nos deixam felizes, nós poderíamos, a rigor, escrevê-los nós mesmos. Por outro

---

[4] Franz Kafka, *Le Procès*. Trad. A. Vialatte, Paris, Gallimard, 1993, p. 324. (Coleção Bibliothèque de la Pléiade) *O Castelo*. Trad. Modesto Carone, São Paulo, Companhia das Letras, 2005, p. 227-28. (N. T.)

[5] Idem, *Le Château*. Trad. A. Vialatte, Paris, Gallimard, 1972, p. 128. (Coleção Folio)

lado, temos necessidade de livros que ajam em nós como um infortúnio que nos faria sofrer muito, como a morte de alguém que amássemos mais do que a nós mesmos, como se todos estivéssemos proscritos, condenados a viver nas florestas longe de todos os homens, como um suicida – um livro deve ser o machado que parte o mar gelado em nós. É nisso que eu creio.[6]

Livros como suicídio, eis o que há de mais feliz. Porque um suicídio pode nos interrogar mais profundamente do que uma vida semelhante a uma linha reta: como é que essa pessoa que estava sorrindo ainda agora...? que foi que fizemos para...? que foi que não fizemos para...? Será uma graça entre a ponte e a água, a detonação do fuzil e o esmagamento do cérebro, a ingurgitação da caixa de soníferos e a regurgitação da alma, a abertura das veias e o fechamento do caixão? Um livro como um suicídio pode operar em nós uma espécie de ressurreição, porque nos perturba: nós que achamos que já entramos, que estamos instalados, sentados, a nós ele revela que mal chegamos no corredor. Por outro lado, um livro que nos deixa felizes é um infortúnio! Suas adulações nos prendem em nossa poltrona melhor do que correntes. Ele nos bajula em nosso descomprometimento de leitores, ele nos captura numa armadilha com a viscosidade de nosso contentamento. Achamos que é um álbum que nos encanta, e é um cimento que nos cerca. Uma mentirada dos diabos. E a acusação não vale só para os romances água com açúcar com *happy end*. Ela também se aplica aos panfletos satisfeitos com suas farpas, aos textos que se enrolam em sua obscuridade, às elegias que prestam atenção demais a seus gemidos (é assim que alguns querem ler Kafka). O soco no crânio pode perfeitamente vir de uma alegria imprevista. O importante

---

[6] Idem, carta a Max Brod, fim de março de 1918, trad. Marthe Robert, in *Correspondance 1902-1924*. Citado por Ghislain Chaufour, "Ouverture d'un Traité d'Harmonie Littéraire", *Les Provinciales*, nova série, 4 fev. 2002, p. 8.

é que não vemos de onde ele vem. Que ele nos tire do lugar, e que o que já está lá revele outra vez seu limiar.

Assim, Kafka pode falar em "escrever como uma forma de oração".[7] A oração é semelhante ao machado. Ela quer quebrar o gelo. Ela corresponde muito exatamente à palavra do limiar, implorando por uma entrada que escapa a nossa capacidade. É a campainha que tocamos outra vez. São as batidas repetidas na porta fechada, ou que dá para outra porta, de limiar em limiar. No mais, os personagens de Kafka não param de rogar. Eles rogam aos advogados desonestos, às empregadas conciliatórias, aos agentes de polícia, não importa, todos lhes parecem emissários do alto e orelhas divinas capazes de ajudar sua causa. Mas como cada progresso adia a conclusão por mostrá-la mais alto, eles renovam seus rogos, cada vez mais cômicos, cada vez mais miseráveis.

O Paradigma Mosaico

Esse "rompimento em nós do mar gelado" não é nada além da intensificação do desejo em meio ao desastre. A Páscoa tem uma ironia semelhante: o machado divino abre um caminho no meio do mar Vermelho, mas esse caminho vai dar numa quarentena dando voltas pela areia. O drama do limiar é essencialmente judeu. Ele tem seu fundamento não apenas na Hagadá da Páscoa, mas também no finalzinho da Torá: Moisés vê a Terra Prometida, mas não chega a entrar nela. Esta é a terra que, sob juramento, prometi a Abraão, Isaac e Jacó, dizendo: *Eu a darei à tua descendência. Eu a mostrei aos teus olhos; tu, porém, não atravessarás para lá* (Deuteronômio 34, 4).

É desse versículo, me parece, que Kafka tira sua terrível crueldade e também sua inelutável esperança. Ele observa num caderno, em fevereiro de 1918: "Não se pode dizer que não temos fé. Por si

---

[7] Idem, *Carnets*. Cadernos diversos e folhas soltas. Trad. Marthe Robert, citado por Ghislain Chaufour, ibidem.

só, o simples fato de que estamos vivos é dotado de um valor de fé inesgotável".[8] Mas ele escreveu em seu diário, em outubro de 1921: "Não foi porque sua vida foi breve demais que Moisés não entrou em Canaã, mas porque foi uma vida humana".[9] Assim a vida é inseparável da fé, mas, como a vida é imperfeita, sua fé não é uma conquista. Ela só permite o êxodo para que o exílio seja sentido. Ela é "princípio do caminho no deserto", expressão ambivalente por significar essas duas tendências: ela abre um caminho onde não há caminho, naquela paisagem monótona e movente das dunas que apagam os passos daqueles que nos precederam: e, onde há autoestradas e sinalizações, uma casa com água corrente, um coquetel com figurões, ela revela um deserto. As portas abertas são impraticáveis. As portas fechadas são promissoras. A esperança é o limiar em que se tropeça e que só se passa ao morrer.

Por mais longe que levemos nossa defesa, o processo continua, sua plena luz se encontra além, sem o que ela não seria a plena luz, mas o reflexo na parede de nossa lanterna. Isso não quer dizer que a luz esteja em outro lugar. Ela pode perfeitamente estar aqui, mas ela é ainda mais inencontrável a nossos olhos de porteiros: "Nossa arte consiste em sermos cegados pela verdade; só é verdadeira a luz na face grotesca que recua, nada mais".[10] Kafka às vezes pensa: como o homem deixou o paraíso terrestre não por um deslocamento do corpo, com as pernas, mas por uma anulação da alma, com seu orgulho, pode ser que ele ainda esteja no Éden, mas que esse Éden não lhe convenha mais, e seu sofrimento consiste em sentir essa Alegria tão próxima que ao mesmo tempo lhe dá náuseas:

---

[8] Idem, "Méditations sur le Péché, la Souffrance, l'Espoir et le Vrai Chemin", in *Préparatifs de Noces à la Campagne*. Paris, Gallimard, 1957, p. 65. (Coleção L'Imaginaire)

[9] Idem, *Journal*. Trad. Marthe Robert, Paris, Grasset, 1954, p. 536. (Coleção Les Cahiers Rouges)

[10] "Méditations sur le Péché...", op. cit., p. 56.

> Em sua parte principal, a expulsão do Paraíso é sem fim: assim, é verdade que a expulsão do Paraíso é definitiva, que a vida neste mundo é inelutável, mas a eternidade do acontecimento (ou melhor, em termos temporais: a repetição indefinida do acontecimento) possibilita, apesar de tudo, que não apenas possamos permanecer continuamente no Paraíso, mas que estejamos nele de fato continuamente, pouco importando que saibamos disso ou não aqui.[11]

A vida neste mundo consiste em ser expulso o tempo inteiro do paraíso terrestre, o que implica que ele está sempre presente, e que é sua presença atrás de um limiar invisível que provoca nosso sentimento de perda e de absurdo. Inversamente, o paraíso celeste não para de nos chamar, enquanto nós continuamos a chafurdar na lama. O libertador de Israel não chegou exatamente na hora em que o jugo do faraó ficou mais pesado?

> O pressentimento da libertação definitiva não é de modo algum refutado pelo fato de que, amanhã, o cativeiro continua inalterado ou que se agrave, ou até que seja expressamente declarado que nunca vai acabar. Tudo isso, pelo contrário, pode ser uma condição necessária para a libertação definitiva.[12]

O sentimento de cativeiro não seria capaz de abolir o pressentimento da libertação eterna, porque é ela que faz com que a servidão seja tão duramente sentida: como sentir-se cativo sem pressentir o Messias que chega? Kafka afirma, ademais, que a impaciência é o pecado original: por si, ela causou nossa expulsão do Éden.[13] Daí a paciência infinita exigida pelo Retorno. Daí esse plantão clownesco em todas as repartições da terra.

---

[11] Ibidem.

[12] Franz Kafka, *Le Journal*, 9 de fevereiro de 1920, op. cit., p. 532.

[13] Idem, "Méditations sur le Péché...", op. cit., p. 47.

Diante da Lei

O célebre relato do sacerdote, em *O Processo*, retoma expressamente essa experiência do limiar que chamamos, no limiar mesmo deste livro, o passo possível ou o paraíso à porta. Parábola dentro da parábola, ele conta a história do homem do campo que encontra o "porteiro postado diante da Lei" e pede "para entrar". Mas o porteiro diz que não pode deixá-lo entrar naquele momento. O homem então pergunta se poderá entrar mais tarde. "É possível", diz a sentinela, "mas agora não". O porteiro dá um passo para o lado da porta, *aberta como sempre*, e o homem se inclina para olhar lá dentro. A sentinela, vendo-o fazer isso, ri e diz: "Se o atrai tanto, tente entrar apesar da minha proibição. Mas veja bem: sou poderoso. E sou apenas o último dos porteiros". O homem então se põe na soleira da porta, esperando por dias e anos. Ele tenta em vão subornar a sentinela. Ele xinga, fica velho, resmunga, fica surdo, infantiliza-se. Prestes a morrer, ele subitamente se dá conta de que em todos aqueles anos ele sempre esteve sozinho – com seu guardião – plantado diante daquela soleira. Então ele faz uma última pergunta: "Como se explica que, em tantos anos, ninguém além de mim pediu para entrar?". O porteiro vê que o homem está nas últimas, e, para atingir seu tímpano moribundo, berra em seu ouvido: "Aqui ninguém mais podia ser admitido, pois esta entrada estava destinada só a você. Agora eu vou embora e fecho-a".[14]

Mal termina a parábola, Joseph K. logo acusa o porteiro de maldade. Mas o padre o corrige, recordando que duas importantes declarações do porteiro marcam o começo e o fim da história: ele não pode deixar o homem entrar *naquele momento*; essa entrada, no entanto, foi feita só para ele. Ainda que o porteiro também só estivesse ali por causa dele, e, talvez, além do alizar, centenas de outras mais majestosas que

---

[14] Id., *Le Procès*, op. cit., p. 307-09. *O processo*. Trad. Modesto Carone, op. cit., p. 214-15. (N. T.)

esperassem em perfeito silêncio, como servos inúteis, só erguendo sua imponente estatura para esse reles camponês, vigiando dia e noite unicamente para ele. Todos esses guardas vedam-lhe o acesso à Lei no sentido em que o proíbem de entrar, como leões de chácara, porque ainda não chegou o momento de deixá-lo passar; mas também o proíbem no sentido em que, como servos, reservam esse acesso, porque só ele tem o direito de entrar. Trata-se de um direito que, naquele momento, não tem um dever correspondente, um privilégio insigne que espera o tempo todo seu decreto de aplicação. Estaria Kafka pensando na admoestação do rabino Bounam a seus discípulos? "Cada um de vós terá dois bolsos. No esquerdo, estará escrito: *O mundo foi criado somente para mim.* No esquerdo: *Não passo de pó e de cinzas.*"[15]

O homem de Kafka tem de ficar até o fim nesse intermédio do só para mim / mas não agora. Ele precisa suportar essa contradição da maior das atenções que se une ao mais severo interdito. Da graça que é um processo. Do processo que é uma graça. Porque entrar na Lei (isto é, na Alegria) é em primeiro lugar reconhecer que não conseguimos entrar sozinhos, e que primeiramente é preciso aguentar o Outro em excesso.

O Judeu Errante como Único Guia

Supondo essa experiência do limiar, terrível para a nossa impaciência e para a nossa preguiça, Kafka só podia dela inferir nosso temor do paraíso. Ele o escreve com todas as letras: "As alegrias dessa vida não são as suas, elas são nosso medo de nos elevarmos a uma vida superior; os tormentos dessa vida não são os seus, são os tormentos que infligimos a nós mesmos por causa desse medo".[16]

As alegrias *na* minha vida não são *da* minha vida, como se eu as tivesse tirado de meus próprios fundos. Elas procedem de uma

---

[15] Martin Buber, *Les Récits Hassidiques*. Paris, Éditions du Rocher, 1985, p. 646.
[16] Franz Kafka, "Méditations sur le Péché...", op. cit., p. 62.

fonte mais alta, e é por isso que elas sempre tendem a dilatar-se numa alegria mais vasta e mais difundida: se tento guardá-las só para mim, seu nível sobe imediatamente, como sob o efeito de uma represa, mas elas rapidamente se transformam em água estagnada. Elas se reduzem a esse contentamento perturbado pelo medo daquilo que a verdadeira alegria reclama. E o paraíso que vem torna-se meu tormento. Mas basta que eu lhes deixe seguir seu curso natural e sobrenatural, e é impossível eu me acomodar, preciso bater nas portas, transformar as câmaras em antecâmaras, declarar a iminência da metamorfose.

Esse verso de David seria uma justa epígrafe a toda a obra de Kafka: *Prefiro deter-me no limiar da casa de meu Deus a morar nas tendas dos pecadores* (Salmo 83, 11). Antes ficar no limiar do que morar, eis a vocação do judeu. Sua "destinerrância", como diria Derrida. Assim, Moisés morre sem entrar na Terra Prometida, por ordem do Senhor (*al-bi adonai*, literalmente: "pela boca do Senhor", boca essa ao mesmo tempo abismo e beijo) – *e até hoje ninguém encontrou seu túmulo*: o profeta sem igual, aquele que o eterno conhecia *face a face*, não recebe as honras funerárias do mundo, nem se beneficiará da transferência de suas cinzas ao panteão nacional. Ele prefere identificar-se com o anônimo deportado sem sepultura, aquele cujo rastro perdemos, aquele que, subitamente, com sua morte, passou da soleira.

O Grande Teatro do Novo Mundo

O primeiro grande romance inacabado, *Amerika ou le Disparu* [Amerika ou o Desaparecido], evoca essa errância por meio de um imigrante involuntário no Novo Mundo. Dessa vez, o fim é abertamente feliz. Karl Rossmann é como um Joseph K. que obteve sua graça, ou como um agrimensor K. enfim recebido pelo Castelo. Mas ele teve de passar por peripécias humilhantes e até de perder seu nome. É com o apelido de "Negro" que ele consegue emprego, numa atmosfera de corte dos milagres: "Quantas pessoas indigentes e suspeitas iam reunir-se ali, sendo no entanto muito bem recebidas e tratadas!".[17] Ali ele encontra seu lugar, no "maior teatro do mundo", onde sua amiga Fanny já ocupa um posto de anjo num pedestal elevadíssimo.

Bastou-lhe dar confiança a um cartaz:

> O Grande Teatro de Oklahoma chama você! Quem perder agora essa oportunidade vai perdê-la para sempre! Quem pensa em seu futuro foi feito para juntar-se a nós! Todos são bem-vindos! Quem quer ser artista, que se apresente! Somos o teatro que pode empregar todos, cada qual em seu lugar! Quem decidiu vir até nós tem o direito, desde agora, a nossas calorosas felicitações! Mas venha logo, se quiser que sua vez chegue antes da meia noite! A zero hora, fechamos tudo e não reabrimos mais! Ai de quem não acreditar![18]

Como reconhecer a importância desse chamado entre mil reclames mais atraentes? Como distinguir a verdadeira profecia de uma publicidade qualquer que, com uma BMW, lhe dá "a Alegria", com uma linguiça de burro, "o sabor do Verdadeiro"? Aliás, o anúncio anteriormente mencionado sofre de uma grave lacuna: não há nele uma palavra sobre a remuneração. Quem pensa em "ser artista sem ser pago por seu trabalho"? A oferta do Grande Teatro, observa Kafka, não tem muito sucesso: "Havia tantos cartazes que ninguém acreditava mais nos cartazes". E mesmo assim, Karl Rossmann, em sua conclusão, se entrega à promessa. E eis que ele entra no paraíso... ao mesmo tempo em que desaparece entre as pessoas comuns. Sua eleição de bem-aventurado é um cargo de técnico no maior teatro. O que é que isso quer dizer, senão que a cortina nunca para de se levantar?

---

[17] Idem, *Amerika ou Le Disparu*. Trad. B. Lortholary, Paris, Garnier-Flammarion, 1988, p. 330.
[18] Ibidem, p. 307.

TERCEIRO MOVIMENTO
Sofrer a Alegria

> *PENSÉE – A cruz é o sofrimento.*
> *ORIAN – Ela é a redenção.*
> *PENSÉE – Não queremos sofrimento!*
> *ORIAN – Então quem matará em você aquilo que é capaz de morrer?*
> *PENSÉE – Não queremos sofrimento!*
> *ORIAN – Então você não quer mesmo a alegria?*
> *PENSÉE – Não queremos a alegria? É a mim que você diz que não quero a alegria? A alegria, Orian, que palavra, ah, você a disse?*
>
> Paul Claudel,
> Le Père Humilié [O Pai Humilhado],
> ato I, cena 3

Mozart for Never

1. Por muito tempo detestei Mozart. Sua alegria me exasperava. Sua simplicidade me dava náuseas. Meus ouvidos, ainda repletos do barulho das máquinas, reduziam a fluidez tão pura de suas melodias aos fru-frus do estilo galante e a uma ligeireza que esquecia os horrores da história. Como suportar a facílima "Sonata Fácil" que o pequeno virtuose de 6 anos inflige sob os aplausos do papai? Como manter a compostura diante daquela "Pequena música noturna" que a secretária eletrônica de uma sociedade anônima desbobina na espera telefônica? É verdade que eu mal conhecia *Don Giovanni*, o andante do *Concerto para Piano n. 23*, a *Sonata para Violino K 304*, e nem mesmo, devo confessar, o *Réquiem*, exceto por trechinhos enganadores... Mas o que estava em questão era menos minha ignorância do que o critério que escolhi para meu julgamento. Mesmo que eu tivesse ouvido de Mozart essas obras e tantas outras – quase todas – que vêm roçar a grande foice da

morte, elas sempre me pareceram menos fortes do que as tempestuosas composições e decomposições do *Sturm und Drang* romântico ou contemporâneo. A *Apassionata,* de Beethoven, eis algo que tinha mais a ver comigo; e, mais ainda, de Penderecki, o *Treno pelas Vítimas de Hiroshima.* É verdade que a *Chaconne,* de Bach, capaz de transformar em melopeia os rangidos mais terríveis, também me encantava – desde que tocada por Yehudi Menuhin. Mas eu também a teria admirado se fosse tocada num stradivarius com uma serra tico-tico. É que eu tinha aquelas questões bem pesadas: que melodia depois de Auschwitz? Que sinfonia após Nagasaki? Parecia-me necessário, para ter consciência do nosso tempo, que a orquestra nos fizesse ouvir bombas, e que o tenor tivesse a voz de alguém que sofreu um ataque de gás.

Isso para os tímpanos. Para as pupilas, o seguinte: outro paradisíaco, mas não mais na música – Rubens, me causava repulsa. Seus tons de pele tinham saúde demais, suas Vênus eram rechonchudas demais, seus umbigos redondinhos na camisa encharcada de alegria, a irradiação das rodilhas como elevações de uma geologia celeste, a glória do traseiro a exibição dos culotes, enfim, o *allegro assai* dessa carne transbordada era insuportável e me fazia franzir as sobrancelhas. As três nereidas do *Desembarque de Maria de Médicis* me pareciam lutadoras obesas e obscenas. As pernas rosadas, as nádegas tomadas por celulite de Hélène Fourment em meio a um bando de crianças gordinhas me pareciam vangloriar-se da fecundidade da *gretchen* patriótica. Como eram melhores as *Women* esborrachadas de um De Kooning, as silhuetas calcinadas de um Giacometti! Considerando nossa época, eu me dizia, era preciso que a tela fosse uma chaga purulenta. Por que não, aliás, um vômito? Um pedaço de carne de bacon me agradava mais do que uma madona de Rafael, e eu não estava longe de compreender Laszlo Toth, o geólogo húngaro que, em 21 de maio de 1972, na basílica de São Pedro, em plena missa de Pentecostes, saltou a balaustrada de mármore e desferiu quinze marteladas na *Pietà,* quebrando-lhe o nariz, a arcada das sobrancelhas e o braço esquerdo na altura do cotovelo. Assim mutilada, a obra-prima de Michelangelo não era mais representativa do desastre da humanidade atual? Afinal, nossa espécie me parecia – ainda me parece, num sentido mais exigente – acabada. O sol – aquele sol outrora adorado como um deus – não passa de um grande fogo de artifício retardado; a terra – essa terra antes adulada como fonte inesgotável de alimentos – de uma melequinha tirada do nariz do vazio, petrificada com a lama dos mortos, lançada no espaço por um piparote patético. Se resta um canto, é o do cisne esfolado, para não dizer do pato fatiado. Se resta uma pintura, é a da merda espalhada.

2. Vocês já entenderam: com frases assim sombrias, eu estava convencido de que era mais lúcido. Meus professores tinham me ensinado que a disposição mais autêntica estava na angústia. Então eu fazia tudo para ser angustiado. Claro que eu desprezava as pequenas ansiedades: para mim, o que interessava era a grande angústia diante da morte, o excelso desamparo do *ser-jogado*, os grandes olhos abertos diante da ausência de sentido. E tudo isso temperado com uma compaixão muito esclarecida. Eu queria estar no diapasão do grito, em uníssono com as vítimas. Eu teria de bom grado repetido as palavras de Ivan Karamázov: "Enquanto ainda há tempo, recuso-me a aceitar essa harmonia superior. Afirmo que ela não vale a lágrima de uma criança".[1] E seria com prazer que eu teria declamado a grande tirada de Lambert em *La Ville* [A Cidade]:

> Renego-te, ó, Alegria! De vós me separo, feliz! E tu, perfurante aguilhão, não me deixa, caríssima dor! Abafa, água das lágrimas! Baixa terra, sede meu amor e meu leito! [...]
> Ó, desolação, como uma mãe te beijarei em meio a teu rosto terroso![2]

O que me proporcionava muita aprovação e distração.

---

[1] Fiódor Dostoiévski, *Les Frères Karamazov*. Trad. Henri Mongault, Paris, Gallimard, 1994, p. 342. (Coleção Folio Classique)

[2] Paul Claudel, *La Ville* [2ª versão], in *Théâtre*, I, Gallimard, 1956, p. 448. (Coleção Bibliothèque de la Pléiade)

3. Afinal, para dizer a verdade, no que diz respeito a meu desamparo, eu ficava muito zangado quando meus pais não queriam acrescentar um dinheirinho ao que já me davam todo mês. Quanto à minha solidariedade com as vítimas, eu não precisava ficar me incomodando se já me esmerava num texto sobre os campos de concentração. Enfim, quanto à minha maneira de suportar o absurdo da existência, eu tinha uma susceptibilidade extrema sempre que as pessoas não eram gentis comigo ou quando me faziam a mais mínima reprimenda. Nas páginas, eu era crudelíssimo; na vida, continuava entre os mais dóceis. Eu declamava, com Nietzsche: "O que não me mata me deixa mais forte", mas o menor dodói fazia com que eu reclamasse ainda mais. Um arranhão que me sangrasse o dedinho me fazia revirar os olhos (eu nunca consegui doar sangue sem ficar lívido), e a mais banal dor amorosa era um cataclismo nuclear, o cúmulo da injustiça, a abominação da desolação... Mas eu sabia tirar partido disso e aí ver minha maior proximidade com os desaparecidos nos fornos crematórios, assim como a confirmação de meu pessimismo quanto ao gênero humano (no caso, o gênero humano se chamava Florence ou Marie-Charlotte).

De onde podia vir meu ódio teórico de uma beatitude que eu continuava a vilmente cobiçar na prática? Por causa de qual verdadeiro ressentimento, de fato, eu me comprazia num luto agressivo e soberbo (eu que nem passara pela morte de ninguém próximo), por que eu me instalava na pose do desespero (eu que esperava o reconhecimento do público) e me lançava no desdém, na negação, no medo do paraíso? Essas questões podem ser resumidas na seguinte: o que há na alegria que fazia com que eu pudesse achá-la vergonhosa a ponto de temê-la?

Os Fundos do Desespero (I) – Relatividade do Malvado

4. Para começar pelo começo (e compreender o caráter secundário de meu rancor de antes), podemos partir da seguinte proposição:

a alegria vem primeiro. É o que a teologia afirma: "*Deus est beatitudo*, Deus [aquele que é absolutamente primeiro] é beatitude".[3] E, portanto, como Deus é criador, ela nos leva a uma conclusão muito rapidamente esquecida pelo crente "dolorista": não apenas fomos criados *para* a alegria, como também fomos criados em primeiro lugar *pela* alegria. Nós e todas as coisas. Mesmo que tenhamos de confessar que a alegria é o fundo do ser. Por que não o fazemos? Por que essa evidência teológica parece obscura à nossa experiência? Platão e Aristóteles repetiram-no diversas vezes: aquilo que vem primeiro para nós não é o que é primeiro em si; partimos do sensível para chegar aos princípios, quando na realidade são os princípios que estão no ponto de partida. Cheiramos a sujeira antes de farejar Deus. A ordem do nosso conhecimento é inversa à ordem das coisas. Não é possível, entretanto, por uma simples análise de nossa experiência, aproximarmo-nos de nossa afirmação teológica e reconhecer a alegria como substancial, e a infelicidade como insubstancial? (Digamos de cara que qualificar a infelicidade como insubstancial não a atenua em nada, mas até a agrava, por ressaltar seu caráter negativo.)

5. Primeira observação: o crime mais assustador não existe sem a bondade que ele perverte e desvia. É que "*malum non est aliquid, sed privatio boni debiti*, o mal não é uma coisa, mas a privação de um bem que é devido",[4] e uma privação jamais poderia existir por si mesma. Ela sempre depende da realidade que vem corromper.

Sem a saúde, não haveria doença. Sem a vida, não haveria morte. Sem as senhoras ricas, não haveria roubo de bolsas. Sem o amor da esposa, não haveria o ódio da sogra. Sem os judeus, não haveria Adolf Hitler (então o "*Führer*" não confiou a Bormann que se não houvesse judeus seria preciso inventá-los?)... Cada um pode, segundo suas preferências, continuar a lista dessas dependências. Elas demonstram que o mal, em sua virulência mais incontestável, sempre tem a fragi-

---

[3] São Tomás Tomás de Aquino, *Suma Teológica*, I, 26, 3.
[4] Idem, *De Malo*, questão 1, artigo 1.

lidade de apoiar-se no bem. Se, em sua bulimia, a fera devorar todas as gazelas, ela mesma fica condenada a perecer. Assim, ela fica como que forçada a refrear seu apetite predador e a estimular a prosperidade de suas presas. Você sente prazer em matar sua mulher? Ai! Logo que você acaba de estrangulá-la, acaba a recreação. Você fica privado de poder matá-la uma segunda, uma terceira, uma quarta vez, várias vezes por dia, de um jeito diferente a cada vez: eletrocutando-a na banheira, esquartejando-a sobre o leito nupcial, atropelando-a com o jipe, cozinhando-a em pedacinhos no Thermomix...

No momento em que pretende mostrar-se absoluto, o malvado trai sua relatividade. No gesto de ruptura com que gostaria de estabelecer sua soberania, ele novamente exibe sua dependência. E é por isso que, para guardar-se da tentação de arrepender-se, ele é como que forçado a perpetrar seu crime outra vez, reincidir indefinidamente, sempre em vão, e sempre cada vez pior, não apenas para sufocar o remorso do crime anterior com o do crime seguinte, não apenas para anestesiar-se pela repetição, mas sobretudo porque ele gostaria de livrar-se de uma vez por todas do bem que o circunda e no qual se funda a ordem mesma de sua existência: seus órgãos ajustam suas funções, o sol continua a levantar-se, o lírio exibe sua brancura, a terra e o trabalho dos homens continua a nutrir sua vida, tudo isso tem a ver com uma bondade inaugural e augural contra a qual ele não para de se bater sem que haja outra possibilidade de saída além do aniquilamento.

Os Fundos do Desespero (II) – Relatividade da Infelicidade

6. Segunda observação, não mais sobre o mal da culpa (pecado), mas sobre o mal da pena (sofrimento): o machucado mais doloroso nunca existe sem a carne viva que o precede e que o contém. Assim, para ser atacado pelo horror do mundo, é preciso ter primeiro vislumbrado sua beleza.

Se esse rosto não tivesse me parecido radiante, ou fadado a algum esplendor, ainda que de maneira furtiva, como eu poderia me indignar com aquilo que o desfigura? Fosse o horror a essência da realidade, ela não me pareceria mais horrível, mas normal, adequada, gostosa até. Assim, dizer que a vida é assustadora é subentender que ela carece *de fato* daquilo que ela tem por *direito*. É, portanto, sempre crer que, em sua essência mais íntima, a vida é bela, mas que agora ela está acidentalmente, injustamente, escandalosamente mutilada. A infelicidade na vida pressupõe a alegria de viver. O desespero psicológico pressupõe uma esperança ontológica. Desesperar não é tão atroz quanto arrancar continuamente do coração uma esperança que continuamente renasce. Uma vez que essa esperança morra, não há mais nada de que des-esperar. A esperança é necessariamente o fundo e os fundos do desespero.

7. Alguns podem dilapidar esses fundos e ser-lhes ingratos. Eles objetam que a vida não é essencialmente alegre e que a alegria de viver é sempre uma efemeridade ou uma miragem.[5] Segundo a avaliação deles, é só se tal ou qual bem é acrescentado à vida que ela vale ser vivida, e sem ele seria melhor a eutanásia.

A isso Plotino responde de maneira absolutamente lógica: "Desprezando o ser e a vida, dá-se testemunho contra si mesmo e contra os próprios sentimentos; e se há repulsa da vida misturada com a morte, é essa mistura que é odiosa, e não a vida verdadeira".[6] A vida não é desprezível, só o mal que a corrói. Aqueles que afirmam o contrário se contradizem: eles usam as forças da vida para dar testemunho contra ela, e portanto dão testemunho contra si; ao desprezar a vida, eles convidam a desprezar seu próprio julgamento desdenhoso, porque ele próprio é o fruto abortado de sua atividade vital.

---

[5] Por exemplo, o autoproclamado hedonista e nietzscheano Michel Onfray, em *La Puissance d'Exister* (Paris, Grasset, 2006, p. 134): "É a vida tão extraordinária, alegre, feliz, lúdica, desejável, fácil, para que a demos de presente a futuros homenzinhos?" M. O. não parece ver que é por aproveitar desse presente que ele tem a boa fortuna de pronunciar essa frase.

[6] Plotino, *Ennéades*, VI, 7, 29. Trad. Émile Bréhier, Paris, Les Belles Lettres, 1936, p. 102-03.

Essa constatação plotiniana não é idealista, ela nasce do realismo mais comum. Diógenes, o cínico, sustenta algo semelhante: "Alguém lhe disse: – Viver é um mal. – Não, disse ele, mas viver mal".[7] E o materialista Epicuro: "Tolo é aquele que afirma que não nascer é um bem, *ou que uma vez nascido, é preciso cruzar o mais rápido possível os portões do Hades*. Afinal, se isso é dito com convicção, por que não suicidar-se? É uma solução sempre fácil, quando desejada violentamente. E, se isso é dito por brincadeira, está-se sendo frívolo em relação a uma questão que não é frívola."[8] Epicuro aqui não menciona os infelizes que se suicidam. Ele fala dos pretensos sábios que fazem do suicídio um ato louvável e nobre quando a vida não vale mais a pena. E eis o que ele conclui: ou eles falam brincando, e não é preciso escutá-los; ou eles falam a sério, e menos ainda é preciso escutá-los, porque suas palavras são desleais e se destroem por si. Eles se apoiam na vida para denunciar a própria vida. Não apenas eles serram o galho em que estão sentados, como desprezam a seiva que lhes outorga a força de serrar. A única maneira de tornar essas palavras "sustentáveis" seria enunciá-las já morto, ou melhor, sem nunca ter existido...

Santo Agostinho faz uma observação semelhante: "Se alguém dissesse: 'Eu preferia não existir a ser infeliz', eu responderia: 'Você está mentindo. Porque agora mesmo você é infeliz e não quer morrer, só por existir; assim, você quer sempre existir, e o que você não quer é a infelicidade".[9] Por trás do desejo de morte há um desejo de vida, e de uma vida restaurada ou melhor, seja ilusória ou real. O nada nunca é desejável por si. Ele não é: como poderia ele ser objeto de um querer? Para sê-lo, ele precisa ornamentar-se com as plumas do pavão. O que o suicida deseja, então, é a negação de uma negação, o fim de um sofrimento: ele ainda é animado pela vontade de ser e de estar em

---

[7] Diogène Laërce, *Vie, Doctrines et Sentences des Philosophes Illustres*. Trad. R. Genaille, Paris, Garnier–Flammarion, 1965, II, p. 27.

[8] Ibidem, p. 260.

[9] Santo Agostinho, *De Libero Arbitrio*, III, 6, 18.

repouso, mas, na cegueira da dor, na quebra de sua vontade, ou ainda, o que é possível, na obstinação de seu orgulho, ele não consegue mais se abrir àquilo que seu desejo esconde de ímpeto positivo.

8. Todo discurso sobre o *valor* da vida é, portanto, por princípio, niilista, mesmo que conclua em seu favor. O que vale, vale *tanto*. Essa quantidade ou essa qualidade são medidas a partir de um critério exterior ou de um equivalente universal. A vida deveria então valer por algo diferente dela mesma. Ora, existe algo diferente da vida, excetuando a morte e o nada? E o que seria sua indexação numa grade tarifária, senão a destruição de sua individualidade? Essa avaliação geral, mesmo positiva, corresponderia à destruição de sua singularidade em cada indivíduo.

No fim das contas, nunca a vida valerá nada. Ela está além do preço e do desprezo, porque ela é o fundamento de todos os valores. Para julgá-la definitivamente, seria preciso situar-se fora dela. E é por isso que aquele que a julga – a menos que seja a Vida em pessoa – já está como que morto. Ele desconhece sua surpresa. Ele finge não ter jamais se maravilhado com ela. Sísifo experimenta o reverso infernal de sua vida? É só por sentir que, nela, sua essência alegre carece de algo.

Primazia do Maravilhamento

9. A precedência ontológica do bem sobre o mal implica uma precedência similar da alegria sobre a angústia. O próprio Heidegger afirma a "aliança secreta" que une a angústia de existir à mais profunda alegria de ser.[10] O *ser-jogado* não pode não ser precedido por um *ser-recolhido*. Como eu poderia me sentir tão violentamente jogado no mundo se não tivesse primeiro sido recebido numa ternura? Antes da fria desolação – e como condição de sua possibilidade – é preciso que haja o calor do seio.

---

[10] Martin Heidegger, "Qu'est-ce que la Métaphysique?", in *Questions I et II*. Trad. H. Corbin, Paris, Gallimard, 1968, p. 66. (Coleção Tel)

A questão do sentido não me pesaria tanto se eu não tivesse primeiro conhecido a leveza infantil de uma "correspondência". Essa "correspondência" (termo de Baudelaire), essa ressonância implícita e confusa também é original. Ela precede toda dissonância (a que só é experimentada como sua privação), e prepara todo raciocínio (o qual busca reapreendê-la de maneira explícita e distinta). Ela se dá por meio do *thaumazein*, aquele maravilhamento que Platão e Aristóteles colocam na raiz de toda especulação: "É verdadeiramente digno de um filósofo esse *pathos* – maravilhar-se; porque não há outro ponto de partida a governar a filosofia".[11]

O maravilhamento diante da vida é necessariamente anterior à angústia diante da morte. De fato, se a vida não nos aparece mais como uma maravilha, como a morte que vem atingi-la poderia nos causar angústia? Ela não seria mais do que uma banalidade ou um alívio.

10. A negação da morte também anda junto com a negação da vida. O horror e a maravilha do mundo são diminuídos juntos. Eles são corroídos até caber nas categorias de "estressante" e "relaxante", de "deprimente" e "legal". Aquele que, para blindar-se, diz ao homem em luto: "Calma, a vida é assim", faz da morte uma coisa qualquer, e da

---

[11] Platão, *Théétète*, 155 d, citado por Heidegger em "Qu'est-ce que la Philosophie?", op. cit., p. 338. É preciso observar que também Descartes se situa nessa tradição em que o espírito da filosofia se funda num certo espírito de infância. Se isso é esquecido, é porque as *Meditações Metafísicas* são lidas sem que se leia *As Paixões da Alma*. As *Meditações* começam pela dúvida, e situam-se na ordem científica. As *Paixões* situam-se mais na ordem existencial, e começam pela admiração. Trata-se, para Descartes, do primeiro *pathos* da alma: antes de apreender-me como cogito, sou primeiro surpreendido pelas coisas. Sem essa admiração, que me faz ter a experiência da ordem misteriosa e irradiante dos seres – efeitos esplêndidos cujas causas estão para mim ocultas – eu não sairia em busca da verdade, nem descartaria, em dúvida, as opiniões cambaleantes. Essas opiniões, sem dúvida, eu as recebi "desde meus primeiros anos", diz Descartes, e o cartesiano poderia então suspeitar de tudo aquilo que vem da infância e da fragilidade. Mas essa crítica da infância é feita a partir de uma energia recebida na própria infância – a da admiração.

existência um assunto esgotado. Assim ele fica forçado a distrair-se dessa nulidade com tagarelices analgésicas ou espetáculos superexcitantes.

Se Heidegger insiste tanto na "convocação" da angústia, é porque ela denuncia essa fuga. Não é que essa angústia seja absolutamente primeira. Mas ela se torna primeira após uma queda preliminar, porque o maravilhamento inicial foi obscurecido pelas preocupações utilitárias, pelas contorções da inveja, pelas arrogâncias da vaidade... Estamos há muito tempo desprovidos do paraíso vislumbrado. Divertimo-nos então ora na indiferença altiva, ora na orgia laboriosa. Contra isso, a angústia tem uma virtude cáustica. Ela destrói meus prazeres vãos para me remeter melhor a uma alegria fundamental. Ela me aperta a garganta para melhor reclamá-la à dilatação de um canto verdadeiro. A "correspondência", o "Acordo", como também fala Heidegger, são portanto sempre oferecidos a nós. Mas isso não significa que sejam sempre recebidos. Aquilo que é dado desde o começo é nossa tarefa que não tem outro fim além de acolhê-los numa vida que "devidamente os assume e que os abre a um desenvolvimento."[12]

11. Um salmo enuncia isso com a concisão do relâmpago: *A ele gritou minha boca, e minha língua o exaltou* (Salmo 65, 17). Literalmente: "Gritei para ele minha boca, e ele foi elevado sob minha língua." É bem isso o que se esconde na língua que se está discutindo aqui, seu freio irreprimível e seu recurso secreto. Posso polir o que está fora com mel ou com fel, mas o que está embaixo dela escapa a meus estados d'alma, assim como me escapa a palavra que falo e que não tem em mim sua origem primeira nem seu endereço último. Meu grito de angústia se baseia ainda numa esperança da alegria. Minhas torrentes de injúrias só ferem por romper a comunhão da palavra e, assim, indiretamente, confirmam que aí é que está sua vocação primeira.

Uivar porque minha vida é roída pelo mal, ou, em outras palavras, pelo nada, é já ter reconhecido que a alegria é o fundo do ser. Mesmo ao blasfemar não consigo evitar totalmente essa confissão. Se

---

[12] Ibidem, p. 336.

insulto o Criador, faço-o utilizando a energia de sua criação, e ainda por cima me maravilhando, mas de um jeito hipócrita, com a força sonora de minha voz. David teve essa experiência: *Para onde ir, longe do teu sopro? / Para onde fugir, longe da tua presença? / Se subo ao céu, tu lá estás; / se deito no Xeol*[13]*, aí te encontro* (Salmo 138, 7-8). O pobre rei tenta blasfemar com todas as forças, ele coloca toda a sua energia na rejeição do Deus de Israel (isso é, o Deus-daquele-que-é-forte-contra--Deus), ele estabelece para si o dever de amaldiçoar sua luz e de invocar para si o socorro das trevas, mas – não do não e Nome do Nome! – seus praguejamentos abjuram a si próprios, seu cuspe cai em seu próprio rosto, seu próprio hálito fedorento ainda vai buscar energias, apesar do fedor, no Sopro criador.

E eis que ele é obrigado a levar sua blasfêmia à confissão: Eu disse: "Que as trevas me cubram, e que a noite seja minha luz!", *mas a treva para ti não é treva para ti; e a noite brilha como o dia, / e as trevas são como a claridade* (Salmo 138, 11-12). Louvor incrível que brota da escavação mesma da recusa, como se escava um lamaçal até fazê-lo sangrar com um filete de água pura. Mas como poderia ter sido de outro jeito? As trevas só são trevas para aquele que conhece a luz e sente falta dela. Será que ele percebe que é obrigado a confessar que *a noite, como o dia, ilumina*, porque seu desespero só pode existir na proporção de sua esperança ferida, e que, portanto, ele ainda é sinal.

Assim, aquele que vê o azul do céu é o mesmo que geme diante de sua escuridão. E aquele que acusa esse céu escuro demais até querer azulá-lo à força também é aquele que o chama para si. W. H. Auden canta isso em um de seus mais belos poemas, em que o esforço de amaldiçoar se extenua diante do caráter primeiro da bênção:

Eu podia (e vocês não)
logo achar uma razão

---

[13] Segundo a *Bíblia de Jerusalém*, Xeol é a habitação subterrânea dos mortos. (N. E.)

para olhando o céu urrar
todo em raiva e desespero
contra o que está a se passar,
exigindo que ele diga
contra quem é minha briga:
mas o céu aguardaria
meu fôlego se esvair,
e então reiteraria
como que na minha ausência
o singular mandamento
que me passa o entendimento
– *Bendito seja o que existe* –,
a que se deve obedecer,
e nem me cabe mais querer,
e o que eu acho não resiste.[14]

Sade, uma Forcinha!

12. O escândalo é sempre proporcional à admiração que o antecedeu. O maravilhamento traído motiva o horror violento. Observamos desde o começo: é como privação do paraíso que o inferno nos parece infernal – sem isso, ele não é tão terrível. Eis por que "sabedorias" demasiado humanas se esforçam para aplicar uma estratégia de acomodação para poupar-se do peso desse drama. Sufocamos o apelo da alegria. Colocamos em seu lugar os lugares de conforto, os gritos da depravação, as sentenças da ataraxia. Assim amortecemos o choque. O marquês de Sade se inscreve com muita exatidão nessa sucessão de abafamentos. Que ele nos sirva aqui de exemplo.

Pierre Klossowski é um dos poucos que se deram conta (junto com Jean Paulhan): Sade é um grande pudico. E até hipersensível.

---

[14] W. H. Auden, "Precious Five", in *Collected Poems*. Ed. Edward Mendelson, New York, Modern Library, 2007, p. 588-89

É o molusco de carne mais delicada que sai da concha mais dura. O adolescente covarde adora filmes *gore*[15]. A atriz pornô que exibe as nádegas é tímida demais para revelar sua alma. Para não ter com que escandalizar-se, Sade quer que haja sempre um outro escândalo; para nunca ficar assustado com o pesar, ele toma suas precauções, e se esforça para condenar de antemão quem pedir seu amor: "Sua crueldade é o meio de superar a experiência da perda do objeto amado".[16] E, menos do que superá-la, poupar-se dela – prova de um coração vulnerável que, em vez de se deixar dilacerar por aquilo que o ultrapassa, escolhe exibir uma carapaça pontuda.

13. Muitas vezes pensamos em Sade como um doente, uma anomalia, um monstro, quando ele é, por sua humanidade, um irmão, e, por seu sistema, um liberal muito coerente. Não esqueçamos: o venenoso começa sendo um garoto todo cuidadinho. Antes do autor de *120 Dias de Sodoma*, há o garoto deslumbrado no hotel de Condé, brincando de esconde-esconde com o príncipe Louis-Joseph de Bourbon, seguindo os pássaros, colhendo flores, admirando as estrelas. Vem a queda fora do paraíso pueril. Em que ocasião ele confronta tão ferozmente a "infelicidade"? Não sei, mas suponho que, para o marquês, a dor seja tamanha que ele tome a resolução, assim como Buda, ainda que por uma via contrária, de nunca mais passar por nada semelhante.

Os infortúnios da virtude já foram narrados pelo *Livro de Jó*, mas para que a chaga da suplicação não pudesse fechar-se de novo. Sade vai narrá-los também, mas para livrar-se de todo tipo de prece. No fundo, não há razão para ficar dando tratos à bola (o que abre espaço para dar bons tratos às moças). Sua sensibilidade pretende fazer uma couraça a partir da seguinte convicção: o mal é normal, a destruição é natural, por que se preocupar? Pelo contrário, vamos aproveitá-la, exibamos o vício, encontremos a felicidade no crime.

---

[15] Filmes com extrema e explícita violência física. (N. E.)
[16] Pierre Klossowski, *Sade, Mon Prochain*. Paris, Seuil, 1947, p. 118.

14. "Ah! Não nos misturemos com o mal que é feito no mundo; esforcemo-nos para não sermos feridos por ele." Assim prega M. de Bersac em *Les Infortunes de la Vertu* [Os Infortúnios da Virtude].[17] E Braschi, em *L'Histoire de Juliette* [A História de Juliette]:

> Lembrem-se, diz a natureza, que está nas minhas leis que vocês se destruam mutuamente; e a verdadeira maneira de fazê-lo é lesar o próximo. É por isso que coloquei em você a mais viva inclinação para o crime, é por isso que minha intenção é que você seja feliz, não importando às custas de quem. Que o seu pai, a sua mãe, o seu filho, a sua sobrinha, a sua mulher, a sua irmã, o seu amigo não sejam para você mais caros, nem mais preciosos, do que o último dos vermes que rasteja sobre a superfície do globo; porque não fui eu quem formou esses laços, que resultam exclusivamente da sua fragilidade, da sua educação e dos seus preconceitos; eles não me interessam em nada; você pode rompê-los, quebrá-los, abominá-los, reformá-los: para mim, não faz a menor diferença.[18]

Como outros pensadores iluministas, Sade se remete às leis da Natureza. Mas, contra todos eles, ele só enxerga nela uma fecundidade ensandecida, indiferente, precursora da destruição. Não se trata mais da simples Dama Natureza dos novos panteístas, mas da Natureza Puta sanguinária, mãezona suicida, loba lúbrica, que só pare para o infanticídio, que só se multiplica pela hecatombe, de modo que tudo aquilo que é contra a natureza – até o impossível ultraje à própria Natureza – ainda assim só pode ser o que há de mais natural.

Sob esse aspecto, Sade é mais nosso contemporâneo do que Rousseau ou Holbach. Ele não está apenas inquieto com a morte do eu.

---

[17] "Les Infortunes de la Vertu" (1788), em *Sade, Osons le Dire*. Edição e apresentação de J.-J. Pauvert, Paris, Les Belles Lettres, p. 76.
[18] Ibidem, p. 195-96.

Ele está consciente da ilusão do Progresso, da finitude de nossa espécie, da iminência de sua extinção: "O tolo orgulho do homem que crê que tudo foi feito para ele ficará bastante atônito após a destruição total da espécie humana, se ele percebesse que nada varia na natureza, e que o curso dos astros sequer seria retardado".[19] Como suportar esse saber terrível? Aqui, Sade poderia abrir-se à esperança teologal. Mais lúcido do que um Voltaire, menos simplório do que um Condorcet, mas sobretudo piedoso, como não são nem um pouco aqueles padres de peruca que fazem da esperança um meio de colher benefícios, ele vislumbra nesse instante que não há salvação pela natureza, nem pela ciência. Mas entregar-se à graça seria destrutivo demais para o "tolo orgulho do homem". Assim, ele prefere a crueldade. Em seu sentimentalismo, ele se protege atrás de um desespero contente consigo, esforçando-se para ferir antes de ser ferido.

Escandaloso ao extremo? Não menos do que um adepto do Mercado. Afinal, ele se entrega com rigor a uma solução doravante banalíssima, a do sistema de pesos e contrapesos de um liberalismo absoluto: "Tirem as leis, as punições, os costumes, e a crueldade não terá mais efeitos perigosos, porque ela nunca agirá sem poder ser imediatamente repelida pelas mesmas vias".[20]

Em Sade há muitas dessas palavras de ordem, como convém a um severíssimo moralista, mesmo que ele siga o caminho inverso de outra moral. No texto inteiro se nota sua predileção pela forma moralista. Seu prazer consiste primeiro em dominar, até dominar a si mesmo, como numa caridade inversa, para poder machucar melhor o próximo. A "apatia", muito mais do que a luxúria, torna-se para ele a suprema virtude. Ele é mais um minucioso estoico do que um livre discípulo de Epicuro. Clairwill censura Juliette por só se entregar ao crime nas efervescências do prazer. Ora, aquilo que é preciso pro-

---

[19] *La Philosophie dans le Boudoir*, p. 133.

[20] Ibidem, 3º diálogo citado por Georges Cottier, *Questions de la Modernité*. Paris, FAC Éditions, 1985, p. 125.

curar antes de tudo é o crime "cometido no enrijecimento da parte sensível".[21] Só agora você possui uma soberania total. O infortúnio mais opressor não poderia fazer-lhe mal, porque você é cúmplice dele desde sempre. Você se tornou invulnerável. Você realizou o sonho do grande delicado.

15. É fatal que um esforço como esse se esgote. Sua perpétua intensificação é o sintoma de um tédio permanente (o de um pobre sujeito que fica fantasiando em sua prisão?). Em definitivo, se a crueldade passa a ser o estofo do mundo, ela perde aquilo que a torna corrosiva, e é preciso redobrá-la sem descanso para injetar-lhe um pouco da força que ela tinha quando ainda acreditávamos numa doçura mais substancial.

Sade mesmo lamenta isso: "Minha maior tristeza é que Deus não exista realmente, e que assim eu esteja privado do prazer de insultá-lo mais positivamente".[22] Palavras que quase dão à existência de Deus uma comovente prova pelo absurdo. Aqui ouvimos como que um eco em negativo do salmo de David e do poema de Auden citados anteriormente. É outra vez o paradoxo do blasfemador: para desfrutar do insulto a Deus, ele precisa dele, e assim de certa maneira lhe faz um tributo; esse tributo involuntário o divide; se ele quer recuperar a unidade e quer que seu desfrute se transforme em verdadeira alegria, ele teria de passar da blasfêmia ao louvor... É verdade que Sade afirma que Deus não existe (aliás, ele diz isso sem parar, mostrando como é difícil descartar "Aquele-que-é"), mas ele reconhece ao mesmo tempo que sua ficção é necessária para seu prazer, que sua natureza mesma reclama um "Deus", mesmo que imaginário: "A partir do momento em que não há mais Deus, de que serve insultar seu nome? Mas é essencial pronunciar palavras fortes ou sujas na embriaguez do prazer, e as blasfêmias servem bem à imaginação: é preciso ornar essas

---

[21] Citado por Maurice Blanchot, *Lautréamont et Sade*. Paris, Les Éditions de Minuit, 1963, p. 45. (Coleção Arguments)

[22] *L'Histoire de Juliette*, in Sade, *Osons le Dire*, op. cit., p. 169.

palavras do maior luxo de expressão: é preciso que elas escandalizem o máximo possível".[23]

Quem não enxergaria aqui a confissão, como que extorquida pela ordem das coisas, de que o homem é essencialmente litúrgico, e que, se não perdeu o sentido da radicalidade, quando não se entrega ao hino, é forçado a fabricar porcarias de litanias? Resta a confirmação dessa evidência: a crueldade, sem uma bondade fundamental que lhe sirva de fundo, desaba sobre si mesma. Os demônios abandonariam o inferno se não sentissem prazer em zombar do paraíso.

16. Mesmo que o autor de *La Nouvelle Justine* [A Nova Justina] tenha escrito: "Tudo é bom quando é em excesso", em Sade, para dizer a verdade, não há excesso nenhum. A empreitada de Sade é aliás um esforço desesperado para jamais ser excedido pela tristeza ou pela alegria.

Se há frequentes enganos quanto a isso, é porque o excesso é confundido com a transgressão. O transgressor ainda domina o jogo (mesmo que não tenha sido o inventor das regras). Ele enfrenta a lei, viola seus próprios limites, mas é para guardar sua iniciativa e jamais ser vencido pelo outro. Ele incomoda para não ser incomodado. Ele chega a obter talvez um pequeno êxtase, mas um êxtase do qual ele mesmo é o artesão, e que mal faz com que ele saia de si mesmo.

O verdadeiro excesso supõe deixar-se surpreender por aquilo que verdadeiramente nos ultrapassa. Nesse sentido, Dante é mais excessivo do que Sade: em sua obra é proposta uma verdadeira *transumanização*, em que o humano é tomado por uma glória que o ultrapassa definitivamente.

Escancaramento da Beatitude e Jugo da Alegria

17. Que esforços, que combates interiores, que lutas intestinas para resistir ao assalto da alegria! Há os que se fecham como se pu-

---

[23] *La Philosophie dans le Boudoir*, op. cit., p. 103.

nhos fossem: basta que uma súbita satisfação os ameace por dentro, e eles sentem como se uma cólica viesse surpreendê-los no meio de uma recepção, e que é preciso contê-la a qualquer preço – ufa! Ainda não é dessa vez que eles vão perder a compostura. Vai ser só uma gotinha de suor a escorrer por sua testa impassível e por sua mandíbula fechada.

Outros têm os traços retorcidos pelo choque: são menos fortes, mas têm tanto medo de ficar com os olhos deslumbrados, de dar uma gargalhada, de ver o protocolo ser submergido por essa crueza imponderável, que travam uma luta de titãs com o próprio coração para levar suas emoções à estiagem: o crânio é atarraxado como a tampa de uma panela de pressão, os lábios se soldam num selo impermeável, os músculos abdominais se contraem para conter o riso ou os soluços que mesmo assim escapam aqui e ali, como uma tosse irritante e seca, para que não sejam vistos estremecendo como uma britadeira esponjosa.

Outros, ao contrário, adquiriram o hábito de esconder a alegria na risada franca ou no choramingo expansivo: trata-se de uma grande deflagração teatral cujo segredo eles possuem, ou ainda, em grandes lágrimas de crocodilo que brilham como joias; eles mostram-nas toda vez, e nisso baseiam suas reputações de Madalenas arrependidas ou de gente que ri de qualquer coisa.

Outros ainda a destroem com zombarias: eles sempre têm por perto, como se fosse uma adaga, a palavra de chacota que a planta e que faz com que ela pareça uma fraqueza sentimental. Os anteriores dissipam a alegria no gás hilariante, e estes reduzem o riso ao escárnio. As lágrimas de alegria, para eles, não passam de uma vergonhosa excreção.

18. Primeira vergonha da história: *E os olhos de ambos se abriram; e tendo conhecido que estavam nus, coseram folhas de figueira, e fizeram para si cinturas* (Gênesis 3, 7). Interpretemos: "E eles viram que sua alegria não vinha deles mesmos, e criaram prazeres superficiais, para

dissimular sua angústia". O que, de fato, é essa nudez degradante aos olhos de uma mal disfarçada arrogância? A descoberta de que o Éden em mim não é meu: meu apêndice de macho, que sobe ou desce involuntariamente, prova minha dependência em relação à anfractuosidade da fêmea; meu umbigo de criatura (Adão tinha umbigo? Será que ele se confundia com as orelhas? Será que ele tinha uma circuncisão natural, estigma de uma originalidade que tem seu princípio fora de si?) tem sua dependência em relação ao Criador; todas testemunhas carnais de que meu próprio prazer não é meu, mas sempre procede do outro, do outro sexo, do outro homem, do outro Deus...

Por isso enrubesço com minha insuficiência, e esse afluxo de sangue a minhas bochechas vem como que de um ferimento sempre aberto embaixo da minha epiderme. Mas é próprio da vergonha sentir vergonha de si mesma. Ficamos vermelhos por estar vermelhos, e assim vai... Para interromper essa reiteração indefinida, acabamos nos vestindo: folhas de figueira, diz o texto, não de videira; muitas, não uma só; costuradas à mão, não coladas de qualquer jeito, porque a dissimulação é laboriosa e multiplica seus *ersatz*. O bem-estar toma o lugar do bem do ser. O gozar (possessivo) vem substituir a alegria (oblativa).

19. A gênese das palavras não é menos informativa do que o livro do Gênesis. A etimologia não para de dar a entender a abertura e a surpresa que atravessam todo o vocabulário da alegria: seu dicionário tem entradas que são brechas, seu campo lexical é uma terra cujos produtos provamos sem tê-los semeado.

Que se diga em forma de parêntese: o recurso à origem dos termos poderá parecer artificioso. Não seria isso tentar tirar sabedoria de um jogo de palavras? Não é isso, a pretexto de captar a essência de um ser, ficar só se divertindo na arbitrariedade do signo? Na verdade, a primeira imposição de um nome revela a experiência ingênua de uma coisa. Ela deixa quase sempre a pista do dia em que aquela coisa foi percebida pela primeira vez. Um emprego justo da etimologia não tem portanto o objetivo de capturar a palavra nas rubricas do glossário, como uma flor de coleção que vai se ressecando entre as páginas. Ele quer, antes, que essa flor, dessa vez estagnada pelo uso, reerga-se, recolocando suas raízes na terra fresca e dócil de sua primeira enunciação.

Assim, a palavra *bonheur*[24] [felicidade] remete a *heur*, e portanto à sorte, à boa fortuna: de que se trata, senão de alguma coisa que ao menos em parte nos escapa? Eis um precioso ensinamento, e que questiona muitos manuais de moral, por sugerir que a felicidade não é o simples resultado de uma virtude escrupulosa, que deve ser o efeito de algo ligado à sorte, que é também um dom dos deuses. O termo grego deixa isso ainda mais claro: o *eudaimôn*, o feliz, é aquele que teve um bom (*eu-*) anjo da guarda (*-daimôn*) e que portanto tira sua alegria de um encontro e de uma escuta, assim como recorda Sócrates: há nele "algo divino", seu "*daimôn*", cuja "voz" lhe "fala" e o "impede" de tomar o mau caminho.[25] Quanto ao termo inglês *happiness*, ele confirma a sorte e até o choque da felicidade, porque também o designa não como a única consequência de uma disciplina (a qual não deve ser rejeitada, por possuir apesar de tudo um valor dispositivo) – a hospitalidade tem suas regras ainda que essas regras não passem de um quadro no qual se desenvolve a liberdade dos convivas), mas o efeito daquilo que acontece, *what happens*, e, portanto, a ponta de um acontecimento.

A palavra *béatitude* [beatitude] é ainda mais radical. Ela remete a um escancaramento.[26] Não apenas a abertura, mas a abertura larga e profunda, como um ferimento impossível de fechar. Num sentido análogo, a palavra *liesse* [satisfação] vem de *laetitia*, que vem de *latus*, o alto-mar: a *liesse* não é um rasgo, mas uma dilatação, e, para que essa dilatação não se limite a um inchaço, é preciso que ela tenha seu princípio fora de si, num sopro que desconcerta para concertar de modo mais vasto.

---

[24] *Bon* (bom) + *heur* (sorte, boa fortuna). (N. T.)

[25] Platão, *Apologia de Sócrates*, 31 c-d. *Fedro*, 242 b-c. *Teeteto*, 151a.

[26] Em francês, escancaramento pode ser dito como *béance*. (N. T.)

Exultation [exultação] designa literalmente a ação de pular fora, acima, acolá... Esse salto, porém, não é o da besta sobre a presa. É um salto para fora do seu fechamento, e, portanto, ao mesmo tempo para a frente e para trás. Ele subentende o acolhimento do outro no espaço de sua alegria, porque aquele que exulta faz exatamente o contrário daquele que insulta.

Félicité [Felicidade], para os latinos, remete ao mesmo tempo à boa fortuna e à alegria saturante. Saturante a ponto de transbordar. Felicidade é fertilidade. Por isso se fala de *felicitas terra* para exprimir a boa qualidade de um terreno. E as *felices arbores* são árvores consideradas de augúrio favorável nas cerimônias religiosas. O feliz é propício, sua felicidade, como uma onda de choque, propaga-se pouco a pouco.

Allégresse [alegria], como *alacrité* [alacridade], deriva do latim *alacer*, que por sua vez deriva de *acer*, que também deu *acéré* [acerado], e que também significa tudo que é contrário ao alegre, isto é, o acre, o amargo. A alegria, portanto, não é tão contrária à amargura. Ela é pelo menos igualmente picante ou mordaz, se sua mordida nos exalta em vez de nos oprimir. Pode até ser que, para nós, a alacridade pressuponha a acerbidade assim como a constituição de um perfume pressupõe uma secreção fedorenta – o almíscar – para servir de fixador. É preciso que tenhamos atravessado a amargura para experimentar a força incisiva da alegria. O eco dessa travessia é ouvido no surpreendente versículo que serve de pivô ao cântico de Ezequias: *Encontrei paz na minha amargosíssima aflição* (Isaías 38, 17).

É só o próprio *plaisir* [prazer] que comporta a confissão de uma aproximação e de uma dependência (de modo que o prazer egoísta seria necessariamente uma contradição: ele devoraria sua própria substância). Um *placet* [petição] (*il plaît* [agrada]) não é um texto dirigido a um rei ou a um ministro para pedir-lhe um favor? Aquilo que me agrada não tem seu lugar reservado em meu coração? Que uma coisa possa deleitar-me desse jeito não é prova de que entre mim e ela há uma conveniência, uma ressonância preestabelecida, e que não consigo me bastar? Entre outros, em meio às experiências primeiras e por isso fundadoras, há essa conveniência incrível, entre a boca do recém-nascido e o seio de sua mãe, aquele prazer que é ao mesmo tempo nutrição e calor, bebida e beleza, refeição para si e relação com outro. Freud fez dele a primeira fase da libido, a "fase oral", que repercute indefinidamente na palavra, que nunca é tão boa quanto quando podemos "bebê-la". E é por isso que – de modo evidente e inesperado ao mesmo tempo – a *délectation* [deleite] tem sua raiz exata na *lactation* [lactação] (*delectare* deriva de *lactare*). Aquele que verdadeiramente se deleita está como que mergulhado num leite cuja fonte é viva, calorosa e carnal. Não é por nada que na Terra Prometida, na Torá, *corre o leite e o mel* (Êxodo 3, 8), como o seio inchado de uma mulher radiante.

Ora, e a própria palavra *joie* [alegria]? Sábios dicionários a associam à raiz indo-europeia *yug-, que significa "elo". A alegria é um jugo. Esse elo parece incongruente? Ele fica muito menos incongruente no momento em que o pronunciamos como adjetivo: a alegria é conjugal. Ela é recebida de um outro e flui para um outro. Ela supõe uma união e ordena uma tarefa: o jugo liga em função de um transporte e de um labor, mas esse labor nada tem das proezas de um *self-made man* na medida que depende em primeiro lugar de uma fidelidade lado a lado.

Da Vergonha de Ser Feliz à Vertigem de ser Clown (Caminho de Michaux)

20. Assim, para quem queria fechar-se em sua cidadela, a alegria é uma brecha, uma chaga, o inimigo que pode surpreender a qualquer momento. Henri Michaux constata isso numa prosa cuja ironia se ajusta perfeitamente a essa verdade. O título é revelador: "Le Honteux Interne" [O Envergonhado Interior]. É que a vergonha de que ele fala não é experimentada só na frente dos outros, mas antes diante de si, porque o eu aí descobre a presença do outro no mais profundo de si mesmo. E esse outro não é aquele que me esmaga ou que me possui, mas, cúmulo de humilhação, aquele que se deixa possuir tão bem que devo ceder o lugar, ou melhor, que fico forçado a reconhecer

que meu próprio coração pertence a ele mais do que a mim mesmo, porque ele o preenche com imensa facilidade:

> Infeliz daquele a quem a alegria vem e não estava pronto para isso. Há algum tempo, e diversas vezes por dia, e nos momentos mais detestáveis – e em outros também –, vem-me subitamente uma serenidade inefável. E essa serenidade se confunde com a alegria, e as duas me reduzem a nada. [...] Fico entregue à alegria. Ela me parte. Sinto nojo. Quando me liberto, saio, saio rapidamente com aquela cara das pessoas que acabaram de ser estupradas.[27]

Aquilo que poderia ter sido nupcial é vivido como um estupro. De fato, para que a alegria não fosse uma maldição, teria sido preciso consentir que algo se rompesse: o selo do hímen não existe para ser rompido? Essa efracção não é em si mesma uma infração, na medida que realiza uma disposição íntima. Mas ela se torna uma infração para quem deseja preservar seu aprumo e não ser derrubado pela onda.

21. É por isso que, num poema posterior, Michaux pode inverter as relações e passar do "envergonhado interior" ao humilhado feliz. O tornar-se "nada", o abandono de si, o fato de ser "todo abertura", que antes apareciam como males, são subitamente desejados como o escancaramento que leva à beatitude. Mas convém que, antes de tudo, o empolado ponha as patas no tapete de oração e que não tenha vergonha de sua vergonha, mas, ao contrário, que, em seu ridículo, a bunda acima da cabeça, ele dê graças de maneira melhor. Tudo que é importante está aí: que o pedante aceite perder o pé, que o pretensioso perca as calças, que o austero seja augusto, em uma palavra: *"clown"*. "Reduzido a uma humildade de catástrofe", "aniquilado quanto à

---

[27] Henri Michaux, "Le Honteux Interne", in *La Nuit Remue*, in *Oeuvres Complètes*. Vol. I, Paris, Gallimard, 1998, p. 475-76. (Coleção Bibliothèque de la Pléiade)

altura, quanto à estima", enfim tornado *clown*, ficarei mais disponível para a alegria simples e imerecida de ser:

> [...] abatendo pelo riso, pelo grotesco, pela gargalhada, a ideia que contra toda luz eu tinha da minha importância mergulharei.

> Gratuitamente no infinito espírito subjacente, aberto a todos aberto a mim mesmo num orvalho incrível por ser nada. [...][28]

O mergulho me aproxima tanto do chão que experimento seu esplendor: a risada vergonhosa dispõe ao orvalho incrível... Vê-se que, de um texto a outro, assim como a maneira de recebê-la tenha mudado inteiramente, a descoberta de Michaux permanece essencialmente a mesma: a alegria viva destrói todo contentamento. Não que ela leve consigo o amargor do descontente, nem a avidez daquele que não sabe se contentar com pouco, mas ela leva ao desmaio e, assim, desconcerta. Ser contente, na acepção do termo que aqui uso, é só aceitar o prazer em medida estreita: eis-me repleto e satisfeito, seja porque me embeveço com minhas pequenas doses, seja porque, brincando de perpetuamente insatisfeito, só quero me satisfazer comigo mesmo – nada importa, desde que eu não fique devendo nada e conserve meu domínio e minha compostura.

Aquele que nunca está contente está sempre contente o bastante consigo mesmo. Por instinto, ele adivinha que a amargura o preservará melhor do que a satisfação. Afinal, a amargura lhe permite manter a pose ao achar que todo alimento é inferior a seu gosto superestimado, ao passo que, diante da outra, Nossa Senhora da Satisfação, ele teria de capitular, ficar desajeitado, deixar seu rosto ser tomado pelo riso ou pelas lágrimas (o "belo tenebroso" tem muitas expressões), enfim, detonar seu belo equilíbrio para ser aquele *clown* que deixa ver, às suas custas, o quanto o mundo pode transtornar.

---

[28] Idem, "Clown", *Peintures*, op. cit., p. 709-10.

22. Mas a alegria não só transtorna. Ela também jorra. Lemos isso nos versos precedentes: entregue ao "infinito espírito subjacente", o *clown* está ao mesmo tempo aberto a si mesmo e "aberto a todos". Sua dilatação, para não ser uma bolha, só pode ser hospitaleira. Outro poema de Michaux, "Apparitions-Disparitions" [Aparições-Desaparecimentos], deixa isso claro, começando por "tiros na cabeça" e terminando no versículo 32 do salmo 118: *Corri pelo caminho de teus mandamentos, / quando dilataste o meu coração (dilatasti cor meum)*. A porta do Céu parece ter sido atingida: "Chego ao topo, / toco a entrada". Mas essa entrada coincide com o fato de deixar entrar, de receber em si cada coisa em sua glória:

A vida torrencial
a vida sem fim penetrou

Aquilo que percebo
aquilo que aparece
aquilo que se encontra
tudo se volta para a iluminação

Inundado de verdade
tudo se levanta
tudo é veículo

Livre de oposição
de rivalidade

Estandarte
aceito seu estandarte
de todos, de cada um[29]

---

[29] Idem, "Apparitions-Disparitions", in *Moments*, in *Oeuvres Complètes*. Vol. III, Paris, Gallimard, 2004, p. 740-41. (Coleção Bibliothèque de la Pléiade)

Os caturras não param de dar lição de moral e de fechar-se. A alegria acolhida se torna acolhedora. O *clown* a recebeu sem a ter merecido, e, mesmo sabendo-se nada deveras, ele não poderia esperar que os outros a merecessem para recebê-los. Ele zomba então de suas bandeiras ideológicas. Aquilo que ele aceita é o estandarte de "todos" e de "cada um", o que é o mesmo que dizer toda a diversidade irredutível de rostos e caras (a diversidade que a ideologia busca reduzir). Ele não traz uma bandeira vermelha, mas um nariz vermelho. Ele não espera que antes de tudo você seja isso ou aquilo, porque o simples fato de que você é já o deixa boquiaberto mais do que tudo que você poderia fazer para deixá-lo boquiaberto. Você poderia ser nada e mesmo assim a maravilha aconteceria. A hospitalidade dele é a tal ponto sem reservas que ela o despoja: você pode deixar seus títulos na entrada, a sua fraqueza vale tanto quanto a sua força.

23. Devo de qualquer modo esperar que a alegria tenha tornado minha vida suficientemente espaçosa para começar a acolher os outros? No mais, se eu quisesse dar a eles a *minha* alegria, eu não recairia na suficiência e na oposição? O *clown* é um nada, não esqueçamos. A única coisa que ele possui é seu vazio. Sua alegria é fruto de sua abertura, e não o contrário. O poema precedente sugere isso: ele mesmo só é vasto na medida em que percebe a vastidão dos outros. Como escreve Michaux, "importância catedralizante, importância de tudo".[30] Sob o olhar do *clown*, tudo se torna catedral. E é desse modo que sua hospitalidade é perfeita: ele acolhe você verdadeiramente, no seu mistério, porque diante de você ele tem vertigem a ponto de cair da cadeira, porque ele reconhece que nunca poderia acolhê-lo de maneira suficiente, e que aquilo que ele lhe dá é sempre menos do que recebê-lo.

Por conseguinte, sua generosidade de receptáculo consiste em cuidar do espaço onde você mesmo pode ser generoso. Ele dá aquilo

---

[30] Ibidem, p. 739.

que não tem, para que você tenha aquilo que é só seu, e para que ele mesmo se enriqueça com a sua singularidade. É isso que afirma Michaux em um de seus últimos textos, em que a vida do *clown* acaba por se identificar com a vida religiosa. Um postulante, o "recém--chegado" confessa que até aquele momento seus problemas tinham bastado para "fazer um círculo em volta dele". O abade lhe declara que esse círculo estrangulador tem de ser dissipado pela cruz, e acrescenta: "Você vai agora ajudar outra pessoa":

RECÉM-CHEGADO: Como farei? Eu que nem consigo ajudar a mim mesmo, eu que estou esperando a luz.

ABADE: Ao dar a luz, você terá a luz. Ao procurá-la para outro. O irmão ao lado, é preciso que você o ajude com aquilo que você não tem.

Com aquilo que você acha que não tem, mas que está, que estará lá. Mais profundo do que as suas profundezas. Mais oculto, fonte torrencial que circula incessantemente, convocando à partilha.[31]

Eis a humilhação suprema, que faz do envergonhado interior também um envergonhado exterior: não apenas a alegria é recebida por graça de um outro, como só é verdadeiramente recebida sob a condição de ser comunicada a mais outros. Porque ela se aproveita numa comunhão. Porque ela não consiste em dar alguma coisa, com as mãos cheias e ocupadas, mas, de braços abertos, em acolher alguém. Assim ela só é minha por não me pertencer, e só existe enquanto é incessantemente oferecida. O que seria essa "fonte torrencial" se ela não circulasse? Uma cisterna de água estagnada. O que seria um perdoado que não agradecesse? Alguém pior do que um en-

---

[31] "Quand Tombent les Toits", in *Chemins Cherchés, Chemins Perdus, Transgressions*, op. cit., p. 1202-203.

forcado. O leito só contém o rio se não retém seu fluxo. E a mulher só aproveita seu perfume se outros o respiram. Idem para a alegria. Só a aproveita quem a esbanja.

Profetas da Alegria (o Billy Budd *de Herman Melville)*

24. Naturalmente, o costume é executar aquele que esbanja essa alegria. Não gostamos dos profetas da tristeza. Mas detestamos ainda mais os profetas da beatitude. No mais, segundo a Bíblia, estes são exatamente os mesmos.

Jeremias anuncia a derrota guerreira de Judá, e os príncipes se dirigem ao rei Sedecias: *Suplicamos-te que mandes matar este homem, porque de propósito ele mina as forças dos homens de guerra que ficaram nesta cidade, e as mãos de todo o povo, dirigindo-lhes estas palavras; portanto, este homem não busca a paz para o povo, mas o mal* (Jeremias 38, 4). Assim aparece o profeta, mas na boca da calúnia. E as "jeremiadas" acabaram por referir reclamações incessantes e inoportunas, quando na verdade são apelos à mais profunda alegria, porque Jeremias não é inimigo da felicidade, mas da mentira. Ele anuncia a paz verdadeira e assim denuncia a tranquilidade dos corações duros, chamando o martelo que romperá sua carapaça.

Nós o suportaríamos se ele apenas nos tirasse nossas falsas alegrias. Mas ele chega a privar-nos de nossa complacência na infelicidade. Aquele que gostaria de chafurdar num desastre definitivo é tão desconcertado por ele quanto aquele que deseja isolar-se em sua bolha. Ao ouvi-lo, nossas misérias são ainda bem confortáveis e nossos júbilos ainda são bem ralos. Suas elevações nos fazem sentir o quanto rastejamos quando cremos estar em pleno ar; seus abismos nos fazem sentir o quanto somos capazes de fazer seguro de nossos naufrágios e de nos indenizarmos por eles. Ele demole todas as satisfações medíocres – prazeres onanistas e tristezas umbiguistas – e assim irrita o sibarita e o sicofanta, choca o pessimista com o pândego, incomoda o estraga prazeres e o folgazão.

25. Supondo agora uma testemunha da alegria que não fosse o fulminante profeta de barba branca mas um inocente portador daquela graça diante da qual sintamos todas as nossas vaidades, não há nenhuma dúvida: é preciso desprezá-lo – "é um simplório" –, é preciso ensinar-lhe umas coisinhas – "é para o bem dele" – e, caso ele se mostre difícil, então o enforcamos. A esperteza do cordeiro o destina ao abatedouro ainda mais porque ele vai sem gritar como um porco. Melville passou seus últimos dias dando prova disso com *Billy Budd*, sua novela póstuma. A dedicatória traz a afirmação guia: "*Here on Earth or harbored in Paradise*".[32] E trata-se exatamente da história de um jovem marinheiro que age na terra como se também estivesse no Éden.

Criança achada, de ingenuidade inquebrantável, de uma jovialidade sem segundas intenções, Billy Budd é um filho de Adão que por milagre teria escapado ao pecado original: "Era analfabeto; ler não sabia, mas sabia cantar, e, assim como o rouxinol analfabeto, às vezes ele compunha o próprio canto".[33] No *Direitos do Homem*, navio mercante onde começa sua carreira, sua radiante simplicidade acaba com as querelas entre os marinheiros, e o capitão pode chamá-lo de ser "pacificador". Ele é alistado à força num navio de guerra, o *Indômito*, sem perder a alegria. Ali, todos o adoram, exceto o perturbado mestre de armas, James Claggart, que percebe melhor do que os outros a graciosa origem de sua alegria:

> Se era de esguelha que ele olhava a boa aparência, a disposição alegre e o franco gozo da juventude exibidos por Billy Budd, isso acontecia porque essas qualidades estavam associadas a uma natureza que, como Claggart magneticamente pressentia, jamais, em sua simplicidade, havia desejado o mal ou experimentado a mordida reacionária daquela serpente.

---

[32] "Aqui na Terra ou no porto do Paraíso."
[33] Herman Melville, *Billy Budd, Sailor, and Other Stories*, 2. London, Penguin Classics, 1985, p. 330.

> [...] À exceção de uma pessoa, o mestre de armas era talvez o único homem no navio intelectualmente capaz de apreciar adequadamente o fenômeno moral que se apresentava em Billy Budd. E essa intuição só tornava sua paixão ainda mais intensa, a qual, assumindo nele diversas formas secretas, às vezes tomava a de um cínico desdém – desdém pela inocência.[34]

Claggart não consegue aceitar a ingenuidade do jovem, sua presença transparente, sua alegria contagiosa. Não é que Claggart seja imoral: antes, ele é um exemplo modelar de uma moral de esforço. Toda a sua honra existe para defender uma virtude puritana, assustadiça e trabalhadora, que só triunfa na hostilidade. Se o bravo marinheiro é-lhe intolerável, é porque ele não compreende que sua bondade nada tem de artificial, que sua alegria nada tem de forçada, que sua justiça nada tem de vingativa...

No fundo, ele não suporta não ter de suportar nada em Billy, exceto sua indefectível satisfação. Ele não tem nada a censurar, e é isso que o leva a corrigi-lo. Ele não tem nenhuma sombra a imputá--lo, e é isso que faz dele um marinheiro tão odioso quanto um sol que desnude seus defeitos. Como não se vingar daquele que, não nos fazendo nenhum mal, e além disso sequer parecendo capaz de fazer o mal, acusa involuntariamente nossa própria baixeza? Claggart poderia retomar por conta própria as antigas recriminações: *Armemos, pois, laços ao justo, porque nos é molesto, é contrário às nossas obras, lança--nos em rosto as transgressões da lei, desonra-nos, publicando as faltas do nosso procedimento. [...] Só o vê-lo nos é insuportável* (Sabedoria, 2, 12-14). Não ser julgado por Budd é pior do que enfrentar o julgamento mais desfavorável, porque isso prova que ele não se coloca nem mesmo no plano da competição. Para o orgulho, enfrentar a ofensa de sua raiva seria melhor do que enfrentar a oferta de sua alegria. Logo Claggart trama um plano para acusá-lo de motim. O "alegre Hipérion" será

---

[34] Ibidem, 12, op. cit., p. 355-56.

enforcado de manhãzinha, como um traidor, na verga grande, e seu corpo, estranhamente pacífico, "recebeu o pleno rosado da manhã".[35]

Se É Crime Ser Triste

26. Chegaremos ao ponto de dizer que a tristeza é um pecado? Numa nota de agosto de 1952, Marie Noël escreveu: "Dante me colocou no inferno. Na lama, selvagemente, com os melancólicos, aqueles que cometeram este crime: ser tristes". Ela se refere ao oitavo canto do Inferno. No círculo dos coléricos, o poeta esbarra com um condenado que chafurda no Styx:

"... mas que fama

é a tua, que assim te fazes bruto?"

Respondeu-me: "Sou um que chora e brama".

E eu então: "Com choros e com luto,

maldito espírito, aqui de ficar tens".[36]

Marie Noël comenta: "Isso é tudo. Não há culpa nenhuma. Ele chora. E Dante sem piedade o põe para baixo". E ela então põe o poeta para baixo: "Dante, Dante, se todo mundo quer seu pecado – é próprio do pecado ser desejado – se cada alma escolhe seu pecado, que alma jamais teria escolhido esse? Ah, Dante, Dante, contra ti apelo a Nosso Senhor. Ousarás tu amaldiçoar o homem triste de Getsêmani?".

Alguns, para mitigar o impacto dessa cena e desculpar o poeta, especificam que o condenado em questão é Filippo Argenti, guelfo negro,

---

[35] Ibidem, 25, op. cit., p. 401. "Melville inicialmente tinha escrito, no lugar de 'rosa', 'shekina'" (Pierre Leyris, em suas notas a *Billy Budd, Marin*. Paris, Gallimard, 1980, p. 181) (Coleção L'Imaginaire). A shekhina, para a mística judaica, é a presença de Deus incógnito na Terra, um pouco como se o paraíso se encontrasse no exílio, para consolar os exilados.

[36] Dante, *Inferno*, 34-38.

colérico sanguinário, que havia tomado os bens de Dante após seu exílio... Mas é melhor tomá-la em toda a sua violência. Deixar-se inquietar por essa inversão dos sinais exteriores do bem e do mal: o condenado, que aparece como o que chora; o justo, como aquele que não tem nenhuma compaixão – que se entrega até à crueldade. Qual a chave desse enigma?

27. É preciso primeiro sublinhar que a cena se passa no inferno, e não aqui neste mundo. A compaixão ali não tem lugar, pelo menos por três razões. A primeira é que a verdadeira compaixão não se contenta em sofrer: ela tem seu centro fora de si mesma, na alegria que ela gostaria de dar ao outro, tirando-o de sua miséria. Mas não há resgate possível na onda suja do Styx. A beatitude foi banida dali. Se Dante começasse a compadecer-se, sua compaixão seria narcisista, cúmplice da dor, redobrando o mal em vez de afastá-lo.

Segunda razão: o condenado é um criminoso que, definitivamente, não quer se arrepender. O inferno é sua punição, mas é mais ainda a realização de seu desejo de impunidade. Seu afogamento na sujeira é um grosseiro comprazer-se: a dor que ele sente é aquela que ele inflige obstinadamente a si mesmo, e que vem de sua altiva recusa em acolher a justiça e em reparar o mal.

Terceira razão: Argenti "foi gente orgulhosa; / e sem bondade que a memória enfeita";[37] ele só chora por si mesmo. Suas lágrimas são tão estéreis quanto o sêmen do masturbador. Ele sente prazer em maldizer a existência, em acusar o Criador por tê-lo criado, em reivindicar a soberania inteiramente negativa do nada.

Marie Noël é teóloga demais para não nuançar sua censura. Após a acusação, ela instrui a apologia: "No entanto, esse cruel Poeta, em sua justiça impiedosa, entrevê uma verdade. E também o autor das imagens da catedral de Estrasburgo, que, em meio às virgens loucas, coloca a Melancolia. É que nenhum pecado alegre cometido por amor à vida é um pecado tão mortal, nem tira tanto a graça da alma, quanto o morno desespero que odeia seu ser e o recusa".

---

[37] Dante, *Inferno*, VIII, 46-47.

Descartes observava que aqueles que embranquecem de cólera devem ser mais temidos do que aqueles que enrubescem; igualmente, Marie Noël observa que aqueles que pecam por bulimia são menos perigosos do que os pecadores ascéticos. Os primeiros conservam o impulso da vida, ainda que o abrandem e o diminuam. Os segundos se opõem a ele com todas as suas forças. Esses são o diabo. Sem carne, sem calor, sem canto. Se ele tira um prazer maligno em desfazer o concerto dos seres – porque ele tira o poder do nada de seu próprio fundo e porque não precisa mendigá-lo junto Àquele que é –, ele é fundamentalmente triste por viver, na medida que, como criatura, não é o autor de sua própria vida. E portanto, acima de tudo, como ela exige sua receptividade mais ampla, ele se entristece com a beatitude.

28. Essa distinção operada por Marie Noël, leitora de Dante, parece corresponder àquela que opõe pecado mortal e pecado venial segundo Tomás de Aquino: "Os pecados mortais desviam do fim último, ao passo que os pecados veniais não dizem respeito ao fim último, mas ao caminho para atingi-lo".[38] Os primeiros são cometidos por aversão ao Ser; os segundos, pela conversão desregrada aos seres. Os primeiros colocam todo o nosso prazer num lugar diferente do da verdadeira alegria; os segundos, permanecendo voltados para a verdadeira alegria, fazem mau uso dos meios que levam a ela. O que significa, muito simplesmente, que aquilo que torna o pecado mortal é a recusa da vida eterna e, por conseguinte, a rejeição do amor que é a alma dessa vida.

Tomás faz a seguinte observação, de profundidade inescrutável: "Deus nunca fica ofendido conosco, exceto quando agimos *contra o nosso bem*".[39] A divindade é essencialmente feliz e nada pode prejudicar sua felicidade. O que ela quer, ao criar o universo, é dar aos seres finitos algo de sua vida divina. Assim, se ela se entristece com nossa recusa, ela se entristece antes de tudo em nós, em sua vontade de nos ver entrar em sua beatitude. Estamos muito distantes daquele moralismo que faz cara

---

[38] *Compendium Theologiae*, cap. CLXXV.
[39] Contra *Gentiles*, III, cap. CXXII.

preocupada e equivocadamente se vangloria de sua preferência pelo esforço, pelo que é difícil: "Dever! nome sublime e grande, tu que nada conténs de agradável...". Assim falam James Claggart e outros kantianos endurecidos. Tomás de Aquino os desmascara: tudo isso não passa de conformismo com o orgulho! Porque a questão não é submeter-se a normas exteriores, nem assumir uma austera autonomia, mas responder vivamente às exigências do Céu, *cum hilaritate*, precisa o doutor angélico: com hilaridade![40] E ele dá referências nas escrituras: servi ao Senhor com alegria, diz o Salmo 99, e o grande *clown* Paulo de Tarso: Deus ama o que dá com alegria (2 Coríntios 9, 7).

A virtude não é o verme que mata, mas a abertura nupcial para um tu: "A temperança tem por fim e por regra a beatitude",[41] e essa beatitude "excede infinitamente toda criatura".[42] Palavras exorbitantes: a temperança não tem somente por fim, mas "por regra" o gozo divino. Sua moderação nos abre para um excesso inimaginável. E mesmo suas abstinências nos lançam para as delícias superiores: "A abstinência é um vício na medida que não se conforma à reta razão. Ora, que demanda a reta razão? Que nos abstenhamos 'como necessário', isto é, *hilariter*, com uma disposição alegre; e 'em vista do que é necessário', isto é, para a glória de Deus".[43]

29. Dessa constatação, evidentemente, eu não poderia concluir que a primeira boa ação reside na perpétua forçação de um sorriso imutável ou de uma jovialidade artificial. A segunda Epístola aos Coríntios, já citada quando falamos de quem dá com alegria, nos impede de conceber esse alguém como o pseudo-*clown* do MacDonald's. Ela distingue uma tristeza boa e uma ruim: *Porque a tristeza segundo Deus opera arrependimento para a salvação, o qual não traz pesar; mas a tristeza do mundo opera a morte* (2 Coríntios 7, 10). Essa *tristitia saeculi* é iden-

---

[40] *Suma Teológica*, I-II, 100, 9, 3.
[41] Ibidem, II-II, 141, 6, 1.
[42] Ibidem, I-II, 5, 5.
[43] Ibidem, II-II, 146, 1, 3.

tificada por São Tomás ao pecado capital que a palavra "preguiça" traduz muito desajeitadamente (como se fosse exatamente uma certa preguiça que atingisse seu tradutor moderno). Se está claro que o orgulho é o pai de todos os vícios, como compreender que a preguiça é sua mãe? Porque seria preciso que ela fosse também mãe do ativismo, do planejamento de mídia, da concorrência insone, da indústria espetacular e demiúrgica... A Idade Média dava um nome mais digno a essa concubina do orgulho: acídia (literalmente: "ausência de cuidado"). Ela não é definida inicialmente como uma inércia, mas como uma "repulsa pelo bem espiritual e interior".[44]

O pai orgulho recusa abrir-se àquilo que o excede, e essa recusa o tranca com a mãe acídia. Como eles não poderiam não se associar? Ele tem o gosto amargo de sua reserva, ela tem a repulsa pela humilhante "fonte torrencial". É verdade que o orgulho zomba e esnoba com um ar superior, enquanto a acídia choraminga e recrimina como uma criança mimada. Mas, em sua casa bem fechadinha, eles se sustentam mutuamente: ele, proxeneta-chefe, toma posse das belezas que lhe são dadas para aproveitar-se delas e rebelar-se contra seu doador; mas, como esse doador não se cansa, apesar de tudo, de querer lhe dar sua própria vida e assim de ensinar-lhe a dar, por sua vez, segundo uma medida que o ultrapassa, ele manda a acídia como uma madame rabugenta – ela protege sua alcova, guarda a porta e manda embora o inoportuno...

Sua preguiça consiste em recusar o verdadeiro repouso; sua tristeza, em multiplicar os substitutos da verdadeira alegria. Tomás de Aquino afirma-o de maneira surpreendente: "A acídia gera inércia no que diz respeito àquilo que causa tristeza, mas gera pressa para que se vá na direção de seu contrário",[45] e é por isso que ela peca diretamente contra o terceiro mandamento: "A acídia é contrária ao preceito de santificação do *shabat*, que ordena, enquanto preceito moral, o repou-

---

[44] *De Malo*, 11, 1.
[45] Ibidem, 11, 4, 2.

so da alma em Deus".⁴⁶ Ela, portanto, desespera da beatitude. Mas, outra vez, atenção: esse desespero não vem de não poder atingi-la, mas de vê-la incansavelmente apresentada, e de ter de desmanchar-se febrilmente para tentar fugir dela.

30. Mesmo assim, há uma tristeza boa (*tristitia secundum Deum*). Devo dizer: uma tristeza feliz? *Agora folgo, não porque fostes contristados, mas porque o fostes para a conversão, conversão essa que é um retorno à alegria superabundante* (2 Coríntios 7, 9; 8, 2). Segundo Paulo, é uma caridade causar uma tristeza como essa. E ele precisa que ter entristecido o próximo dessa maneira só vai torná-lo feliz depois: *Porque, se eu vos entristeço, quem é, pois, o que me alegra, senão aquele que por mim é entristecido?* (2 Coríntios 2, 2). O apóstolo fala como um sádico: ele tira sua alegria daquele que entristece! Mas sua crueldade provém de sua doçura: ele abre o seu peito à faca, mais amplamente do que ao revólver, mas isso é para extrair a bala que ia fazer você gangrenar. Aliás, encontramos nessa frase aquilo que tínhamos reconhecido no *clown* de Michaux. Paulo espera sua alegria daquele que ele entristece, o que significa de um lado que a alegria do apóstolo está na alegria do outro e, de outro lado, que a tristeza de seu ouvinte procede de um ímpeto recuperado para a beatitude: é um sofrimento para recolher e comunicar uma alegria, e para só recolhê-la comunicando-a.

A boa fortuna dessa tristeza em nada diminui seu impacto. Trata-se de uma diferença de objeto, não de uma diferença de intensidade: aqui está-se triste *para* a beatitude, e lá está-se triste contra ela. Mas a tristeza contra ela pode ser menos dolorosa do que a tristeza para ela: a acídia anestesia a maior parte da alma, o amor a torna vigilante e sensível. Isso é ouvido na *Feliz Paixão*⁴⁷: *A minha alma está triste até a*

---

⁴⁶ Ibidem, 11, 3, 2.

⁴⁷ *Memores Beatae Passionis*, é assim que o cânon romano da missa designa os fiéis: aqueles que recordam "a feliz paixão de Cristo, sua ressurreição da morada dos mortos e sua gloriosa ascensão aos céus". Ora! Muitos se acham ainda mais cristãos por só se recordarem de uma paixão infeliz.

morte, diz Cristo no monte das Oliveiras (Marcos 14, 34). Haverá dor mais extrema? Marie Noël, portanto, tem razão por chamar, contra Dante, o "homem triste de Getsêmani". Mas ela também precisa se lembrar, junto com ele, que sua tristeza é *como as dores de mulher na hora do parto* (Isaías 21, 3): ela quer criar para a beatitude todos aqueles que a recusam. Esse *homem experimentado nos sofrimentos* (Isaías 53, 3) é também o *Deus que é a minha grande alegria* (Salmo 42, 4). Ainda assim, é possível o mal-entedido: *somos vistos como quem morre*, diz São Paulo, *e eis que vivemos; como entristecidos, mas sempre nos alegrando* (2 Coríntios 6, 9-10). E então voltam a bater na mesma tecla: "Cristo não riu". Ele fez muito mais do que isso: ele simplesmente *exultou* (Lucas 10, 21), *ele resplandeceu como o sol* (Mateus 17, 2), mas sobretudo fez com que sua alegria descesse até o fundo de nosso horror, ali onde não há mais nenhuma vontade de rir, senhores, ali onde morremos de medo, ali onde o fanfarrão grita pelo papai e pela mamãe, de modo que, se ele conheceu a cruz do abandono, foi justamente para salvar o riso, para arrancá-lo de nossa depressão e de nossas zombarias e para permitir esse riso *del paradiso* – o riso de uma Beatriz, poderoso como o relâmpago de Zeus, e capaz de pulverizar Dante.

Os Três Sofrimentos da Alegria

31. Qual era nossa tese inicial? A alegria é o fundo do ser. Verdade essa que nada tem de psicológica: é questão de fundo, não de estado; de ser, e não de humor. Se a verdadeira alegria residisse nas minhas emoções cambiantes, ela seria, como elas, turva, instável, superficial e sempre misturada com artifícios. Eu ficaria angustiado porque teria de disfarçá-la para não traí-la, e, portanto, falsificá-la para provar para mim mesmo sua veracidade. Esse desejo de bem-estar exterior perpétuo só faria com que eu me fechasse para sempre à sua fonte diluviana.

Essa alegria não é o *sentimento* pelo qual somos comovidos, mas o *elemento* em que nos movemos. Semelhante ao chão em que pisamos e que nos promete ao longe sua esplêndida montanha, ela é o ponto de apoio de todos os nossos progressos, o horizonte de todas as nossas fadigas, o pressuposto de todas as nossas angústias. Se ela não fosse nosso chão, a infelicidade não pareceria um chão que some. Se ela não fosse o fundo do ser, o horror não poderia aparecer em si mesmo, como consegue, como um horror sem fundo...

Reconhecer que a alegria é o fundo do ser nada tem de confortável: não apenas isso equivale a confessar o quanto a cada dia deixo de ser, como ainda é experimentar o mal sem nele comprazer-se, mas como privação do ser, isto é, em sua violência extrema e em seu absurdo radical.

32. O cabalista Jacob Joseph de Polna comprazia-se nas macerações. O Baal-Shem-Tov teve de recordar-lhe numa carta: "A *Shekhinah* não habita no meio da tristeza (*azbut*), mas somente no meio da alegria do mandamento (*simha shel mitsva*)".[48] Se existe a alegria do mandamento, é porque todos os mandamentos visam à alegria. Eles poderiam aliás resumir-se num só, como tantos riachos que confluem para o mesmo rio: *Entra no gozo de teu senhor* (Mateus 25, 21 e 23).

Anselmo da Cantuária faz sobre esse versículo a observação mais simples e mais profunda: "Não é, pois, toda esta alegria que entrará naqueles que se alegram, mas aqueles que se alegram entrarão todos na alegria".[49] Como já vimos anteriormente, a alegria não se contenta nem com minha compostura, nem com meu contentamento. Fazer com que ela entre em mim seria reduzi-la à minha frágil capacidade. Portanto, é a mim que cabe entrar nela, nadando borboleta, *crawl*, e mais frequentemente de bruços, remando ainda mais por não ter remos, sempre me lançando mais adiante, como um nadador que buscasse chegar ao alto-mar... Eu também poderia estar nela sem que ela estivesse também em mim, e igualmente poderia tê-la em mim, comprimida, engarrafada, estagnada, sem que eu entrasse nela. Entrar nela supõe que eu sofra perder a compostura e ser como que lançado n'água.

---

[48] Citado por Jean de Menasce, *Quand Israël Aime Dieu*. Paris, Cerf, 1992, p. 50.
[49] Santo Anselmo da Cantuária, *Proslogion*, cap. XXVI. Trad. José Rosa. (N. T.)

Segunda observação: o versículo em questão não diz *teu gozo*, mas o *gozo do teu senhor*, o que é a mesma coisa que dizer que não sou o senhor da alegria. Aliás, esse senhor viaja e me deixa uma parte de seus bens para que eu e outros façamos com que eles deem frutos. O que é preciso deduzir disso é claro: nesse momento, essa alegria fundamental me põe à prova mais do que é provada por mim.

33. Retomando o movimento deste capítulo, nele podemos discernir três momentos que são três experiências, e que correspondem a três excessos que a alegria nos dispensa e dos quais ela não nos dispensa:

1º A prova do maravilhamento, de início. Entre a bolsa amniótica e vida fetal, entre o ar exterior e meus pulmões, o seio da mulher e minha primeira boca, e, depois, muito depois, entre ainda esse seio e o vislumbre do meu olhar; entre a cerejeira em flor e o fundo de minha alma, entre a língua vista de fora e meus pensamentos mais profundos, entre o riso de meus filhos e o céu de meu desejo, há aquilo que São Tomás chama de conformidade, que é a razão do bem e o fundamento de todo afeto. Dito de outro modo: venho ao mundo e o mundo vem a mim, e o dom desse encontro me maravilha e reclama minha gratidão. Daí vem essa experiência inicial: reconhecer aquilo que me é dado e, dando graças ao doador, acolhê-lo sempre mais. É só isso que os anjos fazem. A dor não esteve em seu caminho. Criados na graça, sua tarefa foi simplesmente dar graças, e aceitar para assim entrar na glória. Bastou-lhes abrir-se, humildemente. Mas, se uns voltaram-se filialmente para o Pai, outros comprazeram-se em si mesmos e quiseram conduzir sua vida por conta própria, preferindo abrir as veias a abrir o coração. E foi assim que começaram o paraíso e o inferno... Essa experiência é também a do Éden. O que vem depois é conhecido. Mas a queda dos homens não é como a dos anjos, definitiva. Ela sempre tem algo de derrapagem, de dificuldade, de ridículo. É por isso que a graça pode interrompê-la, assim como pode tampar de novo a marmita do palhaço.

2º Vem a experiência da angústia. Ela acontece no universo ferido pela queda. Ela existe na proporção do maravilhamento primeiro.

Heidegger observa: "É só onde existe o perigo do assustador que existe a beatitude do espanto".⁵⁰ Fórmula essa que pode ser entendida em termos de causa e consequência. De um lado, a beatitude do espanto é pressuposta pelo perigo do assustador: o breu fica mais espesso em função da brancura do fundo; ou, para dizer isso de outra maneira: de onde viria a impressão tão forte do vazio da minha existência se alguma coisa presente em mim não tivesse primeiro cavado seu receptáculo? Por outro lado, o perigo do horror é necessário para abalar um coração ingrato, e reabri-lo ao escancaramento da beatitude: onde o carinho não basta, o gládio faz-se necessário. *Antes de ser afligido, eu me extraviava; mas agora guardo a tua palavra* (Salmo 118, 67). Trata-se portanto de sofrer – não fazer um pacto com as trevas para que elas fiquem menos sombrias, mas continuar a esperar duramente, contra toda esperança, aquele dia que já nos permite ver as trevas como trevas. Uma experiência como essa só pode resultar num grito incessante que dilacera de alto a baixo: *Desperta! Por que dormes, Senhor? Acorda! Não nos rejeites para sempre. Por que escondes o teu rosto, e te esqueces da nossa tribulação e da nossa angústia? Pois a nossa alma está abatida até o pó; o nosso corpo pegado ao chão* (Salmo 43, 25-26). A tentação é entrar no quietismo espiritual ou na resignação cínica, que são as verdadeiras formas do desespero como pecado mortal.

3º A experiência da cruz, por fim. Antes de ser uma invenção da crueldade, a cruz é uma exigência da alegria. É menos no mal do que no bem que ela se enraíza, e é por essa razão que a tradição pode identificá-la com a árvore da vida. Seu princípio já é percebido no antigo adágio: *Bonum diffusum sui*, o bem se difunde por si mesmo. Assim, no *Banquete*, Diótima contrasta com os discursos que fazem o elogio de um amor estéril: "O objeto do amor, Sócrates, não é o belo, como imaginas. – Que é então? – É engendrar dentro da beleza".⁵¹ Ora, após

---

⁵⁰ Martin Heidegger, *Les Concepts Fundamentaux de la Métaphysique*. Trad. Daniel Panis, Paris, Gallimard, 1992, p. 524.

⁵¹ Platão, *O Banquete*, 206 e.

a degradação original, ainda que na beleza, *na dor darás à luz filhos* (Gênesis 3, 16). A alegria não poderia permanecer em nós se não estivermos em trabalho de comunicá-la. Trata-se então de *oferecer-se*, isto é, de entrar nas dores do parto que o tomam por inteiro: *Sofre dores e trabalha, ó filha de Sião, como a que está de parto; porque agora sairás da cidade, e morarás no campo, e virás até Babilônia. Ali, porém, serás livrada* (Miqueias 4, 10). A filha de Sião tem de sofrer o exílio e ir à Babilônia, a fim de que os filhos de Babel também possam ser remidos. Essa imagem de Miqueias, em que o mais espiritual se une ao mais carnal, e o mais alegre ao mais doloroso, é retomada por Jesus com seus discípulos no momento em que ele entra em sua Paixão: *A mulher, quando está para dar à luz, sente tristeza porque é chegada a sua hora*.[Cristo reza alguns versículos depois: *Pai, é chegada a hora* (João 17, 1), o que obriga a reconhecer nesse parto a última figura da cruz (João 16, 25)], mas, depois de ter dado à luz a criança, *já não se lembra da aflição, pelo gozo de haver um homem nascido ao mundo* (João 16, 21). É porque ela quer estar sempre transbordando que a alegria neste mundo tem de passar pelo sofrimento. Mas aqui *a angústia por causa da alegria* não é uma mera ansiedade, é a responsabilidade por outro, é uma luta para que ele entre na alegria e nos lance mais ainda dentro dela. Como não ficar tentado, assim, a evitar esses transbordamentos e a preferir, ao rio impetuoso, pequenas latinhas de sua água já podre?

A alternativa não é entre a alegria e a tristeza, mas sim entre a profundeza de uma e o outro conjunto, entre, de um lado, a alegria fundamental com a cruz terrível, e, de outro, meu prazer superficial com suas pequenas misérias. De todo modo, a maior miséria é ver-se abatido por misérias tão pequenas, tão miseráveis. E isso nos acontece toda vez que corremos atrás de alegrias pouco alegres, querendo prová-las sem sermos provados, ficando por isso com medo de sofrer a verdadeira alegria.

INTERMÉDIO II:

Mozart ou o Fim de *Don Giovanni*

Fala, ó ancião, pois isso convém a ti, mas discrição!
Não impessas a música.

Eclesiástico 32, 3

É Tanta Alegria que dá Vontade de Chorar

Devo então admitir: se eu detestava tanto Mozart, era porque sua música exigia de mim muito mais do que minha gentil estética do abandono. A pose lúgubre me permitia fingir uma altivez imperturbável: como não me ter defendido desse prodígio de explosiva alegria ("Tão alegre, tão alegre que dá vontade de cair no choro", dizia Bruno Walter)? A recusa do maravilhamento me autorizava a permanecer complicado e pesado: como eu não zombaria daquela limpidez humilhante ("Fácil demais para as crianças, difícil demais para os adultos", dizia Artur Schnabel)? Pascal me havia proporcionado a seguinte comodidade: eu podia colocar os divertimentos de Mozart na categoria das distrações (categoria que pode, ela mesma, servir de distração), e poupar-me o choque de sua incômoda alegria.

Hoje nunca me cansarei de insistir nessa crueldade da doçura mozartiana (muito mais cruel do que a crueldade mitridatizante de Sade). Seu antegosto do paraíso proíbe que você fique blindado, antes despetrificando, flexibilizando e ressensibilizando seu coração, e assim dá ao mal o poder de fazer a você ainda mais mal. E não falo só dos horrores da guerra e de outros clichês lacrimejantes. Falo também da ignomínia dos nossos gozos. Por uma espécie de contragolpe, esse antegosto paradisíaco faz com que fique claro o quanto nossos prazeres ainda são baixos, impuros, misturados. Os grunhidos do porco são assustadores quando comparados ao canto do rouxinol. E o pântano só fica sabendo que é pântano quando se aproxima do rio sedoso.

O mais irritante, sem dúvida, é essa pouca consideração pela testa enrugada, pelo tormento interior, pela constipação espiritual, todos esses truques que usamos para fazer cara de profundos. Pelo menos, na *Nona Sinfonia* de Beethoven, a *Ode à Alegria* é entoada após longas preparações e como que no fim titânico e vitorioso de uma luta contra as forças das trevas. Com Mozart, não há demonstração de força na peleja, nem nada de polêmico, nem de litigioso. É verdade que "os raios do sol afastam a noite", como enuncia um dos últimos versos da *Flauta Mágica*. Mas esse afastamento não demanda a menor força. Ele não encontra resistência nenhuma: a aurora se ergue sem nenhum esforço, a claridade surge a despeito do combate – o que, para os temperamentos sombrios ou guerreiros, facilmente faz com que ela pareça superficial demais.

Essas aparências fúteis escondem uma linha de frente deslocada. O combate, em Mozart, discreto, sutil, feroz debaixo do gracejo, não é o combate do indivíduo que se ergue contra uma infelicidade devoradora, mas o de nossos pequeninos acordos contra uma alegria inesperada. E eis o mais difícil: é um combate que é preciso perder. *Dai ouvidos, todos os que sois de terras longínquas; cingi-vos de armas e sereis feitos em pedaços* (Isaías 8, 9). Armamo-nos com as harmonias da alta sociedade, suas serenatas simuladas, seus minuetos de patins, sua despreocupação rococó, e depois, de repente, vinda diretamente dessa evidência enorme, uma alegria inapreensível transcende a grade dos acordes e faz com que se ouça na melodia mais simples algo como a criação do mundo.

Existem as lágrimas que uma melopeia melancólica arranca (e Mozart – adágio em fá menor sustenido do *Concerto n. 23* para piano, o *andante cantabile* da 12ª sonata para piano solo, a sonata para violão e piano K304, etc. – nesse quesito consegue igualar Schubert); mas são muito mais surpreendentes aquelas que surgem porque sua tranquilidade foi vencida por uma melodia alegre. Ora, no bem nomeado Amadeus esse dom das lágrimas está em maior. O estilo galante está presente, como sua época frívola lhe oferece, e seu gênio consiste em transformá-lo não a partir do exterior, contrapondo-lhe a grande tormenta romântica, mas do interior, permitindo que sua frivolidade se abra para a graça.

Divertimento Contra Distração

Os exteriores mundanos servem então ao surgimento de uma profundidade mais universal. As modulações fáceis preparam a epifania do sublime no simples (aquela simplicidade que São Tomás lista como o primeiro dos atributos divinos). Não é tanto uma luz que sai da noite, mas uma luz que sai de outra luz. Por conseguinte, não se trata mais da passagem de um contrário a outro numa única linha horizontal, nem da intensificação de uma mesma claridade até a saturação, mas de uma mudança de ordem, de uma ruptura vertical de nível. Talvez uma ruptura como essa fosse dificilmente perceptível no plano horizontal, e seria possível compará-la a uma espécie de transubstanciação: as espécies galantes permanecem, mas sua essência foi radicalmente alterada.

É que a alegria mozartiana nunca se pavoneia, nem é soberba. Ela sempre tem uma espécie de vivacidade brincalhona, como se uma certa brejeirice – a do *Singspiel* – pudesse ser mais forte do que qualquer calamidade. Assim como "a eucaristia em meio ao pão comum", essa finura está oculta em meio aos gracejos comuns. Ela parece superficial. Ela é simplesmente mais fundamental. A maior parte dos outros compositores só atinge a profundidade usando a broca da tristeza e do tormento: Mozart chega a ela com as asas da alegria, e, portanto, não descendo, mas subindo: a superficialidade do céu é mais profunda do que os abismos de um mar tempestuoso. Nietzsche exprime a necessidade dessa arte brejeira (em contraste com a arte de Wagner, tão certa de suas belezas que se torna pesada): "Temos necessidade de toda arte petulante, instável, dançante, zombeteira, infantil, feliz, para não perder essa liberdade que nos coloca acima das coisas e que nosso ideal exige de nós".[1]

As cartas de Mozart dão testemunho dessa zombaria feliz. Os aficionados podem insistir em sua limpidez até não poder mais, e podem pesadamente dizer que seu gênio vem de seu angelismo, mas uma epístola de 5 de novembro de 1777 para sua priminha permite reequilibrar seus elogios:

> Ah! Meu *cu* arde que nem fogo! Que será que isso quer dizer? Será talvez um cocô querendo sair? Orelha, você não está me enganando? Não, é isso mesmo – que som longo e triste! – Hoje, dia 5, escrevo isto, e amanhã, dia 6, vou tocar na grande academia de gala, e depois ainda vou tocar no gabinete privado.[2]

O "divino" Mozart nos recorda de que depois de nos levar ao céu ele vai nada menos do que fazer cocô. Mas sua escatologia está a serviço de uma escatologia ao mesmo tempo mais realista e mais dançante. O cocô mozartiano vem para frustrar o sublime que é demasiado grave. Quanto a frustrar a alegria excessivamente frívola e dar um banho de água fria naqueles que gostariam de classificá-lo definitivamente entre os libertinos infiéis, existe a seguinte carta enviada a seu pai em abril de 1787:

> Agradeço a Deus por ter-me concedido a felicidade (o senhor me entende) de descobrir a morte como *chave* da nossa verdadeira felicidade. Nunca me deito sem pensar (apesar da minha juventude) que no dia seguinte morrerei – e nin-

---

[1] Citado por Philippe Muray, *La Gloire de Rubens*. Paris, Grasset, 1991, p. 87.
[2] Citado por Philippe Sollers, *Mystérieux Mozart*. Paris, Plon, 2001, p. 79.

guém dentre aqueles que me conhecem pode dizer que eu seja naturalmente melancólico ou triste.[3]

O mal não é suficientemente combatido se não nos colocamos diante dele como combatentes. Claro que, para combatê-lo, temos de armar nosso espírito com seriedade e com estratégia. Fosse ele vencido só com esse espírito, e continuaríamos sob seu domínio, atolados em seu terreno, privados daquilo que não é condicionado por sua guerra: a despreocupação (sem incúria), o jogo das crianças (sem infantilismo), em uma palavra, o divertimento... Por consequência, para retornar ao essencial, é menos necessário opor-se ao divertimento do que transfigurá-lo. Contentar-se com uma oposição seria sucumbir ao erro contrário, o erro de um humor sempre ansioso, utilitário, admoestador, amargurado. Passaríamos dos lampiões ao apagador, quando o negócio é passar dos lampiões ao raio de sol. Há na distração uma leveza que não deve ser perdida, mas retificada (assim como há na libertinagem uma liberdade que não deve ser destruída, mas orientada). O que interessa é saltar de uma distração de diversão para uma distração de conversão.

Karl Barth confessou isso quase que apesar de sua teologia. Daquele grande protestante, esperaríamos uma apologia do religiosíssimo Bach. E eis que ele ousa declarar publicamente: "Não tenho certeza se os anjos, quando estão glorificando Deus, tocam a música de Bach; tenho certeza, porém, de que, quando estão entre si, tocam Mozart, e que nesse momento Deus gosta particularmente de escutá-los".[4] Atenção, aquilo que encanta o teólogo e que segundo ele os anjos tocam não são apenas as *Vésperas de um Confessor*, a *Missa Solene K427* ou o *Réquiem*, mas também o décimo primeiro divertimento que ele não consegue "ouvir e ouvir novamente sem uma grande emoção".[5]

---

[3] Carta de abril de 1787 a seu pai Leopoldo, ibidem, p. 164.
[4] Karl Barth, *Wolfgang-Amadeus Mozart*. Genève, Labor et Fides, 1969, p. 12.
[5] Ibidem, p. 10.

"Nesse Caso, o Gênio É bom Menino"

Aquilo que Nietzsche diz que aplicamos a Mozart é afirmado por Jesus de maneira ainda mais clara: *Quem se tornar humilde como esta criança, esse é o maior no reino dos céus* (Mateus 18, 4). Aí está a chave do paraíso, e mais particularmente do paraíso mozartiano. Porque a graça, em Mozart, assim como na pura doutrina católica, é sempre filial. Jean Blot observa isso numa biografia recente: "As circunstâncias de sua existência, assim como sua situação familiar e seu caráter, deixaram Mozart particularmente sensível a tudo aquilo que, na liturgia, evoca o Filho".[6] O pequeno Wolfgang foi primeiro o obedientíssimo filho de Wolfgang. Emancipa-se do pai e ainda fala do "papa Haydn". Adolescente, frequenta a escola de Johann Christian Bach; adulto, ainda estuda os motetos de Johann Sebastian. Mesmo após tê-lo ultrapassado há muito tempo, ele ainda envia suas composições ao Padre Martini, monge franciscano de Bolonha, que lhe responde da maneira mais paternal: "Nunca deixe de praticar". Outra anedota que mostra bem em que sentido Mozart encontra sua liberdade na filiação: durante a Semana Santa de 1770, com 14 anos, ele ouve na Capela Sistina o *Miserere de Allegri*, obra que os músicos do Vaticano são proibidos de copiar ou de transmitir, sob pena de excomunhão. Mas o jovem Mozart, com sua memória prodigiosa – que em parte explica a extrema organicidade de sua música –, transcreve o trecho inteiro de memória após uma ou duas audições (meia hora de polifonia a cinco vozes!). Por esse feito, o Santo Padre Clemente XIV, em vez de excomungá-lo, nomeia-o Cavaleiro da Espora de Ouro, para sua grande alegria. Esse é o filho verdadeiro, não servil, mas livre o suficiente para maravilhar o pai; não desejoso de violar suas regras, mas inventivo o suficiente para brincar com elas de maneira inesperada.

Aqui chegamos, sem dúvida, àquilo que Mozart tem de mais exasperante. Quando o imaginávamos o gênio atormentado, ele

---

[6] Jean Blot, *Mozart*. Paris, Gallimard, 2008. (Coleção Folio – Biographies)

já nos contrapunha a figura do gênio alegre. Tentamos imaginá-lo um vadio, ele se faz irmão. Boêmio? Ei-lo pai de família. Maldito? Ele cresceu em sua bênção. Prometeico? Ele quis ser discípulo. Aquilo que Jean Blot resume numa frase insuportável para todos os Dom Giovannis que acham que sempre podem identificar a criatividade com uma ruptura ou com uma revolta: "Nesse caso, o gênio é bom menino".

Mozart é menor do que Beethoven. Ele não se sentiu restringido nas formas legadas por sua época. Ele não as rompeu. Não inventou outras. Pelo contrário, ele cabe tão bem no clássico que acaba por dar sua mais alta definição. Porque, se ele se fez menor do ponto de vista do mundo, foi como aquela criança que é *a maior no reino dos céus*. Por que aquele que se torna pequeno como uma criança seria maior do que os grandes? A resposta é simples: porque ele pula em cima dos ombros do pai, e para frente! Eba! Olhe-o voando, passando todos os outros. Sobretudo se esse pai é o criador de todas as coisas. Sobretudo se ele é a Origem delas. Ao escutá-lo, não apenas nos tornamos mais originais, como também nos tornamos mais universais. Assim, Mozart põe-se a ouvir a dança popular, a liturgia romana, outros compositores, os sons da natureza: *Sim, eu sou passarinheiro, / sempre alegre, hola hoplala!* (canção de Papageno em *A Flauta Mágica*). Passarinheiro que não tranca os pássaros numa gaiola, mas que guarda seu canto em sua voz.

Que o paradisíaco seja filial e não prometeico remete ao caráter essencial da alegria, inicialmente recebido antes de ser composto, e recebido para ser dado a outros. Porque o filho não é um escravo. Ele não é mais esse embrião que uma mãe avara impede de nascer. O pai verdadeiro o tira da incubadora. Ele corta o cordão. Ele o quer livre e prolífico. É esse aliás o primeiro mandamento do paraíso original, e todos os demais mandamentos, depois da queda, não terão outra finalidade além de restaurar, elevando, essa ordem de superabundância: *Frutificai e multiplicai-vos; enchei a Terra e sujeitai-a* [subentendido: por vossa fertilidade, e não pela coerção] (Gênesis 1, 28).

Do Brilhante ao Luminoso

Como mostrou notavelmente Jean-Victor Hocquard, no "pensamento musical" de Mozart, o esforço tem seu lugar, mas a alegria nunca é o *resultado* desse esforço: ela é sempre um presente do alto. Num momento, os obscurecimentos harmônicos se dissipam sem explicação num clarão súbito. Noutro, as melodias mais naturais são elevadas por uma aurora sobrenatural. Se o esforço pode ser a condição necessária desse rompimento, é sempre de maneira indireta, não como perfuração, mas como receptáculo. A força empregada no combate tem de mudar-se em força pronta a receber (o que impõe que ela seja ainda mais forte, porque não só é mais difícil suportar um assalto do que lançar um ataque, como a hospitalidade pede mais coração do que a ofensa).

Essa receptividade, para ser profunda, pede um certo espírito de pobreza. Quero dizer que, para ser luminoso, é preciso renunciar a ser brilhante. É nesse ponto que se situa a experiência dos anjos: Satanás preferiu brilhar a deixar passar por ele uma luz mais alta. O brilhante reluz por reflexo, a partir de sua opacidade fundamental. O luminoso se ilumina por transparência, a partir de sua fundamental disponibilidade. Essa súbita passagem do brilhante ao luminoso é aquilo que Mozart tem de mais característico. Testemunha disso é a carta em que ele critica alguns de seus próprios concertos (K413, 414, 415): "Eles são brilhantes... mas carecem de pobreza".[7]

Se é preciso não carecer de pobreza, e, portanto, não ficar pobre coberto de riquezas, é porque a alegria não é atingida por construção, mas por desobstrução, a fim de que o fundo do ser apareça. Essa desobstrução ao mesmo tempo facílima para a criança e dificílima para o adulto, esse desprendimento que leva do prazer galante à alegria teologal, esse acolhimento do luminoso por renúncia ao brilhante é chamado por Cioran de "ondulação". "Em Mozart, a ondulação significa

---

[7] Citado por Robert Bresson, *Notes sur le Cinématographe*. Paris, Gallimard, 1995, p. 46. (Coleção Folio)

a abertura receptiva da alma diante do esplendor paradisíaco."⁸ Todas as ondas do mar brilham, mas algumas, ondulando sobre a limpidez de sua água, nos oferecem seu fundo azul como um pedaço de céu translúcido, no qual nos é permitido mergulhar.

Atento a essa luz, o doutor da infelicidade é obrigado a confessar que o pior não é certo, e fica pessimista no próprio lugar de seu pessimismo:

> Foi só graças a Mozart que tive ideia da profundidade dos céus? A cada vez que escuto sua música, sinto que estou batendo asas de anjo. Não quero morrer porque não consigo imaginar que um dia suas harmonias ser-me-ão definitivamente estrangeiras. Música oficial do paraíso. Por que não me deixei abater? Foi aquilo que tenho de mozartiano que me salvou.⁹

E Cioran chega até a entregar o jogo: a dor com que a decomposição nos atinge depende de termos primeiro ouvido e ainda esperarmos uma composição maravilhosa. É preciso ter primeiro percebido a graça de ser para depois experimentar a inconveniência de ter nascido (toda inconveniência pressupõe uma conveniência original e perdida). Sem essa alegria que Mozart remete ao fundo de nós mesmos, não sofreríamos tanto por vê-la engolfada: "Todo o segredo do desespero reside na antinomia criada entre um fundo mozartiano e as imensidões escuras que parasitam a vida para sufocar esse fundo".¹⁰

Do Rapto à Clemência

Mozart articula em cena o fundo paradisíaco que anima sua música. A graça é seu assunto explícito, quase obsessivo, sempre

---

⁸ Emil Cioran, *Le Livre des Leurres*, in *Oeuvres*. Paris, Gallimard, 1995, p. 176. (Coleção Quarto)

⁹ Ibidem, p. 174.

¹⁰ Ibidem, p. 179.

obsidiante, de suas grandes óperas. Sabemos com que preocupação o compositor escolhia e retrabalhava um libreto entre as centenas que considerava insatisfatórios. A cada vez, de maneira mais ou menos inconsciente, sua escolha se dirigia para um argumento metonímico em relação a sua concepção musical: "A ideia de um ato terminal de clemência está em todas as obras cuja conclusão depende de um potentado: Apolo, Mitrídates, Lucio Silla, Soliman (*Zaide*), Selim (*O Rapto do Serralho*), Netuno (*Idomeneu*)...".[11]

Em *O Rapto do Serralho*, Belmonte multiplica os estratagemas para recuperar sua Konstanze raptada pelo paxá Selim. Mas todas as suas tentativas fracassam, e eis que ele está preso, tendo incorrido na pena de morte, com o seguinte agravante: seu pai é o pior inimigo do paxá... Quando, de repente, reviravolta suprema, Selim lhe concede sua graça e a mão de sua amada. A explicação dessa reviravolta é bastante notável: não é desfazendo-se de seu ódio que o grande turco realiza esse ato inaudito de bondade, mas levando-o até as últimas consequências. Qual é a última consequência do ódio? Não, como imagina o guarda do serralho Osmin: "Te matar bem matado: / primeiro decapitado, / depois enforcado, / depois empalado / numa estaca ardente, / depois queimado, / depois amarrado / e afogado, / e enfim dilacerado". Essa obstinação deixaria intacto o fundo da alma do adversário. E sobretudo – ao fazer o mal pelo mal – daria razão a sua maleficência. Assim, a última consequência do ódio consiste em atingir o coração do inimigo para voltá-lo contra si (como no salmo em que David canta seu *ódio completo* – Salmo 138, 22) – e, portanto, atacá-lo gratuitamente: "Tenho por teu pai uma aversão grande demais e nunca quero seguir seu exemplo. Toma tua liberdade, leva Konstanze, navega de volta à tua terra. E diz a teu pai que é uma alegria muito maior compensar uma injustiça com um bem do que pagar o mal com o mal" (ato III, cena 20).

---

[11] Jean-Victor Hocquard, "La Clémence de Titus", *L'Avant-Scène Ópera*, n. 99, jun. 1987, p. 9.

O paxá Selim se vinga dando a Belmonte a imagem de um pai mais generoso do que seu simples genitor.

Em *As Bodas de Fígaro* há a mesma reviravolta vertical. O conde Almaviva usa de todas as forças para consumar o adultério. Mas, pela fidelidade e pelo artifício da serva desejada (serva que atende pelo nome de Suzana, aquela que, na Bíblia, como que por acaso, serve à revelação da iniquidade dos juízes em Israel), o conde acaba com o rabo entre as pernas, enganador enganado, ridicularizado diante dos olhos da condessa. E ela vai se juntar aos zombadores? Esmagar o traidor? Divorciar-se? Pior e melhor: ela se eleva acima da confusão: ela o perdoa. E se confirma nela a figura do Cristo, anunciada nos atos precedentes. De fato, suas duas grandes árias amorosas, *Porgi Amor* e *Dove Sono*, ultrapassavam qualquer sentimentalismo: suas melodias retomavam as de dois *Agnus Dei* – as das missas K337 e 317 –, dissimulando na ópera bufa a ponta do Kyriale.

Com *Così Fan Tutte*, temos o cúmulo da leveza, parece, e ao mesmo tempo a tragédia mais profunda (talvez pior do que *Don Giovanni* – que deixei de lado para discutir à parte – porque aqui os enganos não vêm de um pervertido excepcional, mas contaminam todos os protagonistas num mundo em que alma nenhuma, nem a aparentemente mais pura, é poupada pelo pecado). O velho Alfonso tenta acabar com a inocência de dois jovens soldados que acham que as mulheres são fiéis a seus juramentos: "Escava o mar e funda na areia / e espera capturar o vento com uma bandeira / aquele que põe as esperanças num coração de mulher. – Minha Dorabella / não é capaz disso", protesta Fernando, "o céu a fez / tão fiel quanto bela". E Guglielmo: "Minha Fiordigili / não seria capaz de trair". Cada qual fica chamando sua noiva de *la mia*, "a minha", e essa vaidade de proprietário só faz com que eles caiam na própria armadilha. Eles vão tentar verificar a fidelidade das duas belas (verificação que é em si mesma uma recusa de confiança e, portanto, uma infidelidade primeira de sua parte – é assim que todos eles fazem). Fingindo partir para a guerra, retornam disfarçados de cavalheiros albaneses para tentar seduzir um a noiva do outro. E conseguem, mas isso é ao mesmo tempo seu fracasso: ao ceder a seus personagens, suas amadas traem suas pessoas. Nisso também há uma reviravolta, os antigos casais se formam de novo e tudo é ultrapassado no sacramento do casamento. Na "escola dos amantes" (é esse o subtítulo de *Così*), a lição é clara: somos incapazes de amar verdadeiramente sem uma graça do alto, e, portanto, sem ter feito, em primeiro lugar, a experiência radical de nossa baixeza. Dom Alfonso aparece como um pai que castiga para fazer graça: morde a poeira e toca na inconstância de teu próprio coração, em tua duplicidade cúmplice da queda, e então poderás ser levantado, e tua fidelidade será humilde e dócil, porque consistirá em sempre dominar em ti o traidor e em acolher o outro como um dom imerecido.

Essa repentina elevação também aparece no fim da *Flauta Mágica*. É verdade que Tamino passou nas provas iniciáticas, mas menos por sua força do que pela mágica da flauta e pelo amor de Pamina, isto é, graças ao favor de Sarastro, pai de sua amada. É tocando a flauta que ele atravessa com ela a caverna das chamas: "Caminhamos com a força da música / sem medo pelas trevas e pela morte". Obra maçônica? Talvez, mas obra que não crê numa salvação vinda da maçonaria de mãos exclusivamente humanas. E que zomba do edificante. De fato, Papageno fracassou em todas as provas. E mesmo assim, recusado na entrada da loja, mesmo assim ele ganha sua Papagena e extravasa de maneira ao mesmo tempo espiritual e carnal: "Será a maior felicidade / quando muitos Papagenos / abençoarem a união de seus pais" (ato II, *finale*). Prova de que a alegria, ainda outra vez, não é tanto o troféu devido à eficiência, quanto a maravilha de uma fertilidade ("Papageno", a etimologia desse nome outra vez remete à graça filial, porque pode significar "nascido do pai").

A *Clemência de Tito* é a última ópera de Mozart, e também aquela que, em seu próprio título, sublinha a graça que age nas óperas anteriores. Vitellia ama o imperador Tito, mas Tito, ai, ama Berenice. Num acesso de furioso ciúme, a apaixonada rejeitada convoca conspiradores para incendiar o palácio e matar o imperador. Mas isso sem levar em conta as reviravoltas que as circunstâncias operam sem nós: nesse ínterim, sem que ela saiba, Tito renuncia a casar-se com a bela estrangeira e anuncia precisamente que escolheu aquela que se achava rejeitada. A providência então lhe mostra que seus esforços vão contribuir para sua perdição. Graças a Deus, ainda há, inesperada, aquela clemência imperial que perdoa sua tentativa de assassinato: "Os astros se associam, dir-se-ia, para me forçar a ser cruel. / Não, eles não triunfarão" (*Tito*, ato II, último recitativo).

Tragédia da Graça

Mozart nos consagraria, então, ao otimismo? Tudo terminaria da melhor maneira possível no melhor dos mundos? O trágico seria inteiramente abolido? Sem dúvida, Mozart é leve demais para deter-se nas calamidades definitivas. Mas sua leveza lhe permite aproximar-se, sobretudo com *Don Giovanni*, de uma tragédia mais íntima, que não passa pelo enfrentamento da angústia, mas pelo confronto com a alegria. Enfrentar o infortúnio é terrível, evidentemente. Mas mais terrível é recusar a beatitude. No primeiro caso, sentimo-nos mal, muito mal, com certeza, mas quem poderia censurar-nos? No segundo caso, tornamo-nos malvados. Com a tragédia do infortúnio, o herói enfrenta a dor da perda, e essa dor imediatamente nos bate; com a tragédia da alegria, não sentimos imediatamente o que está em jogo: o herói realiza seu projeto, coloca sua felicidade nos ganhos pessoais e, no entanto, esse amor do sucesso é uma recusa do encontro, o prazer de ganhar é a perda da graça, insensível, talvez, mas infinita. O abismo pode se abrir então no meio do salão, bem na casa do sujeito chique a celebrar seu catálogo.

Mas *Don Giovanni* não é um símbolo da leveza? Ele não responde à necessidade de dança, de zombaria, de petulância de que Nietzsche falava? A cena final o mostra comendo sozinho em sua rica morada, diante dos sábios olhos de Leporello: "A mesa já está posta / e vocês, caros amigos, aproveitem, / porque estou gastando meu dinheiro / e quero me divertir". Uma pequena orquestra entra em ação durante seu festim solitário: para aquele que reduz as mulheres a conquistas, a música se reduz a um condimento. Mozart o mostra aqui não desencaminhando Dona Elvira, Dona Anna ou Zerlina, mas o próprio canto de Mozart. E para que entendamos melhor, aquilo que a pequena orquestra toca é ópera dentro da ópera, Mozart dentro de Mozart: a melodia que Fígaro canta a Cherubino no fim do primeiro ato das Bodas. Mas o célebre *Non più andrai* [Não andarás mais] assume naquelas circunstâncias um sentido inteiramente diverso. Em filigrana, já são os terríveis chamados do Comendador: "Não andarás mais, borboleta amorosa, / a dar voltas dia e noite / perturbando o sono das beldades...". Dom Giovanni mal percebe. E como poderia ser diferente? Essa ária, para ele, não passa de um fundo sonoro que lhe permite ficar mais à vontade à mesa. Ele se assemelha a Colloredo, o príncipe-arcebispo de Salzburgo, que tratava Mozart como um mero empregado. Para seus ouvidos repletos do ruído da mastigação, o divertimento não passa de uma distração agradável.

Depois é a irrupção de Elvira que vem dar a "prova definitiva de seu amor": "Não quero mais me recordar / das tuas traições... De ti não espero / agradecimento nenhum... – Que tu queres, ó, meu bem? [Chamando-a zombeteiramente de *mio bene*, Dom Giovanni não sabe o quão profético está sendo] – Que mudes de vida. – Deixa-me comer!". Dona Elvira muitas vezes aparece como um tedioso prêmio de virtude. Ela viria para constranger o irreprimível. No entanto, suas réplicas são formais: ela quer para ele a vida, não espera nenhum agradecimento, perdoa de graça, como a condessa ao fim das *Bodas* ou o paxá Selim no fim do *Rapto*. Mas também, ao perdoá-lo, ela o obriga a confessar uma falta (o perdão é o contrário da desculpa). Remorsos? Dom Giovanni morde outro pedaço de faisão. Ele aprecia mais seu catálogo do que o livro da vida. Ele é um caçador, não um conviva. Ele força as mulheres (*sforza le donne*, diz Leporello) em vez de encontrá-las. E fica claro que sua leveza não passa de uma paródia da leveza de Mozart, sua degeneração, e provavelmente sua pior tentação. O pecado do anjo, como eu já disse. Renunciar a ser luminoso para ser mais brilhante.

O que Recomenda o Comendador?

Chega a cena do Comendador. Muitos gostariam que ela fosse a última, mas é a penúltima. Como poderia haver alguma coisa depois desse enfrentamento grave e sublime? Como voltar à superfície após a descida aos infernos? E mesmo assim, logo depois, eis a cena excessiva, a verdadeira *scena ultima*, cheia de alegria e de leveza, com seu pequeno sêxtuor cômico, seu duo amoroso entre Dom Ottavio e Dona Anna, seu coro fugado em *sol* maior. Quando chegava essa última cena, Pierre-Jean Jouve tapava os ouvidos. Já Gustav Mahler simplesmente a removia da partitura. Diversos condutores seguem-no até hoje, enfrentando o amargo, mas cortando o doce. Todos querem, de qualquer jeito, terminar no paroxismo da revolta. O final alegre lhes parece uma concessão às conveniências clássicas e também às facilidades da ópera bufa: o galante século XVIII não ousava mandar a plateia para casa após a visão da fogueira infernal ou da afirmação de uma autonomia rebelde, mas o romântico século XIX e o individualista século XX sentem-se na obrigação de fazê-lo. Esse corte não lhes parece doloroso. É que eles o fazem com anestesia geral. Eles esquecem que *Don Giovanni* é um *dramma giocoso*. E, acima de tudo, eles cometem um contrassenso na cena do Comendador. Especialmente no que diz respeito a sua identidade.

Com frequência se enxerga nele uma alegoria da Morte. Outras vezes, ele é visto como enviado do inferno. Outras ainda, como embaixador da moral. Temos a impressão, então, de abrir os olhos, mas nossos ouvidos estão tapados. Escutemos para ver um pouco. O Comendador bate nove vezes na porta e a porta se abre, se abre precisamente ao tema da Abertura, como se esse emissário fosse a origem da música, porque para ele o que interessa é abrir mais do que fechar. Quais são, aliás, as primeiras palavras? O título da ópera. Ele chama o herói por seu nome: "Dom Giovanni!" Apelo esse que talvez remeta à seguinte passagem do Evangelho segundo São João: *Mas o que entra pela porta é o pastor das ovelhas. [...] ele chama pelo nome as suas ovelhas, e as conduz para fora* (João 10, 2-3). Prossegue o Comendador: "Vim jantar com você, você me convidou, e eu vim". Como não se lembrar imediatamente do versículo do Apocalipse: *Eis que estou à porta e bato; se alguém ouvir a minha voz, e abrir a porta, entrarei em sua casa, e com ele cearei, e ele comigo* (Apocalipse 3, 20-21). O verbo italiano *cenar*, aqui traduzido como "jantar", deriva da palavra cena, literalmente: *la cène*.[12] Dom Giovanni pede a Leporello que traga outra entrada, vinho de Veneza e assado de caça. Ele afeta uma aparência orgulhosa. Mas o convidado improvável denuncia o desprezo: "Espere um pouco. Quem se alimenta de pratos celestes não se alimenta de pratos terrestres".

Será que eu ouvi bem? "Pratos celestes"? Só que o *Commendatore* não vem do inferno: ele desce direto do Céu! Conviva de pedra, ele traz as chaves de São Pedro, e o que ele ordena é entrar na alegria. Aliás, ele mais pede do que ordena. Por trás de sua voz de além-túmulo, de seu passo de martelo-pilão, de sua estatura de carrara, ele mendiga quase como uma criancinha: "Estou falando, escute, não tenho mais muito tempo [...] Você me convidou para jantar: o seu dever, agora, você sabe qual é. Responda: você vai vir jantar comigo?".

Eis a coisa escandalosa que ninguém quer ouvir. Eis aquilo a que os tímpanos dos rebeldes e dos servis se fecham: a vítima quer a felicidade de seu assassino. Deus enviou o Comendador para que Dom Giovanni, o grande sedutor, o contadorzinho (1003 conquistas na Espanha, e um total de 2045 em toda a Europa), vá diretamente para o paraíso. Oferta inimaginável essa, e por isso ignorada por aqueles que, no entanto, viram a ópera diversas vezes. Oferta no entanto tor-

---

[12] Em francês, *la cène* se refere tanto à última ceia de Jesus com os apóstolos quanto à Eucaristia. (N. T.)

nada evidente pelo próprio inferno, uma vez que o inferno é sempre o paraíso recusado em nome de um principado postiço.

O Julgamento da Alegria

Como as únicas obrigações que Dom Giovanni conhece são as obrigações mundanas, é por elas que o Comendador tenta atraí-lo: aceitei o seu convite, agora aceite o meu. Ele realiza assim o duplo movimento implicado na frase do Apocalipse: *com ele cearei, e ele comigo,* comerei na sua mesa de pecador, e levá-lo-ei a meu banquete eterno (observo de passagem que esse versículo é de São João e que o que está em jogo aqui é precisamente que João – Giovanni – se torne santo). Mas o enganador de Sevilha permanece num jogo de aparências. "Não tenho medo", empertiga-se, e só estende a mão para não ceder em nada. Para ele, trata-se não de deixar-se tocar pelo pedido misterioso, mas de outra vez exibir-se, de provar ao mundo que Dom Giovanni não conhece o cagaço, que ele não vai se deixar perturbar por um *vecchio infatuato*. É então que o Comendador lhe revela a condição para sentar-se à mesa: "Arrependa-se, *repentiti*".

Na partitura, ele ordena oito vezes, logo com a única sílaba de um Si suplicante, mas Dom Giovanni, nove vezes – tantas quanto as batidas na porta – lhe retruca: *No*. Na última recusa, a Estátua não o arrasta para o abismo – seu peso não vem da terra –, mas só pode soltar sua mão, desolada, e Giovanni se lança nos turbilhões da "angústia ignota". Ele morre, singularmente, não no ré menor que se poderia esperar e que marca a tonalidade de abertura dessa cena e da ópera, mas num acorde de *ré* maior, três vezes mantido com força. Ora, o ré maior, ao menos desde Bach, corresponde à tonalidade simbólica da Ressurreição... A conclusão é simples: aqui, é a Ressurreição que mata.

O desafio lançado a Dom Giovanni não é o da moral, mas o da beatitude. Não se trata de repassar o freio de uma norma qualquer, mas de aceitar o estímulo de um curso mais elevado. Renunciar às mulheres? Pelo contrário, finalmente conhecer uma até o fim, penetrá-las todas até a divindade ou morrer pela salvação de uma mocinha, quem sabe? O que está em jogo é a mesma coisa da música de Mozart: uma transfiguração do galante em paradisíaco. Porque não existe de um lado o Julgamento e o Céu de outro. O Céu é o Julgamento. A Alegria que vem é aquilo que pesa nossos atos. Em última instância, repitamos, só existe um mandamento: *Entra no gozo de teu senhor* (Mateus 25, 21). É só isso que o Comendador ordena. Mas isso supõe rejeitar os prazeres estreitos, renunciar a ser o senhor, estender uma mão confiante, como a criança de quem o pai tira o pião e que, depois de ter chorado muito, vê cintilando, através das lágrimas, as luzes de uma festa deslumbrante.

No fundo, a estátua do Comendador poderia perfeitamente ter sido uma estátua da Madona. O que há de sombrio em seu timbre é apenas o efeito de uma última ternura. É a misericórdia na última hora. Enquanto Dom Giovanni insiste em sua obsessão de aumentar seu catálogo de devaneios, ela lhe oferece a possibilidade de segui-lo na Páscoa do Cordeiro. Mas o navio "naufraga quando ia entrar na foz".[13] E agora podemos compreender a necessidade daquele final alegre em que Zerlina e Masetto exclamam: "Vamos à casa para ali jantar em companhia *(cenar in compania)*". É a essa travessura de uma verdadeira comunhão que a Estátua convidava logo antes. Era então necessário que a música cantasse em *sol* maior, dançada por simples camponeses.

---

[13] Dante, Paraíso, XIII, 138.

QUARTO MOVIMENTO
Segunda Palavra do Cristo na Cruz

> *Literalmente, ela teve a impressão de estar sendo envolvida por uma água profunda, e imediatamente, de fato, seu corpo desabou sob um peso imenso, que não parava de aumentar, e cuja força irresistível expulsava a vida de suas veias. Foi como se o ser fosse arrancado, tão brutalmente, tão dolorosamente, que a alma violentada só pôde responder com um horrível silêncio... E quase na mesma incalculável fração de tempo, a Luz jorrou de toda parte, recuperando tudo.*
>
> Georges Bernanos, La Joie [A Alegria]

Luzes para uma Escuridão

1. Para que servem todas essas páginas, que são como uma fútil oferenda de papel que vai no lugar do meu coração? Às vezes, o sentido deste livro se apaga, se obscurece na mesma medida do inabordável que ele pretende perseguir. Sinto-me agora mais vazio do que antes. Desperto após a embriaguez, com a alma de um asno e dor de cabeça. E digo a mim mesmo: tudo isso foi uma piada! Fumaça! Poeira nos olhos! Um céu pintado em *trompe l'oeil* para não vermos que estamos indo contra a parede! Histórias felizes que engolimos para acharmos que temos alguma coisa dentro! Porque no fim das contas só existe a morte, esse triunfo do nada que nem é um triunfo, e sim nada, nada de nada, nadica de nada como naquela gravura de Goya em que o cadáver só levanta um instante para confirmar que é definitivamente pó...

Falei em despertar após a embriaguez. Mas talvez seja só o adormecer do meu desejo. Quando subitamente me vejo como uma massa de carne pregada na cruz de seu apodrecimento, com os lábios tão próximos da blasfêmia, ou melhor, já tendo blasfemado por meio desse elogio hipócrita que não estava em pleno acordo com a minha vida, ouço aquela palavra daquele mais triste entre todos, a segunda, aquela palavra da Palavra moribunda em que tantos homens acreditaram antes de mim e que Haydn fez começar sobre o batimento grave de uma tônica que não se espera que termine num acorde maior: *Amém, eu te digo que hoje estarás comigo no paraíso...* E me lembro ainda do primeiro terceto da *Commedia*: "No meio do caminho em nossa vida, / eu me encontrei por uma selva escura / porque a direita via era perdida".[1] Não estarei eu mesmo nessa estranha posição que é ao mesmo tempo meio e perda do caminho? Como se uma certa perdição fosse necessária para não se perder. Como se alguém chegasse ao Paraíso sem atravessar um certo inferno, mesmo que esse inferno seja esse aqui, repleto de vívidos neons e de cuidados tubulares, de um hospital *high-tech* que priva você da sua agonia...

Agora, esta nova questão se impõe (como não tínhamos pensado nela antes?) – uma questão sempre nova porque está à frente de todas as outras. Podemos, aliás, formulá-la assim: por que é preciso que exista pergunta? E mais precisamente: por que é preciso que o Paraíso nos seja tão obscuro? Ou ainda: por que Deus, por generosidade, não se manifesta para nós mais claramente? Não haveria mais ateus, nem mais desesperados como nós... Essa questão poderá talvez ser resolvida por nossa resposta como questão teórica, mas não como questão moral. De fato, se respondemos que é preciso que o Céu permaneça obscuro para nós cá embaixo por tal e tal razão, essas razões só nos darão luz para escorar essa escuridão. Talvez avancemos mais, mas não enxergaremos mais claramente.

2. Para chegar a essa resposta que será tão tranquilizadora na mesma medida em que não dissipará as trevas, quero ouvir de novo a palavra paraíso naquele contexto onde ela surge como um inacreditável *hapax*. Afinal, no conjunto dos quatro Evangelhos, *paradeisos*

---

[1] Dante, Inferno, I, 1-3.

só aparece uma vez. Outros vocábulos – "reino", "céus", "visão do Pai", "glória"... – aparecem frequentemente na pregação do Verbo feito carne. Mas esse vocábulo, especificamente, podemos dizer que ele não quer pronunciá-lo assim tão fácil, que ele o reserva para uma ocasião suprema. O sermão da montanha? As bodas de Caná? A transfiguração no monte Tabor? A multiplicação dos pães? Essa palavra parece convir naturalmente a uma atmosfera de festa. Parece dever coroar um lugar já colorido por alguma irradiação do alto. Ora, eis aqui o senão da pepita, o dissabor que vem bem lá de cima: Jesus só diz "Paraíso" na Cruz.

Aquilo que evoca um jardim feliz é pronunciado na desolação do Calvário. Aquilo que significa a bênção mais doce se eleva em meio aos ultrajes. Aquilo que designa a recompensa do justo se dirige a um bandido, sem dúvida assassino:

> E levavam também com ele outros dois, que eram malfeitores, para serem mortos. Quando chegaram ao lugar chamado Caveira, ali o crucificaram, a ele e também aos malfeitores, um à direita e outro à esquerda. [...] Então um dos malfeitores que estavam pendurados, blasfemava dele, dizendo: "Não és tu o Cristo? Salva-te a ti mesmo e a nós". Respondendo, porém, o outro, repreendia-o, dizendo: "Nem ao menos temes a Deus, estando na mesma condenação? E nós, na verdade, com justiça; porque recebemos o que os nossos feitos merecem; mas este nenhum mal fez". Então disse: "Jesus, lembra-te de mim, quando entrares no teu reino". Respondeu-lhe Jesus: "Em verdade te digo que hoje estarás comigo no paraíso" (Lucas 23, 32-43).

3. Estranho diálogo em pleno suplício. Tão estranho quanto um diálogo em plena glória. Em Lucas, de fato, aquilo que se passa durante a crucifixão é como um paralelo daquilo que se passa durante a transfiguração no Tabor, Cristo se manifesta na glória entre Moisés

e Elias, e conversa com eles de *sua partida que estava para cumprir-se em Jerusalém* (Lucas 9, 31); no Gólgota, Cristo é colocado na cruz entre dois malfeitores, e conversa com um deles sobre o Paraíso. Uma ironia divina vem à tona: na glória, fala-se da cruz; na cruz, fala-se da glória – sob o risco de agravar a tensão ao extremo.

Que audácia, bem no meio do suplício, dizer que o paraíso é para hoje mesmo! Então Jesus não enxerga embaixo os cães atraídos pelo odor de seu sangue? Não ouve, no alto, o grasnar dos corvos prestes a abater-se sobre ele? Onde está o paraíso nisso tudo? Podemos então nos perguntar se ele não estaria respondendo à zombaria alheia com outra zombaria ainda mais cruel. Uma chacota por outra, é isso que o primeiro ladrão provavelmente está pensando. Porque esse "hoje", se não deve ser posto em dúvida, constitui uma provação dentro da provação. Se ele liberta a esperança do bom ladrão, também agrava a revolta do mau.

Há também outro problema. Desses dois malfeitores, qual é verdadeiramente o bom? Aquele que a tradição aponta como mau diz: *Salva-te a ti mesmo e NÓS junto*, ao passo que aquele cuja bondade é celebrada diz: *Lembra-te de MIM*. O "mau" parece pensar em seu companheiro e só falar de salvação. O "bom" parece só pensar em si mesmo. Pode-se até pensar, ao modo de comentadores mais recentes, que o "bom" ladrão permanece na baixa lógica retributiva do toma lá, dá cá: "Olha, reconheci que para nós isso era justo, então, na tua justiça, lembra-te de mim quando chegares no teu Reino"; por outro lado, o "mau" nos faz entrar no mistério da pura misericórdia: "Salva-nos, como libertaste os possuídos, curado os cegos ou, por piedade da viúva de Naim, ressuscitaste-lhe o filho".[2] Esse "mau" manifesta aliás uma verdadeira clarividência: *Não és então o Cristo?* Quase como São Pedro, catorze capítulos antes (*És o Cristo de Deus* – Lucas 9, 20), ele confessa a identidade real de Jesus.

---

[2] Jean-Robert Armogathe, "Apologie du Mauvais Larron", *Communio*, n. XVIII, 6, nov.-dez. 1993.

E, no entanto, o sentido óbvio do texto sacro não dá lugar a nenhuma dúvida: aquele que *blasfema* é aquele que interpela o "Messias" enquanto tal. Ele blasfema ao designar Jesus como o Cristo e pedindo-lhe para que o salve consigo e com todos os outros... Estranha afronta da qual é difícil separar-se com uma palavra de louvor... mas que também nos conduz à nossa questão. Afinal, para aquele ladrão, as coisas deveriam ser evidentes como queríamos que fossem: se Jesus é o Cristo e o Paraíso existe, isso deveria ser imediatamente claro, e os pregos deveriam virar flores, e a cruz desaparecer como um sonho ruim...

Os Três Crucificados (I) – Gestas, o Mau Ladrão

4. É aqui então o encontro no topo da montanha: "Três estão na cruz", diz Santo Agostinho. "Um que dá a salvação, um que a recebe, um que a despreza: para os três, uma mesma pena, mas uma causa diferente."[3] O suplício é efetivamente o mesmo. Os três crucificados são, aos olhos dos soldados, três criminosos quase indistintos. Se colocam Jesus no centro, não é de modo algum por privilégio, mas por mera preocupação com a simetria. No alto de sua cruz, de fato, está escrito: *Este aqui é o rei dos judeus*, então é melhor colocar os dois outros nos lados e esse no meio para equilibrar a cena. Os carrascos também se preocupam com a necessidade de harmonia. No momento da flagelação, por exemplo, se o flagelo tivesse feito quatro lacerações no alto das costas, eles se preocupavam em acertar outras quatro embaixo; uma vez que a página dorsal estivesse bem estriada dessas paralelas, eles mudavam de incidência, mas de maneira deliberada, regular, estética, a fim de desenhar uma espécie de rede; enfim, quando as chagas se estendiam mais do que a pele, eles tentavam cobrir as partes intactas, como se estivessem colorindo, obedecendo ao mesmo

---

[3] Santo Agostinho, *Enarrationes in Psalmos*, XXXIV, sermão 2, 1, in *Discours sur les Psaumes*, I, Paris, Cerf, 2007, p. 448.

instinto de unidade... Então, pronto, eles colocam Jesus no centro, mas não há para eles nada de central nisso, ele está no mesmo lugar dos malfeitores.

A tradição dá ao primeiro entre eles o nome de Gestas. Trata-se de um exemplo didático, que prova até que ponto o cristianismo não é um dolorismo. Eis aqui um *homem provado nas dores*, crucificado no alto do Gólgota, morrendo na hora mesma do acontecimento supremo, e mesmo assim não se trata do Salvador, nem mesmo de um mártir – é um blasfemador. Cuidado então para não se enganar de crucifixo: uns creem adorar Jesus e só se prosternam diante de Gestas.

5. Que pensam esses adoradores do mau crucificado? Que a dor basta para santificar. É assim que se "ganha" o paraíso. Para tantos sofrimentos, tantas alegrias. Uma palma por uma paulada. Uma auréola por um estrangulamento. Ornarás tua coroa de tantos diamantes quantos forem as tuas lágrimas de crocodilo. Com esses golpes do flagelo, ganharás tantas plumas nas tuas asas. O azul de lá é colorido com as tuas equimoses e asfixias. Também, quanto mais tiveres um ar de sofrimento na Terra, mais brilharás nos céus. Paga-se o rosto de um ressuscitado com uma cara de enterro... Para os adeptos dessa atrocidade contábil, sempre haverá esse poste plantado a alguns metros do outro como um sinal terrível: pode-se enfrentar exteriormente o mesmo suplício do Cristo, e mesmo assim equivocar-se profundamente quanto à sua Cruz.

De resto, trata-se da mesma mensagem que nos traz o dogma do inferno. É possível um "sofrimento infernal", que nada tem de santificador. Charles Péguy recorda: "Há um sofrimento que não serve, que não serve eternamente. Que é sempre vão, vazio, que é sempre oco, sempre inútil, sempre estéril, sempre não chamado, sempre não escolhido...".[4] Se o dogma do inferno só nos recordasse essa verdade, por si mesmo ele traria uma felicidade extrema. Uma verdadeira mu-

---

[4] Charles Péguy, *Le Mystère de la Charité de Jeanne d'Arc*, in *Oeuvres Poétiques Complètes*. Paris, Gallimard, 1957, 427. (Coleção Bibliothèque de la Pléiade)

ralha contra a tristeza! Um verdadeiro trampolim para uma fé alegre e que não tem medo de gritar como se deve – como Jó – contra o mal!

Mas o mais odioso, nessa visão contábil, é que ela concebe Deus como um torturador remunerador: "Meu querido, agora que você aceitou sofrer assim, vou te oferecer uma bela indenização; como você aguentou a injustiça sem protestar, vai ser justificado por compensação, e os teus carrascos vão assar na geena, e vai ser a sua vez de controlar a grelha!" Quem imagina Deus como um sádico reconhecedor de méritos só pode sonhar com um Céu feito de represálias. Sua esperança, como bem notou Nietzsche, é apenas uma cupidez de longo prazo e um espírito de vingança mascarado.

6. Se o primeiro ladrão representa para nós esse sofrimento que não é um sofrimento em Deus, é por causa da seguinte injunção, em que o evangelista nos adverte para a blasfêmia: Não és o Cristo? Salva-te a ti mesmo, e nós junto! Sem esse aviso, poderíamos ter tomado aquelas palavras por uma admirável prece – assim como, alguns capítulos antes, teríamos tomado por maravilhosas profissões de fé todos aqueles tonitruantes *És o filho de Deus*, caso o autor não nos tivesse apontado que estavam sendo proferidos por demônios (Lucas 4, 41).

O que contêm essas palavras para que Gestas seja qualificado como blasfemador? Em primeiro lugar, não são palavras dele. Elas meramente retomam um insulto já pronunciado por outros. Três versículos acima, os chefes do povo zombavam dele, dizendo: *Aos outros salvou; salve-se a si mesmo, se é o Cristo, o escolhido de Deus* (Lucas 23, 35). Depois, a nem sequer um versículo de distância, os soldados romanos adaptarão a zombaria a seu estilo: *Se tu és o rei dos judeus, salva-te a ti mesmo* (Lucas 23, 37).

Está lançada a moda. Gestas repete aquilo que acaba de ouvir ao menos duas vezes. Tudo aí concorre para quem endurece o coração: ele se ergue como uma parede, achando-se por isso singular, separado dos outros, mas, como uma parede, ele se condena a fazer eco, ele repercute os grunhidos da matilha. "Eu não tenho nada a ver com o rebanho de ovelhas!" E é assim que ele uiva com os lobos. A blasfêmia aqui corresponde em primeiro lugar às frases pronunciadas da boca para fora, que não correspondem às exigências do coração. Desse ponto de vista, ele não se encontra materialmente nelas: enunciadas por um coração puro, elas teriam sido um apelo à misericórdia. Mas o tom justo não está nelas. O tom de Gestas, como o dos outros, transparece sarcasmo em vez de manifestar um pedido. *Não és o Messias?* etc. significa: "É evidente que você não é o Messias, porque é incapaz de nos tirar dessas cruzes...".

7. No entanto, a ironia do nosso ladrão não impede uma segunda ironia, providencial, que daria às palavras que ele não pensa um significado que exprime verdadeiramente seu erro. Isso nos conduz a uma segunda e a uma terceira observação: essas palavras visam de uma só vez a dois pecados contrários e que são os dois pecados contra a esperança – a saber, o desespero e a presunção.

O que é o desespero enquanto pecado mortal? Não o grito do abandonado que se agarra ao Céu: *Mas por amor de ti somos entregues à morte o dia todo; somos considerados como ovelhas para o matadouro. Desperta! Por que dormes, Senhor?* (Salmo 43, 23-24). Nem mesmo o grito do leproso sobre seu monte de cinzas: *eu escolheria antes a estrangulação e a morte do que estes meus ossos* (Jó 7, 15). Quem fala desse jeito é considerado santo pela Bíblia. Esses são David e Jó. Eles fraternizam com *o Desesperado* de Léon Bloy: seu desespero está do lado oposto da desesperança, porque eles desesperam do mundo e de si mesmos, mas só para gritar melhor para aquele por quem se confessam excedidos. A desesperança não grita verdadeiramente. Ela não espera nada do outro. E é por isso que ela se emperiquita com caras satisfeitas e cabeças levantadas. Ora a pose do pessimismo, ora o inchaço do otimismo. Tomás de Aquino mostra que ela vem da acídia – o desgosto da verdadeira alegria – e que, por conseguinte, ela não desespera de qualquer bem, mas essencialmente da misericórdia divina, que ela despreza voluntariamente.[5] Ela se torna pior do que todos os crimes,

---

[5] São Tomás de Aquino, *Suma Teológica*, II-II, 20.

porque o crime, por grave que seja, ainda pode ser perdoado; mas, como a desesperança recusa o perdão, ela torna irremissíveis até as menores faltas. Santo Isidoro de Sevilha escreve a esse respeito: "Perpetuar um crime é a morte certa da alma; mas desesperar é descer ao inferno".[6]

Essa descida equivale a erguer a cabeça. Para o orgulhoso, ela é o cimo de sua ambição. Nosso ladrão expressa isso perfeitamente: trata-se de "salvar-se a si mesmo". A língua tem essa fineza de nos fazer adivinhar o sentido desse esforço: salvar-se – sair dali pelos seus próprios meios – equivale a salvar-se – caluniar aquilo que nos dá trabalho (a fuga sempre se disfarça de progresso). O *salva-te a ti mesmo* é um salve-se quem *puder*, e sugere, portanto, uma fascinação primeira pelo poder cego. Gestas queria um Messias simpático mas nada sabático: uma apoteose da vontade de poder, um super-homem inchado de músculos mágicos, que se basta a si mesmo, que ensina aos outros um contentamento não menos fechado, que só os faz prostrar-se diante da força do mais forte, nunca diante da verdade, e menos ainda diante do amor. Em uma palavra, Gestas queria que Jesus fosse Satanás. Seu modo de falar é aliás traduzido por São Jerônimo de maneira semelhante à do Tentador no deserto: *Si tu es Christus / Si filius Dei es*; *Se tu és o Cristo* (e não "Não és o Cristo?") *Se tu és o filho de Deus, então...* (Lucas 4, 3). O diabo diz a Jesus: *Dar-te-ei toda a autoridade e glória destes reinos [da Terra], porque me foi entregue, e a dou a quem eu quiser; se tu me adorares, será toda tua* (Lucas 4, 6-7). Gestas dá a entender: "Se te salvares a ti mesmo e a nós junto, se me provares que possuis a *dominação total*, então te adorarei...".

8. Se a primeira parte de sua frase está relacionada à desesperança, a segunda pode ser relacionada à presunção: *Salva-te a ti mesmo e a NÓS junto*. Esse "nós" parece generoso, mas é esterilizador. Porque não se trata de salvar-se a si mesmo, nem se trata de cruzar os braços (aliás, como cruzá-los quando se está crucificado?). Que é a presun-

---

[6] Ibidem, II-II, 20, 3, *corpus*.

ção? "Esperar obter seu perdão sem penitência", diz Tomás.[7] Será isso esperar demais? Não. É não esperar o suficiente: "O presunçoso despreza a ajuda do Espírito Santo, pela qual o homem é levado para longe de sua falta".[8] Vimos que a glória só era recebida na doação de si: a felicidade consiste em ser fecundo. A presunção gostaria de ser feliz sem fecundidade. Seu Deus salva como se salvam as aparências, sem transformação profunda, sem participação na vida própria. Ele teria aquela generosidade avara daqueles que não querem que os outros sejam eles mesmos generosos.

Com seu *Salva-te a ti mesmo e nós junto*, Gestas exalta, portanto, uma onipotência que reclama nada menos do que a passividade de suas criaturas. Uma onipotência tão frágil, em suma, que não consegue criar um ser que possa colaborar com sua obra. A menos que não seja uma onipotência mesquinha, que impede com ciúmes sua Causalidade soberana de nos conceder a "dignidade de causa". Ele esquece assim aquilo que é ordenado por um Deus de comunhão, não é nem um ativismo autônomo, nem uma passividade inerme, mas uma receptividade ativa. Sua estrita justiça demanda que quem rega seja irrigado. Sua ampla misericórdia reclama que o agraciado seja também gracioso. E, sem dúvida, é o sentido dessa bondade que jorra que funda o dogma do purgatório: o Eterno quer salvar-nos até o último instante, porque nós nos abrimos subitamente para ele; mas ele não quer nos levar ao Céu sem que tenhamos tido o tempo de fazer alguma coisa em troca. O purgatório é a antecâmara de nossas generosidades tardias.

Tivesse Gestas pronunciado três palavras a menos, teria dito infinitamente mais: *Salva-nos*, e basta! Essa pequena brecha teria permitido a invasão de toda a graça. Ele teria lançado um gesto de fé dentro da noite. Certamente esse ato, ainda que minúsculo, ainda que menor do que um grão de mostarda, ele talvez o tenha lançado mais tarde,

---

[7] Ibidem, II-II, 21, 1, *corpus*.
[8] Ibidem.

obscuramente, depois que lhe quebraram as pernas. Mas a salvação de Gestas, indivíduo concreto, nos escapa, assim como o segredo dos corações. O que nos interessa aqui é aquilo de que Gestas é a figura, o duro ensinamento que a Feliz Notícia tenta nos transmitir através dele, para nosso governo. Um ensinamento – em sangramento – que não nos deve deixar incólumes nem permitir que fiquemos na posição de espectadores. Que vejo então em Gestas? Justamente aquilo que vejo em mim: esse desejo de resgate à força, o paraíso que irrompe ao meio-dia ofuscante de poder, o Jesus incrível Hulk que arrebenta as correntes do cadafalso e me leva, sem me olhar na alma, como um pacote. Ah! O paraíso dos pacotes! O gentil depósito que deixa o coração como um bibelô de mármore em sua embalagem!

Os Três Crucificados (II) – Dimas, o Bom Malfeitor

9. O nome que a tradição atribui ao outro crucificado é Dimas. Por que ele é um bom malfeitor? Em primeiro lugar, em razão da censura que inflige a seu camarada. Sua bondade está primeiramente nessa repreensão. Os teólogos chamam isso de "correção fraterna": certos chutes no traseiro têm antes de tudo uma intenção de ternura, com poder de propulsão. É o amor quem os desfere, sempre especialista em flechas e ferimentos: "Mais valem os golpes da caridade do que a esmola do orgulho".[9] Para rebaixar o negócio e reavaliar o ladrão dito "mau", alguns exegetas dirão que Dimas "lhe dá lições de moral" e que ele nunca passa de um "moralista": *Não temes a Deus? Para nós isso é justiça*, etc. É que a imaginação deles não chega a conceber a cena de maneira suficientemente concreta: eles tentam um pouco, para ver, dar uma lição na cruz, no meio dos urros e dos fedores do Calvário... mas eles estão em sua cátedra perfumada, de modo que para eles é muito fácil emendar aquele supliciado que, supostamente, estaria dando lições de moral. João Crisóstomo se opõe a essa arro-

---

[9] Santo Agostinho, *Comentário à Primeira Epístola de São João*, tratado VIII, 9.

gância de estrado. Nas primeiras palavras de Dimas, ele reconhece a expressão de uma espantosa atenção ao próximo: "Sim, antes de pensar em pedir qualquer coisa para si, ele se preocupa em repreender o outro malfeitor, e aí está o cúmulo da caridade". O cúmulo, porque ele afunda o prego. *Para nós, isso é justiça*. Ele não se diverte com a pura vítima. Ele recorda aquela verdade terrível para o pecador caprichoso (e quem não é?): seu sofrimento não o autoriza a ser vingativo, sua angústia não lhe dá nenhum direito. Somente graças.

Depois, é verdade, Dimas pede a Jesus: *Lembra-te de mim*. Mas o fato de que ele se dirige primeiro a Gestas para arrancá-lo da amarga superfície de suas blasfêmias e levá-lo ao fundo de sua aflição comum nos indica que esse "eu" não seria capaz de ser exclusivo ou egoísta (admiremos de passagem que ele se dirige a seu colega através ou como que por cima de Jesus, que se encontra entre os dois). O *Lembra-te de mim* vem logo depois de *para nós isso é justiça*. Quando Dimas fala por si, é só depois e dando continuidade a esse "para nós". Ele de algum modo dá o exemplo. Ele diz aquilo que ele não seria capaz de dizer no lugar de seu companheiro (sem o que ele o confortaria em sua presunção de ser salvo passivamente), e assim ele convida Gestas a também fazer, pessoalmente, insubstituivelmente, o mesmo pedido.

10. O mais admirável nessa troca é que a palavra "paraíso" surja a partir de um duplo diálogo, primeiro de Dimas com Gestas, depois de Dimas com Jesus, Esses diálogos não poderiam ser separados sem contrassenso. O bom ladrão só faz seu pedido numa tensão entre outros dois: ele primeiro se volta para o outro malfeitor, e é só depois que suplica ao outro salvador. Preciosa indicação, a que teremos de retornar. Outras "sabedorias" (pergunte onde fica a prateleira na sua livraria) teriam antes preconizado o paraíso por meio do desapego. O supliciado teria de entrar em si mesmo, recolher-se para longe dos sentidos e do ego, agir de modo a dissipar a ilusão de um mundo que só nos faz mal se acreditamos nele. Mas Dimas faz exatamente o inverso. Ah! O mau aluno! O superficial! É verdade que a crucifixão dificulta a meditação transcendental. Mas ele poderia ao menos

seguir o exemplo dos mestres da "interiorização". Mas nada disso, ele continua homem do povo, fala, questiona, suplica, volta-se para o sujeito ao lado. Ele espera a paz não de seu poder de meditação, mas da mediação de outro, e essa paz que ele reclama não é nem êxtase individual nem sentimento oceânico, mas *Reino*, isto é, comunidade de uma multidão multicolorida sob o sol de um rei.

Assim, o paraíso aqui não aparece nem como uma grande luz impessoal, nem como uma conversa privada. Ele se manifesta num encontro, na relação entre um Eu e um Tu bem definidos, que procura exemplarmente fazer entrar o terceiro numa intimidade semelhante. – *Jesus, lembra-TE de MIM... – Hoje, TU estarás COMIGO no Paraíso*. "Tu e eu", "eu e tu", eis aquilo que leva ao Céu, mas à condição de que os outros também sejam chamados a ele (*Não temes a Deus?*). Não há paraíso sem a lembrança do Senhor nem a preocupação com os criminosos.

11. Por que Dimas diz *Lembra-te de mim*, e não "Salva-me", como se poderia ter esperado? Por que a lembrança no lugar da salvação? Esse deslocamento dá a impressão de um rebaixamento. O sinal de uma humildade tripla. A primeira dessas humildades é que nosso ladrão se abandona ao bel-prazer do Senhor: ele não se afirma digno do Reino que virá, pedindo apenas que Jesus se lembre dele. Não me esqueça, talvez porque eu vá me jogar no inferno, não sei nada, só tu sondas os rins e os corações, e aliás mesmo que eu vá acabar na geena, será minha alegria manifestar ali a tua justiça, desde que teu reino venha, e que tu te lembres de mim, e que em mim se faça a verdade...

A segunda humildade se percebe pelo fato de que o verbo "lembrar-se", no Evangelho de Lucas, aparece pela primeira vez no fim do *Magnificat*: ali Maria declara que o Todo-Poderoso *se lembra de sua misericórdia* (Lucas 1, 54). Também, quando o ladrão mendiga a Jesus *sua lembrança*, não apenas ele parece entrever o Todo-Poderoso naquele todo fraco, como ainda não pede nenhuma justiça a mais para sua salvação (a justiça, como ele acaba de dizer, é sofrer a cruz), só uma misericórdia. É preciso então confessar sua miséria radical, sua completa ausência de mérito (confissão paradoxalmente meritória).

Enfim, terceira humildade: Dimas não tem a impaciência do outro ladrão, ele não diz *Lembra-te de mim*, logo de cara, mas *quando chegares a teu Reino*. Essa espécie de futuro anterior retoma nossa questão inicial: enquanto Gestas exige um rapto imediato de luz, Dimas admite que o paraíso por ora seja obscuro e longínquo... E Jesus não o atende. Isso combina com seus hábitos, a surpresa, a insolência divina, a indelicadeza considerada, a inexatidão que dá mais do que é pedido. Porque ele lhe dá mais do que ele poderia imaginar. Dimas só tinha mendigado sua lembrança futura, e eis que o Cristo lhe dá o paraíso naquele dia mesmo. *Hoje, comigo...* Um presente tão enorme que é mais caro do que uma transação equilibrada: considerado em si mesmo, nada é mais acessível do que o paraíso – Deus se deixar possuir facilmente, aliás até demais; ele não pede nada em troca, e é isso que nos custa mais caro, porque é preciso aceitar que nos seja feita uma capacidade à sua medida, isto é, consentir num longo, profundo e pedagógico esvaziamento do interior. Aqui, de maneira explícita, isso quer dizer admitir que a glória e a cruz podem coincidir, que a obscuridade do paraíso é a prova de sua presença, que trabalha *como o fermento oculto em três medidas de farinha* (Lucas 13, 21).

12. Se passarmos rápido demais por esse diálogo de crucificados, poderemos mesmo assim achar que Dimas adquiriu por sua própria justiça essa palavra de salvação. Então ele não teve essas palavras cuja profundidade acabamos de discutir? Então ele não deu testemunho da inocência de Jesus (*ele não fez nada de mal*)? Disso vem uma impressão de estrita recompensa. A moral está, portanto, salva. Mas e a graça?

Os Evangelhos segundo Marcos e segundo Mateus permitem corrigir essa impressão colocando a cena numa perspectiva mais ampla, narrando aquilo que se passou alguns minutos antes: *também os que com ele foram crucificados o injuriavam* (Marcos 15, 32); *Os ladrões crucificados com ele o insultaram da mesma maneira* (Mateus 27, 44). O bom ladrão começou, portanto, sendo tão malvado quanto o outro. Ele blasfemou tanto quanto o outro, e talvez até mais. Mas alguma coisa se passou, algum acontecimento – qual, então? – e sua blasfêmia ficou-lhe atravessada na garganta, ou melhor: metamorfoseou-se em confissão.

> Que mistério é esse? Quem instruiu esse ladrão? Ele não foi testemunha de nenhum milagre: naquele momento já tinham cessado as curas dos doentes e dos cegos, a ressurreição dos mortos; já os prodígios que vão reluzir ainda não chegaram. E no entanto ele confessa como seu Senhor e Rei aquele que vê como seu companheiro de suplício.[10]

Dimas não viu nenhum milagre, mas ouviu aquelas palavras impossíveis, a "primeira palavra do Cristo na Cruz": *Pai, perdoa-lhes, porque não sabem o que fazem* (Lucas 23, 34). Pode o Pai não satisfazer esse rogo do filho? Ele o atende no mesmo instante e é assim que o ouvido de Dimas entra em comunicação com seu coração: ei-lo mudado. Apesar de todos os ensinamentos, ele só ouviu aquele *Perdoa-lhes*, mas, com a graça que se abate sobre ele e à qual ele dá livre curso, isso basta para que se pergunte: quem é esse supliciado para pedir o perdão de seus carrascos? Ele sente de um golpe o quanto esse malfeitor é mais puro do que seus juízes. Ele imediatamente para de xingá-lo e interpela Gestas através desse intervalo inaudito, desse intermédio ocupado por Jesus.

A promessa do Paraíso lhe vem então menos como recompensa por suas boas palavras do que como eclosão daquilo que já tinha sido semeado na terra sombria. A lição não é uma lição de moral: o elenco é escolhido às avessas. Quanto mais pecador e perdido você é, mais está qualificado para o Céu da Redenção. Permita-se apenas ser infundido. A perdição não é ter a alma mais negra, mas apegar-se às próprias luzes. Entendemos que alguns dragões da virtude possam inchar-se de raiva. Imaginemos aqueles que foram roubados por aquele

---

[10] São Leão Magno, *Sermão sobre a Paixão*, 2.

ladrão e que assistiam com prazer a seu castigo. Eles estavam lá, sem dúvida, apreciando sua tortura, e subitamente ouvem Jesus dizer que perdoa, e pior ainda: então aquele falso Messias, aquele impostor que o próprio Sinédrio condenou como blasfemo, imediatamente entrega seu paraíso cafona ao outro bandido? É o cúmulo, estou dizendo, a feira dos ladrões! Paraíso de escroques! Agora eles estão bem contentes de vê-lo também sofrer até morrer, aquele charlatão que faz promoção da Eternidade e a revende àquele malfeitor em vez de guardá-la para a gente honesta...

Outra vez, a aproximação do paraíso aparece como uma provação. Sua *porta é estreita* (Lucas 13, 24), mas por causa da nossa própria estreiteza. Se entrar nela é difícil, é porque ela não está fechada demais, mas aberta demais: a virtuosa se depara com a possibilidade de viver eternamente com a vadia arrependida, o limpo com o piolhento, o torcedor do Olympique de Marselha com o do Paris Saint-Germain, a vítima com seu assassino, o cristão com o ateu que o persegue... Nós gostaríamos de um clube privado, e eis o *albergue* que recebe quem quer que chegue (Lucas 10, 34). Gostaríamos de bodas elegantes, e eis a festa aberta a todos os rejeitados *das praças e das ruas, os pobres, os aleijados, os cegos e os coxos* (Lucas 14, 21). E é essa abertura larga demais que protege o Paraíso melhor do que uma porta blindada: os soberbos ali não entram por valor nenhum, eles preferem pavonear-se em seu exílio altaneiro. Meu halogênio, e não *aquele sol que se levanta para os bons e os maus!* Meu garrafão, e não aquela *chuva que cai sobre os justos e os injustos!* (Mateus 5, 45).

Os Três Crucificados (III) – Jesus, ou o Paraíso Posto na Cruz

13. Jesus, o Nazareno, fica à direita do mau ladrão. Quem é ele? O Rei dos Judeus, diz a plaquinha. A alegria em pessoa, diz o rei Davi: Eu me alegrarei no Senhor (Salmo 103, 34). E o próprio Jesus, humildemente, retoma essa inacreditável equação no momento em que passa pelos maiores sofrimentos. Afinal, o que quer dizer *Estarás comi-*

go no paraíso, se não que estar no paraíso e estar com esse crucificado são a mesma coisa? O cardeal de Bérulle efetivamente constata: "Jesus é um paraíso".[11] Em sua divindade, ele é a beatitude, a fonte de toda beatitude; em sua humanidade, a fina ponta de sua alma goza da visão beatífica. Aqui não peço que vocês creiam, mas que vislumbrem o que significa o texto de Lucas: é a Alegria mesma que é crucificada, é o Paraíso mesmo que carrega os pecados do mundo.

O mistério da Encarnação deve ser lido como uma tragédia, mas aqui também como tragédia da alegria, e não da tristeza. *Qual noivo que sai do seu tálamo, e se alegra, como um herói, a correr a sua carreira* (Salmo 18, 6). *O qual, subsistindo em forma de Deus*, isto é, da beatitude, *não considerou o ser igual a Deus, coisa a que se devia aferrar, mas esvaziou--se a si mesmo, tomando a forma de servo* (Filipenses 2, 6-7). A Alegria do Altíssimo desce em nossa lama. Como ela vai provar sua soberania? Por meio desse poder de graça. Tomando para si todo sofrimento, deixando o pecado esgotar-se contra ela. Uma alegria que não é capaz de arder para espalhar-se não passa de um fogo de palha. Mas ela é capaz de suportar a morte mais ignominiosa, ela é divina. É por isso que ela tem de lançar-se nessa morte infame, mais vil, sempre mais vil, de modo que não existe horror em que a Alegria não nos tenha precedido, de modo que não existe abismo em que ela ainda não se encontre, de maneira incompreensível.

14. Mas, outra vez, por que esse Paraíso não reluz ao meio-dia? Jesus é a *Consolação de Israel* (Lucas 2, 25)? Ele não devia consolar imediatamente o mundo, segundo aquele desejo de Gestas, que no mais das vezes é também o meu? Por que a consolação não consola como gostaríamos? Algumas observações sobre a ideia de consolação podem nos permitir refletir sobre esse paradoxo. Uma antiga tradição nos convida a isso. Por causa do número sete, que se relaciona com elas, essa tradição associa a cada palavra do Cristo na Cruz uma das

---

[11] Pierre de Bérulle, "Discours de la Croix et Passion", in *Oeuvres Complètes*. Tomo IV. Paris, Cerf, 1996, p. 124.

beatitudes proclamadas no sermão da montanha. A segunda palavra fica então logicamente relacionada à terceira beatitude: *Bem-aventurados os que choram, porque serão consolados* (Mateus 5, 4).

Aquilo que vimos a respeito de Gestas nos proíbe de ouvir essas palavras segundo um mecanismo compensatório: quanto mais você estiver triste, mais o Eterno deixará você feliz. O verbo grego empregado no Novo Testamento, *parakaleo*, que é geralmente traduzido como consolar, também significa "convocar". A consolação seria de fato desoladora se nos dispensasse de todo compromisso responsável: "Não é nada, meu filhinho, a mamãe o dispensa de tudo, a mamãe ajeita as coisas para que você não precise sofrer mais nada. Venha para baixo da sua saia gostosinha, volte para seu seio protetor, para que você não precise nunca mais nascer, para ser essa coisa vegetal, gentil e tranquila, de quem ninguém espera resposta..." Esse "não é nada" equivale a declarar "você não é nada". *Em vez de dar-me de beber até transformar-me em fonte* (João 4, 14), ele me propõe um dedo para chupar. Ora, o verdadeiro consolador não poderia me aniquilar enquanto pessoa. Por conseguinte, ele não poderia me dispensar de tudo. Muito pelo contrário, ele me torna forte o suficiente e alegre o suficiente para que eu carregue a minha cruz. Aquele que consola verdadeiramente convoca: a alegria que ele esbanja não é a supressão das dores – a negação de uma negação – mas também eleva a algo positivo, futuro, a um mérito imerecido. Ela dá uma vocação.

Esse movimento de convocação na consolação é explicitado por São Paulo. Escreve ele sobre o Pai das misericórdias: *Ele nos consola (ó parakalôn hèmâs) em toda a nossa tribulação, para que também possamos consolar os que estiverem em alguma tribulação, pela consolação com que nós mesmos somos consolados por Deus* (2 Coríntios 1, 4). Troque-se aqui "consolar" por "convocar" e a frase confirma seu primeiro sentido. O consolador nos convoca a consolar por nossa vez graças a seu reconforto, ainda que aqueles a quem consolamos sejam também convocados a essa tarefa. A consolação deve propagar-se como um fogo, sem o quê, solitária e passiva, ela isola o autoproclamado consolador e desola o suposto consolado.

15. A expressão mesma dessa terceira beatitude nos convoca a um sentido que é exatamente o contrário de uma compensação e que remete àquilo que já meditamos a respeito da verdadeira alegria. *Bem-aventurados os aflitos* – essa expressão estranhamente significa que os aflitos já são bem-aventurados, ainda que em lágrimas. Suas lágrimas de aflição são em primeiro lugar lágrimas de alegria. Não que eles estejam alegres: seu estado afetivo é sim a aflição, a alegria não está neles – mas eles estão na alegria. Esse texto nos convida seriamente a reimaginar essa possibilidade: estar na alegria (ontologicamente) ao mesmo tempo que não se está alegre (psicologicamente). Dizendo de outro modo, não se trata aqui de uma alegria que os aflitos possuam, mas de uma alegria a que eles pertencem, e é a partir dela que eles se afligem. Eles veem que a alegria é ultrajada, que o Paraíso não é amado, que todos desprezam suas vocações para o escancaramento da beatitude, e choram por isso.

Seria necessário crer que após a palavra do Cristo o bom ladrão entrou num tranquilo repouso? Sua crucificação teria virado subitamente um momento de lazer? Suponhamos isso por um instante, e seu paraíso privado imediatamente se transforma em inferno: ele não estaria mais com o outro, com Jesus, com o Paraíso encarnado. Uma tela de Rubens, *Cristo Crucificado entre Dois Ladrões* (1619-1620), representa a cena no momento do golpe da lança, e, portanto, o momento após o choque do *Ainda hoje*... Ele, Dimas, está com a cabeça jogada para trás, com a boca aberta, os olhos voltados para um céu negro: seu suplício não é mais do que uma suplicação. Com um duplo jogo de perspectiva, seu braço esquerdo, passando atrás da cabeça de Jesus, atraca-se ao Salvador já morto, enquanto sua mão direita parece apoiar-se na lança do soldado, como se tentasse segurar seu golpe. Essa lança, atingindo o lado do Cristo, passa diante dele acima do seu umbigo, e parece cortá-lo em dois: como ela transpassa o inocente, atravessa o ladrão e força-o a deslastrar-se daquilo que lhe resta de baixo. Rubens adivinhou tudo: aquele a quem o paraíso acaba de ser prometido é mais boquiaberto, mas dificilmente é o mais beato. De resto, o que pôde o bom ladrão compreender dessa promessa? Nós, que viemos muito depois, e que não estamos na cruz, podemos meditá-la, entendê-la como sua confirmação em graças, mas e ele, como a entendeu? Ainda hoje, estarás comigo no paraíso... Talvez naquele momento as coisas tenham ficado menos claras do que antes. Ele acreditava num Reino futuro, e Jesus lhe fala de hoje, desse hoje de tormentos abomináveis... Pode-se talvez ter certeza de que depois disso Gestas tenha caprichado ainda mais nas blasfêmias: "Que belas palavras! Está gozando da sua cara, o seu Senhor-Messias! Olha só, você está então no paraíso? Será que você não está morrendo pior do que um porco?" Talvez sim, talvez a segunda palavra tenha mergulhado Dimas na noite ainda mais do que a primeira o tinha colocado sob o sol.

Essa possibilidade se transforma em certeza quando se pensa que, depois de ter falado do paraíso, Jesus clama, num grande grito: *Meu Deus, meu Deus, por que me abandonaste?* (Mateus 27, 46). Que paraíso ele pode prometer se o próprio Deus o abandona? Então ele não brincou com a gente? Seria Jesus o verdadeiro Judas? Seu *paraíso hoje* desaba nesse *por que, meu Deus*. Ou melhor, sua promessa celeste e sua angústia infinita são como a espada e a parede entre as quais o coração de Dimas se divide. Será que ele vai voltar à sua primeira revolta? Mas ainda há outra palavra, a última, com a qual o Senhor expira: *Pai, nas tuas mãos entrego meu espírito* (Lucas 23, 46). Eis então que o abandonado por Deus se entrega a ele como a seu Pai. Não que ele escape ao abandono. Ele experimenta seu alfa e seu ômega. Após ter sido abandonado por seu Pai, ele se abandona a Ele, àquele mesmo que o abandonou!... O que pensar então do seu paraíso? Para onde se virar então? É impossível repousar na revolta, e impossível repousar em paz. Assim, Dimas conhece a consolação que convoca. O Paraíso oferecido não o arrancou dos sofrimentos dos homens, mas deu-lhe a missão de descer ainda mais, de descer até tocar outros arruinados como ele, até encontrar o próprio Gestas, até apresentar-lhe esse rosto tão vulnerável e tão desconcertado que acaba, por sua vez, perdendo todos os meios um rosto de pobre, de pobre que não tem nada, que se presta somente à prece [...], um rosto para o céu sem levantar os olhos, em relação com as almas errantes que aspiram a ser perdoadas [...], um rosto para as culpas, para aqueles que estão em culpa, pelos perturbados, pelos inquietos, pelos incertos... um rosto em que eles possam alcançar...[12]

O Hoje Único do Paraíso e do Calvário

16. Lembrando-se da palavra do Cristo ao bom ladrão, Léon Bloy fez com que sua *Mulher Pobre* ouvisse: "Não se entra no Paraíso amanhã, nem depois de amanhã, nem daqui a dez anos, entra-se nele *hoje*, quando se é pobre e crucificado".[13] Um abismo separa o Paraíso e o Calvário, e, não obstante, subjazendo a ambos, há uma substância idêntica que os reuniu no mesmo dia. E começamos a compreender que o Paraíso é obscuro para nós aqui embaixo menos por causa do abismo que ainda nos separa dele do que por causa da esperança que já nos une a ele. Contudo, antes de ir mais adiante, recolhamo-nos um instante em torno de *Aujourd'hui* [Hoje], essa palavra magnífica. Tantas vezes ela nos escapou. Poderíamos ao menos uma vez nos determos nela e entender até que ponto ela nos escapa.

Bastaria ela para fazer um poema, com sua apóstrofe interior, a alta vírgula que a corta para dobrá-la. Essa palavra é, na verdade, uma sequência de palavras. *Hui* é uma contração do latim *hodie*, que por sua vez aglutina *hoc* e *dies*, e essa aglutinação é precedida pela junção de *au* [no] e de *jour* [dia]. "Au jour de ce jour" [No dia deste dia], eis aquilo que erguemos como um brinde, eis aquilo que dizemos numa

---

[12] Henri Michaux, *Une Voie pour l'Insubordination*, in *Oeuvres Complètes*. Tomo. III, Paris, Gallimard, 2004, p. 1001. (Coleção Bibliothèque de la Pléiade)

[13] Léon Bloy, *La Femme Pauvre*, segunda parte, "L'Épave de la Lumière", XXVII. Paris, Mercure de France, 1956.

redundância ou num mistério, porque pode ser que, assim, inconscientemente, designemos o dia do dia, seu coração, seu segredo, seu princípio oculto de iluminação... *Aujourd'hui* [Hoje] remeteria então à atualidade pura, e até ao ato dessa atualidade, aquilo que faz com que toda coisa apareça à luz, aquilo que faz com ela esteja presente. Como, de fato, existe o hoje e não o nada? Basta fazer-se verdadeiramente essa questão, e eis "o virgem, o vivaz e o belo hoje", que nos pode "dilacerar com um golpe de asa ébria"...

17. O *Hoje* proferido na cruz consona com quatro outras passagens do mesmo Evangelho segundo Lucas. Duas vezes Jesus pronuncia essa palavra antes de uma afirmação surpreendente, e isso para ligar a alegria e a cruz. Duas vezes essa palavra desce da própria nuvem, e com o fim de casar Céu e Terra. – No que diz respeito aos dois *Hoje* pronunciados por Jesus antes do Calvário, o primeiro se situa no começo de sua pregação itinerante, no momento em que ele ensina na sinagoga de Nazaré; o segundo está no fim da mesma pregação, logo antes de sua entrada messiânica em Jerusalém. Ambos *Hoje* formam uma espécie de moldura de seu ensinamento, e acabam culminando no Hoje da palavra do bom ladrão.

A primeira ocorrência aparece logo depois de Jesus subir no ambão e ler a *"parasha"* de Isaías: *O Espírito do Senhor Deus está sobre mim, porque o Senhor me ungiu para pregar boas-novas aos mansos; enviou-me a restaurar os contritos de coração, a proclamar liberdade aos cativos, e a abertura de prisão aos presos; a apregoar o ano da graça do Senhor* (Isaías 61, 1-2; Lucas 4, 18-19). Jesus subitamente faz o comentário que escriba nenhum ousaria fazer: *Hoje se cumpriu esta escritura aos vossos ouvidos* (Lucas 4, 21). Que significa isso, senão que a promessa se realizou, que o Messias chegou, que o oráculo se fez carne? A assistência está admirada, mas gostaria de ver uns bons milagres de apoio, só para ela, para que o filho da terra se torne uma glória regional (ele bem que fez milagres em Cafarnaum, e para os estrangeiros!). Mas Jesus se recusa a esse grande espetáculo: *Sem dúvida, me direis este provérbio: médico, cura-te a ti mesmo* (Lucas 4, 23).

Isso não recorda nada a vocês? *Cura-te a ti mesmo: salva-te a ti mesmo.* O *Hoje* da feliz novidade torna a cruz imediatamente presente. Desde o começo, em Nazaré, Jesus enfrenta a zombaria que sofrerá no Gólgota. Aliás, no fim dessa cena, o auditório, repleto de furor, já quer jogá-lo do alto de um penhasco. Ele, *porém, passando no meio deles, seguiu seu caminho* (Lucas 4, 30).

18. O segundo *Hoje* se desdobra e ressoa duas vezes no encontro com Zaqueu. Esse rico príncipe dos coletores de impostos é um homem de pequena estatura: para ver o Nazareno na multidão, ele corre o risco de trepar num sicômoro, como faria um garoto. Jesus chega e, levantando os olhos, diz: *Zaqueu, desce depressa, porque é preciso que eu fique hoje em tua casa* (Lucas 19, 5). O grande pequeno publicano está estupefato. Como, ao vê-lo pela primeira vez, ele pode dizer que é preciso que ele hoje fique em sua casa, como se tivessem marcado um encontro desde sempre? Porém, o mais estupidificante é que Cristo não enuncia sua graça como um favor. Ele a apresenta como dever dele – ele *precisa* fazer aquilo que não é uma obrigação, ele se vê em dívida com aquele a quem não apenas não deve nada, mas que além de tudo é seu devedor insolvente. Nosso homem de dinheiro fica transtornado com essa gratuidade que ignora a si mesma. Ele resolve dar a metade dos seus bens aos pobres e, com a outra metade, resolve restituir o quádruplo àqueles a quem roubou. Afinal, Zaqueu é um ladrão institucional, que opera sob a égide do Estado e que não precisa temer o poder (o pirata preso recorda isso a Alexandre, o Grande: "Então se eu roubo com um único barco sou ladrão, e vós, que roubais com uma frota inteira, é imperador?"): esses grandes bandidos sabem mandar enforcar os bandidos de pequena envergadura que tiveram a insigne audácia de cobiçar o fruto de suas pilhagens. Aqui já se trata, então, da história de um grande ladrão, de um ladrão também suspendido na madeira (um sicômoro) e depois arrependido. A sua resolução de dar e de devolver, Jesus responde com as seguintes palavras: *Hoje veio a salvação a esta casa, porquanto também este é filho de Abraão. Porque o Filho do homem veio buscar e salvar o que se havia perdido*

(Lucas 19, 9-10). Nesse ínterim, todos, do lado de fora, murmuravam: *Entrou para ser hóspede de um homem pecador* (Lucas 19, 7).

Nesses três *Hoje*, na sinagoga, a Zaqueu, no Calvário, a feliz novidade vem com violência. Ela se oferece assim, gratuitamente, e sobretudo *àquele que se havia perdido*: o cativo, o coletor de impostos, o condenado à morte. Mas àquele que pretendia assim estar suficientemente encontrado, ela pede que ele se perca de novo, ainda que de maneira totalmente diversa. O Hoje crístico dirige-se ao mesmo tempo para o Paraíso e para o Calvário. Aquele que o acolhe está obrigado a colocar-se no interior da violência: o compatriota precisa tornar-se humilde, o publicano deve entregar-se à justiça, o crucificado deve esperar contra toda esperança. E aquele que a oferece fica exposto à violência exterior: os nazarenos são tomados de ciúme, os fariseus de indignação, o mau ladrão de revolta. Assim, o anúncio e o acolhimento do Paraíso são sempre labor e ferimento. É disso, aliás, que trata a "parábola das minas", logo após o episódio de Zaqueu e logo antes da entrada na Semana Santa. Essa parábola, como precisa Lucas, dirige-se àqueles que *pensavam que o reino de Deus havia de se manifestar imediatamente*. O rei distribui a seus servos dez moedas de ouro e lhes diz, antes de deixá-los num meio hostil: *Negociai até que eu venha* (Lucas 19, 11-13).

19. Em dois outros trechos, Lucas transcreve os *Hoje* que ressoam desde a falha do próprio Céu (mas os lábios de Jesus já são essa falha). Primeiro, pela boca dos anjos, na noite de Natal: *Não temais, porquanto vos trago novas de grande alegria que o será para todo o povo: é que vos nasceu hoje, na cidade de Davi, o Salvador, que é Cristo, o Senhor* (Lucas 2, 10-11). Em seguida, por Deus Pai, no momento do Batismo de Jesus: *Tu és meu Filho: hoje eu te engendrei* (Lucas 3, 22, variante que retoma um versículo do segundo salmo). Os dois Hoje se relacionam a um parto. O primeiro acontece no tempo, é o nascimento humano do Messias. O segundo, na eternidade: é o engendramento divino do Filho. Mas os dois coincidem por igualmente religar o Céu e a Terra: a primeira palavra relata o nascimento temporal do Filho eterno; a segunda palavra, o engendramento eterno desse filho tornado temporal.

O *Hoje* sempre corresponde a uma interseção do tempo e da eternidade. Do simples ponto de vista metafísico, esse momento fugidio pelo qual você passa, ao ler essas linhas, escorre desde a fonte primeira e eterna. Do ponto de vista mais profundo da teologia revelada, é preciso dizer que a história inteira e, de modo mais fundamental, o gesto da Encarnação que é seu acontecimento capital, são o contragolpe temporal das relações trinitárias eternas. No Céu, o Filho não para de receber-se do Pai e de oferecer-se a Ele num mesmo Sopro. E o mesmo vale para Jesus na Terra, desde sua concepção silenciosa no ventre de uma judia até aquele grande grito na execução do Gólgota, ele não para de receber-se para oferecer-se, querendo levar consigo, por graça, toda criatura nessa ampla respiração.

Na Terra como no Céu, Cristo realiza a mesma vontade: na Cruz e na Glória, a mesma oferenda perfeita. Mas, assim como o bastão mergulhado na água parece rompido quando é mergulhada no guisado da nossa história, a oferenda eterna assume a forma de um sacrifício. Na condição original, antes da queda, oferecer-se só exigia abrir-se, e o homem teria sido "um paraíso por um paraíso": atualmente, em nossa condição orgulhosa e miserável, oferecer-se implica também sofrer, e o homem agora vai "pela cruz a um paraíso, isto é, por um paraíso de dores a um paraíso de delícias".[14] E o paraíso de delícias, naquilo mesmo que constitui sua beatitude, é idêntico ao paraíso de dores: "O Cristo glorificado se encontra de maneira permanente em estado de oferenda de si mesmo a seu Pai; ele é esse dom de si; a vítima pascal é, nele, presença permanente. Como o Céu é ser um com o Cristo, o Céu tem o caráter da adoração".[15] A glória e a cruz têm o mesmo caráter de adoração e de oferenda. É a mesma alegria excessiva que esta sofre até a morte para espalhar, e com que aquela se regozija profundamente para recolher. Ambas são os dois estados de uma mesma vida. Eis por

---

[14] Pierre de Bérulle, op. cit.

[15] Cardeal Joseph Ratzinger, *La Mort et l'Au-Delà*. Paris, Communio/Fayard, 1994, p. 242-43.

que, a cada 14 de setembro, a Igreja celebra a Cruz gloriosa. Mas trata-se também da festa da Glória crucificante.

Nós, que desconhecemos esse *Hoje*, nós que temos medo de ser presente (esse presente que o Eterno oferece ao Eterno), em vão tentamos segurar com os dedos o correr dos dias, e nos dispersamos entre a nostalgia de um passado que se foi rápido demais e o sonho de um futuro que tarda demais a chegar. Mas aquele que se oferece nesse amor que não passa, aquele que acolhe e espalha essa alegria que é o fundo do ser, esse é presente para sempre, voltando o tempo para sua fonte, unindo sua presença efêmera ao presente eterno. T. S. Eliot exprime-o com aquela exatidão que só a poesia tem:

> A curiosidade humana esquadrinha passado e futuro.
> E a tal dimensão se apega. Mas apreender
> O ponto de interseção entre o atemporal
> E o tempo, é tarefa para um santo –
> Ou nem chega a ser tarefa, mas uma coisa dada
> E tomada, na morte de uma vida vivida em amor,
> Fervor, altruísmo e renúncia de si própria[16].

... *Tu Serás*...

20. Tudo isso é bem bonito, mas é necessário não se jogar direto no entusiasmo. Por ora, algumas crianças são esmagadas em um acidente na estrada, ficando quase indistinguíveis de gatos esmagados. Outras crianças morrem de fome ao ritmo de seis por minuto, uma só no tempo de reler essa frase e de ver as suas duas mãos sonhadoras que seguram este livro e não foram dar-lhe de comer. Mais de 300 mil pelo mundo brincam de soldados de verdade e assim se beneficiam, sob os olhos de Deus, de uma educação

---

[16] T. S. Eliot, "The Dry Salvage", V, in *Poésies*. Paris, Seuil, 1969. A tradução usada é de Ivan Junqueira. (N. T.)

deveras precoce quanto ao estupro e ao assassinato. E não estou nem contando todas aquelas a quem o Papai Noel ensina a tornar-se excelentes consumidores e a celebrar o império da mercadoria. São Nicolau, bispo de Mira, ressuscitou três crianças que um açougueiro audacioso tinha devidamente cortado e conservado num barril de salga; o gentil Papai Noel dos nossos dias faz mais ou menos o contrário: ele prepara nossas crianças para um matadouro mais sofisticado, fazendo de sua criação uma suinocultura, engordando-as enquanto maneja o moedor para esconder de seus olhos seu próprio destino de carne de patê. Para matar a infância, a engorda não é menos eficaz do que a fome.

Ao paraíso "hoje" sempre haverá a oposição do horror padronizado da notícia. E paraíso nenhum "amanhã" parece poder apagá-lo. Podemos criar uma sociedade melhor, mas quem vai redimir todos esses coitados que foram moídos enquanto esperavam? Será suficiente que seu ossário alimente algumas rosas futuras? É esse o pedido incontornável de Ivan Karamazov:

> Aquilo de que preciso é uma compensação, senão vou me destruir. E não uma compensação em algum lugar, no infinito, mas aqui embaixo, uma compensação que eu mesmo possa ver. [...] Aliocha, não estou blasfemando. Entendo como o universo vai tremer quando o céu e a terra se unirem no mesmo grito de alegria, quando tudo aquilo que vive ou que viveu proclamará: "Tens razão, Senhor, porque teus caminhos nos foram revelados!", quando o carrasco, a mãe e a criança se abraçarão e declararão com lágrimas: "Tens razão, Senhor!". Sem dúvida, então, a luz surgirá e tudo será explicado. O ruim é que não consigo admitir uma solução desse tipo.[17]

---

[17] Fiódor Dostoiévski, *Les Frères Karamazov*. Trad. H. Mongault. Paris, Gallimard, p. 341-42. (Coleção Folio)

21. E eu também não posso admitir. Essa solução, para ser teórica, nem seria menos "final": ela reduziria a questão desses destinos terríveis às engrenagens de um aparato conceitual, ela cegaria a ponta cortante da existência para fazer de mim um espectador impassível e distante. Também eu me destruiria, sem essa compensação reclamada por Ivan Karamazov, se não visse além de tudo a contradição implicada em exigi-la. Afinal, se eu tivesse essa compensação visível e tranquilizante, como eu ainda estaria com essas crianças que foram levadas até o fundo da noite? Se eu tivesse uma resposta à mão, como eu poderia penetrar no esbugalhamento de seus olhos assustados?

No mais, como já observamos, meu escândalo é proporcional à esperança decepcionada: minha recusa do paraíso em nome do sofrimento inadmissível dos pequeninos cá embaixo só pode basear-se num apelo a um paraíso de justiça ainda mais paradisíaco. Sem esse apelo ao Céu oculto, minha revolta contra o céu *pregado* não teria fundamento. Ela se estenderia numa mistura de cinismo e de sonolência. Ela finalizaria o extermínio das crianças, destruindo o ideal mesmo de infância, que é empenhar-se sem contar com uma vida além da morte. Não se trata, portanto, de encontrar uma solução que me acalme, mas um horizonte que nos convoque. Não há compensação a obter. Há compensação em ser. E mais do que uma compensação: um acréscimo. É preciso não que eu resolva o drama num discurso ou num desapego, mas que eu o redima numa comunhão e numa oferenda.

22. Essa é a diferença radical entre a tradição judaico-cristã e as "sabedorias" já mencionadas do Oriente ou do Ocidente. Estoicismo, budismo, epicurismo e até um certo platonismo pretendem que não existe verdadeiramente uma tragédia. A tragédia seria apenas uma ilusão, um erro de juízo, e bastaria trabalhar nossas representações mentais para distrair de sua dor. Por meio desse trabalho, você pode atingir uma paz "interior", mas também, por essa razão, com desconto: a ataraxia não é o júbilo, e a posição de lótus, admitamos, promete menos do que a do missionário...

A tradição judaico-cristã, ao contrário, alegremente precipita você na tragédia. A vocação de Abraão o tira da abominação dos sacrifícios pagãos, mas isso para fazê-lo passar pela demanda mais incompreensível de sacrificar o filho da promessa. Jacó combate com o Anjo, José é vendido pelos irmãos. A liberação do êxodo conduz a quarenta anos na areia. A glória de Deus prega você na cruz dos blasfemadores. O desejo da alegria arrasta você a esse drama bizarro... Um Buda crucificado bem poderia dizer: "Hoje, sem mim, você está no paraíso, porque esse cadafalso é só uma miragem, e, se você não consegue soltar esses pregos, ao menos pode despregar-se entrando no não ego e no não desejo". Ele convidaria o ladrão a alguma desencarnação frente à história, a seu corpo que padece, a seu companheiro que se entrega. Jesus, porém, diz com uma justeza extrema: *Hoje estarás comigo no Paraíso*. Ele afirma o Hoje do Paraíso, mas sem desapego, sem negação da experiência, sem fuga para outro mundo, e é por isso que ele também declara que o Hoje ainda está por vir, que por ora está sendo retardado pela amplitude deveras real do mal, e enfraquecido pela estreiteza de nossos corações.

23. Se a Cruz e a Glória, enquanto vida recebida e oferecida sem reservas, são as duas faces de uma mesma moeda, elas são também absolutamente distintas, como a cara e a coroa, que não podem ser vistas ao mesmo tempo. Porém, essa distinção radical não é um obstáculo: é a condição mesma dessa receptividade e dessa oferenda aqui embaixo.

Se a luz entra num vaso de cristal bem claro, eis que de repente ele fica repleto e radiante. Mas se ela entrar numa latrina cheia de sujeira, a situação é bem diferente: a recepção da luz passa pelas mãos na merda. Nesse momento, não é possível querer proceder como anjo, porque é preciso primeiro proceder à limpeza. Entenda bem: se você estivesse logo de início nas delícias, como se romperia sua carapaça? Se você não experimentasse a ausência, como se aprofundaria o seu desejo? E que seriam as suas próprias delícias, senão as de um torturador, se você pudesse gozá-las sem dificuldade no mesmo instante em que vê seu próximo que sofre ou que será condenado?

Duas Teresas (I) – de Liseux

24. No fundo, a ideia do Paraíso é mais obscura para os santos do que para qualquer outra pessoa. Para o jogador de petanca[18], ela é perfeitamente clara: trata-se de uma partida de bolas regada a pastis. Para o casanova, também é bastante evidente: é uma bela criada que vai encontrar você no seu quarto com a irmã gêmea. Para o jihadista, trata-se de explodir ainda melhor com um colete explosivo. Para o ateu pessimista, é gozar seus juízos finais fumando seu charuto. Para o fariseu otimista, a garantia de um lugar suficientemente morno, graças a seu certificado de batismo. Mas, e para o santo? Enquanto os outros sonham com um céu segundo suas vontades, fazendo para si um jardinzinho de acordo com sua medida, uma prótese para sua carência, um brinquedo para consolar sua frustração, ele o recebe como o inconcebível.

É próprio da esperança teologal entregar-se àquilo que transcende. Por isso, quanto mais viva ela for nele, mais é obscura. Obscuridade que é sem dúvida a de um ofuscamento, mas que não é menos cegante do que a noite mais escura. São Paulo fala em *crer contra a esperança* (Romanos 4, 18) e explica: *Ora, a esperança que se vê não é esperança; pois o que alguém vê, como o espera? Mas, se esperamos o que não vemos, com paciência o aguardamos* (Romanos 8, 24-25). O santo vê sendo destruídas uma depois da outra suas esperanças mundanas, como os degraus de uma escada pela qual ele não pode mais descer.

Há dois motivos para isso. De um lado o paraíso em que ele crê "ultrapassa toda compreensão e toda representação":[19] *são as coisas que olhos não viram, nem ouvidos ouviram, nem penetraram o coração do homem, são as que Deus preparou para os que o amam* (1 Coríntios 2, 9). Por outro lado, como ali são chamados, junto com ele, os mais pobres, ele tem a missão de ser para eles "testemunha da fé" até mesmo

---

[18] Bastante praticado na França, esse jogo é semelhante ao bem conhecido jogo de bocha no Brasil. (N. E.)

[19] *Catecismo da Igreja Católica*, §1027.

dentro "da noite":[20] *nos há de visitar a aurora lá do alto, para alumiar aos que jazem nas trevas e na sombra da morte, a fim de dirigir os nossos pés no caminho da paz* (Lucas 1, 78-79).

25. Assim, enquanto o fariseu acha tudo óbvio, Teresinha de Lisieux não enxerga é nada. Seu pressentimento de "uma outra terra" se precipita no sentimento do nada: "Assim como o gênio de Cristóvão Colombo fê-lo pressentir que havia um novo mundo quando ninguém tinha pensado nele, também eu sentia que uma outra terra me serviria um dia de morada estável, mas subitamente as névoas que me cercam tornam-se mais espessas, penetram em minha alma e envolvem-na de tal modo que não consigo mais reencontrar a imagem tão doce da minha Pátria, tudo desaparece! Quando quero repousar meu coração cansado das trevas que o envolvem na lembrança do país luminoso ao qual aspiro, meu tormento redobra, parece-me que as trevas, tomando emprestada a voz dos pecadores, dizem-me, rindo de mim: 'Você está sonhando com a luz, com uma pátria perfumada das fragrâncias mais suaves, você está sonhando com a posse *eterna* do Criador de todas essas maravilhas, você acha que um dia vai sair das névoas que te circundam, anda, anda, aproveite a morte que vai te dar não aquilo que você espera, mas uma noite ainda mais profunda, a noite do nada'."[21]

Teresinha ouve vozes que lhe repetem: "Não existe paraíso", e nós as ouvimos também, mas não de maneira tão glacial. Essas palavras para ela só soam assim tão frias em comparação com aquela incandescente espera que fica incubada sob as cinzas. Para nós, elas são no mais das vezes mornas, cômodas, até mesmo agradáveis. Essas vezes, exatamente inversas às de uma Joana d'Arc, não nos ordenam combate nenhum. Suas zombarias são para nós, portanto, uma dádiva. Elas podem dar livre curso a nossos céus de terceira categoria.

---

[20] Ibidem, §165.
[21] Teresinha de Lisieux, manuscrito C, 6º vol., in *Oeuvres Complètes*. Paris, Cerf–DDB, 2004, p. 242-43.

A "noite do nada" que elas celebram serve tão bem de contraste para nossa nulidade, que nossa nulidade agora sem juiz pode achar que é um sol...

26. Em Teresinha do Menino Jesus (o Deus que se esconde sobre a palha ordinária; Lucas 2, 12) e da Santa Face (a Face que o homem não poderia ver sem morrer; Êxodo 33, 20), a ideia de paraíso subitamente se reduz a nada, porque a questão não é mais encontrar conforto numa ideia (Teresinha não é Hegel), mas entregar-se a um mistério. Ora, como esse mistério é para todos, ele não pode ser o mistério de uma mística insular, só para si, como num zen extático. Ela recorda isso no parágrafo que sucede aquele sobre as vozes do nada:

> A cada nova ocasião de combate, [...] digo a Jesus que fico feliz por não gozar desse belo Céu na terra para que Ele o abra pela eternidade aos pobres incrédulos. Assim, apesar dessa provação que me tira *todo gozo*, ainda posso gritar: "Senhor, enchei-me de *alegria* por *tudo* que fazeis" (Salmo 101). Afinal, haverá uma *alegria* maior do que sofrer pelo seu amor?[22]

Aqui reencontramos uma expressão tão paradoxal quanto a da terceira beatitude: "Feliz por não gozar". Ela remete outra vez ao Hoje único da Cruz e da Glória, em que se confundem sofrer e oferecer-se pela beatitude. Que a perda de todo gozo coincida com o cúmulo da alegria nada tem de complacência dolorista. Outra vez, é esse dilaceramento pelo qual nos abrimos a uma alegria mais alta do que todo contentamento, e que faz com que ela transborde sobre aqueles mesmos que a desprezam, porque a noite da fé se comunica com a noite dos "incrédulos". A intensificação do desejo pode ter uma estranha semelhança com seu resfriamento. Não é mais a subida da chama calorosa, mas sua *mise en abyme,* desejo do desejo do desejo...

---

[22] Teresinha de Lisieux, op. cit., 7º vol. (Grifos do autor)

descida essa que, de um ponto de vista superficial, só deixa uma insensibilidade completa em relação às coisas do alto. O carvão arde em segredo, cada vez mais profundamente, mas sua pretidão lhe permite fraternizar com a cinza fria.

Teresinha de Lisieux carrega essas trevas que superam tanto o apaixonado do jogo de bolas quanto o casanova sem que eles percebam. Simplesmente, o bom pastor procura a ovelha perdida: ele precisa seguir sua pista, arriscar-se a seguir por caminhos batidos, correr pelas montanhas e pelos atoleiros, precipitar-se até dentro da boca do lobo, e depois levá-la como uma cruz *sobre seus ombros* (Lucas 15, 5). Mas, enquanto ele se lança no caminho da perdição, ele não esquece o caminho da volta ao aprisco. (No mais, é graças a essa condição que ele pode sofrer a perdição enquanto perdição, porque aqueles que esqueceram esse caminho de volta sequer se dão conta de que estão perdidos – o santo conhece melhor o horror do inferno do que o condenado, porque, segundo Baudelaire, esse é um "Horror simpático".[23]) A santidade é isto: não salvar-se a si mesmo, mas seguir atrás do outro o caminho de sua perda.

27. Porque foi exatamente assim que procedeu o Santo, bendito seja. Ele se rebaixou para liberar seu povo do faraó e para essa operação tomou um hebreu que tinha sido feito irmão do faraó. Ele se rebaixou para libertar a humanidade de seu pecado, e para essa maravilha enviou seu Filho, *que Deus fez pecado por nós* (2 Coríntios 5, 21). Muito bonito passar uma esponja nas perversidades do filho pródigo, mas coisa muito mais bonita é que essas perversidades sejam o desvio com qual o pai lhe prepara um admirável reencontro. E é assim que procede o Eterno. Ele não dá uma de moralizador: com os malfeitores, ele é crucificado. Ele não tenta nos colocar de volta no caminho reto: com nossa fuga, ele inventa um novo caminho real até seu paraíso.

Assim foi aquele bom ladrão que, mesmo assim, antes de tudo, foi o pior: que desvio foi mais exorbitante do que o dele? Que male-

---

[23] Baudelaire, "Horror Simpático", in *As Flores do Mal*, XCIV.

dicência foi mais enrolada e mais obtusa? E eis que ele está na cruz, punido por seus crimes e, ao mesmo tempo, justificado até nos meandros de sua deserção. Todo o seu esforço labiríntico para afastar-se da santidade leva, no fim das contas, a essa promoção inacreditável, a essa proximidade louca: ser aquele que, no instante supremo, se encontra à direita de Deus, de modo que tudo aquilo que ele tinha feito para perder-se aparece como todos os atalhos pelos quais a graça foi buscá-lo. Por mais atolado e enroscado que eu esteja em minhas faltas, por mais obscuro ou desprezível que o Céu me pareça, o Altíssimo vem para mudar meus descaminhos em reencaminhamento. Ele não me leva pela avenida comum, ele não me pede que refaça meus passos, mas que os leve ainda mais longe, porque, ao contrário dos doutores em moral, ele é criador o bastante para inventar com cada vida um caminho novo e sem paralelo.

Duas Teresas (II) – D'Auschwitz

28. Com Teresa Benedita da Cruz (Edith Stein no mundo), a esperança pode descer até a câmara de gás. Evocando aquele tempo em que "não é hora de falar com Deus, mas *de levar a boca à poeira*" (Lamentações 3, 29), ela escreve: "Por seu sentimento de estar perdida para sempre, a alma *se permite chegar a uma tal dor e a gemidos tão profundos que se estilhaça em grunhidos e em uivos espirituais*".[24] Não são os condenados que gritam seu desespero por estar perdidos. São os santos. Eles rugem como leões com sede no deserto. E eles não rugem só por si mesmos, mas também suplicando por aqueles camelos que lhes cospem desde cima com desdém – aqueles que confiam na sua bossa em vez de desejar a água viva.

Em 14 de setembro de 1939, festa da Cruz gloriosa na época da guerra-relâmpago, Edith Stein se interroga sobre a vocação de suas

---

[24] Edith Stein, "La Science de la Croix". *Passion d'Amour de Saint Jean de la Croix*, Nauwelaerts, 1957, p. 146. Ela cita *A Noite Escura* de João da Cruz.

irmãs: o que podem elas fazer no momento em que os feridos, os moribundos, os órfãos esperam socorro? Encobertas por véus, enclausuradas, não seriam inúteis? Aos olhos do mundo, não parecem timoratas? Muitos prefeririam vê-las nas enfermarias, numa compaixão eficaz, ou na resistência, numa caridade explosiva. Mesmo assim, a tarefa primeira não é fazer, mas ser. Não é simplesmente colocar curativos nas feridas, mas também alargá-las até que outra luz passe por elas. É bela a resistência, mas mesmo assim é totalmente negativa: ela só se define pela relação com o mal a que resiste. Uma vez que esse mal esteja vencido, qual bem vamos buscar? E, ademais, em qual bem apoiar essa resistência, para que ela seja algo mais do que represálias, apenas opondo ao mal um mal contrário? As mobilizações não passam de vãs agitações se não sabem almejar um bem imóvel: "Ergue teus olhos para o Crucificado", escreve Teresa Benedita. "Ligada a ele estarás presente por toda parte, assim como ele também está. Não aqui ou ali, como o médico, a enfermeira ou o padre, mas em todos os rostos, em todo lutar de desolação – presente, na força da Cruz".[25]

Na noite de sua inutilidade, tão inútil quanto aquele cujos braços estão pregados ao toro, a carmelita é mantida ali para repetir o *Hoje estarás comigo no Paraíso*. Ela está mais do lado do sentido do que do da preocupação. Porque a preocupação tem seus limites. De que adianta ser salvo do extermínio e obter uma prorrogação de saúde, se isso é para acabar virando um algoz de pequena envergadura ou acabar espetado como um bicho no hospital? Quantas velhas sobreviventes não vi ao lado de minha avó Zizette, ali, perto de Michel-Ange-Molitor[26], na casa dos israelitas refugiados? Recolhidas longe das multidões, ali elas se apagam aos poucos, sem a rapidez do Zyklon B, claro,

---

[25] Edith Stein, *La Crèche et la Croix*. Trad. G. Català e P. Secretan, Genève, Ad Solem, 1998, p. 66-67.

[26] Estação de metrô em Paris, com saída na rua Molitor, no 16º *arrondissement* [distrito]. (N. T.)

mas sofrendo de todo jeito o sufocamento progressivo da morte que não esquece... A equipe médica ali é constituída de pessoas que não sabem pelo quê elas passaram – o transporte por caminhão, a seleção pela fome, o horror visto de frente – e que, achando ser amáveis, infantilizam-nas. Eles são cheios de pequenos cuidados, eles conhecem seu primeiro nome, não só o número de seu dossiê. Mas quem as acolherá verdadeiramente? Qual o sentido de tudo isso?

29. É essa a terrificante súplica de Imre Kertész no último capítulo de *Être sans Destin* [Ser sem Destino]. Quando ele volta dos campos, falam-lhe de sua "inocência" e das "atrocidades" que enfrentou, e depois, como ele ainda é jovem, de seus "projetos para o futuro", mas ele não quer saber de nada desses discursos: "Eu quase lhes suplicava que admitissem que eu não conseguia engolir essa maldita amargura de não ser nada mais do que inocente".[27] Ele conhecia muito bem sua própria canalhice interior, que simplesmente não teve o tempo, sem dúvida, de exprimir-se com clareza suficiente por fora. Ele também se pergunta de que maneira tornar-se "médico, engenheiro ou qualquer coisa do tipo" poderia ser diferente de entrar em um novo campo de trabalho, mais amplo e mais sutil, e dedicar-se à destruição ordinária dos homens. Se era para contentar-se com uma pequena alegria "nos intervalos do sofrimento", esse tipo de alívio igualmente existia "por lá":

> Todo mundo me faz perguntas sobre as vicissitudes, sobre os "horrores": no entanto, no que me diz respeito, talvez esse sentimento seja o que tenha ficado mais forte na lembrança. Sim, é disso, da alegria dos campos de concentração, que vou falar da próxima vez em que vierem me fazer perguntas.[28]

---

[27] Imre Kertész, *Être sans Destin*. Trad. N. e C. Zaremba, Paris, 10/18, 1998, p. 359.
[28] Ibidem, p. 361.

Como honestamente pensar outra coisa, quando a alegria da maioria se reduz às gôndolas do hipermercado? Quando se percebe o tipo de bem-estar e de aviltamento a que isso nos leva, é possível perguntar, junto com Kertész, se o campo não era melhor, ao menos do lado do extremo, da interrogação escancarada, da verticalidade trágica. Verdade das mais sombrias, mas, por mais dura e negra que seja, essa verdade ainda faz ouvir o negativo da esperança. A esperança em Kertész é forte o suficiente para fazer com que ele veja a vaidade das esperanças mundanas – até a última provocação. Mas ela não é suficientemente religiosa para ir além do visível – até nossa vocação primeira. Resta que, se esta vida não vai florir na Vida eterna, minha lucidez me força a confessar que ela não tem sentido, e que memória nenhuma redimirá a destruição dos judeus. Para dizer a verdade, o dever de memória não passa de um espetáculo se não é acompanhado do mandamento da esperança. E, se ele contribuir para a negligência de sua espera messiânica, nada fará além de rematar o extermínio de Israel.

30. Não basta atiçar as cinzas. É preciso obrar por uma ressurreição:

> Veio sobre mim a mão do Senhor; e ele me levou no Espírito do Senhor, e me pôs no meio do vale que estava cheio de ossos; e me fez andar ao redor deles. E eis que eram muito numerosos sobre a face do vale; e eis que estavam sequíssimos. Ele me perguntou: "Filho do homem, poderão viver estes ossos?". Respondi: "Senhor Deus, tu o sabes". Então me disse: "Profetiza sobre estes ossos, e dize-lhes: – Ossos secos, ouvi a palavra do Senhor. Assim diz o Senhor Deus a estes ossos: Eis que vou fazer entrar em vós o fôlego da vida, e vivereis. E porei nervos sobre vós, e farei crescer carne sobre vós, e sobre vós estenderei pele, e porei em vós o fôlego da vida, e vivereis. Então sabereis que eu sou o Senhor". (Ezequiel 37, 1-6)

Uma alegria como essa pode assustar, sem dúvida. Ela é um mal para quem julgava ter a última palavra e achava que tinha feito de sua lamentação um ofício. A compaixão pelas vítimas defuntas é bastante fácil. Não precisamos mais ajudá-las concretamente. Mas, desde nossa poltrona, podemos ter um sentimento tão forte de nossa solidariedade para com elas que isso além de tudo nos poupa de ajudar a pobre velhinha da porta ao lado. Isso é pagar bem pouco para assumir a postura daquele que se volta misericordiosamente para os outros. O orgulho adora compadecer-se dos sofrimentos alheios. O que lhe é verdadeiramente insuportável é regozijar-se com seus sucessos.

Eis por que a compaixão só é verdadeira se ela se abre e consente nesse regozijo. Aqui também, como diz Rilke "o elogio por si oferece um espaço por onde pode entrar a queixa",[29] porque, sem o elogio como origem e como horizonte, a queixa não passa de uma acrobacia do amor-próprio, e se torna cúmplice da morte. O verdadeiro compadecido não quer manter a vítima em sua condição de vítima, afogando-a com suas lágrimas hoje, após tê-la deixado arder ontem. Ele quer que a vítima tenha a vitória, e uma vitória tal que ela possa maravilhá-lo. Ele espera que em seus ossos calcinados se realize a profecia de Ezequiel: *Assim fala o Eterno aos ossos*, e que em sua poeira varrida se realize o oráculo de Isaías: *O deserto e a terra sedenta se regozijarão; e o ermo exultará e florescerá; como o narciso florescerá abundantemente, e também exultará de júbilo e romperá em cânticos; dar-se-lhe-á a glória do Líbano, a excelência do Carmelo e Sarom; eles verão a glória do Senhor* (Isaías 35, 1-2).

31. A carmelita vem para recordar o esplendor do Carmelo oferecido ao deserto. Essa esperança é sua única razão de ser. Sua vida de oração constitui um poste que indica o Céu. Ela indica uma posição que está além deste mundo e que permite não fugir dele, mas orientá-lo e abraçá-lo profundamente.

---

[29] Rainer Maria Rilke, *Sonetos a Orfeu*, I, 8. *Oeuvres 2, Poésie*. Trad. A. Guerne. Paris, Seuil, 1979, p. 383.

Em 26 de julho de 1942, os bispos holandeses mandam ler uma carta pastoral condenando o antissemitismo, suas pompas e suas obras em seu país. As represálias não tardam a chegar. Em 30 de julho, os nazistas decretam a prisão dos "judeus de religião católica". Teresa Benedita tem uma chance de fugir do Carmelo de Echt. Mas, assim como Sócrates no *Críton*, assim como Jesus no Evangelho, ela fica. E é presa em 2 de agosto com sua irmã Rosa. Uma testemunha relata que ela a ajudava dizendo: "Vamos, partamos para o nosso povo". Enfim, em 9 de agosto, em Auschwitz-Birkenau, Edith Stein toma o "Caminho do Céu". O profeta Elias, no monte Horeb, tinha ouvido a passagem de Deus *no murmúrio de uma brisa ligeira* (1 Reis 19, 12). Ali só há o murmúrio do gás entrando no recinto, o murmúrio logo recoberto pelos gritos cujas raízes de fôlego ele vai cortando pouco a pouco. E no entanto o número 44074 cai de joelhos naquela câmara como Elias na montanha, ela cai de joelhos sob o peso do ar e sob o silêncio de Deus. Sua grandeza não está em ser maior do que os outros: ela morre como qualquer um daqueles pequenos apavorados; porém, a noite é para ela ainda mais obscura por ela não ter saciado sua sede da luz, e a asfixia ainda mais apavorante por ela não ter estrangulado sua aspiração ao canto. Canto esse que já fala dela e de seu abandono (Salmo 21, 1-4):

Ao mestre de canto. Segundo a melodia "A corça da aurora". Salmo de Davi.

Meu Deus, meu Deus, por que me abandonastes? E permaneceis longe de minhas súplicas e de meus gemidos?

Meu Deus, clamo de dia e não me respondeis; imploro de noite e não me atendeis.

Entretanto, vós habitais em vosso santuário, vós que sois a glória de Israel.

Obscuridades para a Luz

32. Agora temos clarezas o bastante para confirmar a obscuridade necessária. Nossa questão era a seguinte: por que o Eterno, se existe, não se manifesta mais claramente? Por que seu Paraíso não salta aos olhos? Por que a cenoura está tão distante, por que a vergasta é tão feroz? (Aliás, ela é antes como um martelo sem sentido, porque a direção parece bem incerta.) A segunda palavra do Cristo na Cruz nos sugere ao menos quatro razões pelas quais nossa razão deve ser excedida:

1ª Aprofundar o desejo. Admitamos que um paraíso nos seja dado imediatamente, assim, da maneira como deseja o mau ladrão – esse paraíso seria pior do que o inferno. Pelo menos as chamas infernais têm a bondade de nos recordar de nosso orgulho. Lá, por outro lado, minha suficiência seria lisonjeada em vez de ser destruída, e eu me fecharia em minha própria mesquinha alegria sem sequer perceber que estou fechado. Paraíso dos pacotes, dissemos, que representa o Céu como uma transferência do corpo e não, antes de tudo, como um rasgar do coração. É preciso, portanto, que o paraíso celeste nos conceda sinais o bastante para que o desejemos, e que permaneça obscuro o suficiente para que sintamos nossa miséria e para que se aprofunde nossa receptividade, nosso abandono àquilo que não vem de nós e que nos ultrapassa.

2ª Entregar a oferenda. Suponhamos agora que o paraíso seja futuro, mas tão evidente quanto o dia do pagamento: Deus seguiria justamente o método da cenoura e da vergasta – com um céu feito para as mulas. Eu suportaria os sofrimentos aqui para receber delícias lá. E é assim que alguns pregadores pintam o negócio para suas ovelhas. Mas, como o prazo do paraíso continuava bem longe, o truque não funcionava com os bons *vivants*, e, se funcionava, o caminho do paraíso era o da chantagem e do medo: cheirava mal, deixava uma cólica no seu rastro. A essência do paraíso é menos tapar um vazio do que liberar uma despesa. *Quem crê em mim, do seu interior manarão rios de água viva* (João 7, 38). Por isso é preciso que ele se oculte o suficiente para que eu possa viver dele a partir de hoje, sem ficar ensimesmado, numa oferenda fluvial. Não fosse por meu orgulho e por minha covardia, eu poderia me oferecer numa certa luz, como Adão teria podido fazer antes do pecado original. Mas lá estão eles, esses vagabundos rastejantes, ainda que uma luz mundana só me fizesse ir na direção do paraíso por fascínio e por comércio, e só afastaria ainda mais sua essência de meu coração. Retirando-se das aparências, ele se dá mais profundamente, abrindo o espaço onde posso me oferecer com mais amor do tráfico, com minha mão esquerda ignorando minha mão direita.

3ª Acolher o aqui e agora. Se o paraíso lá ficasse visível para nós como um objeto esplêndido atrás de uma vitrine, ou um planeta longínquo através de uma luneta astronômica, ou ilhas encantadas a respeito das quais nos seria mostrada uma reportagem, ele estaria em algum lugar que não aqui e agora, e o bom pai de família consideraria um dever, como sugere Diderot, degolar seus filhos para enviá-los o mais rápido possível para essa região maravilhosa, assim como já os enviamos às prestigiosas universidades norte-americanas para que se formem em astrofísica ou em comércio internacional. Contudo, o Eterno nos ordena a amar o próximo, não o distante. O Reino de Deus está no meio de vós, diz o Messias (Lucas 17, 21), e ainda: *Sabereis que está perto o reino de Deus* (Lucas 21, 31). Portanto, ele não está distante. Ele vem através do rosto de Siffrene[30] diante de mim, da suave estridência das andorinhas, das irisações dos aspargos, dos eflúvios das giestas na primavera, do gosto de um tajine com ameixas, daquelas calçadas em que, após a chuva, o azul do céu é refletido com um azul intenso. Outra vez, aquilo que faz o paraíso não é a mudança de lugar, mas a mudança de coração. O que acolhe em cada ser seu peso de glória, senão a atenção amorosa? Tanto é assim que, ao participar, pela fé, da visão d'Aquele que cria amorosamente todas as coisas, todas as coisas começam a transfigurar-se a nossos olhos.

4ª Comungar com os incrédulos. Enfim, se o paraíso estava claro para o crente e o obscuro para o incréu, como o crente poderia

---

[30] Esposa do autor. (N. T.)

crer num paraíso no qual o incréu pode ser salvo? Ele seria como um extraterrestre de uma espécie superior, desprezando desde o alto a impiedade, assim como a águia despreza a toupeira, sem que suas almas possam tratar-se como iguais. Sendo assim, como poderia até ele mesmo salvar-se, se não se une ao incréu em suas trevas, para levar até elas o consolo de sua convocação e o desconforto de seu grito? É por isso que Jó é uma alta figura da esperança, contra sua mulher, certamente, que manda que ele amaldiçoe o Céu, mas sobretudo contra seus amigos, que lhe contrapõem a teologia de um Céu tão claro e tão distinto quanto um plano de crédito habitacional do governo. Desde seu lixão não reciclável, com suas úlceras raspadas com caco, numa noite de assustar até os pessimistas, o *outsider* da terra de Hus atesta: *Fechou ele o meu caminho, de modo que não posso passar; e pôs trevas nas minhas veredas. Da minha honra me despojou, e tirou-me da cabeça a coroa. Quebrou-me de todos os lados, e eu me vou; arrancou a minha esperança como a uma árvore... Pois eu sei que o meu Redentor vive, e que por fim se levantará sobre a terra* (Jó 19, 8-10.25). E o incréu, ouvindo isso, o incrédulo que tem por advogado o leal no lixo pode compreender que tem um irmão, e que suas blasfêmias nada mais são do que os arrebatamentos de um louvor ferido.

33. A segunda palavra do Cristo na Cruz aniquila toda separação maniqueísta entre o céu e a Terra, os bons e os malvados, os religiosos e os blasfemadores, os primeiros e os últimos. Trata-se do mesmo *Hoje*, que é o do Paraíso e o do Gólgota. E esse *Hoje* é dirigido pelo Justo ao malfeitor. Àquele que o persegue e que questiona seu Paraíso. E como uma vez esse que mexe com todo mundo deixa que mexam com ele – não que ele se deixe ser enquadrado nem que queira sair dali, mas consente em ser afetado – eis que, de pior entre os piores, ele num lance passa a primeiro dos bem-aventurados, da fila do pelotão de execução à cabeça do pelotão de exaltação, bandido de honra, ladrão primeiro a ser servido, salteador que salta para o voo e que se torna o símbolo do Deus que vem *como um ladrão* (Lucas 12, 39), primeiro a entrar no Céu por esse balanço inacreditável que faz com que, para além do bem e do

mal petrificados, *onde o pecado abundou, superabundou a graça* (Romanos 5, 20). *Aquele a quem se perdoa a maior dívida mais amará* (Lucas 7, 41-43). Para exprimir minimamente o extremismo dessa inversão, os Padres da Igreja sustentaram, nesse caso, a insustentável leveza da graça, a saber, que Dimas hoje ocupa entre os eleitos o trono recusado por Lúcifer...

E quanto a nós? Vou *deixar meu pranto ser transformado em prazer* (Salmo 29, 12)? A segunda palavra só me consola para me convocar. Desde que tão somente eu não pretenda salvar-me a mim mesmo (dizendo, por exemplo, que a salvação não se apresenta como questão). Desde que eu me oferte à lembrança daquele que *fala aos ossos* mais do que a minha lábil memória, e que me preocupe com meu companheiro do outro lado que não está nem aí. Mas, nesse momento, oferecer-me à noite não trará outra recompensa além de me oferecer, acima de tudo, na luz: *Minha herança eterna são as vossas prescrições, porque fazem a alegria de meu coração. Inclinei o meu coração à prática de vossas ordens, é a minha recompensa para sempre* (Salmo 118, 111-112).

Se duvido da ideia do Paraíso, e ela vai esvanecendo em mim – ao menos duas Teresas me terão ensinado (mas há outras, d'Ávila, de Calcutá e até mesmo de Ardèche, perto de Joyeuse...[31]) –, se minha imagem do paraíso submerge na noite do nada, isso não poderia ser um pretexto para que eu me esquive, porque é nesse momento que sua realidade bate na minha porta mais interior. Essa obscuridade me dá ocasião de me oferecer mais a fundo. O quê? Perco então toda coragem humana? Meu Céu tão razoável parece ser reduzido a um balão vazio? Melhor ainda! A razão mesmo afirma: a questão não é entregar-me àquilo que me é possível, mas àquilo que me é impossível, assim como a jovem moça judia só pronunciou seu *Fiat* depois de o anjo ter-lhe declarado: se algo é impossível aos homens, *nada é impossível para Deus* (Lucas 1, 37). Aí está a prova da esperança. Com ela, todo sucesso mundano ainda é um fracasso; e, todo desastre, um começo.

---

[31] Santa Teresa Couderc, nascida no departamento francês de Ardèche, onde fica a cidade de Joyeuse. A palavra *joyeuse* significa "alegre" (no feminino). (N. T.)

INTERMÉDIO III

Proust e a Impossibilidade de Abraçar Albertine

Fala-vos meu coração, minha face vos busca.

Salmo 26, 8

Na Falta de Essência

"Quero ver Deus", diz Teresa d'Ávila. De onde pode nascer essa vontade? De minha parte, confesso, quero antes ver os orangotangos do zoológico, os cintilantes meandros de Veneza, um filme de Ingmar Bergman, o corpo de uma bela mulher nua... Mas Deus? Em que isso me diz respeito? Aliás, ele não é inacessível a minhas pupilas? O que é que haveria para ver? Circulando! Uma pequena prece de passagem, claro, para que ele me forneça todas as coisas úteis para que eu tire proveito de suas criaturas bem visíveis e palpáveis, mas ele, ele pode ficar no plano de fundo. Aspiro tanto a contemplá-lo diretamente quanto aspiro a olhar o sol diretamente. Fico bem contente que eles iluminem outros seres além deles mesmos, e que esses outros seres permaneçam ao meu alcance...

Mas Deus não é, propriamente falando, um outro ser. Ele é o princípio de todo ser. É verdade, porém, que aproximar-se de qualquer ser é aproximar-se dele. Por conseguinte, querer ver um orangotango perfeitamente, até a raiz de sua presença, é querer ver Deus.

Claro que a essência das coisas é cognoscível por nós, mas, quanto mais a conhecemos, mais vemos o quanto ainda nos resta a conhecer, e mais essa essência, em seus últimos recessos, nos parece incompreensível. É por isso que Tomás de Aquino pode dizer: "As coisas naturais estão entre duas inteligências", a inteligência divina, que as cria, e a inteligência humana, que as descobre.[1] As coisas tiram sua inteligibilidade de terem saído de uma inteligência, e essa é a razão pela qual elas nos são acessíveis. Mas essa inteligência que as constitui ultrapassa infinitamente a nossa, e é por essa razão que são insondáveis. Quem sou eu? Mas também, mais modestamente, o que é um tomate? Essas questões resistem, em última instância, porque só têm resposta em nossa origem comum e misteriosa.

Proust confronta-se o tempo todo com essa resistência. Ela pode ser resumida no seguinte problema: como possuir Albertine? Quanto mais ele tenta fazê-la prisioneira, mais ela se revela fugitiva. Claro que para um ser menos sensível, e que se contenta com o que é acessório, o problema nem se coloca. Basta deitar-se com a referida Albertine – passar um tempo bom com a sobrinha da Sra. Bontemps – e ei-la, pela sujeição a meus pruridos, despojada de sua aura fascinante. Mas isso é uma ilusão: eu creio tê-la possuído, e só fiz sufocar meu desejo. A penetração só nos torna a mulher mais impenetrável. Será que é por ser homossexual que Proust está mais consciente disso do que o galo do galinheiro? Numa frase a respeito da metáfora inventada por Swann e Odette, "fazer *cattleya*", ele apresenta um incidente gramaticalmente secundário e semanticamente decisivo: "Eles querem referir [por esse vocábulo] o ato da posse física – na qual, aliás, não se possui nada...".[2] O culto do orgasmo é niilista: ele pretende coroar o abraço do outro e o florescimento de si, quando só abraça o vazio.

O narrador de *Em Busca do Tempo Perdido* quer abraçar para sempre. Ele não se detém nas "questões acessórias, indiferentes", nas

---

[1] São Tomás de Aquino, *De Veritate*, qu. 1, art. 2.
[2] Marcel Proust, *Du Côté de Chez Swann*, op. cit., tomo. I, p. 203.

"questões de detalhes": "Não, para Albertine, era uma questão de essência: em seu fundo, o que era ela, em que pensava ela, o que amava ela, no que me mentia ela?".[3] Ele queria apreendê-la em sua unidade: o "fracionamento de Albertine em diversas partes",[4] tal como sua memória lha apresenta, em relatos parciais e em resíduos congelados, não chega a satisfazê-lo.

> E eu compreendia a impossibilidade contra a qual se choca o amor. Imaginamos que ele tem por objeto um ser que pode estar deitado diante de nós, fechado num corpo. Ai de mim! Ele é a extensão desse ser em todos os pontos do espaço e do tempo que esse ser ocupou e ocupará. Se não possuímos um contato com esse lugar, com essa hora, não o possuímos. Mas não podemos tocar todos esses pontos.[5]

Nas Origens do Gênio Proustiano: o "Zut"

Essa impossibilidade é em primeiro lugar a da palavra, e ela se estende tanto à mulher quanto às paisagens. Em Proust ambos implicam-se mutuamente. Um lugar só pode oferecer-se plenamente através de uma mulher que sob um certo aspecto o encarna: "Vagar desse jeito pelos bosques de Roussainville sem uma camponesa para abraçar, isso era desconhecer o tesouro oculto, a beleza profunda desse bosque".[6] E uma mulher só assume toda sua consistência através do universo que ela resume:

> Quando, mesmo sem saber, eu pensava nelas [nas moças de Balbec, entre as quais Albertine], mais inconscientemen-

---

[3] Idem, *La Fugitive*, op. cit. Tomo III, p. 418.
[4] Ibidem, p. 428.
[5] Idem, *La Prisionnière*, op. cit. Tomo III, p. 91.
[6] Idem, *Du Côté de Chez Swann*, op. cit. Tomo I, p. 144.

te ainda, elas, para mim eram as ondulações montuosas e azuis do mar, um desfile em perfil diante do mar. Era o mar que eu esperava reencontrar, quando ia a qualquer cidade em que elas estavam.[7]

Também, quando o narrador fala do "amor insuportável", ele especifica: "Trate-se de uma mulher, de um país, ou até de uma mulher que contenha um país".[8] (Essa intuição de um envolvimento recíproco do país e da mulher não é desprovida de fundamento teológico, logo veremos: o que é o corpo glorioso, se não um corpo que não está mais contido num lugar, mas que contém todo lugar em si, especialmente aqueles a que sua história e seu desejo o apegam? O sonho de uma mulher-jardim, o fantasma de seu corpo estendido como um outro paraíso terrestre, têm sua realidade no dogma católico. Quando André Masson desenha sua *Terre Érotique* [Terra Erótica] como uma tela que fosse mascarar *L'Origine du Monde*[9] [A Origem do Mundo], ele não sabe até que ponto a fé – com Proust – lhe dá razão.

É no caminho de Méséglise-la-Vineuse, "perto da escarpa coberta de mato que protege Montjouvain", diante de uma minúscula paisagem, que o jovem Marcel tem sua primeira experiência de um abraço impossível: "Fui surpreendido pela primeira vez por esse desacordo entre nossas impressões e sua expressão habitual".[10] Ali, o sol atravessa a chuva e eis que um telhado se ilumina e se reflete numa "imitação rosada de mármore" numa poça, duplo ou triplo reflexo da luz, "pálido sorriso" da pedra e da água respondendo "ao sorriso do céu". É então que Proust diz aquela palavra admirável (que naturalmente deve ser citada em colóquios de universitários e de outros pesquisadores da *Busca*...): "Zut, zut, zut, zut".[11] "Um pequeno orgasmo

---

[7] Idem, *À l'Ombre des Jeunes Filles en Fleurs*, op. cit. Tomo I, p. 678.

[8] Idem, *La Prisonnière*, op. cit. Tomo 3, p. 89.

[9] De Gustave Courbet. (N. T.)

[10] Idem, *Du Côté de Chez Swann*, op. cit. Tomo I, p. 142.

[11] Ibidem.

verbal", diz Jean-Pierre Richard.[12] Esses "zut" não vêm de um *zutiste*,[13] mas de alguém extasiado. Suas três letras repetidas quatro vezes sem nenhuma dúvida correspondem a um "aleluia" pudico. Mas elas também encobrem um "merda" em eufemismo. Se elas traduzem menos o desapontamento do que o êxtase, elas também afirmam, no êxtase, um desapontamento radical: a impossibilidade de apreender plenamente aquilo que se apresenta ao olhar. Também o orgasmo, verbal que fosse, não é um termo. É, pelo contrário, o começo da busca, o impulso do esforço para lançar e relançar a rede de uma frase de malhas cerradas o suficiente para pegar cada vez mais distintamente as fugidias nuances do real. Antes de ser o gênio dos grandes períodos eloquentes, é preciso que Proust seja besta, balbuciando diante desses reflexos rosados de um telhado numa poça, sentindo o desfalecimento da língua diante da beleza inesperada, sem conseguir dizer nada mais do que "zut". Se não tivesse experimentado a fundo esse desfalecimento, ele não teria oferecido à escrita aquelas renovações. É porque primeiro houve essa onomatopeia breve e zumbidora, que depois pôde haver aquela longa articulação musical da página. Sem essa exclamação de três letras, não haveria frases de trinta linhas: somente aquele que foi surpreendido pelo inefável do ordinário pode forçar sua linguagem a tomar a forma de sua partitura.

Mas, quanto mais ele assumir sua forma, mais ele compreenderá aquilo que ainda lhe falta. O "romance de Albertine" se estende por cinco livros e milhares de folhas, mas nunca será mais do que o glorioso desdobramento de um *zut*. Aliás, o laço é marcado com o fio vermelho de um mesmo nome próprio: Montjouvain

---

[12] Jean-Pierre Richard, *Proust et le Monde Sensible*. Paris, Seuil, 1974.

[13] Zutiste (ou Zutique) é a denominação do membro de um círculo de poetas que, segundo o dicionário *Le Petit Robert*, diziam "zut!" para tudo. O grupo de poetas se reunia no Hôtel des Étrangers. Sem programa nem manifesto, entre seus membros figuravam nomes ilustres como Arthur Rimbaud, Paul Verlaine, André Gill, Ernst Cabaner, Léon Valade ou Camille Pelletan. O grupo era organizado pelo poeta Charles Cros. (N. E.)

(meu jugo vão?[14]). Ali, o narrador é atravessado por seu "pequeno orgasmo verbal", mas ali também, na mesma escarpa, algumas páginas depois, ele assiste à cena sáfica entre a Srta. Vinteuil e sua amiga. Ora, é quando Albertine lhe diz que conhece muitíssimo bem essa amiga e a Srta. Vinteuil, chamando-as mesmo de suas "duas irmãs mais velhas", que ela se torna para ele uma "*terra incógnita terrível*": "Atrás de Albertine eu não via mais as montanhas azuis do mar, mas o quarto de Montjouvain onde ela caía nos braços da Srta. Vinteuil com aquele riso com o qual ela fazia ouvir como que o som desconhecido de seu gozo".[15] Como usufruir de Albertine se ela se oferece de um jeito que foge ao homem? "Aqui o rival não era semelhante a mim, seus braços eram diferentes, eu não podia lutar no mesmo terreno, dar a Albertine os mesmos prazeres, nem sequer concebê-los exatamente."[16] A bem da verdade, que Albertine seja lésbica ou não (e que o autor escreva para situar-se num outro "terreno" e possuir essa mulher "lacrada" – como a música de Vinteuil – melhor do que a própria Srta. Vinteul) não é o fundo do problema. O safismo aparece antes de tudo como aquilo que manifesta a impenetrabilidade da essência. Ele diz respeito a algo de mais íntimo e mais grave do que a pertença de uma espiã a um "país inimigo", ele informa "que [Albertine] não pertencia à humanidade comum, mas a uma raça estranha que se mistura, se esconde e jamais se funde" (observaremos que essas palavras se aplicam de maneira ainda mais forte ao judeu, sendo o *affaire* Albertine – tanto na obra quanto na vida de Proust – paralelo ao *affaire* Dreyfus). A inversão de Albertine é portanto antes de tudo a circunstância que permite colocar em relevo o mistério de "sua humanidade mais profunda".[17]

---

[14] "*Mon joug vain?*", no original. (N. T.)

[15] Marcel Proust, *Sodome et Gomorrhe*, op. cit. Tomo II, p. 889.

[16] Ibidem.

[17] Marcel Proust, *La Fugitive*, op. cit. Tomo. III, p. 426.

Crítica do Voluntarismo

A impossibilidade do abraço também diz respeito à vontade. A alegria, em Proust, é uma corrente talvez tão fundamental quanto em Mozart (e, como em Mozart, ela surge menos por oposição à tristeza do que por desprendimento dos prazeres mundanos). O que pode nos enganar a esse respeito é que ela nunca é produto do voluntarismo. Algumas leituras poderiam não distinguir na *Busca* nada além de uma sequência de desejos em que o imaginário incha o objeto até que a realidade o estoure. Mas essas desilusões, obviamente, não são desencantamentos, uma vez que alimentam o canto contínuo do livro. Elas constituem o avesso de outra experiência: a dos desenlaces imprevistos. Quando a avenida se revela beco sem saída, caminhos se abrem no impasse: "Eu admirava a impotência do espírito, do raciocínio e do coração para operar a mais mínima conversão, para resolver uma só dessas dificuldades, que a vida, logo depois, sem que sequer se saiba como se meteu ali, resolve com tanta facilidade".[18] Quando a perda parece definitiva, uma porta oferece uma passagem no coração do desvario: "É às vezes no momento em que tudo nos parece perdido que chega o aviso que pode nos salvar; já batemos em todas as portas que não oferecem nada, e a única pela qual podemos entrar, e pela qual teríamos procurado em vão por cem anos, nela batemos sem saber, ela se abre".[19]

A vida sempre excede os nossos projetos: ela frustra os prazeres planejados, ela traz a alegria que não esperávamos. Fracassam todos os esforços para encontrar a duquesa de Guermantes, abordar Gilberte, beijar Albertine, dedicar-se ao trabalho literário; depois, como que por mágica, vem o convite súbito, a visita imprevista, a libertação inexplicada. Uma discreta providência age ali onde a intriga espicaça sem cessar. Como nas óperas de Mozart, quanto mais dura for a queda, mais alto chegará a recuperação. (Proust, como não ignoro,

---

[18] Idem, *À l'Ombre des Jeunes Filles en Fleurs*, op. cit. Tomo. I, p. 431.
[19] Idem, *Le Temps Retrouvé*, op. cit. Tomo III, p. 702.

antes buscaria uma comparação em Wagner, como por exemplo na passagem de *Parsifal*, tantas vezes citada: "O Encantamento da Sexta-Feira Santa". Esse título singular nos remete outra vez à palavra de Cristo ao malfeitor. É o paradoxo do paraíso que sobrevém quando se está na cruz.)

Assim, a *Busca* nada tem de prometeico. Ela não é obra da vontade solitária e perseverante. Proust não se cansa de repetir: a memória voluntária só nos traz imagens pálidas. Ela está submetida às "leis do Hábito": quanto mais ela possui seu objeto, mais ele se lhe torna habitual, e mais se apaga. O abraço é aqui impossível em razão da própria familiaridade: aquela que está o tempo todo ao nosso lado acaba desaparecendo sob as lentes da rotina. Ter Albertine sempre disponível afasta-a pouco a pouco, torna-a pouco mais realçada do que um móvel habitual, e é só a iminência de sua partida que lhe devolve seus contornos. Basta que ela se ausente, e a poltrona vazia que ela ocupava nos declara até que ponto sua presença se tinha tornado para nós tão indispensável quanto inacessível (e até incômoda). É preciso então circunstâncias inopinadas, acontecimentos de uma coisinha, para que a memória restitua o passado em seu frescor. Uma assimetria nos ladrilhos de um pátio, os relógios de Martinville vistos desde o movimento do fiacre, o ruído de uma colher sobre um prato, o odor do pavilhão de latrinas da Champs-Élysées, um quarto do Grande Hotel de Balbec: "Eu reencontrava numa lembrança involuntária e completa a realidade viva".[20] Achados impossíveis para a investigação laboriosa, porque nela não reencontraríamos nada além de nós mesmos, e o reencontro não aconteceria na fulguração de seu acréscimo.

"De Onde me Pôde Vir Essa Forte Alegria?"

A impossibilidade de abraçar por conta própria tem portanto como corolário a possibilidade de conseguir abraçar por meio da graça:

---

[20] Idem, *Sodome et Gomorrhe*, op. cit. Tomo II, p. 618.

a melhor parte de nós mesmos está fora de nós,[21] nossa capacidade de acolher o outro não nos pertence (ou só acolheríamos nós mesmos), ela nos é dada no inesperado do encontro. O célebre episódio da *madeleine* é a marca irradiante disso. Que no lugar do "biscoito" que aparece em *Contre Sainte-Beuve*[22] Proust, no fim das contas, tenha inscrito a *"madeleine"* é algo por si de significado incontornável. É algo que designa ao mesmo tempo uma mulher, um doce e um lugar (aqui redescobrimos elos entre a mulher e a paisagem, à qual é acrescentada a possibilidade de uma espécie de manducação eucarística para que elas sejam possuídas.) Quanto ao lugar, trata-se tanto de uma praça quanto de uma igreja, de um bairro de Paris e de uma cidade da Judeia (Magdala): quanto ao doce, sua forma é de concha, símbolo ao mesmo tempo do nascimento de Vênus e da peregrinação de São Tiago; quanto à mulher, sua história é a daquela pecadora exposta a um amor sobrenatural e que se torna a primeira testemunha da Ressurreição. O profano e o sagrado trocam de sinal. A busca do tempo perdido remete legitimamente ao arrependimento da pecadora e à ressurreição dos mortos, porque é também por uma espécie de graça que ela pode chegar a um fim.

Assim, o narrador não compreende como o gosto daquela *madeleine* mergulhada no chá pode abrir nele as comportas de tamanha alegria: "De onde podia ter vindo aquela alegria tão forte? Eu sentia que ela estava ligada ao gosto do chá e do doce, mas que ela o ultrapassava infinitamente, que não devia ser da mesma natureza. De onde ela vinha? O que ela significava? Onde apreendê-la?".[23] Perguntar "de onde", falar de um além da natureza, bem sugere a essência graciosa e oblíqua do verdadeiro abraço, e afastá-lo de todo narcisismo e tam-

---

[21] Idem, *La Fugitive*, op. cit. Tomo III, p. 429.

[22] Coleção de críticas literárias de Marcel Proust publicada postumamente, em 1954. Em suas páginas podem ser encontrados escritos consagrados a autores que Proust admirava como, por exemplo, Nerval, Baudelaire, Balzac e Flaubert. (N. E.)

[23] Idem, *Du Côté de Chez Swann*, op. cit. Tomo I, p. 57.

bém de todo onanismo espiritual ou literário. Não consigo apreender o outro por mim mesmo, mas por meio do outro, num acontecimento, nesse encontro que, com o outro, inventa a capacidade de recebê-lo em sua alteridade.

Entretanto, como essa alegria é qualificada como "forte", sua força seria insuficiente se me deixasse beatamente passivo. Só me derruba absolutamente aquilo que também me dá a força para me levantar e para voltar a combater. Já evocamos esse movimento: é preciso não apenas que a alegria venha de outro lugar, mas também que mova para além. Que me torne vivo o bastante para atravessar a provação. Que seu forte toque ordene uma grande tarefa. O gosto da *madeleine* assim leva o narrador a ressuscitar os seres e os azedumes de Combray, a redescobrir os lugares e os rostos, a recordar a tia Léonie, Montjouvain, Albertine... Procurar e encontrar a origem é ser capaz de propagar seu frescor: "Procurar? Não só: criar. [Aquele que procura] está diante de alguma coisa que ainda não é e que só ele pode realizar, e depois fazer entrar em sua luz".[24] A alegria segundo Proust vem de alguma coisa "fora de nós", mas ela não é profunda o bastante se não descobre "em nós" recursos ignorados, ela não é viva o suficiente se não nos empenha inteiramente numa obra que a recolhe e que a comunica. Sua emoção se torna missão: "Fazer entrar [cada coisa] em sua luz". É essa a missão que a *Busca* pretende realizar. Será que ela consegue? Será que ela não termina em outro limiar? Será que sua força não está nesse fracasso que, longe de fazer dela um sistema fechado, rasga-a com o desejo de uma visão divina?

Tocar para Ver

Uma página do *Caminho de Guermantes* pode nos apresentar mais concretamente à impossibilidade de abraçar Albertine. Nela, Proust

---

[24] Ibidem.

relata a experiência de um primeiro beijo. Ela começa a seguinte observação liminar – exatamente sobre as "preliminares":

> Que diferença entre possuir uma mulher contra a qual aplicamos nosso corpo porque ela não passa de um pedaço de carne, e possuir a jovem que víamos na praia com as amigas, em alguns dias, sem nem saber por que a víamos naqueles dias mais do que em outros, o que fazia com que tremêssemos diante da possibilidade de não mais revê-la.[25]

Se no ato carnal só havia o toque, ele não resistiria à glacial definição de Marco Aurélio: "Uma fricção do intestino e uma emissão de muco acompanhada de uma convulsão". O desejo carnal sempre supõe mais ou menos "o acompanhamento, que o centuplica e diversifica, de desejos mais espirituais e menos saciáveis".[26] Para que o abraço seja forte, sobretudo, é preciso que ele tenha sido *carregado* pela visão: aquilo que faz nascer em mim o desejo de tocar aquelas formas é vê-las, e até, como especifica Proust, tremer diante da possibilidade de não voltar a vê-las. A carne só parece acariciável sob o encanto do visível, ainda que, sob esse aspecto, a carnação preceda a encarnação.

Aqui Proust parece contradizer o que propunha no livro anterior: a visão, no desejo, está a serviço do toque, mais do que o toque da visão. É a vontade de abraçá-la, de senti-la, de prová-la, que confere a uma pessoa volume, densidade, peso... As outras, aquelas que não nos atraem desse jeito, são como superfícies planas: delas, praticamente nos bastariam sua projeção falante ou seu holograma por telefone. O *trompe l'œil* engana antes de tudo a mão e a boca, porque, se fosse só o olho, ele não o enganaria em nada: é preciso o desejo de pegar para que sua ilusão se anuncie até ao olhar:

---

[25] Idem, *Le Côté de Guermantes*, op. cit. Tomo II, p. 303.
[26] Ibidem.

Os homens, os jovens, as mulheres velhas ou maduras com quem julgamos ter prazer, só são trazidas para nós sobre uma superfície plana e inconsistente, porque só tomamos consciência delas pela percepção visual reduzida a si mesma, mas é como que a serviço dos outros sentidos que ela se dirige para as outras moças: eles saem procurando, uma atrás da outra, as diversas qualidades de cheiro, de tato, de sabor, que apreciam mesmo sem o suporte das mãos e dos lábios; e, capazes, graças às artes da transposição, do gênio de síntese em que o desejo se supera, de restituir sob a cor das bochechas ou do peito, o toque, a degustação, os contatos interditos, eles dão a essas moças a mesma consistência melosa que fazem quando colhem o pólen das flores numa roseira, ou numa vinha, quando comem as uvas dos cachos.[27]

Há, portanto, uma fecundação recíproca da visão e dos outros sentidos. Mais especialmente, a visão desperta o desejo de tocar, e o desejo de tocar aprofunda a visão. Veja sua noiva ao lado de sua futura sogra: a primeira parece ter proporções delicadas, a segunda só tem duas dimensões, parecendo soldada ao plano de fundo da decoração. Os seres só ganham peso e calor, relevo e sabor ao nosso olhar a partir de uma espécie de faro tátil que o desejo de possuí-los coloca em ação. Esse desejo transpõe em qualidades visuais suas qualidades carnais. É por isso que podemos dizer que comemos com os olhos.

O Beijo Impossível

Mas o que acontece quando a mão e a boca efetivamente se lançam à degustação da melosa harmonia percebida pela retina? Elas ficam seguras de estar usufruindo de seus legítimos direitos: como seu

---

[27] Idem, *À l'Ombre des Jeunes Filles en Fleurs*, op. cit. Tomo I, p. 723.

desejo modelou sua visão, elas julgam poder prolongá-lo ao extremo. Imagina-se por um momento que as palmas serão instrumentos de óptica mais perspicazes do que o olhar, e que os lábios, abrindo-se como pálpebras, poderão apreender não apenas a pele ou a língua, mas a radiante substância de Albertine:

> Eu achava que havia um conhecimento pelos lábios; eu dizia a mim mesmo que ia conhecer o gosto da coisa carnal, porque nunca tinha imaginado que o homem, criatura evidentemente menos rudimentar do que o ouriço-do-mar ou mesmo do que a baleia, ainda carece, no entanto, de um certo número de órgãos essenciais, e, particularmente, não possui nenhum que sirva para o beijar.[28]

A afirmação é de monta: é impossível beijar verdadeiramente, porque, para consegui-lo, faltam-nos órgãos *essenciais* – adjetivo que deve ser entendido no sentido forte de "capazes de apreender a essência singular do ser amado". Do embevecimento da visão aos lábios da beijada, temos a experiência de um estranho e traidor desmoronamento. Aquilo que se gostaria de beijar da maneira mais tátil é essa beleza que se revela à inteligência, de maneira distante, pela visão e pela audição: onde, portanto, fica o globo ocular erétil, penetrante, e que não seria no entanto uma sonda endoscópica (aquilo que queremos contemplar a fundo não são os órgãos internos!), mas que levaria até a origem invisível daquela aparição? Onde está a orelha que poderia beber a mulher inteira junto com sua voz? Onde, os dedos que poderiam segurar seu perfume, a língua que poderia saborear seu rosto?

> Hélas! – afinal, para o beijo, nossas narinas e nossos olhos estão tão mal colocados quanto nossos lábios, e são igualmente mal preparados – subitamente, meus olhos pararam de ver, e por sua vez meu nariz, fechando-se, não percebe

---

[28] Idem, *Le Côté de Guermantes*, op. cit. Tomo II, p. 305.

mais odor nenhum, e, sem por isso conhecer melhor o gosto do rosa desejado, tomei conhecimento, por esses detestáveis sinais, de que enfim eu estava naquele momento beijando a bochecha de Albertine.[29]

Essa é a dura decepção de um beijo que não beija aquilo que tinha suscitado seu desejo: no momento mesmo em que o atinge, perde-o de vista. Esperava-se uma união, e vem uma interrupção. Esperava-se uma decolagem, e vem uma queda. Esse apagamento mútuo dos amantes, por intenso que seja para a carne, parece frágil para a visão, na medida em que foi a visão quem provocou o impulso. Aquilo que deveria ter florescido naturalmente na linha do ver (e do ouvir) parece interromper sua trajetória e enganchou-se desajeitadamente na linha do palpar. Como se, no lugar de uma sublime sinfonia, nos passassem um bom bife.

O Ciúme como Percepção e Recusa do Mistério

É por essa falha entre o ver e o tocar, entre a promessa e o abraço, que pode entrar a tentação pornográfica; ela prefere antes largar o empenho da carne do que renunciar aos privilégios da visão. É também por essa falha que pode insinuar-se o ciúme: ele tenta em vão monopolizar o mistério Albertine, para que nada de seus atos e gestos, nada de suas intenções possa escapar-lhe (isso quando escapam à própria Albertine). Evocando, para a necessidade de possuir alguém, essa necessidade de possuir todos os pontos do tempo e do espaço ocupados por esse alguém, Proust conclui: "Se ao menos eles nos fossem apontados, talvez pudéssemos estender-nos até eles. Mas tateamos sem encontrá-los. Daí vêm a desconfiança, o ciúme, as perseguições".[30]

---

[29] Ibidem, p. 306.
[30] Idem, *La Prisonnière*, op. cit. Tomo III, p. 91.

O ciúme é ao mesmo tempo percepção do mistério e sua recusa. Otelo enciumado subitamente se dá conta das insondáveis profundezas de Desdêmona, de sua interioridade que resiste mesmo no segredo, de sua personalidade tão abissal que sempre podemos perguntar se ela não está representando um personagem. Mas ele também se esforça, de maneira contraditória, a trazer essas profundezas para a superfície. Ele quer *ver* o amor de sua mulher, e a partir desse momento ele deixa de *crer* nela. Por conseguinte, quanto mais ele se esforça para apreendê-la como que desde dentro, mais ela se torna inapreensível em sua própria sinceridade. Não lhe resta então nenhum outro recurso além de apunhalá-la. Mas mesmo que ele arranque seu coração ainda palpitante do peito, ele só teria nas mãos um grande pedaço de carne, e o enigma de sua vida só ficaria ainda mais oculto para ele.

> Um dos poderes do ciúme é mostrar-nos o quanto a realidade dos fatos exteriores e dos sentimentos da alma são algo desconhecido, que se presta a mil suposições. Acreditamos saber exatamente as coisas, aquilo que as pessoas pensam, pela simples razão de que não nos preocupamos com isso. Porém, a partir do momento em que temos o desejo de saber, como tem o enciumado, tudo se torna um vertiginoso caleidoscópio em que não distinguimos mais nada.[31]

Assim, quando não nos preocupamos com a pessoa, achamos que a conhecemos exatamente; e, a partir do momento em que nos preocupamos, descobrimos que ainda não a conhecemos. As inspeções sem fim do ciúme multiplicam seus aspectos fragmentários e não conseguem nem recompor seu rosto, porque é seu próprio rosto, como epifania de um segredo indivulgável, que se torna o inimigo.

Essa recusa do rosto é explicitamente nomeada nas páginas extraordinárias em que o narrador evoca seu maior prazer ao abraçar

---

[31] Idem, *La Fugitive*, op. cit. p. 420.

Albertine enquanto ela dorme: "Naquele momento, parecia-me que eu acabava de possuí-la da maneira mais completa, como uma coisa inconsciente e sem resistência da natureza muda".[32] Isso porque naquele momento ela estava "refugiada, fechada, resumida em seu corpo". A relação entre a mulher e a paisagem se inverte. Em vez de a paisagem ser assumida e animada pela mulher, é a mulher que é reduzida ao estado de paisagem, inesgotável como o mar, certamente, mas sobretudo apreensível como as "criaturas inanimadas".[33] O desejo de abraçar enciumadamente sem que nada mais escape leva a esse gosto pelo envoltório sem liberdade, pelas pálpebras sem olhar, pela cara que enfim pode ser encarada, porque não está mais fazendo face a você:

> Se outrora eu me exaltava acreditando enxergar mistério nos olhos de Albertine, agora eu só estava feliz nos momentos em que daqueles olhos, e até daquelas bochechas, ora suaves, mas logo ásperas, eu conseguia expulsar todo mistério. A imagem que eu procurava, em que eu repousava, contra a qual eu gostaria de ter morrido, não era mais a de Albertine tendo uma vida desconhecida, era a de uma Albertine tão minha conhecida quanto possível (e é por isso que esse amor só poderia durar se permanecesse infeliz, porque, por definição, ele não satisfazia a necessidade do mistério), era uma Albertine que não refletia um mundo longínquo, mas que só desejava – havia momentos em que de fato parecia ser assim – estar comigo, da mesma maneira que eu, uma Albertine que era imagem precisamente daquilo que era meu, e não do desconhecido.[34]

Recusa que os olhos de Albertine abrem para um além. Recusa pela qual suas bochechas escondem um "mundo longínquo". Recusa, portan-

---

[32] Idem, *La Prisonnière*, op. cit., p. 70-71.
[33] Ibidem, p. 69.
[34] Ibidem, p. 72-73.

to, em que o paraíso se esquiva ao seu império e por conseguinte se refugia num paraíso regressivo, o das belezas mudas, dos mármores antigos, das coisas sem alma. Há nisso certamente alguma coisa demoníaca:

> O ciúme é um demônio que não pode ser exorcizado e que sempre reaparece encarnado sob uma nova forma. Pudéssemos nós chegar a exterminá-los todos, a proteger perpetuamente aquela que amamos, e o Espírito do Mal assumiria então uma nova forma, ainda mais patética, o desespero de só ter obtido a fidelidade pela força, o desespero de não ser amado.[35]

Querer possuir o outro por mim mesmo, "na medida que me é possível", é não consentir mais em recebê-lo do Outro, na medida que me é impossível; e é, portanto, acabar absorvendo seu espólio e reencontrar-se sozinho (se é que é possível falar de "reencontrar-se" onde na verdade a fuga nunca termina).

O Sucesso da Busca *como Confissão de um Fracasso*

Ultrapassar o ciúme, ir além da falha entre a promessa e o abraço, a empreitada da *Busca* pode ser concebida com esse fim. A escrita está lá para reunir na palavra as sensações esparsas. Ela procura, sobre o adubo das experiências malogradas, fazer florir uma rosa enfim assimilável. No "curto trajeto de [seus] lábios à sua bochecha", o narrador teria desejado "recriar experimentalmente o fenômeno que diversifica a individualidade de um ser e tirar umas das outras, como de um estojo, todas as possibilidades que ele encerra".[36] Porém, essa retomada plena das coisas é impossibilitada pela disparidade entre o ver e o tocar, entre o inteligível e o sensível, e mais radicalmente ainda

---

[35] Ibidem, p. 93.
[36] Idem, *Le Côté de Guermantes*, op. cit. Tomo II, p. 303.

pelo caráter sucessivo do tempo, que só nos mostra uma faceta depois da outra, como um quebra-cabeças com um número indefinido de peças. Seria preciso conseguir apreender o tempo fora do tempo, sem por isso decair para a intemporalidade conceitual. Afinal, não é a ideia geral e abstrata que pode aqui nos satisfazer, mas uma luz que permitiria recolher a "individualidade" em suas ressonâncias com o universo. Uma luz análoga à de Vermeer ou à do pintor Elstir: "Sua tela mais fixa dava a impressão mais fugitiva". Ela retoma o tempo sem aboli-lo, detém o sol sem trair suas sombras móveis, fixa uma dançarina sem interromper seu movimento, e assim consegue unir "a realidade histórica vivida ao símbolo da fábula".[37]

É nessa perspectiva que se pode entender a frase paradoxal do *Tempo Reencontrado*: "Afinal, os verdadeiros paraísos são aqueles que perdemos".[38] A realidade nos engana no momento em que a percebemos: empenhados na ação, não podemos aplicar a ela nossas faculdades contemplativas; levados pela maré dos segundos, não conseguimos resistir a ela, nem segurá-la, exceto sob aspectos fragmentários e evanescentes. Sua presença é tão parcial e sucessiva que ela não deixa de estar ausente até mesmo em sua contiguidade. Porém, muito tempo depois de ela ter-se concluído e de ter-se revelado em seus imprevisíveis seguimentos, essa realidade pode dar-se a nós outra vez através da distância, não pelo esforço de uma memória abstrata que só consegue extirpar pálidos fantasmas, mas pela graça de um acontecimento que parece ressuscitá-la como que em sua própria carne (uma carta reencontrada, o gosto de uma *madeleine*, as primeiras notas de uma melodia...). A perda do tempo passado torna-se ocasião para os mais íntimos reencontros, fora da temporalidade fugidia, semelhantes àqueles amores de juventude em que o homem velho se lembra, numa luz que nunca houve naquela época, e cuja nostalgia é menos a do passado do que de um futuro improvável...

---

[37] Ibidem, p. 349.

[38] Idem, *Le Temps Retrouvé*, op. cit. Tomo III, p. 706.

A arte gostaria de recolher todas as coisas em seu tempo transfigurado, nesse tempo em que a sucessão dos fatos não é mais uma desordem sem pé nem cabeça, mas uma sequência orquestrada em que o começo, o desenvolvimento e o termo respondem uns aos outros numa harmonia dramática. A língua do livro segundo Proust vai mais longe do que a língua da boca. Ela se aproxima daquele órgão essencial enfim capaz de beijar Albertine.

Será ela esse órgão mesmo? Não haveria uma grande ingenuidade, se não um grande orgulho, em crer que a Arte equivale à visão divina? Que há alguma analogia entre elas, é inegável; mas que minha palavra sobre Albertine possa valer tanto quanto Albertine viva é uma ilusão perigosa que coloca a obra de papel acima da pessoa de carne, e leva a considerar a Bibliothèque de la Pléiade[39] o Céu único em que os pobres e os iletrados jamais poderiam ser admitidos. "A arte?", diz Vialatte. "Uma receita provisória, um paliativo; e, aliás, na melhor das hipóteses, ela salva a obra, mas não salva o artista."[40] Na verdade, se não salva o artista, não salva nem a obra. É o próprio Proust quem diz isso após a morte de Bergotte: "Por mais que as obras brilhem diante das gerações futuras, ainda será preciso que haja homens",[41] e, aliás, o que prejudica um pouco o prognóstico, homens que saibam ler. Por conseguinte, pretender que "a verdadeira vida, a vida enfim descoberta e esclarecida, a única vida por conseguinte vivida plenamente, é a literatura"[42] é coisa que ainda está próxima do paliativo, se não do blefe do ciúme. Ademais, aquilo que está em jogo mudou, o desejo de abraçar o mistério acabou, o narrador pode escrever: "Albertine, que

---

[39] Mais conhecida simplesmente como *"Pléiade"*, essa é a mais prestigiosa coleção da França. Ter suas obras completas publicadas nas belas edições em papel-bíblia da Bibliothèque de la Pléiade é fazer parte do cânon de maneira incontestável. (N. T.)

[40] Alexandre Vialatte, *Chroniques de la Montagne*, 1952-1961. Paris, Robert Laffont, 2000, p. 11. (Coleção Bouquins)

[41] Marcel Proust, *La Prisonnière*, op. cit. Tomo III, p. 154.

[42] Idem, *Le Temps Retrouvé*, op. cit. Tomo III, p. 725.

agora era tão indiferente a mim quanto ela mesma teria sido à Sra. de Guermantes...".[43] E devemos nos perguntar se não é preciso concluir, a respeito da posse literária, aquilo que Proust já tinha concluído sobre a posse física: ela não possui nada, ou ao menos – eis sua grandeza negativa – ela nos revela até que profundezas impenetráveis somos chamados a abraçar.

Se uma vida pode ser compilada de ma neira superabundante, não é em nosso verbo que isso acontece, mas no Verbo eterno, criador para sempre, aquele sobre o qual afirma Paulo: *Ele existe antes de todas as coisas, e todas as coisas subsistem nele* (Colossenses 1, 17). Para "criar" aquela que já nos transtornou – não para reconstruí-la com o orgulho de um Pigmalião, mas a fim de compilá-la com nossas faculdades mais íntimas – para "recriar experimentalmente o fenômeno que diversifica a individualidade de um ser", seria preciso ter-se tornado plenamente partícipe da força criadora de tudo aquilo que existe: colocar-se naquela fonte em que Albertine pode ser abraçada de maneira pura e simples, numa profundidade sem fantasma, num aparecimento sem fim, segundo uma união que em nada abala sua alteridade...

Resta portanto em nós a postulação de um beijo sem falha. A esperança de um órgão sobrenatural. A espera dessa luz de glória que é ao mesmo tempo visão beatífica e abraço bem-aventurado: a inteligibilidade sempre mais viva na concretude cada vez mais pungente. Se a obra de Proust é incomparável, é por ter levado o fracasso do abraço até a extremidade de nossas faculdades. Talvez não haja maior escritor, e mesmo assim escritor da epopeia de um enorme e fantástico *zut*. Porém, um *zut* que aponta para um impossível hosana.

---

[43] Ibidem, tomo III, p. 813.

QUINTO MOVIMENTO
Vocês Verão Aquilo que Vocês Verão

> *Digo que é preciso ser vidente, tornar-se vidente. O poeta se torna vidente por um longo, imenso e deliberado desregramento de todos os sentidos. Todas as formas de amor, de sofrimento, de loucura; ele procura a si mesmo, ele esgota em si todos os venenos, para deles só guardar as essências. Inefável tortura, na qual ele tem necessidade de toda a fé... Por que ele chega ao desconhecido... e quando, desvairado, ele enfim perder a compreensão de suas visões, ele as terá visto! Que ele morra em seu salto pelas coisas inauditas e inomináveis!*
>
> Arthur Rimbaud, carta de 15 de maio de 1871
> a Paul Demeny

No Silêncio de Arthur e de Tomás

1. Como permanecer na borda daquilo de que não se pode falar mas que não se consegue calar? Para o autor que se apronta para cobrir novas páginas, é bem humilhante pensar que o grande poeta e o grande teólogo largaram a pena precocemente. Em 23 de outubro de 1873, com 19 anos, Rimbaud publicou por conta própria *Uma Estação no Inferno* (150 exemplares, nenhum vendido) e depois partiu – "adiante, a caminho!". Sem dúvida haverá em Londres os sobressaltos das *Iluminações*, mas seu autor logo as qualifica de "água chilra", larga de uma vez por todas as letras, e, na falta de abismos mais praticáveis, embarca para a Abissínia: dezessete anos durante os quais não escreve um único poema, dezessete anos ao fim dos quais ele só para de andar porque tem a perna direita amputada e porque é hora de morrer. Aliás, o fim de *Uma Estação* é um "Adeus" – adeus à literatura, aspiração àquilo que está além dela. O quê? Segundo a última frase, a saída do inferno só pode acontecer num

inverossímil futuro eucarístico: "... e a mim será permitido *possuir a verdade numa alma e num corpo*".¹

Ora, foi exatamente assim que Tomás de Aquino possuiu a verdade – em corpo e alma – e, mesmo assim, isso representou a interrupção de seus escritos: seiscentos anos mais cedo, em 1273, em 6 de dezembro, festa de São Nicolau, ele está celebrando a missa; de repente, talvez no momento da comunhão – presente do verdadeiro Papai Noel! –, ele é como que fulminado por dentro. Acaba o ditado. Ele larga a *Suma* bem no meio do tratado sobre a penitência, e larga abruptamente seu *Compêndio* em plena explicação, como que por acaso, do segundo pedido do Pai-Nosso: *Venha a nós o vosso reino...* Frei Reginaldo lhe pergunta: "Padre, por que o senhor abandonou essa obra tão grande que o senhor empreendeu para a glória de Deus e para a iluminação do mundo?". Tomás primeiro dá uma resposta evasiva: "Reginaldo, não consigo mais". Depois, por causa da insistência do jovem discípulo, acaba confessando: "Tudo aquilo que escrevi me parece palha em comparação com aquilo que me foi revelado agora".²

Igualmente, as *Iluminações* que deslumbraram Claudel, Char, Bonnefoy... para o próprio Rimbaud não passavam de "água chilra". E a *Suma Teológica*, que era uma "iluminação do mundo" aos olhos do discípulo e de tantos outros, para Tomás tinha passado a não valer mais do que palha. Palha para a manjedoura, sem dúvida, onde colocar o Deus-menino, e água chilra que lava o olhar... Mas isso não é nada, como eles nos avisam, perto da alquimia perdida do Verbo, e menos ainda perto da visão prometida do Verbo.

Num e noutro, claro, o silêncio não tem o mesmo sentido. Para Arthur, ele é a confissão de um fracasso. Para Tomás, é a confissão de um encalhe. O primeiro se cala à revelia, como se batesse contra um muro. O segundo se cala por excesso, como se se aproximasse de um

---

¹ Arthur Rimbaud, *Une Saison en Enfer*, in *Oeuvres Complètes. Correspondance*. Paris, Robert Laffont, 2004, p. 157. (Coleção Bouquins) (Grifos do autor)
² James A. Weisheipl, *Frère Thomas d'Aquin*. Paris, Cerf, 1993, p. 352-53.

rio deslumbrante. Mas os dois estão mais próximos do que parece. Como aquele que tentou "tornar-se *vidente*" poderia ter sentido o fracasso, como, aliás, poderia ele ter arriscado as "coisas inauditas e inomináveis" se não tivesse pressentido a luz mais forte que o chamava?

Quando a tentativa o levou a um fim mais nobre, o insucesso é mais honroso do que o triunfo. Assim, o silêncio de Rimbaud, como o de Tomás, declara a vaidade da obra ao mesmo tempo que assinala a nobreza de sua intenção. Longe de desqualificá-la, ele a realça. Ela, por sua vez, leva a toda parte o anúncio de sua transcendência: "Já o outono! – Mas por que lamentar um sol eterno, se estamos empenhados na descoberta da claridade divina – longe das pessoas que morrem com as estações".[3] Quantos literatos não são efetivamente mortos n'*Uma Estação no Inferno*, desdenhando de dar ouvidos a Rimbaud até em seu silêncio. Quantos não se recusam a reconhecer o "gênio" que conclui as *Iluminações*:

Sua visão, sua visão! Todas as antigas genuflexões e as penas *resgatadas* após ele.

Seu dia! A abolição de todos os sofrimentos sonoros e comoventes na música mais intensa![4]

O "vidente" teve a experiência da fragilidade de suas visões, mas ainda apela à "visão" de outro "gênio". Quem então, exatamente? Eis seu currículo: "Ele é o amor, medida perfeita e reinventada, razão maravilhosa e imprevista, e eternidade".[5] Cada qual pode refletir um pouco para ver a quem isso pode corresponder.

2. Tomás, enquanto teólogo, pretendia recolher todas as coisas nas noções mais gerais e mais intelectuais. Rimbaud, enquan-

---

[3] Arthur Rimbaud, op. cit.
[4] Idem, *Illuminations*, op. cit., p. 182.
[5] Ibidem.

to poeta, queria abraçar cada uma delas nas imagens mais singulares e mais sensíveis: "Oh! O mosquito ensandecido no mictório do albergue, amante da borragem, e dissolvido por um raio!".[6] Essa frase por si condensa toda a ambição poética: poder apreender em sua plenitude aquele breve instante em que algum díptero parece salvar todas as coisas, religando com seu voo o peso do excremento à transparência do céu... Sim, discernir a glória num mosquito de sujeira, eis algo que permitiria "mudar a vida". Porém, o poeta é obrigado a reconhecer, junto com o teólogo: "Nosso conhecimento é tão débil que filósofo nenhum jamais conseguiu penetrar perfeitamente nem mesmo a natureza de uma mosca. Igualmente, lemos que um amante da sabedoria vive trinta anos na solidão para conhecer a natureza da abelha, em vão".[7]

Aquilo que os dois procuraram é chamado pelo poeta de "aquela língua [que] será de alma a alma, resumindo tudo, perfumes, sons, cores, o pensamento se enganchando ao pensamento e se estendendo",[8] e, pelo teólogo, de "o Verbo em que todas as realidades são Vida".[9] Porém, eles tiveram de confessar duramente que o termo dessa pesquisa estava além de nossa condição terrestre: "Julguei ter adquirido poderes sobrenaturais. Ora bem! Devo enterrar minha imaginação e minhas lembranças [...] O combate espiritual é tão brutal quanto a batalha dos homens: a visão da justiça, porém, é prazer só de Deus!";[10] "É portanto impossível à alma humana, enquanto viver a vida daqui de baixo, ver a essência divina".[11]

3. Dessa impossibilidade humana, desse prazer que é exclusivo de Deus, derivam duas novas questões que na verdade são uma só.

---

[6] Idem, *Une Saison en Enfer*, op. cit., p. 152.

[7] São Tomás de Aquino, *Comentário ao Credo*, prólogo, 7.

[8] Carta de Rimbaud a Paul Demeny, op. cit., p. 230.

[9] São Tomás de Aquino, *Comentário ao Evangelho de São João*, cap. I, n. 91.

[10] Arthur Rimbaud, *Une Saison en Enfer*, op. cit., p. 157.

[11] São Tomás de Aquino, *Suma Teológica*, I, qu. 12, art. 11, corp.

A primeira poderia nos fazer parar o livro neste momento: se o paraíso celeste é tão indizível, se a visão beatífica está além das nossas forças e "ultrapassa toda compreensão e toda representação", não seria vão querer exprimir qualquer coisa dela? Não deveríamos deixar o paraíso atrás da porta, conhecendo-o quase que só por suas repetidas batidas?

Uns acharão preferível não arriscar mais palavra nenhuma. Outros, pelo contrário, proporão algo como os catálogos de uma agência de viagens. Ora, se esses últimos, rebaixando o Céu a um local de turismo, expõem-se ao maior dos ridículos, os primeiros, reservando-o a uma transcendência muda, fazem a cama do agnosticismo.

Pode-se de todo modo escapar a essa falsa escolha por meio de três observações: primeiro, se é impossível para nós dizer o que é o paraíso em si mesmo, isso não nos impede de dizer o que ele não é; em seguida, ainda que não possamos evocá-lo a partir de nosso próprio fundo de experiências, mesmo assim podemos ir até a fonte da experiência de Deus mesmo, tal como revelada pelas Escrituras e pela Tradição; enfim, se no momento não vemos nenhuma das almas separadas do corpo e tomadas pela vida eterna, devemos, de todo modo, reconhecer que tudo aquilo que vemos, tendo sido criado pelo Eterno, traz necessariamente seu sinal e sua marca distantes: na lagarta que vira borboleta ao sair da crisálida, na mulher que só se torna mãe quando deixa que lhe rasguem o hímen, na vida em geral, em que aquilo que ontem nos parecia impossível subitamente se torna nosso... Não se olha o sol diretamente, mas sua invisibilidade não é a de um nada, mas a da origem do visível – antes de nos tornar afásicos ou talvez apofáticos, ele vem, isso sim, fecundar nossa palavra, como fecundou as de Arthur e de Tomás.

4. A segunda questão é mais perigosa. A beatitude excede nossas únicas faculdades naturais: será que isso significa que entrar na beatitude implica uma espécie de destruição da nossa natureza? Ouvimos isso no movimento anterior: a Glória e a Cruz se encontram no *Hoje* de uma mesma oferenda. Porém, a Cruz me dilacera. Será preciso, por conseguinte, que a Glória seja um aniquilamento de mim mes-

mo? Será ela uma tal saída de mim que nunca me reencontro nela, ou será ela ainda uma tal comunhão no mesmo esplendor que nos tornamos clones extáticos? Para enunciar mais concretamente: será a condição celeste tão diferente da minha condição terrestre que não poderei ser eu mesmo, com meus afetos particulares, nem passear com meu cachorro, beijar minha mulher na orelha esquerda, descobrir uma nova parte do mundo, escrever poesias que emocionem as pessoas à minha volta – tantas coisas simples e ainda assim maravilhosamente humanas que a glória divina parece desmoralizar? Como, engolidos pela Santa Face, ainda poderíamos nos maravilhar com a cara de Raymond? E como brincar juntos se agora todos conhecem integralmente a distribuição das cartas e não existe mais distinção entre a regra e a trapaça que leva a olhar o jogo do meu vizinho?

Considerando tudo, se Deus saciar a cada um de tal modo que de antemão ele já saiba tudo sobre todos, o Céu abolirá todas as descobertas e todo encontro entre as criaturas. Siffreine (ou Albertine) não terá mais nenhum segredo para mim, eu a possuirei por inteiro, mas essa posse sem limite será também a abolição de sua alteridade: aquilo que terei em meus braços será sua ideia divina, inalterável, concluída... A visão beatífica seria então a realização do ciumento que não suporta que outra pessoa possa guardar para sempre algum mistério?

Enfim, o que seria esse repouso beato, se nos priva de futuro e de ação? A historicidade não é essencial para nós? Não temos o gosto das tarefas duras? A visão beatífica parece uma página de brancura tão ofuscante que pode nos causar a impressão de uma extensão mais desértica do que uma paisagem da Lapônia. Alguma coisa como um desterro na transparência. Ou um túmulo orgásmico.

Alguns me julgarão talvez um espírito carnal e baixo. Não importa. Se a grande claridade paradisíaca é tal que destrói a simplicidade dos encontros, preferirei a penumbra de um quarto... Se Deus me preencher e assim me confiscar só para ele, se a saturação de sua glória me impedir de receber outras e também de dá-las, só poderei retomar as palavras do jovem Rimbaud para blasfemar diante dele: "Cristo! Ó, Cristo, eterno ladrão das energias...".[12]

Melhor do que a Felicidade

5. Numa carta à sua amada Marie d'Agoult, Franz Liszt escreve as seguintes linhas, decisivas para nosso questionamento: "Se não chegamos à felicidade, talvez seja porque somos mais valiosos do que ela. Há energia demais, paixão demais, fogo demais em nossas entranhas para que nos acomodemos burguesamente no possível".[13] Essas palavras exalam seu romantismo. Mas também dizem outra coisa, que esse gênio hospitaleiro da transcrição e da execução transcendente explicitará ao tornar-se "padre Liszt": se fomos feitos para uma felicidade "burguesa", por que tantos sofrimentos, lamentos, ruínas sem fim? Não será isso a marca de que "somos mais valiosos do que a felicidade"? Não será esse o sinal de que a verdadeira alegria usa dessa violência para que não possamos "nos acomodar burguesamente no possível", mas para que sejamos tragicamente elevados até o inesperado?

A visão beatífica tem interesses em comum com o trágico. Para compreender isso, convém admitir que este último termo pode designar tanto uma fatalidade calamitosa quanto uma "fatalidade de felicidade".[14] De resto, as tragédias terminam bem. *A Oresteia* termina com a conversão das Fúrias em Benevolentes, *Alceste* com a ressurreição de uma morta amada. Mesmo aquelas em que se termina arrancando os olhos ou sendo retalhado por sua mãe selam uma conclusão feliz, ainda assim "melhor do que a felicidade": a verdade aparece, a desmedida horizontal do orgulho é corrigida pela desmedida vertical

---

[12] Arthur Rimbaud, "Les Premières Communions", in *Poésie* 1871-1872, op. cit., p. 92.

[13] Citado em Jean e Brigitte Massin (dir.), *Histoire de la Musique Ocidentale*. Paris, Fayard, 1985, p. 792.

[14] Arthur Rimbaud, *Une Saison en Enfer*, op. cit., p. 153.

do grito. Eurípides pode concluir Medeia assim como Helena: *Ao inesperado, os deuses dão passagem / É essa a conclusão deste drama*.

O trágico portanto não está tanto no infortúnio quanto no fato de estar-se entregue a uma transcendência: impossibilidade de dizer a última palavra, obrigação de terminar num grande grito. Essa é a nossa vocação para a beatitude, semelhante à pedra entregue ao buril: daquilo que existe para desbastar e para esculpir nela um rosto, ela só sente os golpes que a fazem estilhaçar-se, e seu Michelangelo ou seu Bernini lhe parecem empresários de demolição.

6. Ao menos quatro opções são possíveis para fugir a esse talho assíduo: uma materialista e três teológicas. A opção materialista é simples: tudo acaba no nada, ou ao menos na dissolução em partículas elementares, e a visão bem-aventurada é apenas uma invenção do medo. Mas é possível retribuir a gentileza: por que esse nada não teria sido ele mesmo inventado pelo medo diante dessa outra morte mais exigente – a de apresentar-se diante d'Aquele que me sonda e sem o qual eu não seria nada? Por que a redução à matéria não viria do temor de ter de comparecer como espírito e, portanto, como pessoa que teria de responder por seus atos e até *por toda palavra ociosa* (Mateus 12, 36)?

Que o diga o Êxodo 33. Ali o Senhor pronuncia a Moisés palavras que os bons cristãos esquecem de articular interiormente: *O homem não poderia me ver e continuar a viver* (Êxodo 33, 20). Estamos no coração da alegria que desconcerta. Ver o rosto de Deus é a vida eterna (*Os homens retos contemplarão sua face*, diz o décimo salmo). E, no entanto, ver seu rosto é morrer. Eis o paradoxo judeu e cristão: a vida eterna é "mortal". Sua alegria não para de romper nossos contentamentos. Sua beatitude não cansa de destruir toda felicidade cuja medida estaria em nós. E caso se queira conservar o termo "felicidade", fazendo soar nele a topada de um choque com a boa hora de uma sorte, é inevitável exclamar:

A Felicidade: Sua dentada, dócil à morte...[15]

---

[15] Ibidem.

7. Três outras opções – dessa vez, teológicas – tendem a apagar o trágico da alegria. A primeira foi proposta no século XII por Amaury de Bène (dito também de Chartres): Deus é transcendente demais para ser conhecido em si mesmo; a vida eterna não pode ser desfrutar de sua essência incriada, mas apenas de sua irradiação criada, através, por exemplo, de discursos sublimes, deitado sobre um leito de rosas e servido por 72 virgens complacentes.

A força dessa concepção está em não propor nada que exceda a nossa natureza: ela é de certo modo apresentável, e sabe fisgar as imaginações mais vulgares. É nisso que consiste todo o encanto de certo paraíso maometano. Segundo Jâber, companheiro do Profeta, ao comentar sua 56ª sura: "Os habitantes do Paraíso comem e bebem sem no entanto passar nem por defecação, nem ranho, nem urina. Sua refeição neles só provoca arrotos com perfume de almíscar". E, segundo Abou Musa: "Certamente há no Paraíso para o Crente uma tenda colocada em uma única pérola. Ela se eleva no céu a uma altura de sessenta léguas. E o Crente ali tem esposas que ele visita sucessivamente, sem que elas se vejam umas às outras...". As esposas não têm necessidade de ser únicas, nem de conhecer-se, porque o essencial aqui não está no encontro, mas num estado de gozo sem entraves. E esse gozo é exprimido por imagens elementares: o harém sem discussões, o banquete sem idas ao banheiro, a reza sem resfriado, o arroto que tem o som de um acorde e que sobe como incenso... Eis a comovente razão pela qual o islamista, pronto para o atentado suicida, protege antes a genitália do que o rosto.

Mas por que rejeitar a visão da essência divina? Não poderíamos integrá-la de tal modo que passe como uma carta enviada pelo correio? Essa é a opção professada pelos beguinos, tão ostensivamente místicos que nem havia mais mistério: o Céu consiste em contemplar Deus, dizem, mas essa contemplação corresponde a uma capacidade natural da nossa inteligência: "O homem pode atingir na vida presente a beatitude final em toda a sua perfeição, assim como a obterá na vida bem-aventurada... A alma não tem mais necessidade de glória do que o aluno para ver Deus e dele desfrutar".[16]

Essa doutrina é mais espiritual do que a anterior, mas sua espiritualidade não é a violação de outro Espírito, e que por essa razão pode tender a desprezar a carne. Aqui, graça nenhuma nos transpassa, e, ultrapassando nosso espírito, coloca-o de certo modo em igualdade com nosso corpo. A questão é eterizar-se pouco a pouco por meio da concentração. Largar as amarras da matéria para subir um a um os graus até os cimos do intelecto. A visão gloriosa é obtida pelo corte do nervo óptico. Em vez de proteger as partes ora pudendas, elas são cortadas a seco, segundo a crença de que, sem seu peso, é possível subir por si só ao céu.

8. Essas duas opções contrárias se baseiam na mesma recusa do sobrenatural, e portanto numa beatitude concebida como escancaramento. Uma terceira opção, pelo contrário, parece postular o absoluto do sobrenatural, mas, como a natureza se encontra nele inteiramente dissolvida e só está ali para lhe servir de contraponto, ela na verdade não faz mais do que naturalizá-lo. Encontramos essa opção em certas religiões do Extremo Oriente: a vida eterna é a dissipação da ilusão do eu e do mundo no Grande Eu universal. É o boneco de neve que quer se unir ao fogo. A estátua de sal que quer conhecer o mar. A bruma matinal que se evapora à aproximação do meio-dia: "Não me comparo ao pedaço de nuvem que erra pelo céu de outono inutilmente. Ó, sol meu eternamente glorioso! Ao teu toque a minha bruma ainda não se dissolveu, para que eu possa ser apenas um com tua luz".[17]

No fundo, a aniquilação em Brahma seria bastante cômoda. O escancaramento seria apenas transitório. Não seria preciso suportá-lo eternamente. Eu não estaria mais presente para ter de sentir sua mordida. Eu não teria mais de amar e de ser amado eu mesmo pessoalmente. Eu ficaria livre de mim mesmo, de tudo em mim que me

---

[16] Denzinger, *Enchiridion Symbolorum*, 894-895. Paris, Cerf, 1997, p. 319.
[17] Rabindranath Tagore, *L'Offrande Lyrique*, 80. Trad. André Gide, Paris, Gallimard, 1971, p. 115. (Coleção Poésie)

deixa pouco à vontade, do ônus de ter de aparecer eu mesmo à luz com todos os detalhes e hiatos da minha história. Afinal, é difícil ser Fabrice Hadjadj o tempo todo (o leitor pode riscar meu nome e colocar o seu). Isso tem algo de repulsivo, quando se pensa no tipo asqueroso que sou, mas também algo de exigente, quando se pensa naquilo que o Altíssimo quer fazer de mim. Desaparecido em Deus, o que poderia ser mais prático? Terei acabado com o crápula que fui, não verei mais meu coração vomitando suas máculas. E, mesmo assim, se ignoro minha miséria, como cantarei Sua misericórdia?

A doutrina é, portanto, inversa, mas a recusa é a mesma das doutrinas precedentes. O aniquilamento espiritual equivale ao aniquilamento material, e a felicidade sem visão de Deus à sua visão sem sofrimento. Ninguém tolera o desconcerto de uma criatura abraçada por seu Criador, levada além de sua natureza a partir do fundo de sua própria natureza, e portanto ao mesmo tempo morta em seu orgulho e mantida em sua identidade. João da Cruz usa a imagem de uma "chaga gloriosa":

> As chagas causadas pelo fogo material só podem ser curadas por unguentos; porém, a chaga que vem da queimadura do amor divino só é curada pelo mesmo fogo: este a cura queimando-a ainda mais... A chaga é tão mais gloriosa quanto mais fundo a ferida de amor penetra no centro íntimo da substância da alma.[18]

Forçosamente, diante de uma glória como essa, tendemos a pedir milhares de pontos de sutura.

Face a Face (I) – Da Eternidade Geral ao Eterno Singular

9. Falando propriamente, a eternidade não existe. Ela é apenas uma visão do espírito. A fé bíblica não trata dessa abstração anônima.

---

[18] *A Chama Viva de Amor*, II, 7-8.

Ela não busca, como as sabedorias filosóficas, um *estado* de tranquilidade. Aquilo que a inspira, aquilo a que ela aspira, não é a eternidade, é o Eterno. Com E maiúsculo, sim, senhor. O nome de uma Pessoa, e até de uma comunhão de Pessoas. Por conseguinte, a vida eterna não é um estado, mas um encontro. Ela não é a entrada em alguma coisa, mas a união a alguém.

São Paulo, comparando a vida presente a sua eclosão por vir, não fala da visão beatífica como a apoteose de um saber, nem do paroxismo de um êxtase. Ele evoca a passagem de um espelho deformador a um rosto descoberto: *Hoje vemos por um espelho, confusamente; mas então veremos face a face* (1 Coríntios 13, 12). *Prosôpon pros prosôpon* – o que também significa "de pessoa a pessoa". Mas tradução nenhuma pode transmitir o som da expressão grega. Seus três pros – adiante! – fazem ouvir o caráter dinâmico e não estático do que está além do espelho. Nisso, por meio dessa expressão grega, Paulo é menos grego do que judeu. Ele não diz: "Procurai a sã doutrina", nem "Procurai a paz interior", mas, como filho de Davi: *Procurai continuamente sua face* (Salmo 104, 4). A Verdade é relação com uma Pessoa, e não domínio de um sistema. Sua Paz é um abraço, e não um desapego.

10. Na sarça ardente, Deus se revela a Moisés através do nome "*Eu Sou*": "*Eu Sou envia-me junto a vós*" (Êxodo 3, 14). Ainda que esse nome seja comuníssimo (qualquer um pode dizer: "Eu Sou"), Tomás de Aquino dele deduz que se trata não apenas de um nome próprio, mas do "nome mais próprio de Deus" (*maxime proprium nomen Dei*[19]). Alguns interpretaram essa afirmação como uma demolição da Revelação na metafísica. Mas, na verdade, ela instrui um cumprimento da metafísica na Revelação. Não é o nome próprio que é absorvido no conceito de ser. É o conceito de ser que é conduzido à irredutibilidade do nome próprio.

A partir daí, o ser não é mais apenas a noção mais universal: ele é também a realidade mais particular. Sua universalidade opõe-se a

---

[19] São Tomás de Aquino, *Suma Teológica*, I, qu. 13, art. 11.

todo particularismo isolante. Ser é sempre ser singular, ter um nome próprio, não ser solúvel numa espécie ou num gênero (mesmo que a espécie e o gênero sejam necessários para chegar ao indivíduo); e, ao mesmo tempo, é estar sempre em relação com todos os outros singulares, sendo o nome próprio aquilo que paradoxalmente temos de mais comum.

O apaixonado sabe disso, assim como o poeta. O primeiro repete o nome de sua amada: "Monique! Monique!" (suponho que ela se chame Monique). Para nós, Monique faz parte da categoria "mulher", mas, para ele, ela é o acontecimento cuja unicidade ele gostaria de declarar além das classificações. Assim, achamos que ele é ridículo. Mas ele adivinha que esse ridículo não mata, pelo contrário: ele ressuscita, porque é o ridículo de Deus mesmo (Deus, de fato, não para de cantar amorosamente "Monique", ou o seu próprio nome, ou o da sua tia-avó, sem o quê nem você, nem a sua tia-avó, nem Monique poderiam existir).

11. Um salmo diz sobre o Eterno: *É ele que fixa o número das estrelas, e designa cada uma por seu nome* (Salmo 146, 4). Outro: *Ó Deus, como são insondáveis para mim vossos desígnios! E quão imenso é o número deles! Como contá-los? São mais numerosos que a areia do mar* (Salmo 138, 17-18). Cada pequeno astro na noite, cada grão de areia sobre a praia, mesmo a menor cabeça de alfinete, o Altíssimo os conhece a todos e os chama por um nome sem similar. E mais ainda ao homem. No Evangelho de João, Jesus recorda: *Ele chama as ovelhas pelo nome e as conduz à pastagem* (João 10, 3).

Essa descoberta é um duro golpe para o "filantropo" que ajuda as vítimas de um terremoto num lugar muito distante, mas deixa aos bons cuidados do asilo as tremedeiras de sua velha mãe com Parkinson. Ela também deve deixar pouco à vontade o "humanista" que está pronto para sacrificar-se pelo "Homem", mas não aguenta sua mulher. Se Tocqueville nos previne contra o "despotismo democrático", se ele teme essa "multidão incontável de homens semelhantes e iguais voltam-se sem repouso para si mesmos para obter prazeres pequenos e vulgares com que preenchem a alma", é porque ele conhece sua teologia e sabe que a verdadeira força não tem nada a ver com o igualitarismo e a indiferenciação:

> Deus não pensa de modo algum no gênero humano de modo geral. Ele enxerga no mesmo instante e separadamente todos os seres de que a humanidade se compõe, e percebe cada um deles com as semelhanças que o aproximam de todos e com as diferenças que os isolam. Deus portanto não tem necessidade de ideias gerais; isto é, ele nunca sente a necessidade de fechar um número enorme de objetos análogos sob uma mesma forma a fim de neles pensar de maneira mais cômoda.[20]

"Outramente" Outro e Unicamente Único

12. Assim, não nos aproximamos o suficiente de Deus enquanto o designamos como o Outro (ainda que um versículo da Escritura o designe inversamente como *o Mesmo*; Salmo 101, 28). O Criador não está no plano das criaturas. Ele não é uma super-criatura que dominaria todas. A transcendência é exatamente o contrário de uma grandeza na mesma escala. É verdade que Deus está no mais alto dos céus: mas ele também está nas coisas mais banais. Golias é ínfimo diante de sua imensidão, e mesmo assim a funda de Davi é grande o bastante para que ele habite nela. Ele é, portanto, maior do que grande e mais outro do que outro. Ele sabe assustar o tirano mais titânico, porque o tem em sua mão; e ele não conseguiria esmagar nem a mais minúscula aranhazinha, porque lhe deu a vida. É por isso que ele não é absolutamente um outro em concorrência com os outros ou comigo mesmo. Se, depois de ter amado Siffreine, começo a amar outra mulher (Monique) mais intensamente, sou obrigado a me afastar de Siffreine ou a amá-la menos. Mas se começo a amar a Deus com mais força, só posso amar

---

[20] Alexis de Tocqueville, *De la Démocratie en Amérique*, II, I, 3, in *Oeuvres*, tomo II. Paris, Gallimard, 1992, p. 523.

Siffreine mais profundamente, porque ele é seu Princípio, e também amar Monique, e até Raymond, mas cada qual como se deve, sem enganar ninguém. Igualmente, se eu quisesse aniquilar-me nele, ele só poderia me tirar do nada e me constituir ainda mais como eu mesmo, na minha singularidade própria, porque ele não é apenas um outro, mas meu Criador. Em última análise, o amor do Criador, por exclusivo que seja, inclui todas as criaturas. E o mergulho em sua Vida não é um afogamento na indistinção, mas um emergir ao mesmo tempo na diferenciação mais radical e na comunhão mais profunda.

Para entender isso melhor, C. S. Lewis propõe a seguinte "comparação imperfeita":

> Imagine pessoas que sempre viveram nas trevas, e às quais você explica o que é a luz. Você poderia dizer-lhes que, se elas viessem até a luz, seriam completamente iluminadas pela mesma luz, que eles todos a refletiriam e ficariam todos visíveis. Será que eles não vão imaginar que, estando banhados pela mesma coisa, e reagindo da mesma maneira, vão todos ficar parecidos? Ora, vocês sabem muito bem, assim como eu, que a luz vai mostrar ou ressaltar suas diferenças.[21]

O sol não compete com as coisas visíveis: ele lhes confere sua visibilidade. Seu levantar-se não uniformiza: ele faz resplender toda variedade, todo o pintalgar, todo o reluzir das cores.

Num poema admirável, "Pied Beauty" [Beleza Matizada], Gerard Manley Hopkins dá graças por essa "beleza matizada" que o Eterno vai matizando ainda mais à medida que nos aproximamos dele:

> Glória a Deus pelas coisas de cor variada –
> Céu pintalgado, como novilha malhada;
> Pintas rosas salpicando a truta que nada;

---

[21] C. S. Lewis, *Être ou ne pas Être*. Trad. J. Blondel, Paris, Delachaux Niestlé, 1968, p. 119.

[...]

Tudo que é raro, original, estranho, oposto;
Variável, variegado (por que o seria?) –
Lesto, lento; doce, azedo; faiscante, fosco –
Aquele cuja beleza é imutável os cria:
Louvai-o.[22]

13. Se a palavra "outro" aplicada a Deus deve ser tomada de modo diferente para suas criaturas, o mesmo vale para a palavra "um", que deve ser tomada de maneira única. O monoteísmo pode ser concebido à maneira de um monolito ou de um Monoprix[23] (isso seria à maneira de um monoquíni, havendo menos lugar para reclamar). Como observa Rémi Brague: "A verdadeira questão seria perguntar-se *como* Deus é um, qual é o modo de unidade que liga o divino a si mesmo".[24] Afinal, essa unidade pode ser concebida como uma compacidade: Deus é feito de um só bloco, *as-samad*, o Impenetrável, segundo a centésima décima segunda sura. É impossível entrar na Vida divina: batemos contra um muro. A menos que possamos nos fundir e nos aniquilar do lado de dentro.

Mas essa unidade também pode ser entendida como uma comunhão: Deus é em si mesmo amor, relação do Pai e do Filho no Espírito. A única coisa que resta ao bloco é divertir-se. Eis-nos no singular plural, aéreo, musical, coreográfico, intimamente generoso. Apesar de sua aparente similitude, a expressão de São Paulo: *Um só Senhor, uma só fé, um só batismo* (Efésios 4, 5) opõe-se radicalmente ao *slogan* nazista: *Ein Volk, ein Reich, ein Führer! Exit* o monolito! O Um não abole o Outro. Ele o deseja e o acolhe infinitamente. Em

---

[22] Tradução de Aíla de Oliveira Gomes. Em *Poemas*. São Paulo, Companhia das Letras, 1989, p. 91. (N. T.)

[23] Uma grande rede de supermercados da França. (N. T.)

[24] Rémi Brague, *Du Dieu des Chrétiens (et d'Un ou Deux Autres)*. Paris, Flammarion, 2008, p. 21.

Deus, a absoluta unidade da Essência não proíbe mais a absoluta distinção das Pessoas. Tomás de Aquino exprime isso por meio de uma simples nuance gramatical latina: "Dizemos que o Pai é *alius* [no masculino], isto é, que é diferente do Filho, e não *aliud* [no neutro], isto é, outra coisa; e, inversamente, dizemos que são *unum* [no neutro], isto é, uma só coisa, e não *unus* [no masculino], isto é, um único sujeito".[25]

Não quebramos mais a cabeça contra a parede; não nos fundimos mais em sua substância compacta; entramos na dança (os padres da Igreja falam da "pericorese" das pessoas divinas, usando um verbo grego que quer dizer ao mesmo tempo dar voltas juntos e dar lugar ao outro[26]). Se Deus é de tal modo que sua própria unidade não exclui a alteridade, a união mais radical com ele só pode sustentar e reforçar Monique, ... ou .... (coloque o seu nome ao lado da pessoa que lhe é mais antipática) em sua diversidade rodopiante. A diferenciação do Filho, Verbo criador, garante nossa diferenciação eterna: *Os que ele distinguiu de antemão, também os predestinou para serem conformes à imagem de seu Filho, a fim de que este seja o primogênito entre uma MULTIDÃO de irmãos* (Romanos 8, 29).

14. Cristo disse a seus apóstolos: *Não vos alegreis porque os espíritos vos estão sujeitos, mas alegrai-vos de que os vossos nomes estejam escritos nos céus* (Lucas 10, 20). O triunfo da alegria não está na dominação de um sobre outro, mas na comunhão de todos com cada um, retomado em sua identidade mais insubstituível. Nesse sentido, declara o Apocalipse: *Quem tiver ouvidos, ouça o que o Espírito diz às igrejas: ao vencedor darei o maná escondido e lhe entregarei uma pedra branca, na qual está escrito um nome novo que ninguém conhece, senão aquele que o receber* (Apocalipse 2, 17). Baseando-se nesse versículo, o catecismo da Igreja Católica ensina com muita segurança: "Os eleitos vivem 'n'Ele', mas

---

[25] São Tomás de Aquino, *Suma Teológica*, I, qu. 31, art. 2, ad 4.

[26] Ver Emmanuel Durand, *La Périchorèse des Personnes Divines*. Paris, Cerf, 2005, p. 23-24.

n'Ele eles guardam, ou melhor, n'Ele eles encontram sua verdadeira identidade, seu nome próprio".[27]

No Nome impronunciável, cada qual recebe seu nome mais próprio. No unicamente Único, cada qual amplifica sua unicidade. Perco-me em "Eu sou" e sou ainda mais eu mesmo. O versículo já citado de Êxodo 3, 14 contém esse *tour de force* gramatical que procura representar a medida da ternura divina: *Eu Sou me enviou junto a vós*. Com essa frase, Moisés antecipa-se em alguns séculos a Rimbaud: "Eu é um outro".[28] Ela começa por um "Eu" que não o é o de quem a pronuncia. Essa alteração, todavia, não é uma alienação. Ela não apaga o eu de Moisés: ela o constitui, lhe dá uma missão, declara que a essência do ego não é egoísta, mas apostólica. Ser si mesmo é ser enviado – por Deus, pelos outros.

15. *Assim, os dons e o chamado de Deus são irrevogáveis* (Romanos 11, 29). O Redentor não contradiz o Criador. Se o Verbo se fez homem, não foi para que nossa divinização seja como a cereja em cima do bolo, nem como a dureza na cabeça, nem mesmo como o acréscimo de um andar repleto de querosene a nosso foguete: é para que nossa divinização seja operada por todas as fibras de nossa imunda "homenzice". Tomás de Aquino tira daí o seguinte princípio fundamental: "A natureza não é abolida pela glória, mas realizada".[29] Princípio esse que posso enunciar de maneira mais concreta: quanto mais eu for divino, mais serei humano; e quanto mais eu estiver n'Ele, mais serei eu mesmo, com cada um de vocês.

Proust insiste na

> dificuldade que eu tinha em pensar na minha própria morte ou numa sobrevida como aquela que Bergotte prometia aos homens em seus livros, à qual eu não poderia levar minhas

---

[27] *Catecismo da Igreja Católica*, § 125.

[28] Arthur Rimbaud, carta a Georges Izambard, 13 de maio de 1871, op. cit., p. 224.

[29] São Tomás de Aquino, *Suma Teológica*, II-II, qu. 26, art. 13, sed contra.

lembranças, meus defeitos, meu caráter, que não se resignavam com a ideia de não mais ser e queriam para mim nem o nada, nem uma eternidade onde eles não existissem mais.[30]

E ele evoca aliás discretamente "esse equívoco que faz com que uma religião fale de imortalidade, mas entenda por isso alguma coisa que não exclui o nada".[31] De fato, se ela leva à destruição de nossa natureza e de nossa personalidade, com suas lembranças próprias, seus afetos particulares, suas amizades e seus amores naquilo que eles têm de verdadeiro, nossa vida eterna se reduziria muito precisamente a nada. Ela seria talvez até menos desejável do que uma morte total, a qual, pelo menos não me trairia na existência que vivi. Uma célebre comparação de Leibniz permite compreender bem:

> Suponhamos que algum particular deva subitamente tornar-se rei da China, mas sob a condição de esquecer aquilo que foi, como se acabasse de nascer de novo; isso não é similar a ele ser aniquilado e um rei da China ser criado no mesmo instante em seu lugar? Esse particular não tem razão nenhuma de desejar isso.[32]

O encontro do Eterno quer que eu me torne radicalmente outro, mas não um outro que não eu. Ele abala minha condição, mas não corrompe minha natureza. Basta que ela seja apresentada como uma alteração tal que nela eu não mais me reconheça, e ela se torna para mim menos desejável do que minha própria sobrevida ridícula num diário íntimo ou numa gravura desbotada. Os amigos de Jó assim gostariam que ele se rebaixasse diante de Deus. Mas ele lhes responde de uma vez: *Serei eu que contemplarei meu Redentor, eu mesmo, com meus olhos, e ele não será estrangeiro* (Jó 19, 27).

---

[30] Marcel Proust, *À l'Ombre des Jeunes Filles en Fleurs*, op. cit. Tomo I, p. 555.
[31] Idem, *Sodome et Gomorrhe*, op. cit. Tomo II, p. 862.
[32] Leibniz, *Discurso de Metafísica*, § 34.

Conhecer para Nunca Compreender

16. Curiosamente, Liszt conclui a carta já citada com o seguinte oráculo: "A eterna sede da sede me consumirá eternamente". Essas palavras parecem descrever uma pena infernal. Nelas, o suplício de Tântalo parece tomar o lugar da felicidade dos santos. Não disse Jesus à samaritana: *Mas o que beber da água que eu lhe der jamais terá sede* (João 4, 14)? Mas a própria sabedoria de Deus declara em outra parte: *Os que me bebem terão ainda mais sede* (Eclesiástico 24, 21). Por conseguinte, a sede da sede, a qual aliás é satisfeita por seu próprio aumento, parece exatamente paradisíaca. Como poderia o Céu ser mais belo do que um drama, se não passa do saciar de um apetite, do peso de um cantil cheio, do estacionar de um caminhão-pipa? A sede é contida o tempo todo e a cada momento exige um refrescar sempre maior: "As duas coisas crescem simultaneamente", nota São Gregório de Nissa. "A faculdade nutrida pela abundância dos bens aumenta, e o afluxo dos bens nutritivos leva a uma capacidade de recepção cada vez maior."[33]

Para os bem-aventurados, a eternidade não pode ser longa, ela não tem tempo para entediá-los, porque eles estão sempre no começo dela: eles nunca deixam de estar ao mesmo tempo na plenitude de seu cumprimento e nos frescor de seu começo, não apenas porque o Eterno é uma pura presença transbordante, mas porque eles nunca param de penetrar mais fundo em sua alegria. Seria preciso imaginar núpcias em que a profundidade inumerável dos dias e das noites atravessadas juntos se conjuga com a novidade do primeiro encontro, com a comoção da primeira carícia, com a aurora do noivado. O Apocalipse nos convida: *Vem, vou mostrar-te a noiva, a esposa do Cordeiro* (Apocalipse 21, 9). No Céu, a esposa ainda é a noiva graciosa, a noiva já é a esposa perfeita: as núpcias na Eternidade têm ao mesmo tempo algo do imemorial e do súbito, daquilo que é sempre jovem, e daquilo que é mais antigo do que o tempo.

---

[33] Gregório de Nissa, *De Anima et Ressurrectione*, in PG, 46, 105 c.

Assim Bossuet descreve os habitantes do paraíso como "para sempre admirados".[34] E São Francisco de Sales:

> Os espíritos bem-aventurados são tomados de dois sentimentos de admiração: um pela infinita beleza que contemplam; outro pelo abismo da imensidade que ainda fica por ver nessa mesma beleza. Ó, Deus! Como é admirável o que eles veem, quanto mais admirável ainda o que não veem![35]

17. Isso porque "nenhuma inteligência criada pode elevar-se a conhecer a essência divina no que ela tem de cognoscível".[36] O face a face, como vimos, não abole a alteridade das naturezas, nem das pessoas. A criatura, em Deus, transborda para além de suas faculdades naturais, mas nem por isso se torna infinita como Deus, o que seria sua destruição. Sua compreensão do mistério não é inclusiva. Ela guarda dele um conhecimento perfeito, que vai até além de sua medida humana, mas ela permanece diante de alguém outro, que ela não poderia reduzir a um conceito, que ela não pode compreender em sentido estrito. Finitude, portanto, tanto em cima como embaixo. Mas a finitude que na terra é vivida como obstáculo é vivida no Céu como ocasião de uma perpétua travessia. Abraçar verdadeiramente o outro não é absorvê-lo, porque ele não seria mais outro, nem dissolver-se nele, porque eu não estaria mais lá para abraçá-lo; é experimentar sempre mais o quanto, ao doar-se, ele nos excede. Mas esse excesso, aqui percebido negativamente, como uma falta de conhecimento, será percebido positivamente, como um acréscimo.

---

[34] Citado por Jean-Louis Chrétien, *Le Regard de l'Amour*. Paris, Desclée de Brouwer, 2000, p. 207.

[35] Francisco de Sales, *Tratado do Amor de Deus*, Livro Terceiro, cap. XV. A tradução usada é das Religiosas da Visitação de Annecy, revista pelo Padre Augusto Durão Alves, segunda edição. Porto, Livraria Apostolado da Imprensa, 1950. (N. T.)

[36] São Tomás de Aquino, *Suma Teológica*, I, qu. 12, art. 7, corp.

Essa positividade vem de o Eterno não ser mais conhecido pelo intermediário de uma representação, mas "imediatamente, claramente e a descoberto".[37] A diferença para nossa condição terrestre não é somente a diferença entre a fotografia de um ser e sua presença real, mas também entre sua presença diante de nós e sua íntima penetração. Rimbaud lamenta "os tempos da grande Cibele", cujo "duplo seio vertia nas imensidões / o puro jorro da vida infinita".[38] Esse puro jorro foi descrito definitivamente por Francisco de Sales numa metáfora que faz coincidirem o seio e o Santo:

> E, o que sobreexcede toda a doçura e suavidade é que, assim como as mães se não contentam de alimentar os filhinhos com o seu leite, que é sua própria substância, mas aconchegam-nos a si, oferecem-lhes o peito para que recebam o sustento, não por uma colher ou por meio de qualquer instrumento, mas de forma que o leite seja tomado pelo menino diretamente, e para assim dizer, na sua própria nascente, assim Deus, nosso Pai, não se contenta de fazer receber a sua própria substância no nosso entendimento, isto é, de nos fazer ver a sua Divindade, mas por um abismo da sua bondade aplicará a sua substância ao nosso espírito, para que a percebamos, não tanto em espécie ou em representação, mas em si mesma e por si mesma [...] E então serão realizadas, dum modo superior, estas divinas promessas: *Eu a atrairei docemente a mim, a levarei à solidão e lhe falarei ao coração. Alegrai-vos com Jerusalém e exultai nela, para que vos amamenteis ao peito da sua consolação, e vos inebrieis e delicieis na torrente da sua glória; sereis levados aos peitos, e sobre os joelhos vos acariciarão* (Isaías 64, 10-12).[39]

---

[37] Bento XII, Constituição "Benedictus Deus", 29 de janeiro de 1336, in *Enchiridion Symbolorum*, op. cit., n. 1000, p. 335.

[38] Arthur Rimbaud, "Soleil et Chair", op. cit., p. 62.

[39] Francisco de Sales, op. cit., cap. XI.

18. O santo se doa ao bem-aventurado como o seio da mulher à criança, sem intermediário, mas também de maneira tal que a mama é sempre maior do que a cabeça do pequeno. Máximo, o Confessor, tira daí a seguinte fórmula notável: "Lá, Deus será perfeitamente conhecido e totalmente incompreendido".[40] Ele se revela até mais incompreensível quanto mais perfeitamente é conhecido. Afinal, conhecê-lo é reconhecer sua fonte infinita, e, por conseguinte, que ele é sempre mais cognoscível do que é conhecido, mais amável do que é amado, mais louvável do que é louvado. Quem pretende compreendê-lo em seu espírito não o conhece, conhece-o menos ainda do que um ateu, porque um ateu pelo menos se declara sem Deus, ao passo que esse teísta julga possuí-lo quando só possui um pequeno ídolo.

É grande a consequência para nosso desejo de saber em geral. Se o termo último de nossa ciência não é apreender para si, sozinho, enciumadamente, mas abrir-se ainda mais ao amor de um outro incompreensível, é preciso admitir: ela se realiza menos num enciclopedismo que domina seu assunto do que num maravilhamento que o adora. Sem o horizonte dessa adoração, o saber perde seu sabor. Em vez de crescer, ele incha. Seu hiperintelectualismo se transforma em paranoia: passamos a crer que a realidade que não entra em nosso sistema não passa de uma malevolência persecutória; rejeitamos essa vida aberta ao acontecimento para só aceitar aquilo que está conforme a seu programa.

O matemático Laurent Lafforgue me falou de um colega seu, físico, que pretendia reduzir tudo à teoria da relatividade geral: este mundo seria apenas uma possibilidade sem consistência entre outras que se realizariam em outras dimensões; por toda parte, havia apenas frequências de onda; o tempo não teria qualquer existência. Um dia,

---

[40] Essas palavras me chegaram do padre Jean-Miguel Garrigues e de seu excelente retiro teológico, "La Vie Eternelle", pregado na abadia de Mondaye, entre 4 e 9 de agosto de 2008.

na cantina do Instituto de Altos Estudos Científicos, Laurent Lafforgue lhe pergunta, não sem audácia infantil: "Mas e você, você existe?". O físico fica sem palavras. Quinze segundos passam diante de seu flã já comido, quinze segundos que em sua teoria não existem, mas que, por sua "ausência", corriam bem o risco de esticar-se indefinidamente. No entanto, em seu rosto, aquilo foi só uma nuvem rápida: logo ele se recompõe numa fachada magistral, e, aliás, ele nem tem tempo para isso, precisa voltar às suas pesquisas... Ele compreende tudo tão bem que nem sabe mais enxergar um rosto.

Itinerário da Mente a meu Vizinho

19. Se "as almas dos santos veem a essência divina por uma visão intuitiva e facial, sem intermediário de nenhuma criatura cuja visão seria interposta",[41] poderíamos lamentar alguma coisa: não é uma das graças daqui de baixo conhecer Deus *por intermédio das criaturas*, receber Cristo pela mão de um velho padre depressivo, aproximar-se da Trindade por uma criança trissômica, chegar ao Todo-Poderoso por uma caixa do supermercado? Essa visão imediata, se é o encontro do Eterno, vai abolir a necessidade de encontrar o próximo?

Sem dúvida, pode-se precisar que ver a essência divina é ver nela todas as coisas, e portanto o padre depressivo, a criança trissômica e a caixa de blusa azul-marinho, etc. Mas isso só faz agravar o problema: se só os vejo em Deus, não é como se eles não tivessem mais nenhuma consistência própria? Se tudo está lá embaixo numa transparência absoluta, e cada um está submetido a uma perpétua radioscopia de toda a sua pessoa, entre nós não há mais o acontecimento de uma opacidade que se abre, o erotismo de uma alma que se desnuda. Diante do pudor daqui de baixo, a evidência celeste pode ter a aparência de um rapto, de uma captura obscena, de uma exposição pornográfica. Visão de papel pega-moscas. Como nosso ímpeto ainda seria de amor se ninguém mais

---

[41] Bento XII, op. cit.

tem a liberdade de voltar-se para o outro? Rimbaud exprimia isso nesta questão decisiva: "Quero a liberdade na salvação: como buscá-la?".[42]

20. Contra essa ideia de uma beatitude como transparência total que aboliria a graça de desvelar-se livremente ao outro, três razões podem ser mencionadas.

1ª Nós a vimos ao admirar Deus como outramente outro e único em sua maneira de ser um. O Eterno não está ao lado de Maurice ou da caixa, ele é o Autor deles. Por conseguinte, vê-lo sem intermediários não faz de mim um coelho petrificado pela serpente: isso me torna ainda mais para os outros em sua própria alteridade. No fundo, é uma fraqueza das coisas daqui de baixo ter de nos servir de intermediário. Estou diante de Siffreine: na pior das hipóteses, ela não passa de um acessório do meu cotidiano; na melhor, ela é para mim o sinal de Deus. Para o melhor e para o pior, portanto, ela é uma mulher-objeto. Objeto doméstico ou objeto místico, a diferença não é desprezível, mas ainda assim só verei nela a escala do Altíssimo, ela ainda seria um degrau. Enquanto eu não estiver realizado, tenderei a reduzi-la a mim, a fazer dela uma etapa do caminho, e nossa relação permanecerá turva, parcial, sempre interessada no bom e no mau sentido. Meu olhar se deterá apenas brevemente em seu rosto, para logo ir procurar mais longe, acima de seus ombros. Pelo contrário, se estou em Deus, finalmente posso ir até ela nela mesma, em seu mistério concreto. O sentido da mediação se inverte. Não é mais a criatura que é para mim caminho para o Criador, é o Criador que se torna caminho para a criatura: inclino-me em sua direção como a árvore que, após ter sido elevada até o céu, verga todos os seus galhos para a terra *ex multitudine fructuum* – por causa da abundância de seus frutos.[43]

De resto, como *Deus será tudo em todos* (1 Coríntios 15, 28), enfim me será possível *adorar* Siffreine (não agora, minha querida, ainda há um caminho a percorrer...). Uma vez que ela se torne inteiramente

---

[42] Arthur Rimbaud, *Une Saison en Enfer*, op. cit., p. 145

[43] *De Beatitudine*, atribuído a São Tomás de Aquino, II, 3.

eucarística, que Deus a tenha invadido de toda a sua presença real, ela não será mais apenas um ostensório, ela se tornará ela mesma a hóstia (o disco branco sobre um fundo branco é, por ora, necessário para a purificação do meu olhar, mas um rosto de mulher é mesmo assim melhor, nas espécies, do que a pequena pastilha de pão ázimo), e eu poderia amá-la como se ela fosse a única, pois "Deus parece envolver cada alma com seu amor, como se tivesse esquecido todas as outras".[44] ("Mas então, como Siffreine me obriga a dizer, você também poderá adorar Úrsula, Kate e até nosso vizinho Sylvain Gueit como se fosse o único! – Sim, meu amor, e também aquela trissômica saltitante, e o velho padre depressivo, mas não da mesma maneira que você, e sem lesá-la, porque onde reina a Justiça cada qual dá e recebe segundo uma plenitude exata, sem divisão, que corresponde à trama singular de cada história.") A graça daqui é subir de Siffreine ao Eterno; a glória de lá é descer do Eterno a Siffreine.

2ª A visão beatífica, como acabamos de dizer, não é abrangente. A alma nela conhece Deus "por inteiro", mas "não totalmente": sua finitude não é anulada, mas exaltada diante da infinitude inesgotável do mistério (e é por isso que alguns podem preferir as trevas, a fim de não ver-se o tempo todo tirados do nada e preenchidos por alguém que sempre está mais além). Irineu de Lyon sublinha: "No Reino futuro, Deus sempre terá algo a ensinar, e o homem sempre terá algo a aprender com ele".[45] Ora, aquilo que sempre fica por ensinar é comunicado por Deus "aos últimos pelos primeiros e pelos intermediários".[46] Mesmo que cada um nunca deixe de experimentar um crescimento, esse crescimento se opera no seio de um certo grau de glória, que corresponde à intensidade do desejo com o qual ele, aqui embaixo, apegou-se à Vida. Aqueles que estão num grau mais elevado veem a essência divina, mas melhor, como quem olhas-

---

[44] Ibidem, II, 2.

[45] Irineu de Lyon, *Contra as Heresias*, II, 28, 3.

[46] São Tomás de Aquino, *De Veritate*, qu. 9, art. 2, ad 1.

se uma paisagem esplêndida com maior acuidade visual. Eles então não deixam de ensinar aos outros as novidades sobre "os segredos dos mistérios divinos".[47]

Tomás de Aquino qualifica essa iluminação como autêntica "paternidade espiritual": "Como entre os anjos [e os bem-aventurados], um comunica a luz ao outro, aperfeiçoa-a e purifica-a, e como esses atos são hierárquicos, é manifesto que um é pai do outro, da mesma maneira que o mestre é pai do discípulo".[48] Essa afirmação se baseia numa palavra de São Paulo a respeito do *Pai de nosso Senhor Jesus Cristo, de quem procede toda paternidade no céu e na terra* (Efésios 3, 14-15). Ela revela a existência de uma paternidade no Céu. O Pai não confisca para si próprio a capacidade de engendrar: *Se sou Eu que faço gerar, impediria Eu de dar à luz?* (Isaías 66, 9). Ele a confere de um próximo a outro próximo. A beatitude não seria suficientemente escancarada se nos deixasse estéreis. Pelo contrário, o sermos chamados a dar à luz no outro, segundo uma maiêutica inimaginável para Sócrates, assume e ultrapassa o dom da vida corporal, da arte e da sabedoria humanas.

3ª Se deixarmos o ponto de vista hierárquico para considerar as relações mútuas dos bem-aventurados em si mesmas, é preciso admitir que elas nada terão de supérfluo, nem de forçado. Nessa comunidade, como num corpo, cada membro exige a cooperação de todos os outros: *O olho não pode dizer à mão: "Não preciso de ti"; e a cabeça não pode dizer aos pés: "Não preciso de vós". Os membros do corpo que parecem mais fracos são os mais necessários* (1 Coríntios 12, 21-22). Estando cada qual unido a Deus sem intermediário, percebe ainda mais imediatamente a necessidade da presença dos outros, porque o Eterno *os escolheu em Cristo antes de criar o mundo para que sejamos santos e sem defeito diante d'Ele, no amor* (Efésios 1, 4). Então o encontro não consiste numa iluminação, mas numa refração, numa irisação da claridade única. Até o menor leva ao maior a coloração nova de sua maneira

---

[47] Idem, *Suma Teológica*, I, qu. 112, art. 3, corp.
[48] *Comentário à Epístola aos Efésios*, cap. III, lição 4.

própria, insubstituível, de receber Deus. Não há o dom de uma harmonia mais elevada, mas, sobre essa harmonia bem conhecida, o inédito de uma voz singular, de seu timbre e de sua melodia tão peculiar.

Tomás de Aquino insiste: essa necessidade harmônica não destrói a improvisação da liberdade. Cada pessoa é um santuário, e ninguém além do Eterno, nem um serafim, pode penetrá-la a fundo: "Aquilo que é próprio de Deus não convém aos anjos. Ora, conhecer os pensamentos dos corações é próprio de Deus, segundo esta palavra de Jeremias: Nada mais ardiloso e irremediavelmente mau que o coração. Quem o poderá compreender? *Eu, porém, que sou o Senhor, sondo os corações e escruto os rins*[49] (Jeremias 17, 9). Aquilo que dissemos a respeito de Deus perfeitamente conhecido e totalmente incompreendido refere-se também aos eleitos: cada qual é inesgotável, sempre mais rico e mais livre do que aquilo que se pode apreender. É nisso que o nome próprio é sempre superior ao nome comum: por mais elevado que seja o conhecimento do outro na essência divina, ele não diminui em nada a necessidade de voltar-se para seu rosto, e de mendigar que ele queira revelar aquilo que tem de mais próprio (sua alma mais vertiginosa do que seu sexo, invaginado por Deus, aberto infinitamente).

Face a Face (II) – Entre o Arcanjo e o Pobre Lázaro

21. É aí que a alegria se torna de outra maneira desconcertante a tal ponto que alguns poderiam preferir o inferno. Muitas vezes o caridoso padre pretende consolar o viúvo dizendo-lhe: "Lá você vai reencontrar sua esposa na felicidade". A promessa nada diz ao incréu. Mas, para o crente um pouco imaginativo, ela é assustadora. Não falo do temor assaz baixo de ainda ter de aguentar, junto com a esposa, toda a família dela: a dificuldade ainda seria humana. O que me parece uma dificuldade sobrenatural é que haverá menos redescobertas do que descobertas, e ter Siffreine ou Micheline na glória não é

---

[49] São Tomás de Aquino, *Suma Teológica*, I, qu. 57, art. 4, sed contra.

de jeito nenhum a mesma coisa que tê-las no fogão. Todas as nossas microchantagens cotidianas, todas as nossas pequenas manipulações domésticas, todas as nossas caras falsas de atenção e de amor então serão impossíveis. Siffreine estará então ainda mais a meu serviço, não como quero, porém, mas como quer a suprema bondade dotada da suprema força, de modo que o marido estará tão satisfeito que exclamará muito provavelmente: *Para onde irei, longe de vosso Espírito? Para onde fugir, apartado de vosso olhar?* (Salmo 138, 7).

Sem dúvida nenhuma, na medida que foram generosas e verdadeiras, nossas afeições terrestre no Céu só poderão florir e multiplicar seus frutos. Catarina de Sena recebeu a certificação disso do alto: "Os santos participam de maneira especial da felicidade daqueles que amavam sobre a Terra".[50] Para Tomás de Aquino, na "pátria" é mais amado aquele que é o mais próximo de Deus, e portanto a Virgem Maria é mais amada do que a própria esposa; mas isso para logo acrescentar: "Sucederá de todo modo que cada qual amará aquele com quem esteve unido por diversas outras razões; afinal, na alma do bem-aventurado, os motivos de uma dileção honesta não poderiam jamais acabar".[51] As razões disso são simples: a glória não destrói a natureza, e faz parte da natureza do homem que aquilo que ele amou com seu coração e seu corpo lhe seja entrançado fibra a fibra – *já não são dois, mas uma só carne* (Marcos 10, 8). A alma separada do corpo não é um puro espírito: ela conserva seu molde carnal, e as inclinações próprias de seus amores sensíveis, desde que eles tenham sido investidos de uma verdadeira bondade, e tenham ramificado nela canais que a plena luz só poderá irrigar outra vez.

Mas isso não diminui em nada o problema. Aqui a dificuldade pode ser que a princesa encantada se transforme numa megera que se precisa domar. Lá a dificuldade será que a megera se transformará em deusa, e não será o pau de macarrão que estará em sua mão, mas o relâmpago de Zeus. Nosso viúvo ontem convivia com uma boa mulher, e era bem

---

[50] Catarina de Sena, *Diálogo*, I, 41.
[51] São Tomás de Aquino, *Suma Teológica*, II-II, qu. 26, art. 13, corp.

cômodo, a despeito dos inconvenientes. Amanhã ele terá de comungar com uma mulher boa, inimaginavelmente, e essa exigência é terrível.

22. De um lado, a companhia de santos muito superiores a si, com, só para piorar, uma Virgem à frente de todos eles, pode parecer humilhante demais: a esse reino entre os grandes videntes, o caolho pode preferir um império entre os cegos. Por outro lado, se a misericórdia divina é insondável, é grandíssimo o risco de suportar a companhia eterna daqueles que nos foram os mais antipáticos, e até de alguns grandes inimigos... O que, para aquele que não fez misericórdia, permanece impossível de engolir.

O hino gregoriano "In Paradisum", que é cantado no momento do enterro, por cima do caixão, termina com um pedido ao mesmo tempo solene e irônico: *Que você seja acolhido pelo Coro dos Anjos e que com o pobre Lázaro você encontre o repouso eterno*. Nessa única frase estão reunidos os dois extremos do pavor. Lembramos dos primeiros versos das "Elegias de Duíno":

> ... que um anjo súbito
> me prendesse a seu coração: forte demais seria sua presença
> e nela eu sucumbiria.[52]

Que estorvo, então, ser acolhido pelo coro angélico, e mais especialmente por esse amigo sempre atento cujo sorriso sem censura será para mim uma censura ainda mais fustigante: meu anjo da guarda! Mas, mais embaraçoso ainda: "encontrar o repouso eterno com o pobre Lázaro". Quem é essa figura? Não é nem o Lázaro de Betânia, irmão de Marta e de Maria Madalena, aquele que miraculosamente voltou dos mortos, mas o outro coitado, aquele lambido pelos cachorros: *Havia um homem rico que se vestia de púrpura e linho finíssimo, e que todos os dias se banqueteava e se regalava. Havia também um mendigo, por nome Lázaro, todo coberto de chagas, que estava deitado à porta do rico.*

---

[52] Rainer Maria Rilke, *Poésie*. Trad. Armel Guerne. Paris, Seuil, 1972, p. 315.

Ele avidamente desejava matar a fome com as migalhas que caíam da mesa do rico... Até os cães iam lamber-lhe as chagas (Lucas 16, 19-21). O Céu, então, normalmente, é o banquete eterno, mas o hino me assegura *in fine* que desfrutarei da companhia desse morto de fome, daquele mesmo que deixo na porta de meus banquetes terrestres. E é junto desse repugnante que terei de encontrar o repouso?

23. Num poema intitulado "L'Élue en Paradis" [A Eleita no Paraíso], Marie Noël delineia uma jovem bem-aventurada que percebe subitamente, passeando pelas pradarias elísias, o pecador que ela tinha amado e que a tinha vilmente trocado por outra. O Senhor lhe diz: "Sejas feliz! Tuas Aves / Tão chorosas o lavaram". Mas o que incomoda é que ele está passeando exatamente com a outra menina por quem ele havia deixado a primeira, e que sua ternura mútua ali aparece cristalinamente, numa nitidez imprevista. Oh! Ela tinha rezado sem falta pelos dois, a boa cristã, mas como quem reza pelos malvados, pelos prováveis condenados, convencida de que rolariam juntos pelo mau declive, sem achar que seu amor tivesse qualquer verdade. Mas ei-la atendida além de suas esperanças, intoleravelmente:

Novo o olhar entre eles
de alma a alma tão belo,

Tão doce! Meu Deus, talvez,
tivesses feito melhor, talvez,

para amanhã mais que o ontem alongado,
em ter-me ao inferno enviado.[53]

24. Ir para o Céu, portanto, não é apenas encontrar aqueles que amamos, mas amar aqueles que não pareceram desprezíveis, aceitar a

---

[53] Marie Noël, *Chansons de Mortes*, in *Oeuvre Poétique*. Paris, Stock, 1969, p. 546-47.

promoção dos trabalhadores da última hora, entrar na festa dada para a pobre incapaz, para o filho pródigo, para os miseráveis e malucos de todos os cantos. É ser recebido pelo mais antipático, que se torna para nós especialmente o mestre da casa: tendo sido para mim o mais repulsivo da Terra, ele era o comissário do Céu, aquele que o Senhor tinha colocado ali como uma represa, para que o nível da minha caridade subisse. É também aceitar ver o pecador por quem tínhamos rezado subitamente mais alto do que nós: no último minuto ele se abriu ao maior abandono, enquanto nós, bons praticantes, pretendíamos nos vangloriar de muitos terços rezados. Afinal, se o carrasco tem de admitir que só poderá receber sua alegria das mãos da sua vítima, o benfeitor tem de suportar que seu protegido, em última instância, o protege.

Impossível regozijar-se com essa condição paradisíaca sem uma rude preparação. Se minha vida vindoura consiste em ver face a face esse Lázaro que hoje me causa nojo, tenho o interesse, desde esse momento, em superar minha sensibilidade elétrica, e em amá-lo como ele é amado por Deus, sem o quê minha eternidade celeste será mudada em perpetuidade infernal. Esse interesse não é uma aposta egoísta, nem um constrangimento humanitário; é a liberação, aqui e agora, da mais alta poesia: que nesse rosto deformado, nessa face obsequiosa, nesses traços criminosos, nessa cabeça grosseira e até nessa linda carinha, eu vejo o florir da Santa Face!

Causar com Deus

25. A expressão "visão beatífica" é enganadora. Sobretudo em uma época de telespectadores. Poderíamos imaginar-nos numa poltrona, assistindo ao mistério divino como se fosse um grande show. Espectador. Passivo. Com batatas fritas. Não suplicamos a Deus que dê aos fiéis defuntos um "repouso eterno"? Sua *passagem* não deveria portanto levar a uma espreguiçadeira? A colocar a auréola e vigiar a paisagem? Ó, paraíso de uma preguiça que não seria mais motivo de vergonha! Ó, amor de rede balançada pela brisa dos hosanas! Em

alguns dias de grande cansaço não espero outra eternidade além de uma longa cura de sono. De resto, se por "ficar de preguiça" entendemos não um bestial comprazer-se, mas um lazer excelente, como isso não seria uma atitude celeste? Deus não santificou o sabá?

Contudo, o sabá não é um repouso de inércia, mas de festa. É um agir sem labor, mas não sem profundidade, uma invenção sem pena mas não sem plenitude, um parir sem o *tripalium* do trabalho, sem dúvida, mas não sem a oferenda radical de si. Um *Requies* que é também um *Exsultet*. O mesmo vale para a infinita geração do Filho pelo Pai na alegria do Espírito. O Eterno é "ato puro", segundo a bela expressão de Aristóteles. E os bem-aventurados participam da pureza desse ato que, do esforço, guarda apenas a energia límpida de um concerto de Mozart, a força fluida de uma tragédia de Racine, a grandeza livre da Comédia dantesca. É em seu Paraíso que o poeta é tomado pela vida mais viva: a dança, a música e o riso do Céu são de uma tensão tão excessiva que o visitante que não tenha primeiro *alvejado sua veste no sangue* (Apocalipse 7, 14) será reduzido a pó. De fato, no Apocalipse, os costumes do Reino não são representados como o cerimonial congelado de uma corte oriental: "Com que rapidez a imagética celeste apressa seu ritmo: ali se encontra de tudo, até batalhas travadas no céu, cânticos de triunfo, núpcias, cidades animadas dia e noite, repletas de flores e de árvores carregadas de frutos".[54]

26. Goethe portanto não é faustiano quando declara a um amigo: "Devo confessar que não me interessaria pela beatitude eterna se ela não me propusesse novas tarefas e novas dificuldades a vencer. Mas certamente as teremos ali...".[55] Ele se une a Teresinha de Lisieux:

> Espero mesmo não ficar inativa no céu, meu desejo é ainda trabalhar pela Igreja e pelas almas, é o que peço ao Bom

---

[54] Hans Urs von Balthasar, *Le Dénouement*, in *La Dramatique Divine*. Tomo IV, Namur, Culture et Verité, 1993, p. 374.

[55] Carta de Goethe a Von Müller, 23 de setembro de 1827, citada por Hans Urs von Balthasar, op. cit., p. 367.

Deus e tenho certeza de que ele me atenderá. Então os anjos não se ocupam de nós sem jamais deixar de ver o rosto divino, de perder-se no oceano sem praia do Amor? Por que Jesus não me permitiria imitá-los? Se já saio do campo de batalha, não é com o desejo de descansar.⁵⁶

Aqueles que estão na paz não poderiam ser desertores. Aqueles que estão nas alturas não poderiam esquecer aqueles que se arrastam aqui embaixo. Porque são alturas de amor, e o abaixamento é o sinal de sua magnificência. Para testemunhar essa verdade, nossa cara doutora da Igreja, que é uma senhorita que ainda não completou 23 anos, Teresa, remete à palavra do Cristo: *Guardai-vos de menosprezar um só destes pequenos, porque eu vos digo que seus anjos no céu contemplam sem cessar a face de meu Pai que está nos céus* (Mateus 18, 10). O "porquê" desse versículo nos transporta a um lugar surpreendente: é a conjunção de coordenação entre a Terra e o céu. Atenção aos pequenos desse mundo porque eles são defendidos pelos maiores da corte divina. *Porque* contemplar o rosto do Altíssimo é cuidar dos menores. O beatífico não exclui o microscópico. A visão celeste ainda é ação terrestre. O arcanjo tem algo de operário: "Eu que me dizia mago ou anjo, dispensado de toda moral, fui posto no chão, com um dever a cumprir, e com a rugosa realidade a abraçar! Camponês!"⁵⁷

27. É belo pensar que a hierarquia última é uma hierarquia de amor, e portanto uma hierarquia de intercessão. Ali, o mais elevado é aquele cuja vigilância se estende sobre o maior número e desce mais baixo. Assim, aquele que está no último grau da escala é preenchido não apenas segundo a medida subjetiva (seu dedal de costura é tão transbordante quanto o leito do rio), como ainda recebe objetivamente mais atenções. Os mais elevados da hierarquia não o são por não descerem ao pé dele.

---

⁵⁶ Teresinha de Lisieux, carta 254, ao padre Roulland, 14 de julho de 1897.
⁵⁷ Arthur Rimbaud, *Une Saison en Enfer*, op. cit. p. 157.

Eis por que, segundo Dante, a pequena Piccarda está tão feliz: ela se encontra no "céu da lua", o menos alto do paraíso, porque é o das almas que descumpriram seus votos; e, ao mesmo tempo, está no céu empíreo, o mais alto do Paraíso, porque o Eterno é *tudo em todos* e porque a Virgem Maria, rainha dos céus, a carrega no colo como sua filha querida. Se os círculos do inferno são exclusivos e estão numa rivalidade de orgulho, os céus do paraíso são inclusivos e estão numa conspiração de humildade. Os primeiros ali são os mais próximos dos últimos, e portanto mais próximos da última escala do que aqueles mesmos que nela se encontram.

28. Diz-se que aqueles que estão no Céu *intercedem* por nós. Mas não se mede o segredo contido no verbo "interceder". Rezar por outro parece aqui embaixo um pobre gesto de um pobre por um outro pobre. Essa desvalorização é devida ao distanciamento entre a palavra e o poder direto sobre a matéria. A palavra constitui nossa essência mais profunda, nossa diferença específica, e no entanto seus atos não têm praticamente nenhum domínio imediato sobre os corpos: para varrer, para abraçar, para salvar um afogado, para aparar um golpe, é preciso usar os músculos e calar a boca. Ah! Se uma súplica pudesse interromper a violência bruta, se um poema pudesse envolver a mulher mais sensivelmente do que nossos quatro membros, se uma invocação pudesse salvar uma criança doente... Logo antes da comunhão, o fiel do Verbo encarnado pede: *Diga somente uma palavra e serei curado*. Isso vale para a Palavra divina, criadora e recriadora. Para a nossa, ela costuma voltar de mãos vazias. Aquilo que em nós é o mais essencial não é o mais impressionante. E dessa falha irredutível pode sair a fuga na força muda ou o sonho da fórmula mágica: a densa besta ou o aprendiz de feiticeiro.

Mas também pode nascer a profundeza da prece: uma palavra nua que se remete à Misericórdia. Cá embaixo a reza sincera associa de um modo obscuro o pobre ao governo divino. Ela é como José vendido pelos irmãos e acusado pela Sra. Putifar, mas que se torna, sem que ninguém se dê conta, o intendente dos tesouros reais. Ele é como a esposa *espancada, ferida, cujo manto é arrancado pelos guardas das muralhas* (Cântico dos Cânticos 5, 7), mas que o Esposo vê *temível como um exército em ordem de batalha, assombrosa como os carros de Aminadab* (Cântico dos Cânticos 6, 4.12). Sua força se esquiva, ela não é vista, e Stálin pode zombar: "Quantas divisões tem o papa?". Mas Léon Bloy responde com a comunhão dos santos: "Como o tempo não existe para Deus, a inexplicável vitória do Marne pode ser decidida pela humilíssima prece de uma menininha que só nascerá dois séculos depois".[58] E Kierkegaard, pensando numa lavadeira cuja súplica sobe aos Céus, chega à seguinte conclusão de arqui-Arquimedes: "Aproprie-se do Cristo e aparecerá para você um ponto fora do mundo, a partir do qual você poderá mover o céu e a terra; e você fará até esta coisa ainda mais maravilhosa: você vai colocar o céu e a terra em movimento tão facilmente, e tão silenciosamente, que ninguém perceberá".[59]

Aquele que reza *causa* com Deus. E o maravilhoso é que, quanto mais humildemente ele fizer isso, mais o Senhor o obedecerá: *Um coração contrito e esmagado, Tu não o desprezas* (Salmo 50, 19). Não se trata mais de conversinhas, mas de causalidade. Sua palavra humana se torna o canal da força divina. A Causa primeira de todas as coisas age através do mendigo da gamela furada. Se o Eterno, em sua liberalidade, nos concede muitas coisas sem que peçamos, a maior coisa que ele pode nos conceder é justamente a pobreza de um pedido feito, porque então não somos mais apenas recipientes, mas também colaboradores de sua graça.

29. Porém, o poder da prece permanece para nós obscuro e parcial. E isso é só uma questão de fé. É também que nossas próprias intenções nos escapam. Como o fariseu da "parábola do fariseu e do publicano", podemos fazer de uma aparente prece um meio de orgu-

---

[58] Léon Bloy, *L'Âme de Napoléon*. Paris, Gallimard, 1983, p. 240. (Coleção L'Imaginaire)

[59] Kierkegaard, *Vie et Règne de l'Amour*. Trad. P. Villadsen. Paris, Aubier-Montaigne, 1952, p. 152.

lho e de desprezo; como o levita da "parábola do bom samaritano", podemos esquivar-nos da missa por dizer para não ter de socorrer fisicamente o passante ferido. As mãos juntas são, às vezes, o pretexto dos braços balouçantes.

Essa incerteza se dissipa felizmente nos céus. As mãos juntas ali são braços ativos, as pernas diligentes, mobilizações gerais. Estando a alma inteira na palavra criadora, sua intercessão se torna o ato de todo seu ser, e coincide com uma intervenção mais do que muscular: "É a caridade que nos faz rezar pelos outros. Quanto mais perfeita é a caridade dos santos que estão na pátria, mais eles rezam por aqueles que ainda peregrinam; e, quanto mais unidos estão a Deus, mais suas preces são eficazes".[60] No invisível, aquilo que para nós é invisível se revela de modo absolutamente evidente. Rezar ali não é mais a discreta atividade dos lábios e do coração, de resultados tão incertos quanto espirituais, mas algo tão físico quanto um combate de boxe ou um abraço amoroso.

30. Assim, todo bem-aventurado, pelo transbordamento causal de sua contemplação, "passa seu céu a fazer o bem sobre a Terra". O garotinho que foi encontrado eletrocutado na banheira, eis que ele é um pai para seus pais aqui embaixo, e que participa da providência de sua vida – mas não para mimá-los, de jeito nenhum, mas para dispô-los ao martírio. E a garotinha encontrada em três cacos no lixão? Ela agora reina sobre o futuro de seu carrasco e combina os acontecimentos que o levarão ao abismo do arrependimento. E aquela velha beata que agonizava sem ninguém, e que foi descoberta dez dias depois, com seu rosário parecendo um verme enorme luzindo em meio aos vermes pequeninos? Ela agora preside sobre os destinos de seus vizinhos negligentes. "A cada bem-aventurado é manifestado no Verbo aquilo que é adequado que ele conheça dos acontecimentos que nos dizem respeito",[61] e assim pode prover para as nossas necessidades,

---

[60] São Tomás de Aquino, *Suma Teológica*, II-II, qu. 83, art. 11, corp.
[61] Ibidem, art. 4, ad 2.

gerenciar nossas necessidades com o apoio das circunstâncias, sugerir pensamentos estimulantes e angústias escavadoras, participar da orquestração dos acasos e dos entrementes que devem nos conduzir à prova decisiva. Afinal, quando a Igreja afirma que um pequenino está no Céu, isso não poderia ser, a menos que haja mal-entendido, uma consolação mundana. Se ele acompanha os seus, é antes de tudo para a cruz, com a lança cravada no coração.

Com certeza, um anjo da guarda não ficaria três dias numa casa decente. Seria logo colocado para fora por ser rude ou desajeitado: "Se vocês vivessem com um anjo, vocês teriam péssima opinião de numerosos atos e gestos, por não compreender seu sentido profundo".[62] Enquanto não vemos aquilo que veem os bem-aventurados, e o fio de nossas vidas permanece emaranhado, para nós seus favores só podem parecer agressões, e as varas que eles nos estendem, vergastas com que nos agredir. O quiproquó é inevitável. Se é com um beijo que Judas entrega Cristo, é provavelmente com uma sangria que eles vão socorrer os pecadores. Eles nos abrem a garganta, e, como nem suspeitamos do tumor que eles nos querem extirpar, achamos que eles são assassinos. Como não acabaríamos qualificando-os de *possuídos de Belzebu* (Marcos 3, 22)? É por isso que eles são de certo modo forçados a ser invisíveis. A urdir nossa salvação traiçoeiramente. A tramar nossa ressurreição como um assassinato a sangue-frio.

O Tempo Reencontrado (I) – Surpresa do Amor

31. Essa comunhão dos céus com nossa história faz com que nos perguntemos sobre as relações entre a vida eterna e o tempo. Alguns poderiam crer na sua total desaparição. Os bem-aventurados seriam imutáveis, e só seria possível falar de maneira temporal a respeito deles por metáfora. Mas, aí também, essa promoção maravilhosa seria sua desintegração. De um lado, a pura eternidade é um atributo que

---

[62] São João da Cruz, *Les Mots d'Ordre*. Solesmes, 1999, p. 53.

se identifica com a essência divina: uma criatura pode participar dela, mas não pode possuí-la por inteiro, ou seria o Criador. Por outro lado, a historicidade faz parte de nossa natureza: a glória pode transfigurá-la, mas não destruí-la, ou não glorificaria ninguém. É verdade que um tempo que se estendesse custosamente como o nosso só poderia dar o sentimento de uma condenação à perpetuidade; porém, uma eternidade que aniquilasse toda sequência imprevista só pode parecer-nos sufocante.

Que as criaturas que já entraram na visão bem-aventurada podem descobrir acontecimentos além do acontecimento eterno é atestado muito claramente por uma palavra do Evangelho: *E Eu declaro-vos: os anjos de Deus sentem a mesma alegria por um só pecador que se converte* (Lucas 15, 10). A afirmação é três vezes paradoxal. Não apenas uma alegria nova surge nos céus, não apenas os anjos a tiram de um acontecimento que sucede na terra, mas, mais incrível ainda, eles tiram essa alegria da mudança operada na alma de um pecador. Acabamos de observar com Teresinha de Lisieux: a visão do Altíssimo não proíbe uma abertura à mais baixa história humana. Mas agora o momento é de considerar a recíproca: como as peripécias de nosso lamaçal repercutem em acontecimentos no paraíso – ou como, de maneira geral, o paraíso abre para acontecimentos mais puros e mais abundantes do que nunca.

Falamos do incremento, do encontro, da liberdade, o que supõe uma sucessão de atos. Ora, onde há sucessão, antes e depois, passagem de um a outro, há ainda temporalidade. Não se trata, sem dúvida, desse tempo material que passa sem nós, fora de nós: esse movimento do sol cujo curso não podemos interromper, essa giro de um ponteiro que a impaciência em vão tenta apressar. Trata-se de um tempo espiritual, agido e não suportado, que se dilata e se contrai segundo o *andante* ou o *allegro* de nossa canção. Digamos até que se trata do tempo verdadeiro, com sua flecha precipitando-se infinitamente para o alvo. Chega desses relógios que dão voltas, desses pêndulos que vêm e vão, dessas horas sem liturgia, quantitativas, com saco de areia de 3600 segundos. Agora estamos falando do tempo que se recebe da fonte e que se oferece como um rio, sem jamais perder seu sentido, sem jamais interromper seu curso.

32. Já passamos o tempo todo pela experiência de uma tripla duração: a do dia, a do vivido fisicamente, a da inteligência. O dia escorre de maneira contínua, segundo um ritmo independente dos nossos humores: o tique-taque do relógio bate uniformemente. Mas ele não anda junto do bum-tac do coração: a duração vivida nos coloca numa temporalidade descontínua, que varia com nossas intenções, que se alonga ou se abrevia com nossos sentimentos. Ir de pensar em Fernande a pensar em Lulu implica uma mudança e, portanto, uma certa temporalidade discreta, distinta da temporalidade dos relógios, mas que é também a passagem de uma duração límpida a uma duração granulosa, porque Fernande é uma bela jovem e Lulu é a severa fiscal dos impostos. Se minha alma está numa realidade alegre, o espaço se dilata, e o tempo se torna fluido: o quartinho com minha amada é para mim um palácio espaçoso, e nele as horas seguem como um único rio luminoso. "Não vi o tempo passar", dizemos então, e não porque dormimos ou porque ficamos inertes, mas a atividade foi tão feliz que pareceu um antegosto do eterno. Por outro lado, se eu estiver angustiado, o espaço se contrai, o tempo se coagula: o sol não afasta minha noite, a pradaria mais vasta parece ainda mais opressora, e a agulha dos segundos parece estar entalada como uma espinha em minha garganta. "Isso nunca vai acabar", e não é que tenham escorrido mais alguns minutos, mas a vida está tão entravada que parece lançar-se para uma sempiternidade que é o contrário do eterno...

Enfim, a fina ponta de nossa inteligência se mantém de algum modo fora dos tempos material e psíquico (ela está naquela duração que a teologia medieval denomina *aevum*), e é por isso que ela é capaz de apreender confusamente as essências intemporais das coisas sensíveis: aquilo que é o triângulo em geral, o homem ou o rododendro, independentemente de suas atualizações individuais e cambiantes.

Essa tripla duração do homem não é abandonada, mas sobrelevada no Céu. A luz de glória dilata a inteligência até a visão imediata do Eterno, mas essa dilatação jorra sobre os atos criados, sucessivos, sem dissolvê-los. Há portanto, para além da eternidade participada, um tempo paradisíaco em que se situam as relações de criatura para criatura, e até, após a ressurreição dos corpos (na medida em que um corpo implica necessariamente um certo espaço-tempo), um outro tempo cósmico que, mais do que conter os corpos, se manifesta a partir deles, como parece acontecer aqui embaixo com a dança. Todos os bem-aventurados estão unidos no esplendor do Único, e isso lhes permite entrar em relações diversas mas nunca adversas, de único a único, num tempo inteiramente submetido à sua liberdade. Ele é como uma sessão de *free-jazz* que, em vez de cair na cacofonia, realiza-se na mais bela sinfonia concertada. O *tutti* não interdita o solo, nem o duo, nem a música de câmara. Não fique perturbado o vosso coração. [...] *Existem muitas moradas na casa de meu Pai* (João 14, 1-2). E cada morada não para de ser surpreendida pelos novos acordes que saem das moradas vizinhas, a partir da harmonia fundamental. Não há só uma bacanal unânime à la Rubens, há também interiores à la Vermeer. Não é só uma alegoria imediata, é também uma "ardente paciência": "Recebamos todos os influxos de vigor e de ternura real. E, à aurora, armados de uma ardente paciência, entraremos nas esplêndidas cidades".[63] O dom do Eterno a cada bem-aventurado seria muito avaro se interditasse os dons de um bem-aventurado a outro num futuro imprevisível, ainda que sem ameaças, e numa intimidade escolhida, mesmo que sem exclusão.

O Tempo Reencontrado (II) –
O Passado mais Presente do que Ontem

33. A questão do tempo na vida eterna pode ser considerada em relação ao passado ou em relação ao futuro. O que será de nossa memória de nossa carreira terrestre? Será que ela ficará atrás de nós

---

[63] Arthur Rimbaud, op. cit.

como cá embaixo, à medida que os anos se acumulam, ou será que ela ficará diante de nós? Tomás de Aquino observa: "A eternidade, ainda que existindo inteira simultaneamente, abraça todos os instantes do tempo".[64] O verbo "abraçar" (*ambire*) deve ser tomado no sentido forte de um abraço apaixonado, tendo cada instante jorrado do seio da Trindade a partir de seu único ato de amor. É nesse sentido que Léon Bloy podia escrever: "Tudo que acontece é adorável". E ele tinha a seguinte certeza: "A História é como um imenso texto litúrgico em que os pingos dos is valem tanto versículos quanto capítulos inteiros, mas a importância de uns e de outros é indeterminável e profundamente oculta".[65]

Mas não há uma certa ambiguidade em querer arquivar a menor migalha de nossas vidas? Christian Boltanski quis construir sua obra a partir dessa louca tentativa: "Conservar-se inteiro, guardar um vestígio de todos os instantes de nossa vida, de todos os objetos que nos tocaram, de tudo aquilo que dissemos e daquilo que foi dito a nosso respeito...".[66] Hoje, com as possibilidades indefinidas de registro e de armazenamento obtidas pela informática, o projeto se torna acessível a qualquer pessoa, e quando se pensa no quanto papai e mamãe podem nos cansar com a sessão de *slides* de suas férias em Marbella, mal conseguimos imaginar a opressão dos filhos de nossa geração, soterrados pelo peso dos arquivos familiares, perseguidos por pais inteiramente digitalizados em arquivos zipados. Nós já sentimos isso: todo memorial é um mausoléu, toda reconstituição só faz confirmar o crime. E Boltanski, inteiramente entregue à tarefa de conservar sua vida, deixa de vivê-la, dela retendo apenas a parte fotografável, mergulhando-se no formol, preferindo suas fossilizações a seus impulsos, como aqueles obcecados por seus diários íntimos, que acabam construindo seu dia em função daquilo que poderão anotar à noite,

---

[64] São Tomás de Aquino, *Suma Teológica*, I, 14, 13.
[65] Léon Bloy, op. cit., p. 15.
[66] *Art Press*, suplemento ao n. 363, jan. 2010, p. 52.

rejeitando sistematicamente o acontecimento como o grão de areia que travaria sua máquina tipográfica.

34. O problema não é tanto o de uma fixação integral do passado quanto o de uma verdadeira presença do presente. Ora, o que acontece na visão gloriosa? Não é a repetição dos momentos passados, com a precisão impressionante de uma tiragem divina. O que acontece é que eles enfim nos são dados diretamente, na plenitude de sua presença. É preciso inverter a proposição platônica: "Aprender é recordar-se". No Céu, recordar-se é aprender, descobrir de novo. Afinal, essa reminiscência é anterior à própria lembrança, não do ponto de vista cronológico, mas do ponto de vista hierárquico. Ela se coloca a montante da história, ainda que venha para avaliar esta vida. Ela nos coloca do lugar daquela origem que é anterior a todo começo.

"A alma verá a descoberto cada dom emanando da fonte divina, sem escorrer como o rio da fonte, mas permanecendo integralmente em Deus, como uma tocha que nada perde de sua luz quando a comunica a outras. Assim, seus dons são sempre novos, porque nele não há nem passado nem futuro, mas tudo é presente. Aquilo que ele deu uma vez, ele dá sempre",[67] e no Céu dá de maneira mais nova do que da primeira vez. A presença do presente, ainda que sempre inesgotável, ali se oferece sem reservas. A instância de cada instante ali enfim se entrega: "As coisas serão mais as mesmas do que outrora".[68]

Tanto é assim no além que o aqui encontra toda sua consistência na vida eterna, em que se cumpre o "Tempo Reencontrado", e até encontrado, apreendido naquilo que tem de mais fugidio: aquela amarelinha na baía de Sidi Bou Saïd em que eu brincava com 5 anos com uma garotinha cujo nome esqueci; aquela tarde no Cais de l'Arsenal, em que eu lia, ao barulho das águas, meus poemas

---

[67] *De Beatitudine*, atribuído a São Tomás de Aquino, I, 3.
[68] Paul Verlaine, "Kaléidoscope", in *Jadis et Naguère*.

entre as páginas de Henri Calet; aquela sexta, 27 de janeiro de 2000, às 20h43, em que encontrei Siffreine pela primeira vez, no Café de la Mairie, na praça Saint-Sulpice; enfim, todos aqueles momentos de amizade mortos e que não querem morrer, mas também tudo aquilo que passou despercebido, aqueles olhares furtivos, os gestos inconclusos, aqueles encontros entre passantes a que não demos resposta, todos aqueles instantes que jamais pudemos viver plenamente porque eles sempre davam lugar a outros ou eram apagados por nossas preocupações...

O Mal Invertido

35. São Paulo estabelece uma correspondência entre nossa vocação para o Eterno e a missão não de desprezar, mas de *redimir o tempo* (*exagorazein ton kairon* – *kairos* designa o tempo não como período indefinido, mas como o momento decisivo). E acrescenta: *pois os dias são maus* (Efésios 5, 16). Ora, e o que será dos dias maus demais? Para as horas de angústia e de horror, o que se pode presumir? É possível redimir o estupro e a degolação de uma menininha? É possível redimir unhas descoladas com prazer, dentes arrancados a frio, pequenas pontas de madeira enfiadas nas orelhas, a pala enviada com destra lentidão, o gás mostarda, o chumbo derretido, o nó corredio, as radiações que desagregam uma célula atrás da outra? Deus não pode fazer com que isso não tenha acontecido sem se contradizer: como é possível então que ele faça com que esse ato não sirva para acusar indefinidamente?

Para Ulisses disfarçado de náufrago, o porqueiro Eumeu tem as seguintes palavras de conforto: "É agradável, uma vez salvo, recordar as provações passadas".[69] Mas essas palavras só têm sentido pelo aspecto positivo da prova, na medida em que ela terá servido para fazer resplandecer a paciência dos justos e para corrigir os vícios dos

---

[69] Homero, *Odisseia*, XV, 400.

malvados. Que dizer, entretanto, daqueles golpes que feriram em vez de elevar, e que pareceram não deixar outra saída exceto se jogar pela janela? Há aí alguma coisa que nos escapa. O que podemos dizer a esse respeito, apenas, é aquilo que recorda Santo Agostinho: "Deus, que é o bem supremo, não permitiria de maneira nenhuma que houvesse o mal em suas obras se, sendo tão bom e todo-poderoso, do mal mesmo não pudesse tirar o bem". E São Tomás comenta, em vez de diminuir, agrava a tensão dramática: "Portanto, que males sejam permitidos a fim de que deles bens sejam tirados, isso está ligado à infinita bondade de Deus".[70]

As abominações não limitam sob nenhum aspecto a bondade divina; pelo contrário, elas acabaram por desvelar seu caráter infinito. O pior será mais uma prova de que Deus é melhor; bom a ponto de comunicar, com a possibilidade de odiar, a capacidade de um amor meritório; poderoso a ponto de realizar sua vontade com aquilo que vai contra sua vontade. Mas essa verdade só pode ser entendida dramaticamente:

> A providência coloca seus filhos em dificuldades de todo tipo, em que a prudência humana, que não enxerga nem imagina recurso nenhum para sair delas, sente toda a sua fraqueza e se vê curta e confundida. É aí que a fortuna divina mostra com todo esplendor o que ela é para aqueles que são tudo para ela, e os liberta tão maravilhosamente que os historiadores fabulosos, entregues a todos os esforços de sua imaginação no lazer e no segredo de seu gabinete, não conseguem deslindar as intrigas e os perigos de seus heróis imaginários, que sempre chegam felizes ao fim de sua história.[71]

---

[70] São Tomás de Aquino, *Suma Teológica*, I, 2, 3, 1.
[71] *L'Abandon à la Providence Divine*, cap. IV, outrora atribuído a Jean-Pierre de Caussade. Paris, Desclée de Brouwer/Bellarmin, 2005, p. 67-68.

As coisas acontecem como naqueles dramas geniais em que o desenlace final é tão evidente quanto improvável. Não *deus ex machina*, mas *deus de deo*: aquilo em que não tínhamos pensado, e que, subitamente, quando se revela, apresenta uma coerência tão extrema que nos parece que nunca poderia ter sido diferente. O teatro nunca deixa de nos fornecer a metáfora disso. Sobretudo quando termina da pior maneira. *L'Illusion Comique* [A Ilusão Cômica] recorda isso em seu último ato: a tragédia mais desesperadora sempre se transforma, depois do fim, na alegre saudação dos atores.

36. Claro, no merdeiro em que vivemos, e porque nele nos enfiamos mais do que o pé esquerdo, essa inversão da situação pode nos parecer artificial e forçada, série B e não ponto ômega. Não dispomos de todos os fios da trama. Só dispomos do avesso escuro do tapete. A intriga da minha vida não é muito clara porque está costurada às outras intrigas inumeráveis de toda a História. Suas origens se perdem além da noite da minha concepção; seus resultados se procuram além da noite da minha morte. E é por isso que minha morte não apenas deixará mil coisas sem desenlace, como ainda corre o sério risco de nem sequer desatar algum nó visível. Nenhum final conclusivo, como nos filmes. Meu ímpeto será simplesmente cortado, minha vocação abortada, um balbucio que mal é dado e logo é sufocado por uma mordaça de terra. Sinal de que minha vida não é só minha e se enreda a todas as outras desde o começo do mundo e até o fim dos tempos. Como, se a cortina se levantou antes de mim, posso esperar que desça junto comigo?

Não se trata portanto apenas do meu drama, mas da meada de bilhões, em que o menor grão de poeira terá desempenhado seu papel, que deve reencontrar, após acordes fugitivos e dissonâncias inumeráveis, sua cadência perfeita. Alguns filmes nos dão alguns vislumbres dessa ordem que para nós aparece em fragmentos, prismas e redes (penso em *Magnolia*, de Paul Thomas Anderson, em *Crash*, de Paul Haggis, e sobretudo em *21 Gramas*, *Babel* ou *Vidas Que Se Cruzam*, de Alessandro Gonzales Iñarritu e de seu roteirista Guillermo Arriegas⁷²): eles começam com trechos de histórias esparsas, sem relação entre si, segundo uma cronologia desestruturada, mostrando pessoas de classe e nação diferentes separadas por milhares de quilômetros; mas eis que pouco a pouco as peças do quebra-cabeças se reúnem e no fim aquilo que só parecia o caos de Babel se torna um coral de Bach, desvelando algo mais impressionante do que o esplendor de um corpo feminino: a nudez de um Corpo místico, cada vida unida organicamente à outra e lhe servindo de contrapeso numa balança sublime, e uma ternura mais forte ainda.

Imagine a mesma coisa na escala da história universal, servida pelo Espírito que criou Corneille e Shakespeare: como a existência de Raymonde Clapier, agente de telemarketing em Noisy-le-Sec, estará intimamente ligada, entre outras, à vida de Joana d'Arc ou de Cleópatra; como a carreira de François Burnehaut, encanador em Plan-d'Aups, estará fundamentalmente canalizada para a do rei daometano Doguicimi ou para a da esposa do imperador Hirohito (mas também à sua, passando por aquele para quem tudo converge); e, melhor ainda, por que aquela vontade tão torturante de fazer xixi que toma Olivier Trotobas num trem RER B lotado por causa das greves, entre Châtelet e a Gare du Nord, no momento em que a bela Geneviève Consac lhe sorria pela primeira vez – dificuldade talvez menos explicável do que uma grande agonia, porque invadia tudo apesar de sua insignificância, e que mesmo assim teve sua função decisiva no roteiro sem rasura escrito com nossas próprias liberdades. Afinal, essa intricação não significa que minha vida não passa de uma peça ínfima de uma maquinação quase infinita, mas que ela se revelará ainda mais única quando por intermédio dela se desenrolem as consequências e o coroamento de incalculáveis destinos.

---

⁷² Na verdade, o roteirista se chama Guillermo Arriaga, e *Vidas Que se Cruzam* (*Loin de la Terre Brulée* na França e *The Burning Plain* nos EUA) foi escrito e dirigido por Arriaga. (N. T.)

37. No momento, as peças do quebra-cabeças estão espalhadas, o modelo geral do conjunto só está dado na fé nesse desenlace já realizado: a ressurreição do Crucificado, e sua ascensão como um ricochete ao mesmo tempo mais coerente e menos previsível. Na visão bem-aventurada, são os atos de todas as vidas em todos os palcos da história que devem desembocar à plena luz, como naquela última cena em que voltam todos os personagens, ou como no momento em que os atores vêm ao proscênio dando as mãos, sob os aplausos que vão da plateia à mais alta das galerias. Mas veja-se que essa fé não nos poupa do abismo. Muito pelo contrário, porque ela repousa nesta lógica do drama: a alegria será tão maior quanto mais impossível de desatar o nó tiver parecido.

Acreditar que poderíamos, com olhos humanos, prever de antemão o desenlace feliz ou infeliz é rebaixar o gênio roteirista do Eterno a algum enlatado hollywoodiano. Exaltar seu gênio roteirista, pelo contrário, é admitir que no momento nada compreendemos dele, *e só esperar contra toda esperança* (Romanos 4, 18). Não é o incréu, mas o profeta, quem declara: *Até quando, Senhor, implorarei sem que escuteis? Até quando vos clamarei: violência!, sem que venhais em socorro? Por que me mostrais o espetáculo da iniquidade, e contemplais vós mesmo essa desgraça?* E o Senhor lhe responde: *Olhai para as nações e vede. Ficareis assombrados, pasmos, porque vou realizar em vossos dias uma obra, que não acreditaríeis, se vo-la contassem* (Habacuc 1, 2-5).

O Futuro após o Advento

38. A vida eterna não será portanto uma fusão grandiosa, nem uma esplêndida recapitulação. Pode Deus ser minha esperança, porque me dirá um dia: "Você não tem mais futuro"? O Juízo Final colocará um termo em nossas pequenas histórias, mas não na História. À pergunta: "Que futuro pode ainda existir se tudo já adveio?", podemos responder agora. Se a coisa pode nos parecer tão impossível, sem dúvida é por causa de nossa familiaridade com o pecado,

e porque somos marcados por Hegel e por Marx: não conseguimos conceber uma história sem mal, sem resistência, sem luta de classes, sem negativo a ser dialeticamente superado. Como escreve Hegel no começo de sua *Fenomenologia do Espírito*: "A vida de Deus pareceria desenrolar-se como um jogo do amor em si; mas ela facilmente cai na edificação piedosa ou até no tédio se não encontra a necessidade de superar uma alienação".[73]

Vemos aí um impasse por causa de um mesmo e único erro: o de conceber o paraíso segundo uma lógica da carência, e não segundo uma lógica da superabundância. Afinal, para conferir um ímpeto, aquilo que serve melhor do que o negativo é o hiperpositivo do acontecimento divino. O negativo, no fundo, é só entrave, atraso, embaraço vão: aquilo que é o motor da história mais viva não é a superação da dificuldade, mas a superação sem fim da felicidade numa alegria mais alta, *de glória em glória* (2 Coríntios 3, 18). "A vida do céu, como Deus habita na eternidade o 'mistério simultaneamente sagrado e desvelado', não é por isso menos rica em tensões nem menos dramática do que a existência terrestre com suas obscuridades."[74] É que os obstáculos de obscuridade estão longe de ser tão convidativos quanto os estágios da luz.

39. Estar mergulhado na Vida trinitária, nunca o diremos o suficiente, é participar da fecundidade divina. Dante outra vez recorda isso. As três partes de sua *Comédia* sempre terminam com as mesmas palavras, *"le stelle"*, mas para que elas ressoem cada vez mais fortemente: ao sair do "Inferno", a questão é "rever as estrelas"; ao sair do "Purgatório", de "ascender" na direção delas. De que então se está falando ao fim do "Paraíso"? "Aqui a alta fantasia não pode mais." Mais do que nunca, e para sempre, a voz do poeta se cala. Aqui a questão não é mais rever à distância nem subir até atingir fisicamente. No momento, o que importa é ser

---

[73] Hegel, *Phénoménologie de l'Esprit*, prefácio, I, 18. Trad. J. Hyppolite.
[74] Hans Urs von Balthasar, op. cit., p. 374.

transfigurado nesse amor que *"move o sol e as outras estrelas"*. *"Ó, fecundidade do espírito e imensidão do universo!"*[75] Cada habitante do paraíso pode dizer para sempre: *"Torno-me uma ópera fabulosa"*.[76] Afinal, todos detêm o poder de criar mundos únicos e de oferecê-los uns aos outros: para você, meu amor, um buquê de sóis com seus sistemas de planetas; um deserto com um oásis em que se reconhece seu rosto; uma cidade em que todas as festas cantam seu nome. Penso naquele saber prático cuja urgência sentia Michaux: *"A ciência de que temos necessidade mais urgente é aquela que nos mostrará como criar civilizações"*.[77] Essa é a visão bem-aventurada. Em Deus, cada encontro inventa seu ritual de núpcias, cada saudação inaugura seu folclore secular, cada olhar trocado abre um país com novas fauna e flora.

E tudo isso ainda não é nada diante da participação na aventura infinita em si mesma, porque "o Espírito informa a alma e a torna capaz de produzir em Deus o mesmo sopro de amor que o Pai realiza no Filho, e o Filho no Pai, isto é, o Espírito Santo".[78] É dessa respiração do Espírito na alma glorificada que procede o poder de comunicar universos. Cada qual entra nessa luz que faz nascer a luz, nesse verdadeiro Deus que engendra o verdadeiro Deus, mas também recebe outros e os comunica, com sua assinatura original, com a nuance própria que só ele pode acrescentar. Aquilo que Proust atribui à arte dos grandes gênios, o paraíso realiza em cada um de seus filhos. Eis por que ele não é um alhures que esperaríamos num bater de asas, mas esse rosto que reinventa o mundo para sempre, o olhar que se entrega até recriar para mim, à sua luz surpreendente, a vida:

---

[75] Arthur Rimbaud, *Illuminations*, op. cit., p. 182.

[76] *Une Saison en Enfer*, op. cit., p. 153.

[77] Henri Michaux, "Préface à l'Édition Américaine d'*Un Barbare en Asie*", op. cit., p. 412.

[78] São João da Cruz, *Cântico Espiritual*, estrofe 38, 3.

Asas, outro aparelho respiratório, e que nos permitissem atravessar a imensidão, de nada nos serviriam. Porque se fôssemos a Marte e a Vênus dispondo dos mesmos sentidos, eles revestiriam com o mesmo aspecto das coisas da Terra tudo aquilo que pudéssemos ver. A única viagem verdadeira, a única fonte da juventude, não seria ir a novas paisagens, mas ter outros olhos, ver o universo com os olhos de outro, de cem outros, ver os cem universos que cada um deles vê, que cada um deles é; e isso podemos com um Elstir, com um Vinteuil [admitamos que esses sejam nomes de bem-aventurados], com seus semelhantes, voamos de estrela em estrela.[79]

40. Em seu prefácio à *Crítica da Economia Política*, e logo antes de concluí-lo, como quem não quer nada, sobre um dístico de Dante, Karl Marx prognostica o fim da economia burguesa nos seguintes termos: "Com esse sistema social, temos portanto o encerramento da pré-história da sociedade humana".[80] Estou inteiramente de acordo com ele. Ainda estamos apenas na pré-história da sociedade humana. E isso até o fim daquilo a que se costuma dar o nome de "história". C. S. Lewis fazia a esse respeito uma comparação sugestiva: um homem desembarca numa terra esplêndida, mas mal coloca o pé na praia, escorrega, quebrando uma perna. Nossa história terrestre se resume a esse tempo em que o aventureiro geme sobre a areia e tenta reduzir sua fratura. A história celeste é quando ele enfim se levanta para explorar a região maravilhosa.

"Não somos cavaleiros perfeitos", comenta Lewis em outra imagem, "mas apenas alunos na escola de equitação". Ainda não saímos do manejo, e nossas cavalgaduras ainda não estão bem

---

[79] Marcel Proust, *La Prisonnière*, op. cit. Tomo III, p. 210.
[80] Karl Marx, *Critique de l'Économie Politique*, in *Oeuvres*, tomo 1. Trad. M. Rubel e L. Evrard. Paris, Gallimard, p. 274. (Coleção Bibliothèque de la Pléiade)

amestradas. Ora o cavalo bufa, ora sai desembestado, e nós ainda ficamos escorregando na sela, isso quando não estamos comendo poeira, com a cervical já tendo virado geleia. "Para a maioria de nós, as quedas, as contusões, os músculos doloridos e a severidade do exercício pesam muito mais do que os raros momentos em que, para nossa surpresa, galopamos sem terror e sem catástrofe."[81] A grande cavalgada ainda está por vir – a História enfim libertada das convulsões da carência e das patinações da inveja, não mais *som e fúria*, mas *laus et jubilatio*...

> Ah! O tempo virá
> de se apaixonar![82]

---

[81] C. S. Lewis, *Réflexions sur les Psaumes*. Trad. D. Ducatel. Le Mont-Pèlerin (Suíça), Raphaël, 1999, p. 138.
[82] Arthur Rimbaud, "Chanson de la Plus Haute Tour", op. cit., p. 12.

INTERMÉDIO IV:

Bernini ou a Ressurreição a Golpes de Martelo

Eu lhes darei um só coração e os animarei com um espírito novo: extrairei do seu corpo o coração de pedra, para substituí-lo por um coração de carne.

Ezequiel 11, 19

O Colapso do Céu

Isto acontece no século XVII. O belo cosmos dantesco tem sua imagem quebrada, ou melhor, murcha como um suflê. Herdeiros da filosofia estoica e da astronomia ptolomaica, os cristãos por muito tempo acreditaram num artigo que não era de fé: o universo era bem hierarquizado, tendo a Terra ao centro; em seguida vinham as oito esferas da Lua, de Mercúrio, de Vênus, do Sol, de Marte, de Júpiter, de Saturno e das estrelas fixas; enfim, imperceptíveis aos olhos, havia duas outras esferas sublimes, a do "primeiro motor", cuja cadência primordial dava *o exemplo* e o tempo ao giro harmonioso das anteriores, e a do "empíreo", "céu superior, cuja claridade é pura, simples e incorruptível, princípio, origem e fundamento de tudo aquilo que é corporal, [...] tendo por ornamento o próprio Deus, com os anjos e os santos".[1] Há algo de

---

[1] Ruysbroeck l'Admirable, "Le Royame des Enfants de Dieu", citado por Jean Delumeau, *Une Histoire du Paradis*, tomo 3: *Que Reste-t-Il du Paradis?* Paris, Fayard, 2000, p. 53.

surpreendente nessa *localização* dos puros espíritos e das almas bem-aventuradas. Não é ela pelo menos tão inepta quanto uma especulação sobre o sexo dos anjos? À pergunta: "Onde vai a alma uma vez que se separe de seu corpo?", Santo Agostinho havia respondido de maneira definitiva: "A alma não pode ir a lugar nenhum a menos que tenha um corpo, e, sem corpo, ela não pode ser transportada num lugar". Mesmo quando o peso dos pecados faz com que ela degringole na geena, o bispo de Hipona não é menos categórico: "O inferno é uma realidade não espacial, mas espiritual".[2]

Apesar dessa evidência, a propensão medieval será sempre para localizar nossas últimas moradas. Vestígio de paganismo? Antes uma recusa de todo dualismo separador. Se a escada de Jacó se relaciona com o *Sonho de Scipião*, é porque o essencial é compreender que o espiritual não é um sonho, mas uma realidade bem concreta, delimitável, hiperfísica – em suma, alguma coisa que tem *lugar*. Por isso, Dante escalona os graus de seu Paraíso segundo as esferas concêntricas da cosmologia em vigor: os bem-aventurados formam no empíreo como que um seio maternal que carrega o universo, e o Amor não é uma efusão sentimental e subjetiva, mas a suprema força cósmica que "move o sol e as outras estrelas". Daí a ampla respiração catedralizante da Idade Média, a flecha de Chartres apontada para o zênite, os 34 metros de altura debaixo da abóbada da Notre-Dame de Paris. Viver assim, como os eleitos, além do firmamento, acima da cabeça, e os condenados debaixo de dois quilômetros de lodo, bem debaixo das solas, eis o que estende o homem, que o polariza dos pés à cabeça, que instala suas atitudes num espaço ordenado religiosamente. O visível e o invisível têm uma continuidade vertical. O imaginário pode ligar a matéria e o espírito. A esperança, alimentada por essas imagens concretas, pode pegar as pessoas pelo estômago: o paraíso e o inferno não são abstrações teológicas, mas a porta do lado, o albergue no alto da colina ou o atoleiro ao lado do rastro das rodas...

---

[2] Santo Agostinho, *De Genesi ad Litteram*, livro XII, cap. XXIII.

E então, zás! O que aconteceu? Como chegamos a poder dizer: "O silêncio eterno desses espaços infinitos me assusta"? E por que essa localização das almas do tempo passado hoje nos parece tão pueril? Yuri Gagarin pode rir de Dante. Adeus, topografia paradisíaca. E a esperança, privada de destinação espacial, amputada de todo imaginário positivo, torna-se a tal ponto ofegante e desvairada que pode julgar-se feliz por roer o osso da aposta de Pascal, ou por alimentar utopias políticas.

Diante desse colapso, um nome surge imediatamente na memória, o de Galileu. Afinal, o solapamento não veio de fora, mas do interior do cristianismo, com aquele Galileu que derivou seu pensamento expressamente de sua fé no Deus de Jesus, *o Galileu* (Mateus 26, 69). Segundo ele, a natureza é um grande livro escrito pelo Criador, o que leva a duas consequências opostas. De um lado, o mundo é mais legível do que acreditavam os gregos; ele obedece a leis simples e geométricas, dignas da elegância de seu Autor. De outro lado, os céus mais elevados estão submetidos às mesmas leis que a terra firme: a vertical permanece debaixo do horizonte da matéria cambiante. Sobre as manchas solares ampliadas por seu telescópio, Galileu faz a seguinte observação, que destrói imediatamente a ideia de esferas cada vez mais imutáveis e cristalinas à medida que se sobe: mesmo no alto as coisas apodrecem, até no Sol, onde "acontecem as gerações e corrupções mais importantes do que todas as que acontecem na Terra".[3]

Em 1633, como todos sabem, Urbano VIII mandou condená-lo por seu heliocentrismo – oh! o papa obscurantista e reacionário! É fácil representá-lo, um pontífice mumificado sob sua tríplice tiara e, diante dele, o buliçoso astrônomo que exclama à socapa: *"Eppur si muove"*! E no entanto, alguns anos antes, quando Urbano era apenas o cardeal Maffeo Barberini, Galileu o julgava esclarecido o suficiente para dedicar-lhe seu livro fundamental, *Il Saggiatore* [O Ensaiador]. Ao contrário dos

---

[3] Galileu, *Dialogue sur les Deux Grands Systèmes du Monde*, citado por J. Delumeau, op. cit., p. 415.

clichês inventados por uma posteridade amnésica, o soberano pontífice censura antes de tudo o astrônomo por não tomar sua teoria por uma simples hipótese (e, de fato, quem hoje acredita que o Sol está no centro do universo?) e por colocar as questões físicas acima das questões metafísicas (a salvação do homem não é mais central do que um agregado de hidrogênio e de hélio?). Afinal, de resto, o próprio Urbano VIII é um ensaiador sacro. E um apaixonado por aquilo que gira.

Naquele mesmo ano de 1633, ele ordena a conclusão do baldaquino da Basílica de São Pedro. O autor dessa obra-prima? Um jovem artista que o papa admira como o grande dom da providência a seu pontificado: Gian Lorenzo Bernini. Para coroar a tumba do príncipe dos apóstolos, aquilo que ele erige não são pilares imperturbavelmente eretos, mas quatro colunas helicoidais, dançarinas do ventre, fazendo piruetas com o tronco. Ele reincidirá 32 anos mais tarde. Tendo agora o papa Alexandre VII no comando, o escultor envelhecido reinventa uma juventude para a cátedra de São Pedro – cátedra onde se proclama o Verbo feito carne. O trono pontifical nela aparece não fixo e hierático, mas voador, valsando entre quatro bispos que rodopiam debaixo de um turbilhão de nádegas e de coxas de anjos. Urbano VIII rejeita a Terra giratória enquanto ideologia, mas a declara enquanto estética. O Cavaleiro Bernini é sua verdadeira resposta na questão de Galileu. Com ele, o Céu derrubado torna-se a chance de um novo imaginário do Paraíso – "resolutamente moderno". Então ele não afirma, como prefácio a toda sua obra futura, que "O homem nunca é tão semelhante a si mesmo quanto quando está *em movimento*"?[4]

Uma Materialidade até o Impossível

Querem um curso de astronomia berniniana? Vejam sua *Verdade Desvelada pelo Tempo*: entre o polegar e o indicador de sua mão direi-

---

[4] Essas palavras de Bernini constituem a epígrafe do grande livro de Philippe Murray sobre Rubens.

ta, ela ergue o Sol como algo que só serve para iluminar sua alegria desnudada. Vejam ainda aquela outra *Verdade*, que ladeia a tumba de Alexandre VII; dessa vez, ela pressiona o Sol castamente entre o ombro e o seio, como aquilo que não tem outra vocação além de iluminar os traços de seu rosto. E o globo terráqueo? As duas o seguram entre seus dedões do pé esquerdo, como uma bola de futebol. É esse o ensinamento desses dois planetários carnais: o Sol gira em torno da Verdade, ao passo que a Terra só se move debaixo de seu ágil pé. E aqui, o que é a Verdade? Dessa vez, um corpo verdadeiramente celeste, isto é, um corpo de mulher. Reconheça, amigo cosmólogo: em torno de qual corpo realmente gravita o seu desejo? Uma anã branca? Uma supernova? A galáxia? Um buraco negro? Não, mas do corpo de uma filha de Eva, com seus contornos que são a quintessência das maravilhas dos planetas e dos astros (o corpo de uma Virgem infinitamente mais atraente do que o corpo de sua constelação, digamos). Quantos especialistas na relatividade geral não sentiram seu universo curvar-se diante de um contorno, concentrar-se num rosto, como se aquele fosse o referencial absoluto, ser aspirado por um entrepernas, como se fosse o mais completo buraco negro? Assim, a *Verdade* que o Tempo desvela é uma gigante marota de ancas largas, inteiramente descoberta, exceto por um último pedaço de pano que lhe recobre um sexo maior do que a proporção natural. Esse resto de véu deveria cair apenas pelo efeito da gravidade. O fim dos tempos será para essa vertigem: ver o seio por onde o Eterno quis passar...

Resolutamente moderno, disse eu. Entendam: profundamente tridentino. Bernini conhece seu catecismo:

> Que ninguém pense que, no Primeiro Mandamento, Deus impede a pintura, a escultura e a gravura. Afinal, lemos nas Santas Escrituras que, por ordem do próprio Deus, os hebreus fizeram figuras e imagens, como por exemplo os querubins e a serpente de bronze. [...] O Pastor portanto se preocupará em dizer que essas imagens servem para

recordar certas propriedades e certas operações que são atribuídas a Deus.⁵

O mapa de sua arte está nessas poucas linhas. A isso se acrescenta uma piedade típica da escola de Inácio de Loyola. Nunca nosso Cavaleiro faz uma viagem sem levar consigo os *Exercícios Espirituais*. Sua virtude insubstituível? Serem também exercícios sensíveis. Quando Jules Michelet, em sua *Histoire de France* [História da França], chega ao fenômeno jesuíta e a esse Inácio da moda, mas não charmoso, eis que ele bufa, denuncia e repisa o "mecanismo do entusiasmo":

> Nada mais grosseiro, mais antiespiritualista do que essa instituição. *Os exercícios* são feitos menos por meio da ideia religiosa ou do sentimento do que da legenda, do detalhe histórico e físico da cena que se deve imaginar, por meio da imitação ou reprodução das circunstâncias materiais, etc. Deve-se, por exemplo, perceber o inferno sucessivamente pelos cinco sentidos, a visão do fogo, o odor do enxofre, etc. A materialidade ali às vezes chega ao impossível. Como imaginar *pelo gosto e pelo cheiro*, como é pedido, a suavidade de uma alma imbuída pelo amor divino?⁶

Michelet gostaria que nos ativéssemos à *"ideia* religiosa", ou, no limite, ao "sentimento" interior. Mas Bernini crê na ressurreição dos *corpos* e, portanto, no mistério dos sentidos. A censura de Michelet aos jesuítas também caracteriza sua obra de maneira excelente: uma materialidade até o impossível. Tornar o inferno sensível e, acima de tudo, levar a tocar o paraíso, tudo aquilo que parece obsceno à "ideia religiosa" e ao "sentimento" etéreo, esse é o rigor que é logo imposto ao jovem Gian Lorenzo. Com 20 anos, ele esculpe dois bustos: uma

---

⁵ *Catecismo do Concílio de Trento*, cap. XXIX, § 5-6.
⁶ Jules Michelet, *Renaissance et Réforme, Histoire de France au XVI Siècle*. Paris, Robert Laffont, 2005, p. 395. (Coleção Bouquins)

escarnecente e caravaggesca *Anima Damnata* [Alma Condenada] e uma *Anima Beata* [Alma Bem-Aventurada] sorridente e rafaelita. Aos 23 anos vem seu incrível *Rapto de Prosérpina*, com seu senhor dos infernos que arranca acima do chão a jovem deusa da primavera. E eis já o astrofísico berniniano que se declara pela luta amorosa e rodopiante desses dois corpos divinos: o remoinho de suas nudezes brancas anuncia as espirais do baldaquino de Pedro.

Antimedusa: a Pedra Transformada em Carne

Ela foi julgada patética demais, sensual demais, teatral demais, extrovertida demais, afetada demais, barroca demais, pagã demais – enfim, demais, sempre demais... O bravo Hyppolite Taine, em sua *Voyage en Italie* [Viagem à Itália], compara-a a uma epidemia de concupiscência:

> Bernini infestou a Basílica de São Pedro de estátuas afetadas que bamboleiam e gestos graciosos. Todos aqueles gigantes esculpidos que se agitam com rostos e vestes semimodernos, e que, no entanto, querem ser antigos, causam o mais lastimável efeito. Dizemo-nos, vendo essa procissão de porteiros celestes: "Belo braço, bem levantado. Meu bravo monge, estendes vigorosamente a coxa. Minha boa mulher, teu vestido flutua como convém, contente-se".[7]

O choque é compreensível: o francês entra nesse alto lugar da cristandade, e espera – segundo a dupla influência que sofre do racionalismo e do jansenismo – ascetismo e impassibilidade, e eis que a nave em partida lhe põe bem diante dos olhos contornos humanos e dança.

Eu mesmo já fiz a instrução desse processo. Com o cavaleiro Cavaleiro, pareciam-me perdidos o hieratismo e a concentração da

---

[7] Hyppolite Taine, *Voyage en Italie*. Paris, 1880, p. 23.

Idade Média, a pureza e a imobilidade do Antigo. Mas como é? *Si muove*, repitamos. Nada mais é estável, o sol dança tango, o céu titubeia, o cosmos passa pela centrífuga. Dessa derrota do intemporal, Bernini sabe soltar a festa que vem. O celeste não está mais no firmamento? Pouco importa! Vamos encontrá-lo à flor da carne. Como antes dele Rubens, seu irmão na pintura, como depois dele Mozart, seu primo na música, Bernini se entrega ao rio de uma alegria encarnada. Mas ele tem sobre eles a seguinte vantagem: o músico só trabalha com sons aéreos, o pintor com fluidos oleosos; o escultor, porém, se depara com a matéria mais resistente: o mármore frio, o pesado tufo, a pedra tão pouco reativa aos gestos da mão nua, o bloco tão pouco disponível a receber uma forma da alma.

Fidelidade ao material? É esse o grande tema antigo e contemporâneo: "A anedota de Michelangelo indo de tempos em tempos visitar um bloco de mármore como que para consultá-lo sobre aquilo que ele mesmo gostaria de tornar-se simboliza uma profunda verdade. A matéria aspira à forma de que é uma possibilidade".[8] Sem dúvida. Mas, nesse caso, não se trata de uma aspiração *conatural*. O bloco de carrara não vai por si só formar uma *Pietà*. Para que essa doçura surja, é preciso bater por cima, chegar a ele com o instrumental próprio para quebrar sua obtusa suficiência. Que nos lembremos da justíssima observação do escultor Henry Moore: "A fidelidade ao material não deveria ser um critério de avaliação de uma obra de arte, ou um boneco de neve feito por uma criança seria mais digno de elogios do que uma obra de Rodin ou de Bernini".[9] O que é próprio da arte plástica é introduzir no material uma forma sobrenatural, isto é, uma forma que ele não poderia ter atingido por sua própria natureza. E esse é especialmente o caso da escultura em talhe direto. Dois motivos contribuem para isso:

---

[8] Étienne Gilson, *Matières et Formes*, cap. III. Paris, Vrin, 1964, p. 83. Desdém significativo: nesse capítulo sobre o estatuário, o grande filósofo católico não diz uma só palavra sobre Bernini.

[9] Citado por Rudolf Wittkower, *Bernini*. Paris, Phaidon, 2005, p. 11.

de um lado, o material, como dissemos, é muito mais resistente à ação da mão humana; de outro, a forma privilegiada por essa arte é o corpo vivo, mais particularmente o corpo humano. Sua operação faz passar de um extremo a outro: da massa inerte e dura à aparição ágil e carnal. Ela é, portanto, um símbolo maior da ressurreição.

Nessa ordem, a escultura de Bernini é mais escultura do que qualquer outra. O mármore nela se transforma em drapeado sensível às brisas rodopiantes, em amarrotamento eloquente sob os dedos curvados, em roupas caídas moldando a anca ou o peito. Quando se trata da pele, a textura muda. Ainda é pedra, e no entanto se vê que não há mais o têxtil, que aquilo se oferece, respira, palpita. O Cavaleiro nunca se quer nada além de discípulo dos Antigos. Mas basta fazer a comparação ao vivo, na Galeria Borghese: as estátuas antigas, ao lado das suas, parecem rígidas e frígidas; quando as de Bernini começam a valsar, elas continuam de mármore. É que nesse ínterim deu-se o acontecimento da Encarnação que, no lugar do ideal dos cânones míticos, põe a glória da carne concreta. Quanto a Michelangelo, que ele venera, Bernini é obrigado a confessar: "Não teve o talento de fazer aparecerem as figuras de carne. Suas obras só são belas e dignas de consideração pela anatomia".[10] A anatomia, isto é, a perfeição atlética, ou cadavérica. A expressão da carne exige mais do que um esqueleto com tendões: ela quer o homem vivo, tirado de seu sepulcro, ou melhor: retalhado glorioso e respirante na matéria mesma de sua pedra tumular. Notemos o flanco e a coxa esquerda de Prosérpina, assim como os dedos do deus se lançam para eles! Olhemos, nos túmulos de Urbano VIII e de Alexandre VII, as rotundas Caridades que levam bebês a não mais poder – felicidade dos pais! – a balança do pediatra (a verdadeira Via Láctea se encontra em suas mamas)! Admiremos aquela axila virginal de Dafne, o franzir do rosto de Davi, aquela palpitante narina de Luís XIV! E tudo aquilo não passa de pedra...

---

[10] Chantelou, *Journal de Voyage du Cavalier Bernin en France*. Paris, Pandora Éditions, 1981, p. 44.

Bustos

Diante do busto de Cipião Borghese, Montesquieu se sente diante de um interlocutor vivo: "Bernini marcou toda a aspereza da carne do rosto de um homem um pouco rude. Seus lábios parecem vivos: parece que ele está falando; que sua saliva está entre eles".[11] Não basta a essa antimedusa despetrificar o mármore e conferir-lhe a agilidade da carne. Bernini exige volumes penetráveis. Ele quer colocar dentro deles o sopro da vida. É por isso que ele fura os olhos e a boca. Esta última, ele a deixa a suspenso, a língua pressentível, a saliva à espreita, entreaberta sobre a palavra ou o gemido. Como – esplêndidas entre todas – as de Teresa d'Ávila ou de Ludovica Albertoni. A golpes de martelo, a trinchadas de cinzel, ele força o mineral para fazer com que surjam lábios feridos pela beatitude.

Seus bustos deixam claro: Bernini não se interessa nem pela carne nem pelo sopro em geral, mas em sua consistência numa pessoa particular. "Realismo"? É preciso ver o que entendemos por essa palavra. Se a ambição fosse colar no modelo, a moldagem seria o horizonte desse estatuário, e o holograma a cores, sua superação. Porém, o realismo do Cavaleiro não é superficial: ele não tem medo de exagerar certas proporções, de forçar alguns traços, roçando a caricatura. Ele também não é psicológico, como em geral convém ao retrato pintado: se a matéria fluida é apta a ressaltar as nuances de uma interioridade cambiante, a pedra quer outra coisa, menos alterável, mais essencial. Nosso escultor tende portanto, naturalmente, para uma espécie de realismo sobrenatural, em que o indivíduo, sem nada perder de sua singularidade, assume uma amplitude arquetípica. Seu trabalho no busto de Luís XIV, relatado em detalhes por Chantelou, mostra-o em plena ação:

> Segundo ele, a dificuldade para o artista é conciliar o geral e o particular. [...] Segundo essa opinião, quando o busto está

---

[11] Citado por Jörg Garms, "Le Bernin dans la Littérature de Voyage Européenne d'Ancien Régime" in *Le Bernin et l'Europe*. Paris, Presses de l'Université Paris-Sorbonne, 2002, p. 132-33.

próximo de ser concluído, ele faz o rei posar em treze sessões para que sejam trabalhados diretamente no mármore os olhos, as bochechas, a testa, o nariz e a boca. Durante todo o processo de realização da obra, ele nunca se referiu a seus modelos e a seus croquis. "Não quero copiar, mas criar um original", declara.[12]

Um original não significa apenas algo único, mas em primeiro lugar uma aparência tal como ela se refere à origem: "Tudo aquilo que sabemos vem de Deus, diz ele com aquela humildade que coincide com a autoridade mais segura, e ensinar os outros equivale a tomar seu lugar".[13] A fixidez da pedra exige que o busto, em sua fidelidade aos traços da face, também seja fiel à maneira como o Eterno a encara. Isso lembra uma anedota a respeito do busto do monsenhor Montoya, tão estupefaciente em sua presença, até pelo detalhe dos pelos. Ao vê-lo, um prelado grita: "É Montoya petrificado!" Mas o cardeal Barberini vai até o monsenhor Montoya em pessoa e, pegando seu braço diante de toda a assembleia, responde: "Este é o retrato de Montoya", e depois, voltando-se para o busto de pedra: "Este é o próprio Montoya". Uma tirada espirituosa que contém tanto humor quanto dogma. Claro, Barberini, o futuro Urbano VIII, não está dizendo que a terra é mais viva do que o homem. Mas ele recorda que a carne ressuscitada está realmente destinada a ultrapassar seu particularismo estreito, a assumir uma envergadura simbólica, de que o busto representa uma analogia.

Apreender o Instante da Transformação

Se a mais radical metamorfose é o objeto mesmo da escultura, é também, como por redundância, o tema preferido de Bernini.

---

[12] R. Wittkower, op. cit., p. 90.
[13] Ibidem, p. 195.

A questão é apreender o momento da passagem, o segundo de escancaramento em que a vida muda de ordem. Todas as obras da Galeria Borghese têm esse sentido. Eneias, carregando Anquises, seu pai, pegando Ascânio, seu filho, é surpreendido na hora de sua fuga de Troia em chamas; Prosérpina, no instante de seu rapto por Hades; Davi, no momento em que se retorce para lançar sua pedra em Golias (e a pedra é a própria estátua, arremessada para abrir-nos o crânio ao inesperado)...

Com *Apolo e Dafne*, essa obsessão pelo fugitivo-decisivo se torna ainda mais evidente. A cena mostra uma tentativa de estupro. Ela brota exatamente no instante em que o deus, correndo, pega a ninfa e a ninfa estica seu corpo, assustada, buscando uma saída vertical. Ela parece voar, mas sua ascensão é a da planta que cria raízes e cresce em sua folhagem. Apolo já agarrou a ninfa pela barriga com sua mão direita, e no entanto não se dá mais conta: ele é tomado pela metamorfose de sua presa em loureiro. Dafne, pelo contrário, não enxerga sua própria metamorfose: com a cabeça jogada para trás, a boca aberta num grito, a filha do rio sente na nuca o hálito de seu perseguidor, e a mão dele em sua cintura. O que acontece com um, é o outro que testemunha. E o momento em que eles se tocam é também aquele em que se separam. O dístico latino gravado na base, escrito por Urbano VIII, canta explicitamente a transcendência da alegria: *Quisquis, amans, sequitur fugitive gaudia formae / Fronde manus implet baccas seu carpit amaras* – "Aquele que, apaixonado, persegue as alegrias das formas fugitivas / Enche suas mãos de folhas e só colhe frutos amargos". Entenda-se essa moralidade, e a recusa do estupro pode transfigurar-se em consentimento ao louvor. Ovídio conta isso na sequência do mito: "'Pois bem!', diz o deus, 'como você não pode mais ser minha esposa, ao menos vai ser minha árvore! Que o loureiro agora orne meus cabelos, minha lira e minha aljava. Que enfeite a cabeça dos guerreiros vitoriosos [...].' E o loureiro, com os ramos que acabavam de crescer dele, fez um sinal de assentimento".[14]

---

[14] Ovídio, *Metamorfoses*, I, v. 560-67.

Em meio a essas oscilações de um mundo a outro, não posso não mencionar a grandiosa estátua equestre da Scala Regia, a escada que liga o palácio pontifício à Basílica de São Pedro, e concebida também por Bernini engenheiro e arquiteto (chegaremos a isso). Sob o tsunami de um drapeado em estuque pintado, e como seu cavalo empina entre seus joelhos, o imperador Constantino perde todo império sobre si: acaba de perceber a Cruz que promete a única vitória. É o instante mesmo em que seu coração se perturba e, com ele, toda a Roma política, mais do que por causa de uma revolução.

Esplendores do Despojamento

O conjunto mais significativo e mais célebre é certamente a Capela Cornaro na Igreja de Santa Maria da Vitória (não muito longe da estação Termini). Impossível de fotografar em seu conjunto, tudo ali foi planejado pelo Cavaleiro, desde a abóbada pintada com anjos abrindo o céu até as paredes em baixo-relevo em que a família Cornaro comenta o acontecimento central – a *Transverberação de Santa Teresa*: um jovem anjo sorridente segura a flecha de ouro com que vai outra vez penetrar a carmelita já transtornada.

Charles de Brosses glosa com ironia: "Se aqui está o amor divino, eu o conheço, cá embaixo veem-se muitas cópias realistas dele".[15] Mas o erotismo da cena não é o fantasma de Bernini. Este aplicou-se fielmente a transcrever a autobiografia de Teresa:

> Eu via em suas mãos um longo dardo de ouro, tendo na ponta, parecia-me, um pouco de fogo. Eu tinha a impressão de que ele o afundava em meu coração diversas vezes, e me atingia até as entranhas. Quando ele o retirava, dir-se-ia que ele as arrancava de mim, deixando-me toda envolvida por um grande amor de Deus. A dor era tão viva

---

[15] Citado por Jörg Garms, op. cit., p. 138.

que eu exalava gemidos, mas a suavidade daquela imensa dor é tão excessiva que não é possível desejar que ela seja apaziguada, e a alma não consegue se contentar com nada menos do que Deus.[16]

Que dor é essa, mais suave do que todo prazer? É a alegria que desconcerta, claro. E a ressurreição dos corpos seria apenas uma recuperação da saúde se não fosse acompanhada daquele dilaceramento da alma por aquilo que a ultrapassa. Aqui também, afirmando plenamente sua fé católica, Bernini une a essência da escultura (não estou falando da modelagem, amigo do mole, mas da escultura em sentido estrito, que é feita talhando o duro). Ela é a única arte que cresce pela subtração. O rude escultor retira, estilhaça, cinzela, faz nascer do bloco pedaço após pedaço, de modo que, no começo, entre o martelo que quebra o ídolo e aquele que liberta a estátua, a diferença é das menores.

Esse gesto plástico, por causa de sua ambiguidade (que faz parecendo desfazer, que suscita a beleza a coronhadas), foi adotado por muitos autores místicos como metáfora do agir divino em nossas vidas. Nós a encontramos na pena de um jesuíta, nascido no ano em que Bernini conclui o mausoléu de Alexandre VII:

> A pedra, por golpes reiterados, não sente a figura que o artesão opera nela. Ela só sente o cinzel que a diminui, que a raspa, que a corta, que a desfigura [...]. E se lhe perguntamos: "O que é que sucede contigo?", ela poderia responder: "Nem me pergunte [...]: recebo cada golpe do cinzel como aquilo que há de mais excelente para mim, ainda que, para dizer a verdade, cada golpe só traz a meu sentimento a ideia de uma ruína".[17]

---

[16] Teresa d'Ávila, *Livro da Vida*, cap. XXIV, 13.
[17] *L'Abandon à la Providence Divine*, atribuído a Jean-Pierre de Caussade, cap. VIII.

A alegria estilhaça nossa suficiência. Igualmente, seu esplendor só vem pelo despojamento – até aquele despojamento supremo que será o do nosso corpo inteiro, entregue como pasto aos vermes. Mas não é assim que deve proceder o supremo escultor? Da subtração mais forte vem a mais viva ressurreição.

Fontes

O que é um corpo glorioso? É um corpo atravessado visivelmente pelas águas vivas do Espírito. O furo das bocas não basta. É preciso ir até a vida interior, escavar artérias, inventar uma circulação. A arte de Bernini não poderia deixar de se fazer fonte. Praça de Espanha, praça Navona, praça Barberini, praça Santa Maria sopra Minerva, Porta del Popolo, palácio Antamoro, o frescor de Roma também passa por suas mãos. A mais colossal é a fonte dos Quatro-Rios, com seus monstros selvagens e suas enormes personificações do Danúbio, do Nilo, do Rio da Prata e do Ganges, que a Colomba consagra como fontes batismais. Imagem do paraíso terrestre, como já se observou: *Um rio saía do Éden para regar o jardim, e dividia-se em quatro braços* (Gênesis 2, 10). Figura sobretudo daquela "fonte eterna" que secretamente irriga todas as coisas: "Sei bem que seus rios sempre transbordantes / Regam o abismo, a terra e todos os povos, / Mas isso acontece no profundo da noite".[18]

Com esse tipo de encomenda, o escultor toma seu lugar. Ele se entrega de todo coração ao que é maior do que a natureza ("Não venha me falar de nada pequeno", diz ele a Colbert em sua estadia parisiense). E ele ainda aprofunda seu símbolo do sobrenatural. O que significa fonte? A aliança de dois estados muito distantes: o sólido mais sólido e o líquido mais líquido. Vocês me dirão: isso já existe em qualquer cantil. Sim, é por isso que o cantil já é maravilhoso. Mas

---

[18] João da Cruz, "Je Sais une Source Qui Jaillit et S'Écoule", in *Oeuvres Complètes*. Paris, Cerf, 1990, p. 151.

aqui não se trata mais de água recolhida num recipiente: trata-se de água jorrando da pedra mais seca. Esse é o contraste extremo que Bernini acrescenta ao contrapposto de suas figuras. Nele o engenheiro se une ao escultor para recordar o bastão de Moisés: *Ferirás o rochedo e a água jorrará dele: assim o povo poderá beber* (Êxodo 17, 6). Nele a arte sacra se conjuga à arte mais popular (que há de mais popular do que uma fonte pública, meu caro Wallace?), para que ressoe o Cântico dos Cânticos: *És um jardim fechado, minha irmã, minha esposa, uma nascente fechada, uma fonte selada* (Cântico dos Cânticos 4, 12).

A parábola é inequivocamente límpida. A graça se distingue por exceder a natureza sem ser contra a natureza. Ela surge sem ser chamada, e no entanto responde à nossa disposição mais profunda: a de ser *à imagem de Elohim, capax Dei per gratiam*,[19] abertos ao inaudito. Assim é a fonte de pedra: enquanto pedra, ela não poderia fornecer água por si própria, mas é escavada de tal maneira que, por meio de um desvio do Tibre, possa brotar aos borbotões. Se minha pequena natureza fecha as comportas, ela sente nela o vazio de seus canais, como se fossem galerias de cupins – uma fragilidade detestável no lugar de uma disponibilidade esplêndida – e a graça lhe aparece semelhante à mais invasiva das explosões. Mas se ela quiser bem – não a partir de suas cheias, mas de seus ocos, e não por meio de suas riquezas exteriores, mas pelo intermédio de sua pobreza interior –, se ela aceita se deixar investir pela pressão do rio, e eis que a pedra se transforma em gêiser transbordante. A fonte tem essa qualidade dupla: ela não se expande como uma garrafa, mas também não se fecha como uma barrica. Seu recolhimento visa apenas sua oferenda. Ela se reserva para melhor se dar ao refrescamento daqueles que passam, ao nobre e ao mendigo, à religiosa e à cortesã – a quem quer que atravesse a praça e reconheça sua secura.

Figura da Sabedoria: *sem sair de si mesma, ela renova o universo* (Sabedoria 7, 27). Ao fazer-se fonte, a estátua pode estender seu raio de

---

[19] Santo Agostinho, *De Trinitate*, livro 14, cap. VIII.

ação e não ser apenas uma coisa colocada no espaço, mas redefinir o espaço em torno. Veja-se a fonte do Tritão, no centro da praça Barberini. Ela orquestra a volta dos carros em seu entorno. Ela aliás remete àquele episódio das *Metamorfoses* que acontece entre o dilúvio que afoga a raça criminosa dos homens e a recreação inocente de Deucalião e Pirra (recreação com quê? Tente adivinhar: com pedras miraculosas, "pedras que amolecem e ficam flexíveis"): "Assim que a concha espiralada tocou os lábios úmidos do deus cuja barba destila a onda, e que ela transmitiu as ordens de Netuno, as ondas do mar e aquelas que cobriam a terra as ouviram e se retiraram".[20] O jato vertical, soprado fora da concha, ordena a retirada das águas que submergem e o retorno das águas que vivificam. A estátua que se faz fonte chama à renovação do mundo.

O Verdadeiro Campo de Gravitação

O corpo não deve apenas surgir da matéria inerte com uma carnação luminosa, não deve apenas despejar ondas que molham os homens, seus cachorros e seus cavalos; deve também, mais do que o Sol em torno da Terra ou a Terra em torno do Sol – no fim, pouco importa –, operar em torno dela a curvatura definitiva do espaço-tempo. Aí também, a essência da escultura está em jogo. Bernini sublinha que uma estátua ocupa os lugares de maneira totalmente diversa de uma tela: "Michelangelo", relata ele a Chantelou, "costumava dizer que as estátuas eram um ornamento tão grande que, se um quarto fosse ornado com uma tapeçaria de veludo bordado a ouro e em outra houvesse apenas uma bela estátua, esta pareceria ter um ornamento digno da realeza, e a outra seria *come una stanza di monache*".[21] Que uma escultura possa dar a um cômodo a dignidade da realeza assinala seu poder de governar o ambiente. Assim, ela não é um mero orna-

---

[20] Ovídio, *Metamorfoses*, I, v. 340.
[21] Chantelou, op. cit., p. 118: "como a cela de uma monja".

mento num canto do cômodo, mas uma nova ordenação do cômodo como um todo.

A passagem do estatuário à arquitetura é aqui operada sem dificuldade. Falamos da Capela Cornaro, onde toda a ambiência é redefinida em função da *Transverberação*: o espectador deve ficar preso no espetáculo, "a fronteira entre a figura de pedra e o espaço em que vivemos e nos movemos foi abolida".[22] Poderíamos ter mencionado a praça de São Pedro, obra tão imensa e tão constantemente tomada por multidões que se esquece de que ela também tem por autor Bernini, artesão de todo o eixo que leva da cidade até a Cátedra do primeiro papa. As multidões que se precipitam para o Vaticano são acompanhadas por ele, discreto, com seus anjos demarcando os parapeitos da ponte Sant'Angelo, e, quando elas chegam à imensa praça de São Pedro, ele se apaga inteiramente: ninguém imagina que foi ele que pensou e organizou sua reunião sob a *loggia* da bênção *urbi et orbi*.

O Cavaleiro não é um grande arquiteto *além de* ser um grande escultor. Entre uma arte e outra, segundo ele, há um laço de perfeita continuidade, e esse laço se encontra no corpo humano, e no corpo humano sexuado, por favor. Se a seus olhos Borromini não é bom construtor, é porque ele não é nem bom escultor, nem bom pintor, e "porque o pintor e o escultor têm por regra de proporção o corpo do homem".[23] Nisso Bernini subscreve a teoria dos antigos, que calcavam as ordens arquiteturais sobre a ordem carnal: o dórico e o toscano são masculinos: femininos, o coríntio e o jônico.[24] Mas essa teoria nele é revigorada pela revelação bíblica: Deus, que contém tudo e que não é contido por nada, criou o homem e a mulher à sua imagem, cimos da criação corporal: por conseguinte, os corpos do homem e da mulher não são objetos físicos quaisquer situados no universo, mas a norma

---

[22] R. Wittkower, op. cit., p. 15.

[23] Chantelou, op. cit., p. 313

[24] Ver Howard Hibbard, *Bernini*, London, Penguin Books, 1990, p. 155.

do universo de parte a parte, o microcosmo que contém o macrocosmo por vocação.

À diferença de outras artes, a estatuária usa seu campo gravitacional à maneira dos astros: ficamos diante de um quadro, somos envolvidos por uma sinfonia, sentamo-nos num teatro; mas, em volta de uma estátua, como um satélite, deslocamo-nos em círculos concêntricos. Ela permanece imóvel, e o espectador é colocado em órbita. Ademais, enquanto a orquestra exige silêncio e a pintura doe paredes protetoras com controle de humanidade, a estátua gosta do ar livre, dos mercados, dos pontos de encontro cheios de gente. A despeito de sua altura marmórea, ela é uma vadia das ruas. Ela sabe se prostituir gloriosamente. Ela não teme expor-se às intempéries, nem às pichações de amor ou de crítica (como testemunha o *Pasquino*, que Bernini admirava entre todas as estátuas de Roma, e que servia às famosas "pasquinadas", cartazes satíricos que os romanos pregavam em sua base e que comentavam a atualidade). Monumento público, ela também se oferece como ponto de referência para o residente ou para quem está de passagem, e como ponto de encontro para amigos que se procuram. Então ela se faz humilde, remetendo a outra coisa que não ela mesma, orienta retirando-se. O romano praticamente não contempla mais a fonte dos Quatro Rios, mas isso é porque ele a interiorizou como uma bússola misteriosa.

Extensão Cósmica do Corpo Humano

A escultura de Bernini é portanto arquitetural, porque se quer ao mesmo tempo impressionante e acessível, causando surpresa e desejando boas-vindas, sendo, em suma, urbana em todos os sentidos da palavra (sem esquecer aquele que a remete a seu grande benfeitor, o papa Urbano VIII). A estátua certamente não é habitável, mas ela agencia outra habitação. Lembramos do fragmento de Hölderlin tão caro a Heidegger: "O homem habita como poeta". Uma fonte não serve a um hábitat funcional, mas a essa habitação poética, agora parcial e intermitente, e que esperamos completa e ininterrupta.

O velho Bernini, com mais de 75 anos, ainda gasta as horas, sem parar, talhando o mármore duro. Os músculos ainda são valentes, mesmo que já espreite a paralisia do braço direito. Seus assistentes gostariam de pará-lo, temendo por seu coração. Mas seu coração o impele a repelir sua solicitude: *"Lasciatemi star qui, ch'io sono innamorato* – Deixem-me ficar aqui, porque estou apaixonado".[25] Da pedra que pesa, ele está tirando o puro rosto daquela mulher que expira desejo, Ludovica Albertoni, com a boca aberta em seu último suspiro, o pescoço largo oferecido ao beijo e à mordida, a mão direita elevando o seio e a esquerda apertando o ventre, enquanto as dobras de seu pano caem como uma onda de espuma sobre a bacia. O velho pode perfeitamente morrer de esgotamento sobre ela. Ela atesta a glória que nos convoca para além do último golpe do cinzel: tornar-nos corpos não contidos no espaço, mas corpos que dispõem em torno de si o espaço do mais sublime acolhimento, corpos cósmicos, corpos fontes, corpos templos para uma liturgia imperecível, corpos bancos públicos para o encontro dos apaixonados, corpos esplanadas onde as crianças brincam e os velhos contam suas histórias.

---

[25] Filippo Baldinucci, *Vita di Bernini* [1682]. Milão, Edizioni dei Millione, 1948, p.139.

SEXTO MOVIMENTO
Depois do Fim do Mundo
(Elementos de Física Nova)

Coxas, ainda coxas. É meu único prazer. A Humanidade só será salva pelo amor às coxas. Todo o resto não passa de ódio e tédio.

L.-F. Céline, carta de 28 de março de 1934,
a N..., dançarina judia.

Ecologia do Desastre

1. O que é certo é que o Sol não voltará. Anzévui, o velho curandeiro de Ramuz, dizia que isso aconteceria em 13 de abril de 1937: "O Sol vomitará vermelho e depois não estará mais no lugar".[1] O medo tomou a aldeia, e também uma ternura especial de uns pelos outros na treva crescente. No fim, a data fatídica passa, e o Sol retorna, lavando o céu de azul: é o velho Anzévui que morre em seu lugar e que realiza, apesar de tudo, para si mesmo, a sinistra profecia, só para não ser humilhado demais.

O pastor William Miller tinha mostrado mais obstinação. Esse metodista norte-americano anunciou o fim do mundo para o dia 3 de abril de 1843, e depois, tendo o 3 de abril sido um dia como outro qualquer, ainda que com uma temperatura um pouco abaixo da média da estação, o fim do mundo foi anunciado para 7 de julho, de-

---

[1] C.–F. Ramuz, *Si le Soleil ne Revenait Pas*. Paris, Grasset, 1939, p. 49.

pois para 21 de março, claro, e, por fim, para 22 de outubro de 1844 – dessa vez é a certa, os anjos contaram: 50 mil fiéis se reúnem para aguardar a grande catástrofe. E é a "Grande Decepção", como mais tarde vão chamar esse apocalipse fracassado. Nem o reverendo Miller morreu nesse dia, a propósito. Depois outros, mais recentemente, propuseram o solstício de inverno[2] de 2012, porque o calendário maia não se estenderia além (maia nenhum, porém, pôde confirmar sua interpretação, porque o calendário já tinha se estendido além da própria cultura maia). E imediatamente adivinhamos que, em pleno verão de 2013, lá estavam esses prognosticadores olhando as pernas das mulheres.

Mesmo assim, nossa consciência chegou a esse ponto. Depois da Primeira Guerra, Paul Valéry perorava ingenuamente: "Nós, civilizações, agora sabemos que somos mortais". Ora, não se trata mais apenas de civilizações. Trata-se da Terra inteira, e das estrelas todas, feitas para dormir uma depois da outra, como as crianças numa velha casa de campo. Arrefecidas, as alegres metáforas da glória eterna! E nossa geração, que gargareja "respeito pelo planeta", só faz acusar essa finitude. Pretender salvar a Terra usando esse termo genérico, o "planeta", é já tê-lo perdido como *terroir* sensível, arável, ancestral, em prol de um conceito de astronauta que já desertou seu solo e reduziu a fartura de suas paisagens a uma pastilhazinha azul (praticamente cinza sob o inverno nuclear). Assim, o ecologismo sonha com um Éden sem homem; o tecnicismo fabrica um homem sem Terra; e ambos se entendem para admitir que a Terra e o homem estão a partir de agora enfrentando um divórcio... Nada se pode fazer. O que define nosso tempo é ter de debater-se com essa iminência de uma destruição total.

2. Mas eis aqui uma coisa bem esquisita: a ideia de fim do mundo, desde o começo, os judeus e os cristãos devem fazer dela um artigo

---

[2] De inverno do hemisfério norte, de verão no sul, por volta de 21 de dezembro. (N. T.)

de sua esperança. E isso sem um pingo de desprezo por este mundo mortal. Pelo contrário, é preciso que eles se maravilhem com o que vai acabar. De um lado eles cantam: *A Terra inteira proclama sua glória* (Isaías 6, 3). E de outro: *Terra e céu se acabam pelo uso como um traje. Como uma veste, vós os substituís* (Salmo 101, 27). Aqui: *Os céus contam a glória de Deus* (Salmo 18, 2). Lá: *Naquele dia os céus passarão com ruído, os elementos abrasados se dissolverão, e será consumida a Terra com todas as obras que ela contém* (2 Pedro 3, 10). Doutrina eminentemente pós-moderna. E até pós-pós-moderna. Enfim, pós... absolutamente. No gênero da vanguarda, impossível algo mais avançado.

O mais surpreendente é que essa atitude de contagem decrescente iniciada não impediu esses familiares do desastre de empenhar-se radicalmente no mundo que passa. Eles dizem a si mesmos: "Talvez seja amanhã", e, em vez de ficar com os braços caídos e sem fôlego, eles se arrumam para deitar com a mulher, para fazer uma versão latina, para escrever a regra de uma nova congregação. Por mais que a Terra lhes pareça em condição terminal, eles desbravam-na, lavram-na, semeiam e celebram suas colheitas. Eles não esperam a sanção do progresso para colocar mãos à obra. Como a mãe de Moisés na época em que os bebês dos hebreus eram jogados no rio, eles fariam filhos mesmo em cima da cova. Como os três jovens judeus condenados por Nabucodonosor, eles louvariam o Criador mesmo nas chamas. Aos judeus deportados para a Babilônia, Jeremias teve o desplante de escrever: *Construí casas e nelas morai, plantai pomares e comei seus frutos. Procurai mulher e gerai filhos e filhas, procurai mulheres para vossos filhos, e dai vossas filhas a maridos para que deem ao mundo rapazes e moças. Multiplicai-vos em lugar de diminuir* (Jeremias 29, 5-6).

Futuro Anterior

3. Porque aqueles deportados tinham de acreditar na ressurreição da carne. E para fazer um bom ressuscitado, vejam bem, é preciso primeiro fazer um bom morto. Ninguém se livrará disso.

A exigência é universal: "Aqueles que ainda estiverem vivos no momento em que o céu parar terão de perder a vida".[3] E isso vale também para o universo: o Big Crunch [Grande Colapso] é inelutável. Já vimos isso nos capítulos anteriores: *O amor é forte como a morte, a paixão é violenta como o Sol. Suas centelhas são centelhas de fogo, uma chama divina* (Cântico dos Cânticos 8, 6). Se a morte é abandono ao mistério, e não esclerose definitiva, ela é uma introdução à vida eterna enquanto oferenda sem retorno. Por conseguinte, nada se renova sem passar por esse fogo. Aí está o primeiro princípio da física eucarística (porque ela é a física definitiva, como vamos considerar em tudo o que se seguirá – uma teoria quântica, por assim dizer, em que tudo está ordenado para a ação das graças): *O corpo glorioso é em primeiro lugar um corpo entregue.*

A contagem regressiva não conta muito para quem acolhe todas as coisas a partir do Eterno. Sua consciência extrema da catástrofe não o leva ao desdém, mas à preocupação com a criatura fugaz posta entre seus braços. É conhecido o ensinamento do rabino Yohanan Ben Zakaï a seus discípulos: "Se tens uma jovem árvore nas mãos e te dizem que o Messias chegou, e que estamos no fim do mundo, primeiro planta a árvore, depois vai acolher o Messias". A melhor maneira de acolher não é primeiro cuidar daquilo que nos foi confiado? À certeza da conflagração final sempre se associa esta atitude de generosidade primeira: *Sabei que o Filho do Homem está próximo, às portas... O céu e a Terra passarão, mas as minhas palavras não passarão... Todas as vezes que fizestes isto a um destes meus irmãos mais pequeninos, foi a mim mesmo que o fizestes...* (Mateus 24, 33; 25, 40). *O fim de todas as coisas está próximo. Sede, portanto, prudentes e vigiai na oração. Antes de tudo, mantende entre vós uma ardente caridade... Exercei a hospitalidade uns para com os outros, sem murmuração* (1 Pedro 4, 7-9). Nisso não há apenas um mecanismo psicológico, o sentimento da mortalidade próxima conferindo-nos uma atenção perturbada pelas menores criaturas: esse trevinho, esse gato

---

[3] São Tomás de Aquino, *Suma Teológica*, suppl., qu. 78, art. 1.

caolho e sem pelos que parece a minha alma, meu pai cantando "Je me suis fait tout petit devant une poupée..."[4] Também não se trata essencialmente de um temor diante do Juízo Final e da balança de meus pecados colocada na frente de todos. Trata-se, em primeiro lugar, de uma coincidência com o fundo do ser, que é alegria de receber e de dar.

4. Uma célebre frase de Hegel se aplica aqui particularmente: "Não é esta vida que recua horrorizada diante da morte e se preserva para a destruição, mas a vida que traz a morte, e que se mantém na própria morte, que é a vida do espírito. O espírito só conquista sua verdade quando se redescobre a si mesmo no dilaceramento absoluto".[5] Ora, isso é menos verdadeiro para o espírito que se refugia detrás do talismã de um saber que reduz a morte a um momento dialético do que para o camarada que atravessa inteiro a destruição real, e mais ainda para o camarada que atravessa o completo aniquilamento de seu orgulho. É preciso admitir o seguinte: os ressuscitados têm a assustadora leveza daqueles que voltam de muito longe; eles realmente encararam de frente o abismo, lutaram contra o Anjo exterminador, e sua carne só é tão perturbadora por carregar para sempre em si essa Páscoa.

Tudo aquilo que teremos para vislumbrar de nossos corpos futuros não poderia ser uma evasão, mas uma vocação, isto é, uma exigência para nossos corpos desde esse momento. Que seu radical futuro seja ser entregues, hospitaleiros, dançarinos, levando em sua festa as árvores e os bichos, eis aquilo que deve imediatamente trabalhar nosso mundo, como um fermento.

É aí mesmo que o enigma da nossa condição humana pode encontrar seu sentido. Enquanto ignorarmos o que é uma fechadura, a forma de uma chave só pode nos parecer estranha, inexplicável – um bibelô de inanidade jogado ao acaso. Mas se ela descobre a chapa,

---

[4] Canção de Georges Brassens. (N. T.)

[5] Hegel, *Phénoménologie de l'Esprit*. Tradução e prefácio de J. Hyppolite. Paris, Aubier-Montaigne, 1941, p. 29.

girar o mecanismo, acionar a lingueta, tudo subitamente se ilumina. Aprender que o destino último da nossa carne é antes de tudo poético também traz uma luz decisiva para a fé: subitamente compreendemos que nossos membros não são pés mortos nem utensílios descartáveis, e que um conhecimento do mistério que pretendesse resolver-se na inteligência, sem transbordar fisicamente em obras de arte, seria menos espiritual do que cerebral. Ela reduziria o mistério à matéria cinzenta.

5. No entanto, se a glória da carne corresponde à medida dos golpes e das feridas sofridas por amor desde agora, e mais ainda se ela corresponde à medida de uma fé que não para na cabeça, mas que leva o corpo inteiro numa celebração inventiva, ela só pode desconcertar, assim como o resto. Ademais, por que essa ressurreição? A visão beatífica não é suficiente? De que podem servir nossos sentidos se eles nos ensinam menos do que aquilo que sabemos em Deus? Não estaríamos melhor como puros espíritos, como julgava o neoplatônico Porfírio, segundo o qual "a alma só pode estar feliz fugindo a toda espécie de corpo"?[6] Não seria ao menos mais conveniente que ela se livrasse dessas tripas todas e vestisse uma roupa tão pura quanto o fogo, o ar ou a luz, como fantasiava um bispo de Constantinopla?[7]

Os grandes doutores nunca quiseram renunciar a ela: ainda que glorificado, "o homem ressuscitado será o mesmo, pela reunião da mesma alma ao mesmo corpo. E negar essa identidade é herético".[8] Mesmo que minha condição vá ser mudada sobrenaturalmente, minha identidade não mudará. É meu corpo que devo encontrar, o mesmo que vive e que respira neste momento, com meu sexo, munido de suas glândulas de Cowper e de sua via seminal, com meus cabelos morenos e minhas unhas brancas, com meu grosso cólon e meu grande osso zigomático, e até com minha bile negra, minha bile amarela,

---

[6] São Tomás de Aquino, op. cit., qu. 75, art. 1.

[7] Ibidem, qu. 79, art. 1.

[8] Ibidem, art. 2.

minha fleuma e, acima de tudo meu sangue, tornados semelhantes a sublimes licores...⁹

E, mesmo assim, apesar desse realismo cru, e ainda que ele use termos como "banquete", "repouso" e "núpcias" para designar a vida eterna, Tomás de Aquino afirma que "comer, beber, dormir e procriar, na medida em que pertencem à vida animal, não existirão mais após a ressurreição".¹⁰ Por que então a diferença sexual, se não vamos mais conhecer o ato? E o que é esse festim de núpcias cujo bufê será inexistente? Não terei mais nem mesmo a alegria de fazer xixi de pé diante de um pôr do sol?

Enfim, para tudo aquilo que diz respeito *aos novos céus* e à *nova terra* (2 Pedro 3, 13), onde é que ela vai se localizar, e como vamos colocar tanta gente nela? A Jerusalém celeste não corre o risco de se assemelhar ao pior dos conjuntos habitacionais? E minha cachorra Nouchka, vai ressuscitar também? E minha gata Cynthia? E a romãzeira de nosso jardim entre a casa e a igreja? Mas de que nos valeria essa reconstituição de argila se já reapreenderemos todos os instantes do passado no simples brotar da presença eterna?

Contra a Fé Inútil

6. É pelo menos surpreendente que a religião do Espírito seja a esse ponto a religião da carne. Tantas sabedorias celebram a liberação da alma despojada do corpo e unida ao Princípio! É tão mais espiritual, mais higiênico, mais conforme à evidência dos vermes e da decomposição próxima! Mas não, é preciso que São Paulo escreva: *Pois, se os mortos não ressuscitam, também Cristo não ressuscitou. E se Cristo não ressuscitou, é inútil a vossa fé, e ainda estais em vossos pecados... e somos, de todos os homens, os mais dignos de lástima* (1 Coríntios 15, 16-19). Se só tivéssemos a visão beatífica, nossa fé ficaria dando voltas no vazio. Se

---

⁹ Ibidem, qu. 80 e 81.
¹⁰ Ibidem, qu. 81, art. 4.

só tivéssemos uma vida de anjos no céu, seríamos os mais infelizes. O corpo está tanto no nosso coração, tão colado a nossa alma, que é necessário à nossa divinização.

Mas como ser carnal nos colocaria mais próximos daquilo que é Espírito? Em quê reencontrar minhas bolsas serosas, minha aponeurose palmar, minha fissura de Sylvius me colocaria mais ao nível dos puros serafins do que se eu fosse para sempre separado delas?

7. Tomás de Aquino faz a seguinte profunda observação:

> Todas as coisas permanecendo iguais, o estado da alma unida ao corpo é mais perfeito, porque ela é uma parte de um todo [o composto humano] e uma parte só é verdadeiramente ela mesma integrando seu todo. Ela é mais conforme a Deus sob um certo aspecto (*secundum quid*) [na medida em que é espiritual]. Mas, falando absolutamente (*simpliciter*), algo é mais conforme a Deus quando tem tudo que sua natureza exige, porque então ele imita da melhor maneira a perfeição divina. Assim, o órgão do coração é mais conforme ao Deus imóvel quando está em movimento do que quando para, porque a perfeição do coração está em seu movimento, ao passo que sua destruição está em seu repouso.[11]

Uma galinha é mais divina quando é plenamente galinha, cacarejante, poedeira, voando baixo, do que se pretendesse realizar-se tornando-se uma fazendeira sem plumas. O nome divino não é *Eu Sou o que Eu Sou* (Êxodo 3, 14)? Ser si mesmo, nada perder de sua natureza, é mais fundamental para a divinização do que um suposto sobrenatural que desnaturasse. Assim, sendo a alma a forma do corpo, uma e outra sendo necessárias para a integridade da natureza humana, o homem nunca é tão espiritual do que quando sua alma é glorificada junto com seu dedão do pé. (Essa cláusula é tão necessária que mesmo as almas

---

[11] Ibidem, qu. 75, art. 1, ad quartum.

dos justos separados não são deixadas inteiramente sem corpo. Até que venha o tempo da ressurreição, elas têm consigo o corpo glorioso de Jesus e de Maria, e é um regalo inefável poder logo desfrutar dessas carnes irradiantes.)

8. Aquilo que nos dá nosso segundo princípio de física nova (a física só é concluída no físico): *Um corpo glorioso é tão mais espiritual quanto mais for carnal.* A bem-aventurada fica muito bem de auréola, mas ela também precisa de coxas; a santa é talvez valorizada pelo halo, mas também precisa de seios – os seios a que um Deus soube dedicar-se, as coxas que são a rampa de lançamento de toda vida, inclusive da vida do Salvador.

Esse princípio nos é recordado o tempo todo pelo Santo Sacramento. É o *Corpo* de Cristo que é adorado nele, e não apenas sua alma ou seu Espírito. Mesmo assim, a carne, que é para nós a coisa mais evidente, se torna também uma das mais misteriosas, e se esconde entre os objetos da fé: "A fé diz respeito a realidades invisíveis: assim como o Cristo nos expõe sua divindade de maneira invisível, também, nesse sacramento, ele expõe sua carne sob um modo invisível".[12] Antes do mistério da eucaristia, era possível crer que, para ir ao invisível, era preciso afastar-se cada vez mais do carnal. No momento, convém afirmar que a carne faz parte das coisas invisíveis e celestes.

Para o outro Espaço

9. Nos versículos de São Paulo mencionados acima, a ressurreição dos mortos está sempre associada à de Cristo. Ela é, segundo ele, o modelo e a causa da nossa. Convém, portanto, examinar aquilo que diz respeito ao Cristo ressuscitado para adentrar a física eterna e discernir as leis não mais da queda, mas da elevação dos corpos.

Isso começa com um túmulo vazio. Não há enigma policial que cause mais suspense, nem que esteja mais deslocado. A questão não

---

[12] Ibidem, III, qu. 75, art. 1.

é descobrir nem prender o culpado – esse aspecto da investigação é resolvido bem rápido, porque foi você, porque fui eu... O que importa, isso sim, é descobrir o Ressuscitado, o que leva uma vida inteira e mais ainda. Ademais, se você pensa nos herdeiros, na dignidade das pompas fúnebres, na piedade devida a nossos "queridos que se foram", uma ressurreição muito rápido se revela algo mais insustentável do que um crime (a verdadeira "insustentável leveza do ser"). A ressurreição de Lázaro já tinha sido perturbadora o suficiente para levar à prisão e à crucifixão de seu autor: *E desde aquele momento resolveram tirar-lhe a vida* (João 11, 53).

Eis-nos portanto na sepultura sem morto. Pedro e João entram nela um depois do outro. Não há nada para ver, pois o corpo não está mais lá. E mesmo assim está escrito a respeito de João: *Viu e creu* (João 20, 8). O que ele viu de tão extraordinário? *Os panos postos no chão* (João 20, 6), e só. Ele vê os panos e crê na ressurreição. Como é possível um salto desses? O Sudário de Turim permite observar aquilo que é sugerido pelo texto. O sangue teria de ter colado, e o pano, desfeito por mãos exteriores, mostrar os sinais de ter sido arrancado. Porém, no Sudário, não se vê nenhum sinal dessa manipulação. Os panos ficaram exatamente em seu lugar. Ninguém os desfez, nem dobrou. Eles simplesmente caíram com a súbita desaparição. O corpo de Jesus não se deslocou no espaço. Ele saiu do nosso espaço. Sua matéria, ainda que muitíssimo real, não está mais submetida às leis do nosso universo. Ela mudou de estado para passar a uma condição sutil completamente inimaginável. Foi isso que João adivinhou.

10. Assim, o corpo do Ressuscitado não saiu voando. Ele não cruzou a estratosfera para refugiar-se no décimo céu. E, ao mesmo tempo, por ser um corpo, é preciso que ele esteja em algum lugar. A ideia de uma carne sem medidas é uma contradição de termos. Tudo aquilo que é corporal é necessariamente localizável. Por consequência, seria preciso conceber um lugar que não é um lugar de nosso espaço, mas de um "outro espaço" que envolvesse o nosso (não à maneira de um recipiente mais vasto, o que só faria ampliar as dimensões

sem elevá-las a outra ordem, mas como aquilo que está presente em todo lugar sem ser contido por ele).

Jacques Maritain foi um dos poucos a tentar balbuciar alguma coisa, apoiando-se nos desenvolvimentos da física e das matemáticas contemporâneas (eu não poderia fazer nada melhor do que citá-lo longamente):

> Das representações comuns espontaneamente impostas a todos pelas aparências naturais – incluindo a cosmologia ptolomaica, assim como a geometria euclidiana, com suas três dimensões – às diversas teorias do espaço-tempo saídas das descobertas de Riemann, de Einstein, de Heisengerg, a ideia de espaço às leis do qual nosso universo está submetido, digamos, em suma, do *nosso espaço*, passou por mudanças formidáveis. Ora, essas mudanças mesmas na concepção do *nosso espaço* autorizam, na minha opinião, o filósofo e o teólogo a ver nele nada além de um desses espaços possíveis, e a levantar, em seu domínio próprio, a hipótese da existência de um espaço com propriedades totalmente diferentes, que chamarei de *outro espaço*, tributário não do tempo, como o nosso, mas da eternidade, e que coexistiria invisivelmente com nosso próprio espaço. [...] Minha hipótese consiste portanto em que um tal lugar está infinitamente além do nosso universo, *não* no sentido em que, para ali chegar, seria preciso atravessar todo o nosso universo e passar para ele, mas no sentido em que o lugar em questão pertence a um espaço *totalmente diferente do nosso* e onde tudo exulta no absoluto: trata-se de um lugar no *outro espaço*. [...] Mas direi portanto que é nesse outro espaço que estão os corpos gloriosos de Jesus e de Maria. Quando Maria aparece a pastorezinhos, ela não lhes aparece da maneira como ela é "no céu" – no outro espaço. Direi, por outro lado, que no instante da ressurreição Cristo imediatamente encontrou-se – glorioso – nesse

outro espaço, do qual passou de novo para o nosso, aqui mal deixando entrever sua glória, para aparecer a Maria Madalena, a Pedro, a Tomé (com suas chagas, insígnias da Paixão vitoriosa, que permanecem para sempre em seu corpo).[13]

As aparições de Jesus ressuscitado fazem com que ele passe por nosso espaço sem deixar o espaço transcendente. Essa passagem não poderia ser um movimento local, ou do contrário o "outro espaço" ainda seria uma porção do nosso. Ele é uma acomodação a nossas pobres retinas daquilo que já está ali sem ali estar localizado. O que diz São Paulo a respeito da Ascensão: *Ele subiu acima de todos os céus, para encher todas as coisas* (Efésios 4, 10) é também o que significa o *Noli me tangere* de Jesus a Maria Madalena: *Não me toques; porque ainda não subi ao Pai, mas vai a meus irmãos e dize-lhes que subo para meu Pai e vosso Pai, para meu Deus e vosso Deus* (João 20, 17). Essa subida não é um afastamento, porque o Pai que é a destinação dela também é nosso Pai. Ele é uma presença assim mais extensiva e mais íntima do que aquela que pode ser realizada pelo toque aqui embaixo. A possibilidade de um toque místico, capaz de atingir até o fundo da alma.

11. Terceiro princípio de física eucarística: *A glória de um corpo é proporcional à sua hospitalidade; ele contém nosso espaço sem ser por ele contido; quanto mais elevado está, mais recolhe em si todos os seres daqui de baixo.* Essa transformação de um corpo localizado em nosso espaço num corpo que o envolve e que o redefine como um campo de hospitalidade se encontra expressamente formulado no Evangelho de João: *Jesus respondeu: "Destruí este Templo e em três dias eu o levantarei". Os dirigentes dos judeus disseram: "A construção deste Templo demorou quarenta e seis anos, e tu levantá-lo-ás em três dias?". Mas o Templo de que Jesus falava era o seu corpo* (João 2, 19-21). O corpo de Jesus está naquele instante no templo de Jerusalém. E subitamente eis que ele declara

---

[13] Jacques Maritain, "En Suivant des Petits Sentiers". In *Approches Sans Entraves*. Paris, Fayard, 1973, p. 499-500.

que o tempo na verdade está em seu corpo. Naquele momento, sem dúvida, o Templo já está ali espiritualmente, pois Jesus é o Verbo criador. Mas, após a ressurreição, ele é o templo corporalmente. O Corpo de Cristo é o Templo do universo inteiro. E assim serão também os corpos, ainda que de maneira subordinada, daqueles que pertencem a Cristo. São Pedro deixa entender isso (ele cujo próprio nome repousa no trocadilho em que o homem se torna fundamento de um espaço sagrado – *Tu és pedra, e sobre esta pedra, etc.*): *Vós também, como pedras vivas, entrai na construção dum templo espiritual, formando um sacerdócio santo, destinado a oferecer sacrifícios espirituais que Deus aceita por meio de Jesus Cristo* (1 Pedro 2, 5).

A eucaristia também atesta esse prodígio. Cristo está no "Céu", naquele outro espaço que delimita seu próprio corpo divino, mas eis que Ele está também numa igreja em Nova York e na de La Garenne-Rancy, no altar diante do papa Bento XVI e na dentadura da Sra. Henrouille... Ele está ali sem estar contido ali. Ele se encontra ali sem estar localizado ali, isto é, sem estar limitado por aquela porção de espaço. Presente "segundo o modo de substância", diz Tomás, e não "segundo o modo de dimensão".

12. O leitor pode perfeitamente achar fantasiosas essas considerações, de tanto que elas excedem o que geralmente pensamos. Mas, apesar de serem desconcertantes, não são desorientadoras. Ela seguem a rota espontânea do nosso imaginário, elas têm até algo do clichê estético. No romance de Ramuz citado anteriormente, *Si le Soleil ne Revenait Pas,* a fonte da luz física se desloca gentilmente de um céu murado de cinza até o corpo de Isabelle, a esposa de Augustin Antide. Sob a chama vacilante das lamparinas a óleo, Jeanne Émery, a costureira, precisa tomar as medidas de seu busto para fazer-lhe um corpete azul: "Isabelle tirou o corpete. Ela trouxe claridade para o cômodo, como se o Sol já tivesse voltado".[14] Aquilo que é prometido pelo mais elementar eros, como não seria realizado por *ágape*?

---

[14] C.-F. Ramuz, op. cit., p. 185.

Há um hino de Hopkins intitulado "A Santa Virgem Comparada ao Ar que Respiramos". Nele, Maria de Nazaré figura ao mesmo tempo envolvente como "uma ilha" e penetrante como "um perfume". O poeta logo a denomina "ar azulado que aviva toda cor", "minha atmosfera", "meu universo mais feliz, no seio do qual / Ir e encontrar sem falta".[15] E aí está – mais do que uma metáfora – uma metafísica.

Já vimos isso com Bernini e com suas estátuas-fontes que fazem com que a praça resplandeça, a multidão circule, o passante se refresque. Também vimos isso com Proust e sua involução mútua da mulher e do lugar – esses lugares que trazem "nomes como as pessoas têm nomes!"[16] *É assim que os homens vivem?* O poema de Aragon[17] confirma isso, cantando "os braços semelhantes das meninas / onde eu julgava encontrar um país". Igualmente, os romancistas, quando descrevem um lugar, representam-no como um lado de sua intriga ou como um prolongamento psicológico do personagem. Mais fisicamente, mais eminentemente, o fenômeno se manifesta no teatro, ou no palco da ópera-balé: os grandes desenhos e cenários em *trompe-l'oeil* ali não passam de tapa-buracos, porque naquela caixa negra, naquele palco nu, são as palavras e os gestos dos atores que vão concretizar a topologia; pouco a pouco suas réplicas encarnadas fazem brotar um castelo, uma trincheira, ou o lago dos cisnes ou o reino podre da Dinamarca...

Esse clichê artístico é também um lugar comum da filosofia moderna. O espaço ali é percebido como uma forma *a priori* da sensibilidade: são nossas categorias mentais, segundo Kant, que constituem o dado exterior em três dimensões espaciais. Esse subjetivismo é criticável, mas é significativo de uma tendência objetiva de visualizar o espaço, pela

---

[15] Gerard Manley Hopkins, *Le Naufrage du Deutschland*, seguido de *Poèmes Gallois*. Paris, La Différence, 1991, p. 75-81. (Coleção Orphée)

[16] Marcel Proust, *À La Recherche du Temps Perdu*, vol. I: *Du Côté de Chez Swann*, Paris, Robert Laffont, 1987, p. 320. (Coleção Bouquins)

[17] O poema se chama justamente "Est-Ce Ainsi que les Hommes Vivent", ou "É Assim que os Homens Vivem?". (N. T.)

via do corpo humano, segundo a dominação coreográfica do espírito. Lembremos de Hegel vendo Napoleão um dia depois da batalha de Jena: "Que sentimento prodigioso, o de ver esse indivíduo que, concentrado num ponto, sentado num cavalo, se estende pelo mundo e o domina...".[18] O filósofo pode a partir deste momento relativizar o "universo infinito" de um Giordano Bruno: "Sim, o sistema solar é algo finito... Somente o espírito exprime a verdadeira infinitude".[19] Se o olhar se eleva de Napoleão a Cristo (isso é, da potência militar à caridade), e não omite que no homem o espírito se exprime pelo corpo, a intuição de Hegel se relaciona muito bem à condição dos ressuscitados. Pascal tinha estas palavras simples: "Pelo espaço o universo me compreende e me engole como um ponto: pelo pensamento, eu o compreendo".[20] Na medida em que "o corpo dos eleitos, com todos os seus elementos, está perfeitamente submetido à alma glorificada", pode-se deduzir que essa propriedade do pensamento se repercute na carne, e que esta, compreendida no Outro espaço inaugurado por Cristo, compreende nosso universo em seu seio, tão profundamente que ela se terá deixado dilatar pelo amor.

O Festim de Núpcias

13. Ter um corpo-templo não é tão confortável. Todos vocês têm no fundo um tabernáculo com um buraco aberto para o infinito, e, na outra ponta, dois grandes batentes que os oferecem a qualquer pessoa, à primeira comungante e à velha beata, ao rico cuja esmola ressoa e ao pobre que vem mendigar seus centavos. Em vez do albergue para a convalescência dos feridos, alguns prefeririam um corpo hermeticamente fechado, propriedade privada, cerca elétrica, vigilância por câmeras, atenção cachorro bravo.

---

[18] Citado por Kostas Papaioannou, *Hegel*. Paris. Agora, 1987, p. 17.

[19] Hegel, *Enciclopédia das Ciências Filosóficas*, II, § 44, ibidem p. 65.

[20] Pascal, *Pensées*, § 113. Ed. Louis Lafuma. Paris, Seuil, 1963, p. 513. (Coleção L'Intégrale)

À amplitude do corpo glorioso opõe-se a crispação do corpo condenado. O primeiro é "sutil e ágil", dizem os teólogos, o segundo é "pesado e lento"; aquele, "claro e transparente", este, "opaco e tenebroso".[21] No último caso, preferir-se-ia que ser si mesmo fosse não depender de ninguém (o que não acontece nem com as Pessoas divinas, do que vêm o atraente desafio, a sombria e obsedante exceção), e, em vez de receber, como um templo, um universo de encontros comoventes, criamos uma casa fechada, com fricções superficiais, com passes tarifados (essas noções de templo e de casa devem ser tomadas em sua essência, porque, concretamente, em nossa peregrinação, pode ser que alguns templos sejam invadidos por moedeiros falsos, e que alguns bordéis ocultem "esplêndidas voluntárias").

Assim vemos por que o banquete celeste não poderia ser exatamente como um banquete da Terra (nem os abraços paradisíacos poderiam ser como os abraços mundanos). De um a outro, a diferença não é a de uma intensidade mais forte ou de uma variedade maior. É em primeiro lugar de uma comunhão mais profunda. Podemos regalar-nos na mesma mesa, divertirmo-nos na mesma cama, mas, como bestas no cocho, não estar verdadeiramente um com o outro. As taças se chocam, as bundas se encastram, mas o coração não está ali. Alguns, como já vimos, só concebem o paraíso desse jeito. E esses são efetivamente os prazeres do inferno: o roçar lúbrico dos opacos, a pressão dos pesados uns sobre os outros, plenitudes de barricas e de orgasmos que fazem um ruído de ranger de dentes. Afinal, para o Céu, é preciso que o próximo entre em sua carne, como um golpe de lança, até a medula da alma.

14. Como o corpo glorioso subsiste pela vitalidade da alma divinizada, ele não tem necessidade de alimento para refazer suas forças. É o fim dos regimes, das complicações digestivas, de todas as contraindicações médicas, dietéticas, ideológicas ou religiosas que nos impedem de estar no mesmo festim. Isso não impede o Ressuscitado

---

[21] São Tomás de Aquino, *Suma contra os Gentios*, IV, § 89, 4-6.

de fazer uma refeição com seus discípulos – de mastigar como os outros: *Vinde comer*, ele lhes ordena às margens do lago Tiberíades (João 21, 12). A maior parte dos comentadores faz desse tipo de passagem uma leitura simbólica ou metonímica: o convite diz respeito à vida eterna, não ao peixe grelhado; e, por comer, Jesus deixa claro que tem verdadeiramente um corpo, de carne e osso, e que não é um gás humanoide (Lucas 24, 39-43); porque, no mundo futuro, ninguém se alimenta como hoje: a simples umectação de sua língua com sua saliva bastará para fazer jorrarem todos os sabores possíveis[22], e "o perfume, no Paraíso, servirá de pão".[23] De minha parte, serei mais reservado quanto a esse assunto. De bom grado conferirei a máxima extensão ao princípio invocado por Santo Agostinho: *Aquilo que não terá mais de ser feito por necessidade ainda poderá ser feito por felicidade*.[24] (Até mesmo urinar, por que não? Se o coração pede... Não há uma alegria do Manneken-Pis[25]?)

Mesmo assim, continua a ser verdade que o mais essencial numa refeição é menos a qualidade dos alimentos do que a qualidade dos comensais. Aquela não tem outra finalidade além de fazer valer esta. Prova disso é a possibilidade de "viver de amor e de água fresca": se a partilhamos com um ser querido, a frugalidade nos parece mais abundante do que qualquer banquete com candelabros. Lembro de um grande jantar no Château Yquem: o vinho estava perfeito, as iguarias destacavam seu aroma e suas texturas, mas as conversas eram tão empertigadas que eu teria preferido compartilhar um caramelo com

---

[22] São Tomás de Aquino, *Suma Teológica*, Suppl., qu. 82, art. 4.

[23] São Efraim, *Hinos sobre o Paraíso*.

[24] Santo Agostinho, *A Cidade de Deus*, XXII, XXX.

[25] Manneken-Pis (Garoto urinando) é um monumento localizado em Bruxelas, Bélgica. Trata-se de uma pequena fonte em bronze de um menino urinando na bacia da fonte. A estátua de bronze original, de Jerôme Duquesnoy, o Velho, foi colocada em 1619, e o design irônico reflete a necessidade genuína de água fresca potável no local em que se encontra. A estátua original foi roubada e destruída em 1817. A que podemos visitar hoje é uma réplica. (N. E.)

uma garotinha que desse gargalhadas ou partir o charque com um miserável que chorasse litros.

E é bem isso que ainda pode assustar: o coração escancarado que destrói todo sentimentalismo, o riso profundo que abole todo escarnecer. Esse apetite quase canibal que nos toma diante das bochechas rosadas e lisas de uma criança ou contra o seio firme de uma esposa (aquele seio que, para a própria criança, é um verdadeiro alimento), é isso que deve mais do que superar o festim do alto. Os amantes gostariam de unir-se não apenas pela boca e pela bacia, mas também pelo círculo dos ombros, pelo canal dos joelhos e dos cotovelos, pelos bustos até as artérias, pelos rostos até as memórias, até as almas, até Deus, enfim (que pena que seja vão esse vão esforço de seus corpos para abrir caminho um no outro como quem entra numa cidade fabulosa!). Essa é, no entanto, a viagem feita pelo abraço na Jerusalém celeste. Cada qual enfim chega a ela, segundo o desejo de Proust, por aquele "órgão essencial que serve para beijar": uma carne disposta ao espírito. E o comensal ali se torna de certo modo comestível. Ele é ao mesmo tempo mais violento e mais moral do que Aquiles devorado por Pentesileia.

São Paulo não tem medo de cruamente incentivar: *Irmãos, pela misericórdia de Deus, peço que ofereçais os vossos corpos como sacrifício vivo, santo e agradável a Deus. Este é o vosso culto lógico (logikèn latreian*; Romanos 12, 1). O que há de mais lógico, de mais racional, se encontra nessa loucura.

15. Da física eucarística, chegamos ao prato principal, que aliás é um exercício de sutileza. Como definiu São Tomás, "a sutileza de um corpo significa antes de tudo seu poder de penetração".[26] Do fato de o corpo glorioso ser sutil resulta que, ao mesmo tempo que é carnal, é incomparavelmente mais penetrável e mais penetrante do que nossa carne em sua condição presente (mas será que eu não deveria antes dizer "nossa condição ausente", de tão frágil

---

[26] São Tomás de Aquino, op. cit., qu. 83, art. 1.

que é agora nossa presença mútua?). As duas imagens concorrentes que servem para designar o paraíso assim acabam por confundir-se: o festim e as núpcias designam uma mesma realidade de comunhão física íntima e transbordante.

Isso é exatamente o contrário do grotão de Tristão e Isolda, com aquela pretensão de formar uma espécie de andrógino autossuficiente: o inchaço de dois egos miméticos produz a ilusão de um encontro onde só o que há é o fantasma de um espelho. Mas o que há é também o contrário de uma "orgia", porque não apenas a orgia bagunça os corpos às custas de sua união até a alma, como também supõe a partilha e a parcialidade, a distribuição de seus orifícios e de suas extremidades com X, Y, Z... e portanto não vai longe o suficiente – porque aquilo que é preciso, segundo São Paulo, é ser *tudo a todos* (1 Coríntios 9, 22). Os dois livros de Catherine Millet, *A Vida Sexual de Catherine Millet* e *Dia de Sofrimento*, testemunham essas duas errâncias extremas, e procuram cegamente seu ponto de equilíbrio e de verdade. O primeiro se dissolve no mito de um corpo oceânico, disponível ao passante mas igualmente fechado ao permanente, porque os relacionamentos acabam sendo meramente epidérmicos e quase anônimos. O segundo se enrijece no sonho de uma possessão absoluta, onisciente, carcerária, de Jacques Henri e só dele. De um lado, o orgiástico, de outro, a ciumenta, e por trás dessa oscilação menos perdulária do que esquartejante, a aspiração secreta e pura de uma carne disponível a qualquer um sem jamais lesar ninguém.

16. O que Cristo realiza na Comunhão. Ele é ao mesmo tempo o conviva e o alimento. Ele se dá a comer e a beber, carne e sangue, alma e Espírito. Porém, não há antropofagia; não digerimos seu Corpo, mas as espécies do pão; não absorvemos seu Sangue, mas as espécies do vinho. Esses víveres nos assimilam mais do que nós os assimilamos. O ato de sua manducação é na verdade um ato de união efetiva que nos faz pressentir a que profundidade mais do que genital descem os abraços divinos: *Quem come a minha carne e bebe o meu sangue permanece em mim e eu nele* (João 6, 56). Mais ainda, na eucaristia,

Cristo não é um todo que se partilha: "O sacramento é partido, / não treme, mas te lembra, / que ele está inteiro na parte / e no todo da espécie. / Em nada a coisa foi quebrada, / só o sinal foi fraturado".[27] Ele se entrega a todos sob a aparência de uma migalha, mas se entrega a cada qual por inteiro, pessoalmente, como se fosse o único.

E eis aqui o quarto princípio da física gloriosa: *Os corpos poderão compenetrar-se num grau inaudito de intimidade, como olhares que se mergulhariam um no outro de maneira tátil, e até o santuário do coração;* e seus abraços se nuançarão e se particularizarão em função de cada personalidade, como o maná, *aquele que tinha ajuntado muito não tinha demais e, ao que tinha ajuntado pouco, não lhe faltava: cada um havia recolhido segundo a sua necessidade* (Êxodo 16, 18) ou como os membros de um mesmo corpo místico, nem confundidos, nem separados, cada qual tendo seu lugar na circulação de uma mesma Vida mais elevada, em maior sinergia com alguns, sem dúvida (como a língua e os dentes, ou o polegar e o índice), mas sem jamais invejar nem desprezar quem quer que seja, porque *o olho não pode dizer à mão: "Não preciso de ti"; e a cabeça não pode dizer aos pés: "Não preciso de vós". Os membros do Corpo que parecem mais fracos são os mais necessários; e aqueles membros do corpo que parecem menos dignos de honra, são os que cercamos de maior honra; e os nossos membros que são menos decentes, nós tratamo-los com maior decência* (1 Coríntios 12, 21-23).

Hæc est Corpus MEUM

17. Naquilo que seu estado deixa de impensado, esse corpo espiritual pode me parecer estrangeiro, distanciadíssimo daquele que possuo hoje. Para dizer a verdade, eis o quinto princípio: *Meu corpo será mais meu no estado glorioso do que no estado de merreca em que ele agora se encontra, a menos que se perca.* Três razões podem ser invocadas nesse sentido.

---

[27] Sequência *"Lauda Sion"*, ofício do Santo Sacramento.

Primeiro, o corpo glorioso, por ser mais sensível em função de sua sutileza, é também completamente impassível: ele não conhece mais a dor. Ora, o que é a dor, senão aquilo que me torna estrangeiro à minha própria carne, que me faz levar uma vida miserável onde eu contava com a sorte, enfrentar uma irritação onde eu esperava delicadeza? E o que é que faz com que eu experimente minha carne como minha, senão esse toque que, ao tocar e portanto ser tocado por outro que não eu, me permite reapreender meu corpo nessa carícia? A impassibilidade supersensível é portanto o caráter de uma carne tão mais minha quanto mais receptiva ao outro, ao mesmo tempo em que jamais pode ser alienada pelo mal.

18. Segundo, como já dissemos, o corpo glorioso é inteiramente dócil à alma. Ora, aquilo que é meu é também aquilo que está submetido à minha inteligência e à minha vontade. Assim como no pintor genial, minha mão responde exatamente em minha alma, e eu a percebo como minha no momento mesmo em que ela se encarrega de um mistério que me ultrapassa.

Os teólogos declaram unanimemente que os eleitos serão ressuscitados com um corpo de cerca de 30 anos, isto é, na plena força da idade. Mas aquilo a que eles visam com isso, mais do que uma idade definitivamente canônica, é antes de tudo um estado do organismo em que os membros são jovens o suficiente para serem ágeis e maduros o bastante para serem hábeis: um corpo condutor, portanto, inteiramente disposto à expressão e à invenção, por sua carne, daquilo que está além da carne.

19. Terceiro, por causa de sua permeabilidade às profundezas da pessoa, o corpo glorioso trará em si as insígnias de sua história. Por hora, tirando minha cicatriz de apendicite ou alguma ruga indecifrável na fronte, minha carne não é tão expressiva daquilo que atravessei quanto um livro de memórias. Não será mais assim no mundo vindouro. Cristo ressuscita com suas chagas. E a Srta. Renée de Tryon-Montalembert, graças a seu físico de 30 anos, manifestará também a velhice que suportou até os oitenta, seu mal de

Parkinson se terá então convertido em saltarelo, suas costas curvadas numa nova saudação, suas rugas inumeráveis serão como raios ensolarados. E esse pequenino anônimo, que nem sequer nasceu, ou Théo, que se foi antes da idade da razão? Sua maturidade eterna guardará o traço de seu destino relâmpago: eles parecerão mais crianças do que os outros, e serão ainda mais perturbadores, trazendo aquela perturbação especial que é provocada pelo sofrimento e pela morte dos pequeninos, mas que aqui será mostrado na incisiva alegria dos reencontros.

Penso também especialmente no corpo dos verdadeiros esposos: como tantos enlaces não deixarão em sua carne essa marca, essa assinatura de um no outro, de modo que, ao ver tal mulher de longe, mais do que lendo a gravura de um bezerro de ouro, os eleitos têm certeza de suas núpcias com tal homem, como se ela trouxesse a impressão do rosto dele sobre o seu? E que dizer de teu ventre, minha Siffreine – esse ventre distendido pelas gravidezes, marcado pelas estrias, e que te dá vergonha diante da moda do achatado e do liso? Numa beleza mais copiosa do que a de um Rubens, e mais cândida do que a de um Renoir, ele fará com que transpareçam todas as vidas que ele carregou no enterramento de minha sementeira; igualmente, os braços da virgem mostrarão, como entalhes, todos aqueles que ela abraçou com sua prece, e também as palmas do padre serão marcadas por linhas da vida que as religarão a todos aqueles a quem comunicaram os sacramentos.

Claridade de Entranhas

20. Dois outros princípios decorrem dessa condutibilidade dos nossos corpos gloriosos. Os eleitos respirarão de novo, mas não terão necessidade de respirar para garantir sua subsistência. Eles terão todo o seu sistema digestivo, mas não terão necessidade de alimentar-se para sobreviver. Para que servirão então essas tripas todas? Jacques Maritain responde em algumas palavras: "Da ordem biológica

própria ao estado de passagem, passamos à ordem estética".²⁸ Essa já era a observação de Santo Agostinho. De imediato, no físico do homem, é possível distinguir uma predominância do estético sobre o biológico, e portanto uma tendência natural do corpo a passar da conservação à celebração: de um lado, nossos órgãos, tanto externos quanto internos, possuem sua harmonia, quer se trate do clavicórdio das cinco funções do fígado, da mandala de cada neurônio ajustado a milhares de outros ou da orquestração das glândulas pelo complexo hipotálamo-hipofisário; de outro lado, desde agora, nosso corpo "apresenta certos acessórios que só existem para o ornamento, não para a utilidade": mamas e barba masculinas, cílios mais longos da mulher, diversas cores de olhos, finura da pele do rosto, e todas as graças que um funcionalismo estrito teria trocado por bochechas de chifre e braços telescópicos...

> Se, portanto, de todos os órgãos aparentes, não existe evidentemente nenhum em que a destinação da utilidade exclua a beleza, e se vários, além disso, são apenas beleza sem utilidade, creio que é fácil concluir que na estrutura do corpo a beleza teve preferência em relação à necessidade: afinal, a necessidade deve passar, e virá um tempo em que gozaremos da beleza sozinha, de nossa beleza mútua, sem desejo impuro.²⁹

Em última análise, contra todo darwinismo à la Spencer e seu *survival of the fittest*, a vida corporal não foi feita antes de tudo para a luta, mas para o louvor.

21. Sexto princípio de nosso físico vindouro: *Tudo aquilo que tinha o propósito de sustentar a vida biológica será libertado dessa servidão por não ter outra função além de sustentar um brilho estético*. Os batimentos do coração formarão a pulsação de uma música com seu balé de vísceras e

---

²⁸ Jacques Maritain, op. cit., p. 490.
²⁹ Santo Agostinho, *A Cidade de Deus*, XXII, XXIV, p. 339.

suas sarabandas de sangue. Os meandros da nutrição se manifestarão como o panorama de cidades grandiosas. Os próprios sexos se reerguerão mais inocentes do que marmotas, mais belos do que tigres em liberdade, aqui concha que faz ouvir um mar infinito, lá trombeta que magnifica a existência... Eles acabarão por realizar o juramento contido nas antigas nomenclaturas, com seus termos sedosos que honravam "as qualidades mais finas" do baixo-ventre feminino:

> Ali gozava-se das belezas que ele partilhava com os mundos animal e frutífero, que são o paraíso da infância, como também as delícias do jardim habitado por Adão em sua primeira manhã. Ali encontravam-se o frescor das ninfas, as conchas bizarras, os lentos movimentos das algas. Os ervários, florilégios e bestiários, os espécimes tirados dos simples e as zoologias mais fantasiosas, todo um gabinete de curiosidades havia contribuído para nomear sua natureza, inocente e bela como antes da Queda.[30]

É por isso que a polaridade dos sexos necessariamente perdurará. O feminino manifestará algo da divindade que se esquiva do masculino, e reciprocamente (talvez o mistério da imanência do Espírito na mulher, por causa de seu corpo envolvente, e, no homem o mistério de transcendência do Pai). Um sempre será para o outro, necessário ao outro para realizar sua própria plenitude. Se esses órgãos não servem mais ao coito e ao engendramento (estando completado o número dos eleitos), mesmo assim eles continuam a ser parte integrante de uma união mais íntima e, não apenas dão testemunho visível de uma relação atual com os filhos que tiveram (nesse sentido eles continuam a gerar), como também exprimem corporalmente a fecundidade divina (pois desde a origem Deus criou o homem *à sua imagem, varão e fêmea*; Gênesis 1, 27).

---

[30] Jean Clair, "Le Jugement Dernier", in *Court Traité des Sensations*. Paris, Gallimard, 2002, p. 62-63.

22. Para abordar essa função livre e não mais funcional de nossos membros, que baste aqui mencionar a pura poesia de respirar:

Respirar, ó poema invisível!
Troca incessante e pura entre o próprio ser
e o espaço do mundo. Contrapeso
em que ritmicamente me aconteço.

Onda única de que sou,
o mar gradual...[31]

Aquilo que Rilke canta em seu soneto a Orfeu torna-se imediatamente visível no Reino futuro, e a simples respiração do menor bem-aventurado nos parecerá mais rica e nos tocará mais forte do que uma intricada sinfonia. Isso porque ela será, ela também, o sinal deslumbrante da Vida trinitária.

A "claridade" dos gloriosos, de fato, assim como toda beleza a partir deste momento, corresponderá sempre a uma espécie de teofania: sem nada perder de sua carnação nem de sua contextura, "a claridade do corpo manifestará a glória da alma, assim como um vaso de cristal reflete a cor do objeto que contém".[32] Respirar, antes mesmo de falar, já será a pregação irresistível daquela Vida que não para de ser recebida e dada, e que revela aquela circulação de Amor entre as Pessoas divinas: "... essa função dupla e recíproca / pela qual o homem absorve a vida e a restitui, no supremo ato da expiração, / uma palavra inteligível. / E igualmente a vida social é apenas o duplo versículo da *ação* de graças ou hino, / pelo qual a humanidade absorve seu princípio e restitui sua imagem".[33]

---

[31] Rainer Maria Rilke, *Poemas, As Elegias de Duíno e Sonetos a Orfeu*. Trad. Paulo Quintela, Lisboa, O Oiro do Dia, 1983; Lisboa, Edições Asa, 2001, II, 1.

[32] São Gregório Magno, *Moralia in Job*, l. 18, c. 48. Ver também São Tomás de Aquino, *Suma Teológica*, suppl., qu. 85, art. 1, ad 3.

[33] Paul Claudel, *La Ville* [2ª vesão], ato III, in *Théâtre* I. Paris, Gallimard, 1956, p. 488-89. (Coleção Bibliothèque de la Pléiade)

A Glória da Ferida e o Brilho do Pneu de Gordura

23. Essa conversão integral do biológico à estética se opõe radicalmente a todo estetismo. O Reino de Deus não é a realização do Reich, os ressuscitados não se assemelham às estátuas de Arno Brecker (nem às fotografias da *Vogue* ou da *Têtu*,[34] porque os cânones nazistas permanecem a referência corrente), eles não exaltam nem uma saúde nem uma eficiência titânicas, mal atendem as normas gregas da beleza. Se eles respondem mais a alguma norma, é antes à travessura das criancinhas, porque a glória do Reino é essencialmente filial. E eles guardam em si os traços da fraqueza atravessada, das deformações suportadas, das injúrias recebidas pela alegria e para ela.

É esse o grande pedido de Tomé Dídimo. Ele não quer um Ressuscitado ideal, estilo *Manpower*, que não assuma os estigmas da história: *Se não vir a marca dos pregos nas mãos de Jesus, se não colocar o meu dedo na marca dos pregos e se não meter a mão no seu lado, não acreditarei* (João 20, 25). Nietzsche reclama de maneira bastante similar: "Quem quer entoar um canto, um canto da manhã, tão ensolarado, tão leve, tão aéreo que não afaste as ideias sombrias, mas que as convide a cantar junto, a dançar junto?".[35]

A glória do corpo não deve afastar as deformidades nem as feridas, mas convidá-las a resplandecer em seu aparecimento. O Cristo vitorioso assume o fracasso, a desgraça, o suplício, a deficiência, assim como aqueles que entram em sua vitória: *Sem cessar e por toda a parte levamos no nosso corpo a morte de Jesus, a fim de que também a vida de Jesus se manifeste no nosso corpo* (2 Coríntios 4, 10).

24. Sobre essa questão, Santo Agostinho declara num primeiro momento que "os indivíduos afligidos pela magreza ou pela obesidade não precisam temer ser como não gostariam de ser nem aqui

---

[34] Uma pesquisa no Google revela que *Têtu* é o nome de uma revista LGBT francesa. (N. T.)

[35] Friedrich Nietzsche, *Le Gai Savoir*. Trad. Henri Albert, § 383.

embaixo".³⁶ A beleza de um corpo reside na integridade e na justa proporção de suas partes. Por conseguinte, como os corpos gloriosos são belos, todo defeito neles será corrigido, e todo excesso, abolido. O obeso ficará esbelto, o magro se restabelecerá, todos aparecerão com a corpulência sonhada das alimentações sadias e dos esportes ao ar livre.

Porém, o doutor da Cidade celeste logo percebe que esse ensinamento não tem muito espaço no mistério da Cruz. O que nos diz esse mistério? Que a Beleza subsistente desceu para procurar sua criatura na abjeção em que ela se esbalda, que a Beleza consentiu em tornar-se *como uma raiz em terra seca, que não tinha aparência nem beleza para atrair o nosso olhar, nem simpatia para que pudéssemos apreciá-lo* (Isaías 53, 2), e fez assim brotar, através da mais seca fealdade, uma harmonia mais impressionante. É a harmonia da misericórdia, que toma para si a miséria para transfigurá-la, pega a discordância para inventar novos acordes, acolhe o disforme para nele petrificar uma forma mais formidável.

Então Agostinho se retrata, ou melhor, reequilibra sua afirmação precedente:

> Não sei como nosso terno afeto pelos mártires bem-aventurados nos faz desejar ver em seus corpos, no reino celeste, as cicatrizes dos ferimentos que receberam confessando o nome de Cristo: e talvez nós as vejamos. Porque elas não serão mais deformidades, mas dignidades e, ainda que pelo corpo, o brilho não de seu corpo, mas de sua virtude. Não que os mártires mutilados reapareçam assim na ressurreição dos mortos, pois lhes foi dito: *Não perdereis um só fio de cabelo* (Lucas 21, 18); mas, se faz parte da ordem do século novo que a carne imortal deixe ver os traços das feridas gloriosas, e o lugar onde os membros foram feridos, mu-

---

³⁶ Santo Agostinho, op. cit. XXII, XIX, p. 324-25.

tilados, decepados, as cicatrizes permanecerão manifestas nesses membros restituídos e não perdidos. E, ainda que então todos os defeitos sobrevindos ao corpo não existam mais, evitemos de qualquer modo chamar defeitos a esses testemunhos de virtude.[37]

25. Atestem os defeitos aquilo que foi sofrido por amor, e eles se transformam em qualidades, e as deformidades, em dignidades. A iconografia católica não parou de explorar esse sublime que transcende o horror. No paraíso de Van Eyck, um bispo tem diante de si, presa numa tenaz, sua língua arrancada. Nos ícones russos, assim como em Martorell ou em Zubarán, são os canonizados que nos apresentam numa bandeja o membro perdido por graça: João Batista, de cabeça decepada, Luzia, com os olhos fora da órbita, Ágata, com os seios cortados... Se a pequena Maria Goretti levou quatorze punhaladas por ter preferido permanecer uma virgem de Cristo, por que ela não se mostraria cintilante com suas perfurações, como vertiginosas bocas? O menor crucifixo não nos convida a essa estética dilacerada? A chaga do martírio deixa ver melhor a bondade concreta e histórica da alma. E não somente a chaga: o pneu de gordura também, na medida em que sua gorda cintura é o veículo de uma graça; ou, ainda, as costelas excessivamente aparentes, se esse adelgaçamento foi para uma carícia em plena Sibéria. Quem sabe, então, se não veremos surpreendentes *pin-ups* nas rendas de suas metástases? Manequins da sífilis convertida? *Top models* do acidente na estrada? Ó, azuis do céu!

O que quer que seja, o corpo eucarístico é sempre um corpo de provação. Todo golpe que foi ocasião de oferenda nele se desvelará como uma atestação. Disso vem o sétimo princípio: *Cada corpo glorioso inventa os cânones de um esplendor inédito a partir das peripécias de seu drama.* Ali não haverá apenas efebos e sílfides. O "chouriço" brilhará quem deu seu sangue, o caixote resplandecerá como o fruto que

---

[37] Ibidem, p. 325-26.

transportou. A "mocreia" será mais bela do que Vênus, por ter entrado no desfile da misericórdia. É a história do patinho feio. É também o rosto da Madre Teresa. Já entrevemos como a humilde caridade pôde transfigurar Carabosse.[38] O que não nos impede de antes correr atrás das moças bonitas. É preciso o triunfo do amor para que Teresa nos apareça *fisicamente* mais sublime do que o anjo imbuído de si.

O Corpo Poético

26. A vida sensorial dos ressuscitados apresenta um problema análogo ao de sua vida psicológica. Que uso terá nossa sensibilidade, nossa capacidade cognitiva, se a visão beatífica nos satura com um conhecimento superabundante?

Como observa São Tomás ao falar de Aristóteles: "Todo o nosso conhecimento nos vem pelos sentidos, a partir das coisas sensíveis e naturais".[39] É porque vimos e sentimos margaridas e rosas que podemos delas abstrair a ideia de flor. É porque experimentamos a bondade do leito no peito da mãe que podemos conceber o Bom Deus. Sem esse apoio terrestre, nossas almas ficam sem ímpeto para o céu.

Essa necessidade nos distingue ao mesmo tempo do animal e do anjo. Para o animal, o sensível só remete ao sensível. Para o anjo, basta o puro inteligível. Para nós, em nossa condição atual, o sensível é aquilo por meio do quê subimos de degrau em degrau, pelo raciocínio, até o inteligível (não para um mundo inteligível oposto ao mundo sensível, segundo um dualismo equivocadamente atribuído a Platão, mas para o inteligível como centro luminoso do sensível, que é sua extremidade, no seio de um só e único mundo): *Desde a criação do mundo, as perfeições invisíveis de Deus, o seu sempiterno poder e divindade, se tornam visíveis à inteligência, por suas obras* (Romanos 1, 20). Eis aquilo que torna para nós a sensação tão sensacional. Ao sentir a luz

---

[38] De *A Bela Adormecida*. (N. T.)

[39] São Tomás de Aquino, *Comentário à Física de Aristóteles*, II.

aquecendo nossa pele e revelando as cores, começamos a imaginar o fogo do Espírito Santo. Ao ter a experiência da solidez de um rochedo, começamos a nos aproximar da fidelidade do Pai. Ao perceber o riacho que corre alegremente e faz luzir as pedras, começamos a vislumbrar a liberdade do Filho.

Mas, a partir do momento que a alma entrou inteira em Deus, e que ali ela percebe todas as coisas com uma penetração mais do que angélica, o que é que os sentidos poderiam ensinar-lhe de novo? Eles não se tornam obsoletos? Suas operações nervosas não sofrem um curto-circuito por causa desse deslumbramento celeste? De que serve uma lanterna quando se tem o sol na mão? De que serve uma pálida fotografia quando o rosto vívido está diante dos nossos olhos? E, contudo, uma carne incapaz de sentir é ainda uma carne? Não é ela um andrajo, bonita sem dúvida, mas totalmente desprezível? Alguns espiritualistas tiram daí seu principal argumento. Cristo declara aos saduceus: *São iguais aos anjos, porque são ressuscitados* (Lucas 20, 36). Por conseguinte, *o corpo incorruptível e espiritual* (1 Coríntios 15, 42-44) não é verdadeiramente um corpo. A Encarnação é para a desencarnação. Que aquele que não tem ouvidos ouça!

27. O que delineamos no capítulo precedente pode nos ajudar a desemaranhar esse "contrassenso". Em nossa relação com o Eterno, assim como com todos aqueles que lhe permitiram fazer em si sua morada, o conhecimento perfeito não implica a compreensão total. Aquilo que fica por conhecer é sempre maior do que aquilo que já é conhecido (sendo esse resto vivido como um acréscimo e não como uma carência). É portanto concebível que esse resto nos seja em parte comunicado através dos sentidos.

A "linguagem que será de alma para alma" não destruirá a linguagem dos corpos. Para melhor acolher o outro ressuscitado, para estar mais unido a ele (não para compensar por um defeito, repito, mas para dar vazão a um excesso), as carnes tornadas perfeitamente eloquentes ainda terão de experimentar-se no encontro:

Quando nossos ossos tiverem tocado a terra,
desabando através de nossos rostos,
meu amor, nada acabou.
Um fresco amor vem num grito
nos reanimar e nos retomar![40]

Por nossos corpos-ideogramas, pelo toque de uma sensibilidade maior, uma visão mais penetrante, um ouvido mais fino, um olfato mais sutil, um paladar mais delicado, poderemos também apreender aquilo que o outro tem de inesgotável.

28. Essa dedução leva a uma segunda, mais decisiva. Os sentidos glorificados só poderão ter a capacidade de receber esse acréscimo do outro na medida em que terão a capacidade de exprimi-la, de manifestá-la uns aos outros, de fazer aparecer na matéria, livremente, inventivamente, a superabundância do ser. Assim, seu funcionamento principal será como que invertido. Eles serão menos impressivos do que expressivos. Cá embaixo, subimos principalmente do sensível para o espiritual; lá em cima, descemos sobretudo do espiritual para o sensível. Ora, se o movimento de subida corresponde ao do conhecimento, o de descida corresponde ao da arte.

O cientista vai da coisa dada à ideia explicativa. O artista vai da ideia criativa à coisa modelada. A partir do fundo de sensações e de ideias armazenadas em sua memória, com toda essa miscelânea subitamente iluminada e ordenada pelo clarão da inspiração, surge aquele que concebe, imagina e opera na matéria uma fórmula jamais vista. Como a visão beatífica nos dá um conhecimento perfeito, não geral, mas singular, que permite acolher a unicidade de cada folha da relva e dar a cada mosquito seu nome, as enciclopédias não servirão mais para nada (*A ciência desaparecerá*; 1 Coríntios 13, 8), a questão será menos apreender do que fazer brilhar o esplendor

---

[40] René Char, "Pleinement", in *Les Matinaux*. Paris, Gallimard, 1987, p. 72. (Coleção Poésie)

daquilo que já é conhecido e que intima você a refletir: *Tocai com arte na hora da ovação!* (Salmo 32, 3). A sensibilidade servirá menos ao saber do que à poesia. Na obra ao mesmo tempo mais pessoal e mais universal, um descobrirá no outro a maneira como aquele que faz sua glória se reverbera nele.

Essa primazia poética da sensibilidade gloriosa foi pressentida por Rimbaud como aquilo que é outorgado "após a tentação", uma vez ultrapassadas "as distrações do zelo incompleto, os tiques do orgulho pueril, o abatimento e a angústia":

> Tu te dedicarás a esse trabalho: todas as possibilidades harmônicas e arquiteturais se moverão à tua volta. Seres perfeitos, imprevistos, se oferecerão a tuas experiências. De teu entorno fluirá oniricamente a curiosidade das antigas multidões e de luxos ociosos. Tua memória e teus sentidos tão somente serão o alimento de teu impulso criador.[41]

29. Oitavo princípio, então: *O corpo glorioso, na medida em que é eucarístico, é um corpo poético.* Aquilo que Paul Claudel percebia nos saltos ritmados de um Nijinski descreve com bastante justiça o mistério desse físico que reúne todas as coisas em sua pantomima, e as transmite consigo numa flamejante nova liturgia:

> Posse do corpo pelo espírito, uso do animal pela alma, de novo e de novo, e outra vez e mais uma, lança-te, grande pássaro, ao encontro de uma sublime derrota! Ele cai, à maneira de um rei que desce, e outra vez se lança como uma águia e como uma flecha atirada por sua própria besta. A alma por um segundo carrega o corpo, essa veste tornou-se chama, e a matéria ultrapassa transporte e grito! Ele percorre a cena como o relâmpago e, mal se vira, volta-se para nós como o trovão. Eis a grande criatura humana em estado

---

[41] Arthur Rimbaud, "Jeunesse", IV, in *Illuminations*.

lírico, ele intervém como um deus no meio de nossa festa! Ele repinta nossas paixões na tela da eternidade...[42]

Tudo aquilo que o corpo glorioso recebe no amor é por ele oferecido em composições singulares, tão mais originais quanto mais unido ele estiver à sua origem. Os corpos dos condenados se encarquilham cada qual sobre seu antimundo: são fazedores, não poetas. Eles conhecem o inchaço que repele, não a dilatação que recolhe. Eles só procuram exprimir a si mesmos numa esfera que multiplica e mima indefinidamente seu reflexo. Exatamente ao contrário, os corpos dos eleitos só são criativos por serem criativos um ao lado do outro: inspirados diretamente pelo Espírito, aplicados à escuta da menor criatura, eles lançam entre um e outro uma ponte nova, repercutem de um a outro a criação inteira, cada qual segundo a ressonância que só ele pode oferecer.

Jacques Lecoq faz para o teatro essa distinção que separa para sempre a cabotinagem demoníaca da comédia divina:

> A diferença entre um ato de expressão e um ato de criação reside no seguinte: no ato de expressão, a interpretação é feita para si mesmo mais do que para o público. Sempre olho se o ator brilha, se desenvolve em torno de si um espaço no qual os espectadores estão presentes. Muitos absorvem esse espaço, fecham-no sobre si mesmos e o público então fica excluído, e ele se torna "privado".[43]

A celebração eucarística cria exatamente esse espaço onde os espectadores estão presentes a tal ponto que agem com o padre que age com Deus. E não se trata apenas de um comércio entre o homem e seu Salvador. Todo o universo é convocado sobre o altar: os frutos da terra e da vinha, e também a colmeia zumbidora captada pela cera pascal, a floresta

---

[42] Paul Claudel, *Mes Idées sur le Théâtre*. Paris, Gallimard, 1966, p. 74.

[43] Jacques Lecoq, *Le Corps Poétique*. Arles, Actes Sud, 1997, p. 30. (Coleção Papiers)

que se imortaliza nas flores nas colunas, as mais duras montanhas, que a abóbada flexiona como braços maternais, o sol em revolução que os vitrais convidam ao *gloria* – e os raios recortados, revestidos das cores do baile, correm sobre os ladrilhos, fazem cantar o ouro do cálice, iluminam a procissão com a poeira suspensa. Já é a antecipação da poesia que vem.

Macieiras de Amor e Joaninhas

30. E a *terra nova*? O corpo poético será um corpo sem peso, sem assoalho para repousar seus passos, sem material para modelar suas figuras? Ou será que ele vai ter à sua volta, como tinha Adão no jardim do Éden, todo o corpo de balé das plantas e dos bichos?

Sobre essa questão, Tomás de Aquino começa com um silogismo generoso. "A habitação deve convir ao habitante. Ora, o mundo foi feito de tal modo que o homem nele habita. Portanto, estando o homem renovado, o mundo deve ser renovado de maneira semelhante."[44] No fundo, nosso corpo não acaba nos limites da nossa pele. Ele se mantém em incessantes trocas com seu meio: luz, oxigênio, apoio terrestre, *club sandwich* recapitulando nossa simbiose com o frumento e a água, com a alface e o frango... Nosso corpo faz corpo com todo o universo material. E este último só pode ser levado para sua glória. O homem não é criado a partir de nada no meio de lugar nenhum; desde a origem, *tirado da argila do solo*, ele tem por missão render um culto ao Céu, não apenas com o Céu, como os anjos, mas com a Terra, pela *cultura do solo* (Gênesis 2, 5-7). Tomás exprime isso numa frase admirável: "Assim, a alma humana é como o horizonte, a zona de confins onde se unem o corpóreo e o incorpóreo, porque, substância imaterial, ela todavia é a forma de um corpo".[45] A carne do homem tem por vocação ser o lugar de junção entre o Céu e a Terra, o ponto de encontro entre o anjo e o sapo, o leito de núpcias entre Deus e a lama.

---

[44] São Tomás de Aquino, op. cit., suppl., qu. 91, art. 1.
[45] São Tomás de Aquino, *Suma contra os Gentios*, II, § 68.

E, mesmo assim, por ser prisioneiro da física aristotélica, mas também por ser – princípio absolutamente irrefutável – a glória não poderia destruir a natureza, Tomás ficará muitíssimo restritivo: separados os bem-aventurados, a terra nova é um deserto. Os astros e os elementos entrarão na renovação dos ressuscitados, mas esse não será o caso dos animais e das plantas. É que, segundo Aristóteles, os astros e os elementos são incorruptíveis, sua essência mesma os autoriza a participar de um mundo imortal; por outro lado, os animais e as plantas não têm nada em sua natureza que lhes permita suportar essa elevação. Sua alma é essencialmente corruptível. Além disso, sua substância depende em grande parte de sua predação: vai o gato continuar seu jogo cruel com o pássaro ferido? O leão ainda esquartejará o antílope, deixando o resto para os abutres? A glória eterna seria portanto contra a sua natureza.

Aqueles que sonham com um paraíso onde poderão reencontrar Médor, Cadichon, Kiki-la-Doucette ou seu vaso de gerânios, detestam o animal e o vegetal em sua realidade própria, e sem dúvida os antropomorfizam como que em contrapartida, porque tendem a tratar os homens como cachorros (e as mulheres como gatas, bem entendido). Eles esquecem que aquilo que torna tão digno de pena o sofrimento de um bicho é precisamente o que "a criatura sofre sem ter merecido, sem qualquer tipo de compensação, porque não pode esperar nenhum bem além da vida presente".[46] Enfim, na medida em que nosso tempo passado juntos nos será devolvido mais novo na visão do Eterno (em Deus, Médor tem o pelo mais brilhoso, o focinho mais saudável, e traz de volta a bola mais maravilhosamente), não conseguiríamos encontrar em sua ausência material nenhum motivo de reclamação...

31. Aqui minha fidelidade a São Tomás me incita a traí-lo. De fato, seguindo o segundo de seus princípios – a glória conforme a natureza de uma criatura –, mesmo seu belo empíreo mineral só pode desmoronar e deixar os corpos gloriosos em suspensão entre as par-

---

[46] Léon Bloy, *La Femme Pauvre*, I, XII.

tículas elementares (ou melhor, não tendo outra habitação, o que já é sublime, além do corpo logo acima deles, investido de uma glória mais elevada, quase à maneira das bonecas russas, com toda a extensão da Terra nova se reduzindo ao Corpo de Cristo). Já sabemos que as estrelas são corruptíveis, assim como o ar, a água, a terra e o fogo. Nada neles mesmos os dispõe a um esplendor imortal.

Nada neles mesmos... mas não nada em nós. Se nós nos referamos segundo o primeiro princípio invocado – o universo material como correlato do corpo humano –, e se queremos além disso preservar o segundo, disso é preciso deduzir que não é na natureza do melro, da glicínia ou do granito que convém procurar a razão de sua presença no universo glorificado, mas na natureza do homem, e em sua modalidade de redenção. É isso que está subentendido nos famosos versículos da Epístola aos Romanos: *Entregue ao poder do nada – não por sua própria vontade, mas por vontade d'Aquele que a submeteu – a Criação abriga a esperança, pois ela também será liberta da escravidão da corrupção, para participar da liberdade e da glória dos filhos de Deus. Sabemos que toda a Criação tem gemido e sofrido dores de parto até agora* (Romanos 8, 19-22).

A criação material é refém de nosso destino. Nossa queda faz com que ela caia conosco. Nossa elevação faz com que ela seja elevada conosco. No começo, o Criador diz a Adão para nomear os outros animais. Léon Bloy comenta:

> Nosso primeiro ancestral, ao nomear os bichos, fê-los seus de maneira inexprimível. Ele não apenas submeteu-os como um imperador. Sua essência penetrou-os. Ele os fixou, cosidos a si para sempre, afiliando-os a seu equilíbrio e imiscuindo-os a seu destino. Por que vocês gostariam que esses animais à nossa volta não fossem cativos, quando a raça humana é sete vezes cativa? Era preciso que tudo caísse no mesmo lugar onde caiu o homem.[47]

---

[47] Ibidem.

É preciso também que tudo se renove no mesmo lugar em que o homem é renovado. *Salvas, Senhor, homens e animais* (Salmo 35, 7). Não porque os animais tenham necessidade de ser salvos, porque não têm culpas, não porque suas carcaças possuam o mais mínimo pedaço sobre o qual a graça possa ter controle, mas porque, quando o pastor entra na transfiguração, é normal que leve consigo seu rebanho.

Um grande autor espiritual do século XIX, o monsenhor Charles Gay (bispo que pode ser objeto de um profundo orgulho gay) fala de uma espécie de reação em cadeia a partir da Encarnação: a glória da alma leva à glória do corpo humano, a glória do corpo humano à do corpo animal, e assim em sequência, até o pó, o superior levando o inferior consigo:

> Ao encarnar-se, o Verbo quis deificar todas as criaturas, e ele realmente deificou-as em princípio: primeiro as almas, depois até os corpos, na medida em que são passíveis disso; e não apenas aqueles que têm alma, mas os que são inanimados, seja a flor do campo ou o grão de areia da praia. Se Deus criou o grão de areia, por que Jesus não o deificaria? Inclinando-se quase até o nada, elevar o nada até si, eis dois atos equivalentes para Deus. [...] De resto, o que é essa poeira que nossos pés batem, senão a irmã gêmea daquele lodo do qual Deus fez sua carne? A glória de um presume a glória do outro, ou melhor, a encerra.[48]

32. O nono princípio da física vindoura poderia ser formulado assim: *O corpo poético é uma estrela do circo universal, ao mesmo tempo dançarino e domador, coreógrafo e corifeu que conduz em sua dança as pedras, as plantas e os bichos.* Isaías profetizava: *O lobo será hóspede do cordeiro, a pantera deitar-se-á ao lado do cabrito; o bezerro e o leãozinho pastarão juntos, e um menino os guiará; pastarão juntos o urso e a vaca, e as suas crias ficarão deitadas lado a lado, e o leão comerá feno como o boi. O bebê brincará*

---

[48] Charles Louis Gay, *De la Vie et des Vertus Chrétiennes*, I. Paris, Oudin, 1878, p. 168.

no buraco da cobra venenosa, a criancinha enfiará a mão no esconderijo da serpente. Ninguém agirá mal nem provocará destruição no meu monte santo, pois a Terra estará cheia do conhecimento de Javé, tal como as águas enchem o mar (Isaías 11, 6-9). É, portanto, com perfeita ortodoxia, parece-me, que Francis Jammes reclama "uma capela construída em cima de uma árvore", com gaios que vêm beber "no frescor da pia de água benta". E é com retidão não menor que ele reza para "ir ao paraíso com os jumentos", chegando ali "seguido de seus milhares de orelhas".[49] (O jumento não traz uma cruz em sua espinha? Não foi ele quem carregou o Messias em sua entrada triunfal em Jerusalém?) Enfim, quando o poeta de Orthez suplica, num célebre quarteto:

> Fazei, meu Deus, se me deres a graça
> de vos ver face a Face na eternidade,
> com que um pobre cão contemple face a face
> aquele que foi seu Deus na humanidade...[50]

A teologia dele é rigorosa, pois ele baseia o retorno de seu *spaniel* não em sua natureza canina, mas na glória recebida por seu dono na visão beatífica, e também na vocação última deste último para exercer um senhorio litúrgico, e não utilitário e técnico, abraçando toda a criação material. Ele também indica, segundo o modelo da visão, que esse senhorio não é feito a partir do exterior, mas antes pelo interior, como "os anjos que governam os animais, e são prepostos ao nascimento dos animais, ao crescimento das enxertias e das plantas".[51] Quero dizer que, penetrados pela sabedoria criadora, os eleitos poderão moldar seu cedro e seu tigre: a mulher dará a seu esposo diversas macieiras repletas de serpentes com penas; o filho oferecerá à mãe

---

[49] Francis Jammes, *Quatorze Prières*, IV e VIII, in *Le Deuil des Primevères*. Paris, Gallimard, 1980, p. 138 e 143. (Coleção Poésie)

[50] Idem, *L'Église Habillée de Feuilles*, 27, in *Clairières dans le Ciel*. Paris, Gallimard, 1980, p. 181. (Coleção Poésie)

[51] Orígenes, citado por São Tomás de Aquino, op. cit., I, qu. 110, art. 1, ad 3.

um buquê de baobás com ninhos de tucanos; o pai mostrará à filha um tiranossauro pulando uma cerca; e, para a família de sua esposa, o genro orquestrará fantásticas tempestades.

33. Essa reorganização de todo o mundo físico a partir da generosidade dos corpos gloriosos é a verdadeira realização do homem. Aristóteles escrevia em sua Poética: "Imitar é natural aos homens e se manifesta desde sua infância (o homem difere dos outros animais por ser muitíssimo apto à imitação, e é por meio dela que ele adquire seus primeiros conhecimentos), e, aliás, todos os homens sentem prazer com as imitações". Essa observação completa de maneira insubstituível a definição clássica: "O homem é um animal dotado do *logos*". Ela especifica que o conhecimento em nós não termina na ideia: é preciso que ela repercuta no corpo que se oferece para a alegria alheia.

O saber puramente especulativo sempre nos parece parcial e enganoso. Isso porque só conhecemos algo verdadeiramente quando incorporamos esse algo e nos tornamos capazes de imitá-lo, de restituí-lo numa oferenda recíproca. Para poder apreendê-los segundo nossa profundidade de espíritos perfeitamente encarnados, seria preciso não apenas estudar, mas também representar o odor do jasmim, a ondulação do mar, a nuvem de gafanhotos... Enfim, quem valsará a *Suma Teológica*? Quem viverá a *Divina Comédia*? Enquanto isso não passa por nossos membros, nem é transmitido com um abraço, fica sendo apenas uma seiva sob pressão que não encontrou o ramo a florir, um sol sob o horizonte que não encontrou a terra onde se levantar.

Aí se encontra a chave de uma observação de Santo Agostinho a respeito da visão beatífica:

> A alma separada é incapaz de ver a essência divina com a mesma perfeição dos anjos. Sem excluir uma razão mais profunda, creio que ela possui um pendor naturalíssimo para governar o corpo. Esse pendor de certa maneira interrompe seu voo, e a impede de estirar-se, com toda a sua atividade, ao mais alto dos

céus, caso não tenha por invólucro esse corpo que ela tem de governar para sentir suas inclinações satisfeitas.[52]

A observação é paradoxal: para estirar-se ao mais alto dos céus, a alma humana deve enraizar-se na carne. É que o anjo não tem necessidade de fazer ressoar aquilo que ele sabe dentro de um corpo: sua inteligência e sua vontade lhe bastam. O homem, por sua vez, só recolhe verdadeiramente em sua alma aquilo que ele é capaz de manifestar com sua carne, de "recriar", como diria Proust, numa matéria sensível. E é por isso, contrariamente ao que conceitualizava Hegel, o saber absoluto jamais poderia suplantar a arte, um sempre necessitando do outro cá embaixo, como o paralítico e o cego que se apoiam desajeitadamente.

34. Penso na última tentação de Santo Antão segundo Flaubert. Ela só é tão forte por apoiar-se na visceral inclinação da alma a aderir totalmente ao mundo:

> Ó, felicidade! Felicidade! Eu vi nascer a vida, vi o movimento começar. O sangue das minhas veias bate tão forte que vai estourar. Tenho vontade de voar, de nadar, de gritar, de berrar, de urrar. Queria ter asas, uma carapaça, uma crosta, soprar fumaça, ter uma tromba, retorcer meu corpo, dividir-me por toda parte, estar em tudo, emanar-me com os odores, desenvolver-me como as plantas, vibrar como o som, brilhar como a luz, refugiar-me em todas as formas, penetrar cada átomo, descer até o fundo da matéria – ser a matéria![53]

Aqui, o que faz com que essa felicidade soe falsa, e que se trate claramente de uma tentação, é que seu paraíso vai regredindo até o anonimato. Antão gostaria de diluir-se em todas as coisas, em vez

---

[52] Santo Agostinho, *De Genesis ad Litteram*, livro XIII, cap. XXXV.
[53] Gustave Flaubert, *La Tentation de Saint Antoine*, VII. Paris, Gallimard, 1983, p. 237. (Coleção Folio)

de assumi-las por Deus e pelo próximo. Ele gostaria de anular-se na matéria, mais do que manter uma distância que permita brincar com ela e nela imprimir formas que a façam adentrar melhor a bênção. Mesmo assim, seu desejo testemunha um ímpeto essencial.

Algumas escolas de teatro esforçam-se para reconhecê-la e para cultivá-la. Na escola de Jacques Lecoq, singularmente, o aluno ensaia imitar a madeira, o papel, o papelão, o metal, o pastoso e o oleoso, as cores e os espaços, o mar em fúria ou o salgueiro-chorão, a larva ou o pequeno canguru, o arcanjo transluminoso ou o chapim-real... Esse "método das transferências" não tem como finalidade livrar-se de uma humanidade excessivamente pesada, mas, pelo contrário, responder à sua amplitude pantomímica: "Ela consiste em apoiar-se nas dinâmicas da natureza, nos gestos de ação, nos animais, nas matérias, para deles servir-se com fins expressivos, a fim de melhor representar a natureza humana".[54] Representar a natureza humana é levar em seu cortejo toda a natureza não humana: dizer sua alegria com uma migração de gnus, receber seus convidados sobre um tapete de rubis e tomilho, levar um amigo escoltado por dodôs e potamoqueros...

35. Esse, portanto, não será o fim da imaginação. Em sua *Gramática do Assentimento*, John Henry Newman menciona os *longings* [anseios] que distendem nossos corações e nos fazem apreciar *marvelous tales* [histórias maravilhosas], porque nos voltam para *something greater than this world can give* [algo maior do que este mundo pode dar]. As histórias maravilhosas são obras do imaginário, certamente, mas o imaginário só opera profundamente impulsionado por um desejo bem real, tão concreto, tão fixado em nossas entranhas, quanto nossa fome de comida. Nossas fantasias são como brasas de nossa razão enlouquecida pelo Céu. Contudo, uma vez que tenhamos atingido o mundo sempre mais maravilhoso, essas histórias parecem acabadas para sempre, e a fantasia se torna inútil. Mas não é nada disso. Mais do que nunca a imaginação será necessária.

---

[54] Jacques Lecoq, op. cit., p. 55.

Ela sem dúvida não será mais a "doida da casa", mas a filha do Reino, inteira em sua função "criadora". Ela não servirá mais à fuga de uma realidade dolorosa, nem à domesticação de uma impaciência devoradora. Faculdade dos "confins", juntando o espírito e a matéria, a regra e a invenção, sua felicidade será não mais compensar as carências, mas publicar uma superabundância. Ela improvisará sobre o teclado dos elementos, representará milhares de espécies minerais, vegetais e animais, e isso nunca será o suficiente para celebrar o abismo da bondade de Deus.

O autor de *O Senhor dos Anéis* ia todos os dias à missa inclinar-se diante do Senhor da Aliança. Por intermédio do oratoriano Francis Morgan, que o recebeu quando era órfão, J. R. R. Tolkien era discípulo do cardeal Newman. Aquilo que ele declara numa carta a respeito do direito dos católicos de escrever *"faëries"*[55] aplica-se ainda mais especialmente aos ressuscitados da terra nova:

> O homem, esse subcriador, através do qual a Luz se refrata, passa do Branco único a uma multiplicidade de tintas que se combinam umas com as outras, criam sem cessar novas formas e viagem de uma alma a outra alma. Preenchemos

---

[55] O estudioso do gênero fantástico de literatura, Heráclito Aragão Pinheiro, traduz um texto do próprio J. J. R. Tolkien explicando o termo. O trecho da explanação é o seguinte: "FAËRIE é uma terra perigosa, e possui armadilhas para os desavisados e calabouços para os por demais ousados... O reino das histórias-de-fadas é vasto e profundo e elevado e repleto com muitas coisas: todos os tipos de bestas e pássaros são encontrados aqui, mares sem fim e estrelas sem conta; uma beleza que encanta, e um perigo sempre presente, ambos, contentamento e tristeza, tão afiados como espadas. Nesse reino um homem talvez possa considerar-se afortunado por ter vagado, mas sua própria riqueza e estranheza amarram a língua do viajante que iria narrá-las. E, enquanto está lá, é perigoso para ele fazer perguntas em demasia, para que o portão não seja fechado e as chaves perdidas". Disponível em: <http://tocace.conselhobranco.com.br/2015/04/11/westeros-e-o-faerie-de-tolkien/>. Acessado em: 2 ago. 2015. (N. E.)

todas as fissuras da terra com elfos e duendes, e construímos para nossos deuses moradas feitas de sombras e de luz, mas isso era nosso privilégio. Se fizemos bom ou mau uso dele, é outra história. Esse direito nos resta. *Continuamos a criar da maneira como fomos criados.*[56]

Cada corpo glorioso só dará graças suficientes pelas riquezas de seu Criador se também for criativo. Mais organista do que orgânico, suas mãos e seus pés saberão fazer uma orquestra de todas as coisas (e até dos dentes, como Jimi Hendrix em sua guitarra, e até das coxas, que são o tantã do dançarino espanhol ou tirolês). Ele inventará seu Condado totalmente imemorial e novo, e o povoará com fauna e flora ao mesmo tempo exóticas e familiares... Ele nunca acabará, não apenas de exprimir os esplendores do Eterno, mas de recolher em si o anão e o elfo, quero dizer, nosso próximo tal como Deus no-lo entrega – mais surpreendente do que uma raça estranha. E será um imenso prazer brincar com ele de lobo mau e até de diabo – coisa que nem o diabo nem o lobo mau são capazes de fazer, mas que as crianças fazem incansavelmente.

Do Jardim do Éden à Jerusalém Celeste

36. Eu não poderia concluir esta meditação sem atrair a atenção para uma certa mudança de sentido. Do Gênesis ao Apocalipse, o Paraíso passa por uma inquietante metamorfose. Não são apenas este céu e esta terra que estão destinados a desaparecer. É o Éden que é irremediavelmente destruído. O paraíso terrestre era um jardim; o paraíso celeste é uma cidade. *E eu vi descer do céu, de junto de Deus, a cidade santa, a nova Jerusalém, como uma esposa ornada para o esposo* (Apocalipse 21, 2). Essa reviravolta não é alarmante só para o ecologista

---

[56] John Ronald Reuel Tolkien, *The Monsters and the Critics and Other Essays*. George Allen & Unwin, 1983, p. 144.

que sonha com um retorno à mamãe Gaia. É também para a mentalidade bíblica. Se, para os gregos, a *polis* engendra a polidez e, para os romanos, a *urbs* cultiva a urbanidade (ao passo que as campanhas são antes os lugares do rústico, isso é, do grosseiro, senão do bronco), para o leitor da Bíblia, ao contrário, todas essas belas virtudes cívicas revelam-se vícios disfarçados.

Na cidade tentacular prevalece o centralismo denunciado pelo profeta Samuel, com seu rei pagão que usurpa o trono do Senhor, com suas multidões de antigos camponeses empobrecidos e expropriados, com o anonimato que reduz o nome próprio a uma função utilitária: *Ele tomará os vossos filhos para os seus carros e sua cavalaria, ou para correr diante do seu carro... empregá-los-á em suas lavouras e em suas colheitas, na fabricação de suas armas de guerra e de seus carros* (1 Samuel 8, 11-18). A cidade é faraônica. Brilhando com seus fogos sedutores, ela não conhece mais a diferença entre o dia e a noite, rejeita o sabá e, mesmo em suas distrações, garante a vitória dos chefes do trabalho: *E assim construíram para o Faraó as cidades-armazéns de Pitom e Ramsés* (Êxodo 1, 11).

Quem, no Gênesis, é o primeiro *construtor de cidade*? Ninguém menos do que Caim. À primeira cidade que sai de suas mãos, ele dá o mesmo nome de seu filho, Henoc, que significa "Dedicatória" (Gênesis 4, 17): o filho é dedicado à cidade e a cidade é dedicada ao filho, numa tautologia infernal.[57] É o espaço sem ar de um ego replicado indefinidamente sobre si mesmo: a exterioridade da natureza tal como mostrada por Deus, a árvore da Vida como aquilo que não plantamos mas de que devemos cuidar, tudo isso é banido em prol do artificial. E esse banimento culmina no último descendente de uma dinastia enciumadamente consanguínea, Lamec, o qual se erige como ídolo, girando os mecanismos de sua agressividade: *Lamec disse às suas mulheres: "Ada e Sela, ouvi a minha voz; mulheres de Lamec, escutai a minha palavra: por uma ferida, eu matarei um homem, e por uma cicatriz matarei um jovem"* (Gênesis

---

[57] Ver Jacques Cazeaux, *Le Partage de Minuit*. Paris, Cerf, p. 112-45 (Coleção Lectio Divina)

4, 23). Essa primeira cidade fica na terra de Nod, a leste do Éden (Gênesis 4, 16). Em hebraico, Nod significa "errância". Longe de ser o lugar de repouso e de conclusão, a cidade se revela como aquilo que fecha a errância sobre si mesma, que a impede de tornar-se viagem tanto quanto morada, e se estende em avenidas e transportes com o orgulho do labirinto e com as atividades de uma prisão de trabalhos forçados: achamos que progredimos sem fim graças a nossas próprias forças, e ficamos o tempo todo refazendo nossos próprios passos.

Esse frenesi da cidade é tão evidente aos olhos das Escrituras que mesmo o Apocalipse, que canta a *Cidade Santa*, começa denunciando a *cidade poderosa*, Babilônia, a grande, *mãe das prostitutas* (Apocalipse 17, 5). É sobre o colapso dessa última que a outra pode surgir. A nova Jerusalém é a anti-Babilônia (isto é, a anti-Babel). Babel pretendia com sua torre *esticar-se até penetrar os céus* (Gênesis 11, 4). A nova Jerusalém, pelo contrário, *descende do céu*. Com ela, são os céus que nos penetram mais do que nós os penetramos – e daí vem nosso pendor para fugir para a terra de Nod e ali construir covis com mil galerias comerciais.

Se os topônimos de Babilônia e de Jerusalém se contradizem simbolicamente, eles ainda assim podem sobrepor-se do ponto de vista topográfico. É que o inimigo não é exterior. A corrupção não deixa de atingir a Jerusalém terrestre nela própria: *Como se transformou em prostituta a cidade fiel! Antes era cheia de direito, e nela morava a justiça; agora, está cheia de criminosos!* (Isaías 1, 21).

37. Na verdade, a oposição entre a cidade e o jardim não é tão marcada quanto parece à primeira vista. A palavra "paraíso", que inicialmente servia para designar os parques dos reis persas, repletos de vinhas e de pereiras, de marmeleiros e de cedros, remete, pela etimologia, a um domínio "cercado de muros": assim eram os jardins suspensos da Babilônia, empoleirados no topo de altos zigurates, voltados para o céu, mas cercados por vazios.

Talvez eu tenha insistido demais até aqui na abertura e no escancaramento, correndo o risco de um mal-entendido. É hora de parar e de fazer o elogio dos muros. Porque, sem muros, nenhuma abertura é possível, tudo se dissolve num espaço impessoal e desorientado.

Um jardim nunca é uma paisagem sem limite. Ele tem suas sebes, suas paliçadas e seus fossos, assim como a cidade tem partes. Ambos têm ao mesmo tempo interior e exterior. Com o jardim, saio de minha casa, mas ainda estou nela. Com a cidade, saio de casa, mas ainda estou entre meus concidadãos. Os dois interditam muito bem a interioridade intimista demais e a exterioridade indefinida. Eles pertencem a um "espaço do terceiro tipo",[58] nem pura arquitetura, nem pura paisagem: algo como uma síntese do geométrico e do selvagem – afinal, aqueles prédios da cidade antiga, vistos da colina Montmartre, por exemplo, mais parecem as árvores de uma floresta cerrada do que um poliedro dividido em células idênticas.

Aquele que pretendesse reduzir a jardinagem ou o urbanismo a uma "ciência" em sentido moderno só faria destruí-los em sua floração própria. É isso que tentam Bouvard e Pécuchet, ao se tratar do jardim: incapazes de conceber qualquer atividade diferente do trabalho de copista, eles procuram plantações certificadas em conformidade com seus manuais, e só conseguem colocá-las a perigo. Quando se trata da cidade, é isso que acontece com Metrópolis: a racionalização taylorista do planejamento degrada a habitação, fazendo dela um circuito concentracionário. Para além da paisagem, o jardim nos tira da contemplação passiva para que entremos na atividade receptora que acompanha o crescimento natural. Para além da arquitetura, a cidade nos tira da planificação fechada para nos inserir na imprevisibilidade dos encontros.

38. Na Bíblia, pouco a pouco, o jardim e a cidade se casam e comunicam suas perfeições um ao outro. Uma única árvore da vida está plantada no meio do Éden. No coração da cidade santa e de sua sublimidade mineral, há, banhados por um rio vivo e límpido, não uma,

---

[58] Anne Cauquelin, *Petit Traité du Jardin Ordinaire*. Paris, Petite-Bibliothèque Rivages, 2005, p. 106.

mas diversas *árvores da vida; dão fruto doze vezes por ano; todos os meses frutificam; as suas folhas servem para curar as nações* (Apocalipse, 22, 2).

O que é próprio do jardim é fazer-nos cooperar com uma obra cujo princípio nos escapa. A transposição é imediata: *Eu plantei, Apolo regou, mas é Deus que fazia crescer... Nós somos os colaboradores de Deus* [literalmente: os "sinergistas"], *e vós sois o campo de Deus, o edifício de Deus* (1 Coríntios 3, 6-9). Se passamos com tanta facilidade do campo ao edifício, é porque a verdadeira construção não é construtivista: as Escrituras concebem-na antes como algo análogo à cultura, onde o que se faz é dispor, supervisionar, administrar (e não ser um *manager*) a ascensão de uma seiva invisível: *Se Javé não constrói a casa, em vão labutam os seus construtores. Se Javé não guarda a cidade, em vão vigiam os guardas* (Salmo 126, 1). Por isso, os construtores não podem reclamar para si a honra de ser os absolutos mestres da obra.

A Terra Prometida é expressamente designada como *uma terra com cidades grandes e ricas que não construíste* (Deuteronômio 6, 10). Igualmente, ainda que você esteja trabalhando em seu pomar, você não construiu nem as maçãs, nem as cerejas. A vida é inicialmente recebida, e é até recebida ela mesma em nós, antes que possamos escolher assumi-la e permitir-lhe cumprir-se. Não há portanto prometeísmo nenhum na Cidade dos vivos. É essa a lição do políptico do *Cordeiro Místico*. Os irmãos Van Eyck pintam ali uma liturgia universal, mas ela acontece dentro de uma simples clareira, ao passo que os incríveis esplendores citadinos ficam no fundo: as árvores são a catedral, e as catedrais são como árvores.

O grande futuro é mais do que futurista. Quando se pensa que o verbo construir é usado pela primeira vez no Gênesis para falar da criação da mulher (Adão é *modelado*, mas a mulher é *construída*), há aí algo com que impressionar-se. Eis aí a evidência: o corpo de uma senhorita, o mesmo de trinta séculos atrás, será sempre mais interessante do que qualquer Empire State Building (o King Kong entende o que estou dizendo). Aqui reencontramos a inclusão do espaço no corpo glorioso, e compreendemos outra vez que a maravilha urbana não poderia ser reduzida à exploração técnica, e a nenhum voluntarismo moral. A Revelação insiste: nada é mais *edificante* do que aquilo que faz jorrar a beleza feminina em sua pureza. Sião, aliás, acabou por identificar-se com uma moça, e a Jerusalém celeste a uma esposa e a uma noiva. A cidade nunca deixa de ser a prostituída por nada perder dos encantos da mulher. E de oferecer-se ao abraço do Altíssimo.

39. Por que, no entanto, no fim, para designar o paraíso, essa prevalência da cidade sobre o jardim? Quatro ou cinco motivos se impõem, que nos permitirão revisar alguns pontos de nossa física eucarística.

1º A consistência da história. – A beatitude não está numa restauração desresponsabilizante do estado de origem. Ela é, após a queda, passagem da graça à glória. O retorno do remorso não é o retorno da nostalgia. O jardim deve ceder à cidade, porque a questão não é mais voltar ao Éden. Essa cidade certamente possui toda a força das espigas vegetais (como a *Sagrada Família*, de Gaudí), mas ela não ignora o paraíso devastado, fundado sobre as *Doze* (Apocalipse 21, 14), que resumem toda a história de Israel. Analogamente, o corpo glorioso, ainda que ressuscitado sem imperfeições e em plena juventude, não é o discóbolo nem a Vênus da estatuária antiga. Ele traz visivelmente o rastro do caminho percorrido – o seu – sem similar. Sua carne é narrativa, assinada pelas cicatrizes do amor.

2º A primazia dos rostos. – O jardim, que todavia não é a floresta, poderia fazer-nos sonhar com uma regressão telúrica, ctoniana, quase larvar. A cidade nos arranca das "superstições do *Lugar*", da crença de que haveria locais, ideias ou objetos mais sagrados do que meu próximo: "Nesse momento uma coisa fica clara: perceber os homens fora da situação em que estão instalados, deixar luzir o rosto humano em sua nudez. Sócrates preferia ao campo e às árvores a cidade onde é possível encontrar os homens. O judaísmo é irmão dessa mensagem socrática".[59] E é por isso que alguns místicos viram na nova Jerusalém

---

[59] Emmanuel Lévinas, "Heideger, Gagarine et Nous", in *Difficile Liberté*. Paris, Albin Michel, 1963, p. 325.

não uma construção de pedra, mas uma comunhão de pessoas: cada corpo glorioso ali define uma morada, um templo, um quarteirão, um bairro, uma terra inteira – Veneza, verdadeiramente doce para os apaixonados, porque suas ilhas e suas pontes entregam diretamente o corpo da amada.

3º- A novidade dos encontros, motivo que é deduzido do anterior. – É verdade, as cidades daqui de baixo são comerciais, trabalhadoras durante os dias e, por compensação, à noite, lascivas e efervescentes. O encontro, nelas, é falsificado, para ser sempre de negócios ou de distração. O inumerável, ali, leva ao anonimato. E, mesmo assim, a moça que espera casar-se prefere ir morar na cidade e não no campo. Na Jerusalém celeste, o que está em jogo é esse ponto de vista nupcial sem decadência. O comércio é sem negócio. O *inumerável* (Apocalipse 7, 9) ali inviabiliza a redução estatística: em vez de levar ao anonimato, ele restitui a cada um seu nome próprio, incomparável, que não pode ser absorvido em sua linhagem, nem fazer número com outro único (no livro dos Números, justamente, o profeta Balaão exclama: *Estou vendo do cimo das colinas: um povo isolado, não contado entre as nações. Quem poderia calcular o pó de Jacó? Quem poderia medir as nuvens de Israel?* (Números 23, 9-10). Mesmo assim, se deve permanecer a imagem do jardim, é porque no paraíso o acontecimento-encontro coincide com o acontecimento-eclosão. Ali os encontros nunca são efetivamente fatalidades. Sua novidade responde àquilo que havia de mais guardado em nossos corações e que não era mais esperado. O corpo glorioso, numa oferenda sem reserva, é uma reserva infinita de emboscadas felizes, porque é o tabernáculo transparente do Eterno, e mais: sua hóstia viva. Se por ora devemos ser prudentes com a carne, tão forte em sua promessa, tão enganosa em suas faculdades, lá nada mais haverá a temer: como a eucaristia, ela será adorável, e dará mais do que parece prometer.

4º A busca da arte. – Mesmo que a arte dos jardins seja coroada por Sir Francis Bacon como "a arte suprema", a cidade, com seus teatros, seus museus, suas óperas, situa melhor o espaço de uma certa criatividade, ou ao menos de sua exposição. Ora, como observamos, os corpos dos eleitos são voltados para a poesia: *dançarão os ossos que triturastes* (Salmo 50, 10). Sua nudez mesma inventará vestimentas incríveis – como a rosa que "veste sob o manto ricos mantos" e assim "tanto evita quanto nega a vestimenta". Sua humanidade será expressa em mamutes e em colibris, em margaridas e sequoias, objetos técnicos de última geração perfeitamente inúteis. E, com todo o respeito a Tomás de Aquino, cada boca, mais do que saborear sua própria saliva, será capaz de oferecer ao palato alheio festins improváveis, e às narinas, axilas de perfumes inimitáveis. Por aqui, a arte é sempre de um para o outro, sem fechamento narcisista nem crispação idólatra.

5º- A verdade da redenção. – A Jerusalém celeste, enquanto cidade, assinala que para uma ou duas exceções que confirmam a regra, só há pecadores atrás de seus muros, mas pecadores que permitiram que a graça lhes rasgasse (no inferno, opostamente, pavoneiam-se todos aqueles que desejam criar por si mesmos uma santidade). Que a cidade suplante o jardim na representação paradisíaca é uma proclamação de misericórdia: Caim, o primeiro urbanista, é redimido. Sua cidade é como Raabe: a prostituta de Jericó foi considerada pelos Padres uma figura da Igreja. Assim, no Gênesis, a um capítulo de distância, reencontramos na descendência de Set os dois nomes maiores que emolduram a posteridade de Caim. Nessa segunda genealogia, Lamec passa a ser o nome do pai de Noé, o justo, ao passo que Henoc, epônimo da primeira cidade fundada pelo fratricídio, torna-se o nome daquele patriarca sobre o qual está escrito *que andou com Eloim, e desapareceu, porque Eloim o levou* (Gênesis 5, 24). A "Dedicatória" a si mesmo mudou-se em "Dedicatória" a Deus. O nome que significava a errância, o andar em círculos, agora remete a uma vertical que leva ao Céu...

40. Dois detalhes para terminar (ou para começar, porque aquilo a que visamos se encontra depois do fim). Esses dois detalhes são mencionados pelo Apocalipse um depois do outro, como se não fos-

sem nada (21, 21 e depois 22). Mas consideremo-los um pouco, e eles invadem toda a Cidade de Deus, tornando-se quase mais importantes do que o afresco inteiro.

O primeiro é de monta: a nova Jerusalém *não possui templo*. Em suas praças transparentes, a contrariedade da igreja e do bistrô, da Bíblia e do baile, do sagrado e do profano, não tem mais lugar. É que agora *o Senhor, o Deus Pantocrator, é seu templo, assim como o Cordeiro...* Para dizer a verdade, tendo o Cordeiro sido imolado por qualquer idiota, estando Deus todo em todos, o templo passa a estar em cada corpo bem-aventurado. Não que esse templo confisque para si todas as coisas. Pelo contrário, no paraíso, ninguém mais vai à igreja, porque todos são igreja... para o outro. O menor passante ali se transforma em santuário onde ajoelhar-se – sem nada perder de sua simplicidade. Patrick Kavanagh, o grande poeta irlandês, dizia, para que ouvissem os sacralizadores de todo tipo: "Cada vez que ouço a palavra poesia (ou arte), vou apostar em cavalos", e ele associava à salvação a necessidade de "esbaldar-se no banal". A poesia morre no momento em que se torna uma palavra grandiosa, ao passo que o banal é o campo em que ela se revela àquele que ama e que sabe contemplar. O mesmo sucede com a Cidade celeste. Nela, não há sacralidade rígida, nem cerimonial pomposo. Sua grandeza não poderia ser transformada numa majestade esmagadora, porque ela é o Reino das crianças e dos pequeninos.

Segundo detalhe: a Jerusalém nova *tem portas*. E não só uma: doze, como as tribos de Israel e os apóstolos de Jesus. Portas para acolher, sem dúvida, segundo as vias que afluem de todos os lados. Mas, uma vez que todos estejam do lado de dentro, de que elas podem servir? De maneira geral, imaginamos as portas do Paraíso apenas como entradas. E o outro sentido, o de saída? Então os bem-aventurados poderiam entediar-se e tirar um passaporte para a geena? Claro que não. Essas portas não são para fugir, mas para abrir mais. O Paraíso é excesso, é esse o nosso refrão. Ele é sempre mais vasto do que ele mesmo. E tudo aquilo que podemos dizer dele não é nada diante daquilo que resta a cantar.

SÉTIMO MOVIMENTO
A Chave dos Cantos

No fundo dos nossos ossos, o Canto profundo canta.
Era tão simples. Ele era esperado há tanto tempo.
Não consigo explicar a vocês...
    Henri Michaux, "L'Étranger Parle"

Mensagem ou Música?

24. Eis-nos muito próximos da *cadência*. O que isso significa? A etimologia desse termo remete ao mesmo tempo à queda e à sorte. Quanto a suas acepções correntes, elas são três e designam o ritmo próprio que regula os movimentos de um dançarino, a terminação de uma frase musical e a parte de improvisação para o solista de um concerto: ao mesmo tempo aquilo que limita e que amplia, aquilo que conclui e que abre, em uma palavra, aquilo que ricocheteia. E, de fato, tendo chegado ao fim deste livro, chego à sua origem. A inspiração me veio na primavera de 2008, quando, em minhas horas de lazer, sucediam-se, sem premeditação, a leitura de Dante, a audição de Mozart e as brincadeiras com as crianças (eu era o ogro e as devorava diversas vezes, uma atrás da outra). Por uma química bem compreensível depois que a coisa aconteceu, esses três elementos me fizeram sentir como que num *flash* intenso aquilo que – dito assim – parece a mais rudimentar constatação: o ímpeto do paraíso é essencialmente coral.

Do começo ao fim da Bíblia, o canto, mais precisamente o canto em várias vozes, é apresentado como a atividade principal dos bem-aventurados. Moisés, tendo atravessado a pé seco aquele mar que se fechou sobre os carros do faraó, *canta, com os filhos de Israel, um cântico ao Senhor* (Êxodo 15, 1). As correntes só caem para apertar os elos do canto. O torno pode ser afrouxado, ainda é preciso esticar mais as cordas do saltério. Davi coloca aí sua esperança: *Enquanto viver, cantarei à glória do Senhor, salmodiarei ao meu Deus enquanto existir* (Salmo 103, 33), ou ainda: *Cantai-lhe hinos e cânticos, anunciai todas as suas maravilhas* (Salmo 104, 2). Quanto a João, em seu Apocalipse, suas visões mais celestes são audições: *Ouvia, entretanto, um coro celeste semelhante ao ruído de muitas águas e ao ribombar de potente trovão. Esse coro que eu ouvia era ainda semelhante a músicos tocando as suas cítaras. Cantavam como que um cântico novo...* (Apocalipse 14, 2-3).

A partir desse dado, as orelhas podem abrir-se como asas. Santa Gertrude também cantarola: "O paraíso é essa cidade tão sagrada e tão amada por Deus que nela só ouvimos melodias e louvores de Deus mesmo, e em que todos os santos, segundo a diferença de sua virtude, cantam esses louvores de um jeito diferente".[1] O coro dos redimidos não é uma massa sonora indistinta. Cada qual inventa, com seu timbre insubstituível, sua própria canção, a qual singularmente se harmoniza com todas as outras como em conjunto. No céu do Sol (o quarto), Dante percebe a "mó bendita" das almas:

> seu movimento e canto acompanhou:
> canto que tanto vence nossas musas,
> nossas sereias em tão doce tuba,
> quanto luzes primeiras traz difusas.[2]

No céu seguinte, o de Marte, "uma melodia surde pela cruz".[3] E mais alto ainda, no céu de Saturno (o famoso sétimo céu), os eleitos

---

[1] *La Vie et les Révélations de Sainte Gertrude*. Trad. A.-J. Mege, Paris, 1686, p. 629.
[2] Paraíso, XII, 6-9.
[3] Ibidem, XIV, 122.

não cantam mais, mas isso porque Dante tem "mortal ouvir",[4] e escutar sua música o mataria.

23. Todavia, essa insistência no canto, se agrada aos ouvidos, não salta aos olhos. A interpretação é aliás tão escorregadia que a maioria passa por cima como sobre uma bela metáfora. Eles não notam nada que diga respeito à essência da fé. No fim, os sopranos coloraturas nem sempre sobem às alturas espirituais. E os santos raramente ganham primeiros prêmios em lirismo. Quantas vezes, na missa, não tive de suportar tagarelas e desafinados, quando era eu, exaltado com a justeza do meu fraseado, que mergulhava numa falsidade sob outro aspecto mais dissonante.

Desconfiança, portanto, em relação aos encantos do cantor. Em 1324, em seu decreto *Doctrina Sanctorum Patrum*, o papa João XXII fulmina contra os discípulos da *ars nova*: "Correm sem descansar, enervam os ouvidos sem lhes trazer paz, imitam por gestos aquilo que dão a ouvir. Assim, a devoção que seria preciso procurar é ridicularizada, e a lascívia, de que se deveria fugir, é exibida em plena luz do dia".[5] A regra litúrgica atribui a precedência à articulação do texto: que o refinamento melódico não o torne ininteligível, que a atenção aos sons não faça perder de vista o sentido... Essa dupla qualidade é mantida pela monodia gregoriana até em seus melismas: não são floreios que desencaminham você pelas proezas do *vocalise*, mas figuras de retórica que o acompanham na inteligência das Escrituras.

Como a finalidade desses tons é realçar o texto, alguns concluirão que o canto é acessório. A rigor, apologético. Da ordem do excipiente, senão do excitante. Mel que serve para ajudar a passar o amargor do remédio, vitrine rutilante que permite vender a Cruz. A música é primeiramente instrumento de comunicação. O meio de transmitir uma mensagem. É na mensagem que se encontra o essencial. No mais, hoje, não cantamos mais o Credo, exceto em latim: não há partitura

---

[4] Ibidem, XXI, 61.
[5] Citado em Brigitte e Jean Massin (dir.), *Histoire de la Musique Occidentale*. Paris, Fayard, 1985, p. 227.

prevista para sua tradução francesa, ou ao menos nenhuma é usada ordinariamente. Os artigos se encadeiam como no Código Penal, como se o que estivesse em questão fosse apenas um saber – e um dever –, em todo caso não um amor, porque os apaixonados gorjeiam como os pássaros. A moral antes de tudo!

O Canto Nu

22. E mesmo assim, como recorda Ernest Hello, "o *Credo* pode ser cantado porque ele não é apenas a exposição de uma doutrina; ele conta o assunto da alegria".[6] Para aqueles que acham que ele é verdade (mas que não se acham), ele não é um sumário de um tratado, mas da recordação do Acontecimento: a boa-nova da salvação que pressupõe a má notícia do meu naufrágio, a louca paixão de Deus por minha alma tão estouvada, sua promessa imprevista de *uma vida eterna – Amém!* (o que não significa "CQD", mas antes "Ah! Oh! Caramba! Céus! Meu Deus! Aqui tens o incrivelmente sólido!" – e é por essa razão que o Gradual multiplica as notas em cascata nessas duas últimas sílabas). O Credo pode ser cantado, não como uma possibilidade entre outras, mas como a possibilidade de manifestá-lo como aquilo que ele é: uma palavra transbordante. A melodia não está ali como um ornamento feito para deixá-lo mais alegre – isso seria confundir efeito e causa. A melodia está ali porque ele mesmo é o princípio da alegria: ele nos impele a cantar. Não foi ele que inspirou as mais belas obras de Bach, de Händel e de Mozart?

No começo de *En Route* [A Caminho], Huysmans evoca um Credo cantado na Igreja de São Severino, em Paris. Um gracioso coro de crianças alterna com um solista com graves de touro:

> Naquele momento, Durtal sentiu-se elevado e gritou: mas é impossível que os aluviões da Fé, que criaram essa certeza

---

[6] Ernest Hello, "Hamlet en Opéra", in *Le Siècle*. Paris, Perrin, 1923, XXXII, p. 224-25.

musical, sejam falsos! O acento dessas confissões chega a ser sobre-humano, e tão distanciado da música profana, a qual nunca atingiu a grandeza impermeável desse canto nu![7]

Essa última expressão é pelo menos estranha. Como um canto tão pesado de significado pode ser um canto nu? A nudez do canto não exige antes que ele seja despojado de todos esses ouropéis dogmáticos para lançar-se ao ar puro e simples como os trinados do rouxinol?

O canto, mesmo assim, não é só música. Ele só é puro por ser impuro em relação a ela. A pura música deve, sem dúvida, ser desnudada de palavras, não o puro canto. Assim como um rosto só se mostra em sua nudez de alma graças às vestimentas, as quais dissimulam as partes que poderiam prender nosso olhar e desviar-nos dele, também o canto só está nu se tiver palavras, pois essas palavras nos mandam ir além da pura exaltação estética. Assim, para quem quer ouvir, o Credo abre um canto mais nu do que os garganteios do solista, por ser um canto que desnuda radicalmente: ele expõe os mistérios da misericórdia divina e, ao fazê-lo, expõe-nos a eles, de modo que não basta cantar com os lábios, mas também com o grito da inteligência e com a fissura do coração.

21. Karl Barth convida a pensar mais profundamente essa interpenetração da mensagem e da música na fé. Ele convida a isso aliás menos por uma exortação moral do que por seus gostos musicais. O grande teólogo é autor de uma *Dogmática* de milhares de páginas: dessa premissa, nosso bom senso facilmente se precipita para as seguintes duas deduções: como Barth é dogmático, ele prefere os cantos religiosos e didáticos à música profana; e como é protestante, prefere Bach a Mozart. Mas Barth protesta. Ou melhor, ele confessa gostos que, ao puritano, parecem deveras transviados.

Não apenas ele prefere Mozart, até em seus *Divertimentos*, como além de tudo tem o topete de explicar essa predileção atacando tanto o dogmatismo quanto o romantismo: "Contrariamente à de Bach, a mú-

---

[7] Joris-Karl Huysmans, *En Route*. Paris, Gallimard, 1996, p. 90. (Coleção Folio)

sica de Mozart não é uma mensagem: ao contrário da de Beethoven, ela não é uma confissão pessoal. Em sua música, Mozart não proclama doutrina, ele não se proclama a si mesmo. As descobertas que se quis fazer nesse domínio, sobretudo em suas obras tardias, me parecem artificiais e pouco convincentes. Mozart não quis proclamar nada, ele se contenta em cantar".[8] Será que Barth sofre de esquizofrenia? Suas preferências musicais são justapostas à sua fé cristã como dois compartimentos estanques? Talvez o compreendêssemos melhor se nos concentrássemos, por outro lado, na seguinte conclusão, desconcertante: é a mensagem evangélica que o incita a preferir um canto nu, infantil, que não proclama nada além da alegria de cantar; são os dogmas cristãos que reclamam sua oposição a todo dogmatismo, em nome do puro fluir da vida.

E como poderia ser diferente? Esses dogmas foram todos ordenados ao dom da graça. Não seria um contrassenso – o do fundamentalismo – cair num funcionalismo espiritual, sufocar essa gratuidade divina numa utilidade estrita, isto é, proibir de cantar assim, gratuitamente, sem a intenção de instruir nem de converter, somente para celebrar a graça de ser e de amar? Para dizer a verdade, nada é mais instrutivo do que essa recusa de Barth de reduzir tudo a uma instrução. Nada convoca mais à conversão do que essa rejeição de um proselitismo obsessivo. Afinal, a questão é ser instruído por um abraço amoroso, não por um teorema; e ser convertido à Vida superabundante, não a um ídolo tirânico.

20. Suponhamos por um instante que o essencial esteja na mensagem, fora de qualquer música: o que nos diria essa mensagem? *Felizes os que habitam em vossa casa, Senhor: aí eles vos louvam para sempre* (Salmo 83, 5). *Aleluia. Cantai ao Senhor um cântico novo! [...] Cantem-lhe salmos com o tambor e a cítara!* (Salmo 149, 1-3).

Terá o Cristo mesmo cantado? Sem dúvida nenhuma, e antes todo dia do que em ocasiões extraordinárias, porque é judeu e celebrou o sabá em suas danças e seus cânticos. As Escrituras não mencionam isso de maneira muito explícita, exceto uma única vez, mas essa menção é

---

[8] Karl Barth, *Wolfgang-Amadeus Mozart*. Genebra, Labor et Fides, 1969, p. 26.

simplesmente mais cardeal: é o pivô que liga os mistérios luminosos aos mistérios dolorosos, a Última Ceia aos Passos da Cruz. *Depois de cantar (hymneo) os Salmos, dirigiram-se eles para o monte das Oliveiras* (Mateus 26, 30; Marcos 14, 26). Tendo seu canto relatado explicitamente, Jesus canta com seus discípulos: ele é coral. E não faz isso para, gentilmente, animar o bando: ele é o pórtico de Getsêmani. Somente aquele que sabe cantar hinos pode entrar na agonia salutar, sem o quê seu combate não é o da alegria, mas de uma complacência dolorida. Enfim esse canto é colocado em paralelo, a quatro versículos de distância, com o do galo: *Em verdade te digo: hoje, nesta mesma noite, antes que o galo cante (phoneô) duas vezes, três vezes me terás negado* (Marcos 14, 30; Mateus 26, 34). Pedro cantou com Jesus, e se orgulhou tanto disso que presumiu de suas forças: *Ainda que seja preciso morrer contigo, não te renegarei!* A partir de então o canto de um animal de galinheiro pode assinalar-lhe a falsidade de sua crista pretensiosa. Pedro quer cantar de galo, e seu hino é mais aviltado do que o grito de um bicho. Porque o verdadeiro galo, pelo menos, não esquece de cantar a aurora – isso significa reconhecer que ele não tem a iniciativa no fim da noite. *O boi conhece o seu possuidor, e o asno, o estábulo do seu dono; mas Israel não conhece nada, e meu povo não tem entendimento* (Isaías 1, 3). O canto que infla não é o canto que desnuda.

Penso também naquele versículo que circula de uma parte a outra da Bíblia como a pequena e obstinada frase de uma sonata. Eis que ela surge no cântico de Moisés (Êxodo 15, 2), volta no livro de Isaías (Isaías 12, 2), reaparece num salmo pela festa dos Tabernáculos (Salmo 117, 14), eleva-se em apoteose ainda que em filigrana no Apocalipse segundo São João, pois *os vencedores, que haviam escapado à Fera, à sua imagem e ao número do seu nome, conservavam-se de pé sobre esse mar com as cítaras de Deus.* [...] *Cantavam* – fecha-se o círculo – *o cântico de Moisés* (Apocalipse 15, 2-3). Que frase é essa que se intromete de uma ponta a outra da Revelação – *O Senhor é minha força e meu canto*. Ela contém uma afirmação de tirar o fôlego: Deus não é apenas o Altíssimo, o Onipotente, o Eterno – ele é "meu canto". De onde vem uma denominação como essa? Quem jamais compreendeu o seu alcance? Afinal, ela provavelmente desconcerta o "ateu": por mais belos que sejam seu voos líricos, ele não encontrou seu canto mais puro. Mas ela desconcerta mais ainda o "crente": enquanto Deus não é para ele força e verdade, ele não descobriu sua intimidade melodiosa. Isso porque o rochedo em que ele se apoia também deve ser o ar em que o outro respira. A mensagem não se contenta de não impedir a música – ela se realiza nesta. *Entoai-lhe, pois, um hino!* (Salmo 46, 8).

Sirenas (de Charme e de Alarme)

19. Uma réplica de Shakespeare virou provérbio: *"He hears no music* – nem se apraz em ouvir música".[9] Júlio César a aplica a Cássio para dar a entender que ele é um tipo perigoso. Em *O Mercador de Veneza*, a mesma equação, só que mais desenvolvida:

> O homem que música
> em si mesmo não traz, nem se comove
> ante a harmonia de uma agradável toada,
> é inclinado a traições. Tão só, e a roubos,
> e a todo estratagema, de sentidos
> obtusos como a noite e sentimentos
> tão escuros quanto o Érebo. De um homem
> assim desconfiai sempre. Ouvi a música.[10]

Segundo Shakespeare, não é tanto que ela abrande os modos, mas que aquele cujos modos já são brandos é necessariamente sensível a suas doçuras, ao passo que os brutos barulhentos, os desleais discordantes, só podem ignorá-la: seus acordes condenam demais suas fífias. A harmonia, de fato, chama a harmonia; aquela que está nas notas, aquela que está nos atos. Se não harmonizássemos esses dois

---

[9] William Shakespeare, *Júlio César*. Trad. Carlos Alberto Nunes, ato I, cena 2, in *Teatro Completo: Tragédias*. Rio de Janeiro, Agir, 2004, p. 191.

[10] Idem, *O Mercador de Veneza*. Trad. Carlos Alberto Nunes, ato V, cena 1, in *Teatro Completo: Comédias*. Rio de Janeiro, Agir, 2004, p. 249.

tipos de harmonia entre si, não teríamos o sentido da harmonia em geral. A música estaria fora de nós, mas não em nós.

Esse juízo, tão lisonjeiro ao melômano, é no entanto mais musical do que lógico. Ele se baseia num jogo de palavras: jogamos justo, escutamos justo, portanto pensamos e agimos justo. A justeza coincide com a justiça. E se o justo nunca canta justo, ao menos ele aprecia os cantos harmoniosos que são como reverberações de sua alma. Mas essa ressonância falta ao raciocínio: esse salto não ocorre por si de uma harmonia à outra, da estética à ética. Posso ser tocado por uma sinfonia de Beethoven, mas, justamente, que me deixem em paz, que a aflição de meus próximos se cale enquanto sou transportado pelo *allegretto* da Pastoral.

Platão é mais nuançado do que Shakespeare. Ele sabe que o canto das sirenas é tão admirável que não é mais possível fugir-lhe. Por conseguinte, mais do que entre aquele que ouve e aquele que não ouve a música em geral e de maneira indeterminada, ele opera uma distinção entre duas espécies de música, uma que agita as paixões, e outra que ordena a alma. É esta última, identificada com o modo dórico, que o governo ideal preserva e promove; os outros modos – sobretudo o frígio – são suprimidos.[11] Em suma, na *República*, nada de *rave techno* nem *soul* lânguido. Só permanece uma arte cujas emoções despertam a razão em vez de balançá-la ou de engoli-la. Ela convida mais à dança do que ao transe, mais ao coral do que à coreia, e tornar-se assim uma propedêutica à filosofia. Porque, com certeza, "a filosofia é a música mais elevada"[12] e "o bom músico é aquele que não se contenta em colocar o mais belo acorde em sua lira ou em qualquer instrumento visando à diversão, mas que, nos fatos de sua própria vida, realiza o acordo entre suas palavras e seus atos segundo o modo dórico".[13]

18. Essa continuidade entre música e moral não consegue mais convencer-nos. É porque, nesse ínterim, houve a mégalo-melomania de Hi-

---

[11] Platão, *República*, 398 E.

[12] Idem, *Fédon*, 61 A.

[13] Idem, *Laques*, 188 D.

tler e de Stálin. O fato é notável o suficiente para ser ressaltado: se o totalitarismo é prejudicial à literatura, ele se mostra extremamente propício à música. Aqui a oposição entre uma música que embrutece e uma música que enobrece torna-se inoperante. Com certeza, se Hitler tivesse preferido Mozart a Wagner, o rumo do mundo teria sido outro. Mas creio que é possível ser wagneriano e são (como o padre Thomas Dehau), ou mozartiano e infecto (infelizmente posso falar por mim mesmo). Assim, David Oïstrakh é um violinista sensacional; mesmo assim, não hesitava em servir o Partido em suas turnês mundiais. Quanto a Prokofiev, quem negaria tratar-se de um compositor genial? É com uma orquestração magnífica, que me traz lágrimas aos olhos, que ele fez um moteto com os versos em honra do "Camarada": "Ó, Stálin, suportaste tantas misérias, / tanto sofreste a serviço do povo. [...] E é uma alegria para nós caminhar atrás de ti. / Tua visão é nossa visão. / És nosso guia amado".[14]

Por envolver-nos com sua atmosfera e agir diretamente em nossos sentimentos – sem o desvio de um conceito ou de uma representação –, a música é de todas as artes a mais pungente e a menos diretiva. Ela exalta, mas não exorta. Com a ajuda do latim (o latim que você perdeu em épocas remotas), você poderia ficar comovido com as *Vésperas à Santa Virgem*, de Monteverdi, sem ter pensado por um instante em rezar à Santa Virgem. E você escuta fascinado o *Dixit Dominus* de Händel, mas sem nunca escutar o *Dominus* em questão, nem preocupar-se com o que a obra poderia estar dizendo (fique tranquilo, já era assim na época de Händel).

Para retomar uma fórmula de Vladimir Jankélévitch, a obra musical opera um "sentido desnudado de sentido".[15] É um dizer sem dito, uma significância sem significado, uma ordem afetiva sem mandamento

---

[14] Sergei Prokofiev, *Zdravitsa,* cantata em honra do sexagésimo aniversário de Stálin. Ver a esse respeito o excelente documentário de Bruno Monsaingeon, *Notes Interdites*, *Scènes de la Vie Musicale en Russie Soviétique*. Idéale Audience / Arte France, 2003.

[15] Vladimir Jankélévitch, *La Musique et l'Innefable*. Paris, Seuil, 1983, p. 91.

efetivo. Suas frases não articulam frase nenhuma, suas notas não prodigalizam notificação nenhuma. Nelas não há nenhuma tese ou descrição para remeter o ouvinte a uma realidade exterior: elas em primeiro lugar só remetem a si mesmas, encontrando sua coerência por meio de relações internas, pela justeza do intervalo, pela repetição de uma sequência, pelas variações sobre um mesmo tema, e assim se tornam símbolo de um puro jogo ou de uma lógica inefável – aquilo que nos fala ao coração sem que nada entendamos. Somos elevados sem saber para algo, e depois recolocados "mais baixo, em algum lugar no inconcluso".[16] Esse inconcluso – marca daquilo que está acabado mas permanece aberto – cada um pode concluí-lo à sua maneira e estendê-lo em seu sentido.

A grande música, portanto, não tem absolutamente nada a ver com a ideologia. E é essa a razão por que a ideologia pode facilmente instrumentalizá-la: ela não a contesta, ela não articula nada em contrário, ela pode até servir de exultório vantajoso a suas repressões. Se ela quiser tocar em falso contra a ideologia, vai voltar-se para a dissonância ou para a verbosidade.

(Com o canto, porém, as coisas não são assim. Por causa das palavras. Elas dizem alguma coisa. Elas talvez tragam uma mensagem. Pode ser que isso incomode a propaganda. Os tenores da Revolução correm para sufocar os velhos cânticos. Os românticos do Reich queimam os hinos de Israel.)

17. Fazendo a apologia de "uma arte que não conhece seu nome", Jean Dubuffet confia: "Uma canção gritada por uma moça que escova uma escada me comove mais do que uma sofisticada cantata".[17] Com o pai da arte bruta, a música parou repentinamente em seu ímpeto para o estetismo virtuosístico. Ei-la voltando à carne, não da bailarina de saia, mas da comadre de estopa, cantando sabe-se lá que atroz

---

[16] Rainer Maria Rilke, *Les Cahiers de Malte Laurids Brigge*. Trad. M. Betz, in *Oeuvres 1, Prose*. Paris, Seuil, 1966, p. 629.

[17] Jean Dubuffet, *L'Homme du Commun à l'Ouvrage*. Paris, Gallimard, 1973, p. 64. (Coleção Folio Essais)

romance com uma voz desafinada, mas que carrega com suas esgarçaduras todo o drama de uma vida.

São Vicente de Paula ia ainda mais longe. Em pleno barroco, eles faz soar o diapasão que separa o justo do injusto: "Deus prefere mil vezes ouvir o ladrar de um cão do que a voz daquele que canta por vaidade".[18] Eco de um oráculo do profeta Amós: *Longe de mim o ruído de vossos cânticos, não quero mais ouvir a música de vossas harpas; mas, antes, que jorre a equidade como uma fonte e a justiça como torrente que não seca* (Amós 5, 23-24). Ora como fazer ouvir com vigor essa advertência contra a música? Também com música. Esses versículos em que o Eterno acusa a harpa desdenhosa e o cântico empertigado, é com gosto que a Sinagoga e a Igreja os cantem, e que os acompanhem da harpa. Ataca o cantor: *O que sai dos teus lábios, zela para colocá-lo em prática* (Deuteronômio 23, 14).[19] Ainda que, no mais das vezes, ele cante a sua própria condenação. Sua voz é ainda mais pungente: ela vibra ao proclamar um dever cujo descumprimento a faz tremer; e esse tremor da dúvida aumenta com a vibração da certeza. É por essa fraqueza confessa que ela se lança além de uma justeza exibida.

As palavras desse canto, no entanto, não têm o propósito de aplicar a estética sobre a ética. Elas rogam para que ambas sejam assumidas na ação de graças. Quando se quer ficar com uma música de garganta ou de cabeça, elas nos rememoram a exigência do coração: *Que Javé corte todos os lábios enganadores* (Salmo 11, 4). E quando o horror é tão forte que parece interditar toda música, elas reanimam em nós a urgência do canto: *Como cantar um canto de Javé em terra estrangeira? Se eu me esquecer de ti, Jerusalém, que seque a minha mão direita!* (Salmo 136, 4-5). É num canto que se deve denunciar a vaidade de cantar. É num canto em que se deve enunciar a impossibilidade de cantar. Porque o canto em questão não depende de nossas forças: nem de nosso virtuosismo ou de nossas virtudes. Ele deve vir de mais longe do que nossas bocas e dirigir-se a

---

[18] São Vicente de Paula, *Entretiens Spirituels*. Paris, Seuil, 1960, p. 1026.

[19] A citação mais parece uma paráfrase de Deuteronômio 23, 23. (N. T.)

algo mais profundo do que nossos ouvidos. Ele é de Deus para Deus. De abismo a abismo. *Abyssus abyssum invocat* (Salmo 41, 8). Não que ele grite como a um surdo: o abismo ouve o menor sopro, até o murmúrio de nosso sangue. Mas ele é cantado tanto em nossas vozes quanto em nossos silêncios, com os lábios de um coração dilacerado (Joel 2, 3).

16. Nesse canto, a mensagem ordena que a música venha do que há de mais íntimo e se estenda a toda a nossa vida, enquanto a música orquestra para que a mensagem vá além da ideia e mergulhe em nossa carne. Essa impureza se transmuta em emulação. A mensagem tão somente se torna ainda mais ela mesma (em grego, "mensageiro" se diz *angelos*, e a iconografia tinha o costume de retratar os anjos como músicos); a música fica mais musical (a arte das Musas se liberta do estetismo para chegar ao verdadeiro Parnaso, que é o Sinai, ou o Tabor, ou o Gólgota). Eis por que nisso há bem mais do que uma metáfora: aqui o canto indica uma relação integral, ao mesmo tempo espiritual e carnal, e que ultrapassa simultaneamente o teórico, o estético e o ético. Rilke canta isso ele mesmo em um de seus *Sonetos a Orfeu*: "Cantar é existir." E ele logo precisa:

– Aprende a esquecê-las,
tais canções. Elas passam, frutos do momento.
O cantar em verdade de outro sopro faz-se.
Um sopro de nada. Um alento em Deus. Um vento.[20]

Se, para cantar verdadeiramente, é preciso esquecer tudo que já cantamos, não é somente porque esse canto é de uma ordem outra que a artística, mas também porque ele se realiza na oferenda, sem retorno para si. No *Shemá* Israel, Deus me ordena escutar. Não escutar a mim mesmo cantando o *Shemá*, inchando-me com meu próprio ar de eleito; também não me ordena ficar à escuta dos outros, esperando seus bravo! à minha performance vocal. O *Ouvi Israel* só é cantado

---

[20] Rainer Maria Rilke, *Sonetos a Orfeu*, I, 3, in *Poemas* [2. ed]. Trad. José Paulo Paes, São Paulo, Companhia das Letras, 2012, p. 174.

justo se eu escuto Deus que me escuta. Tenho de confiar-me a seu *lá* vivo, ao temperamento de sua misericórdia, à sua justeza que me escapa, e portanto aprofundando sempre mais o acordo com ele e com todas as criaturas, porque nunca posso ter certeza, cá embaixo, da verdade de minha canção.

Santo Agostinho situa o canto do justo além do literal e do metafórico, numa analogia real que impede ao mesmo tempo a inconsistência e a rigidez. Justiça e justeza avivam-se mutuamente, a primeira permitindo à segunda não se afogar no estetismo, a segunda permitindo à primeira não se encarcerar na legalidade. De um lado, Agostinho ordena: "Cantemos o cântico novo, não com nossa boca, mas com nossa vida". De outro, ele se pergunta: "Quando você pode oferecer uma perfeição tal em seu canto que não desagrade em nada ouvidos tão delicados (como os de Deus)?".[21] Melhor dizer que nunca. A menos que o Senhor mesmo seja "meu canto". Assim, o brotar do canto é mais meu quando não vem de mim, mas d'Aquele de quem procedo diretamente. Canto que então desencanta meu orgulho, justeza em que não paro de fraquejar, domínio em que me abandono à sua graça.

A Via das Vozes

15. Isso que foi dito nos permite vislumbrar em que sentido geral o paraíso se apresenta como um coral. O que será dito em seguida nos ajudará a vislumbrá-lo num sentido mais detalhado. O procedimento é simples: basta uma transposição que, de algum modo, a substancialize, e uma fenomenologia do canto coral nos dá, em resumo, como que uma antropologia dos bem-aventurados.

A primeira evidência é que o canto é um ato da voz. Na segunda de suas *Grandes Odes*, Claudel indica a "visão da Eternidade na criação transitória":

---

[21] Santo Agostinho, *Enarrationes in Psalmos*, 32.

> [Deus] está presente, ainda que invisível, e nós estamos ligados e ele por esse elemento fluido, o espírito ou a água que penetra todas as coisas. [...] A voz que é ao mesmo tempo espírito e água, o elemento plástico e a vontade que se impõe a ela, é a expressão dessa união bem-aventurada.[22]

A experiência da voz é de início percebida sob o signo da unidade. Nela se unem ilaceravelmente a matéria e o espírito. É aqui que, em primeiro lugar, o verbo se faz carne, ou que o sapo se transforma em príncipe. Aquilo que no bicho era apenas o grito gutural subitamente se transforma em veículo do ideal. Aquilo que era apenas pensamento em fermentação subitamente ganha um corpo aéreo e articulado. É aqui, de fato, que aquele que não é dançarino vê seu corpo mais elástico, mais dócil aos arabescos, mais disponível a exprimir fisicamente o mistério de seu ser. Mesmo que seus membros sejam pesados e enregelados, e seu tônus, um saco de anciloses, ele ainda poderá fazer figuras com a voz – e figuras de estilo!

Quando se trata da voz cantada, essa compenetração íntima da carne e do espírito se torna ainda mais intensa. Nas asas da melodia, a voz voa até nos transportar a alma; mas isso é apenas solicitar mais fortemente os órgãos materiais, do diafragma ao ventrículo de Morgagni, da cintura às cartilagens dos sinus. O corpo do cantor é um corpo "contraído ao extremo, para não dizer retorcido ou deformado".[23] A diva nos oferece uma ária divina, mas isso arredondando seus lábios fazendo beicinho ou afastando as mandíbulas como a goela de um lobo. Numa ária de Vivaldi, a radiante Vivica Genaux projeta os lábios bruscamente à maneira de um buldogue assustador. E Cecilia Bartoli, *Vênus half-scrum*, com os braços afastados do corpo como uma praticante de luta livre do *vocalise*, produz caretas curiosas e mímicas

---

[22] Paul Claudel, "Cinq Grandes Odes", in *Oeuvre Poétique*. Paris, Gallimard, 1967, p. 234. (Coleção Bibliothèque de la Pléiade)

[23] Bernard Sève, *L'Altération Musicale*. Paris, Seuil, 2002, p. 96.

inquietantes: na plena potência lírica, seu rosto manifesta até algo do abandono sexual.

Logo de cara, a identificação entre o paradisíaco e o coral supõe que o corpo do bem-aventurado é inteiro como uma voz – um corpo elástico à alma, transparente à inteligência, flexível à vontade: o mais espiritual mas também o mais encarnado, como o de uma Bartoli "rossinisando" com uma corpulência sublime. Essa unificação vocal da matéria e do espírito não é nem uma solidificação, nem uma volatilização. Pelo contrário, ela libera gestos impagáveis, não convencionais, de uma audácia que repele todo voluntarismo, de uma estética que rompe todo estetismo, em que o mais alto domínio coincide com a maior exposição.

14. Do nosso corpo, a voz é, por assim dizer, a parte mais total e a mais *partida*. A mais total porque a alma nela se aloja pela confidência; a mais partida, porque ela se separa, vai para longe, vai viver sua vida além das nossas gargantas. Se a voz se forma na cavidade faríngea, é de lá que ela é emitida, mas não é lá que ela se encontra. O psicanalista Didier Anzieu falou do Eu-Pele, porque a pele é a interface do corpo com o meio; é mais profundo ainda falar do Eu-Voz (como faz o psicanalista jesuíta Denis Vasse). Afinal, minha voz sou eu fora de mim, é meu corpo difundido pelo espaço, entregue a outro, penetrando-lhe até a alma pelos ouvidos, e podendo misturar-se da maneira mais íntima (até o ponto da fusão – permanecendo intacta a distinção) com outras vozes inteiramente diferentes.

Por si mesma, a voz se projeta. Assim os mestres de canto italianos ensinavam o *squillo*. O termo, que hoje traduziremos por "campainha" (mas também, em outros contextos, por "garota de programa"), designa uma sonoridade retumbante, que se destaca do ruído ambiente e vem alertar, atingir, despertar o ouvinte (fala-se especificamente do *squilo della tromba* para a trombeta do Apocalipse). Essa técnica consiste em imaginar a voz não na garganta, mas longe, à frente de si: o timbre fica mais redondo e brilhante, ganha em volume sem engrossar, preserva a precisão sem ser abaixado. A voz se situa, portanto, menos no ponto de partida do que no ponto de chegada da projeção. Ela chama, isto é, ela toca onde minhas mãos não conseguem atingir. Minha voz está no seu ouvido mais do que no meu, de modo que essa presa do meu ser soprado me escapa e se encontra mais em você do que em mim mesmo. Reciprocamente, posso ouvir ressoar em mim aquilo que não é de mim: a voz de outro, que então me é mais íntima e mais exterior do que a minha. Daí, sem dúvida, essa necessidade de pensar a consciência como uma voz. Por sua audibilidade, ela reconecta o invisível e o visível, torna presente aquele que não podemos apreender, imanente aquele que nos transcende.

À flor do canto, através dessa espécie de ubiquidade da voz, pode despontar a esperança de um corpo sutil: senhor dos lugares, contendo o espaço mais do que é contido por ele, capaz de nele expandir sua atmosfera, de nele estabelecer seu microclima, envolvendo todas as coisas com sua ternura. Quando a cantora de flamenco começa sua "elegia com voz que geme", os corações palpitam em uníssono com seu lamento, o chão treme com o sapateado que vem, o ar se enche de um sol andaluz – mesmo que se esteja num subsolo em Bezons. O canto de sua fraqueza reordena todas as coisas segundo seu campo de forças próprio.

13. Aquele mesmo que grita para nós não pode impedir-se de "projetar sua voz". E aquele que não projeta sua voz para nós como sufrágio ainda a projeta como sonoridade. A voz é sempre relação entre o mais dentro e o mais fora, entre mim e o outro. E isso não apenas em razão de dirigir-se a alguém, mas também por causa de suas raízes. Minha voz é meu corpo fundamentalmente dirigido a meu próximo. Posso insultá-lo, claro, mas nessa base o insulto está atrasado em relação à declaração de amor, ela rema contra a corrente, porque a declaração de amor declara a essência mesma da minha voz (estar voltado para o outro), ao passo que o insulto o ofusca e pretende feri-lo.

No entanto, minha voz não está voltada para o outro apenas em sua destinação. Está voltada também em sua proveniência: "Não se deve esquecer que tudo começa pelo ouvido. Ele é o órgão *sine qua non* da fonação. Sabe-se que a laringe só pode reproduzir sons percebidos pelo ouvido. É por isso que a criança que nasce surda é fatalmente muda".²⁴ Nossa palavra nasce da escuta. Minha voz se eleva a partir das vozes daqueles próximos a mim, aquilo que me é mais pessoal a partir daquilo que é outro.

Assim, corpo nenhum é mais individualizado, nem mais coletivo. O reconhecimento vocal, a partir de um certo avanço, torna-se infalível e desfaz as ilusões dos imitadores, que parecem tão ridículos em sua pretensão quanto alguns sósias autoproclamados. E no entanto o mimetismo vocal é de tal ordem que é possível escutar em minha própria voz entonações de meu pai, certos glissandos de minha mãe, sotaques de minha dupla raiz parisiense e judaico-tunisiana, "afetações" tiradas da "inflexão das vozes queridas" (algo da voz insistente de Alain Finkielkraut, ouvida tantas vezes na *France-Culture*, depois a voz carregada de "eu... eu..." heurísticos de meu professor Jean-Louis Chrétien, e depois a de Fabrice Lucchini, lendo Céline, de Jean-Quentin Châtelain, representando Novarina, ou ainda alguns tiques de meu amigo Francisco Lopez ou de meu vizinho Claude Mussino...). A lista é infinita. O corpo só traz em si mesmo semelhanças familiares: a voz também traz semelhanças de encontro. Sua água guarda marcas. E isso menos à moda de uma colcha de retalhos (exceto em alguns momentos de alienação) do que de uma tecelagem: tudo é reapreendido na unicidade de uma personalidade.

Ter um corpo de voz, por conseguinte, é ter aquele corpo receptivo e oferecido, e que mesmo assim não é apenas um meio transitório e impessoal. O bem-aventurado, como dissemos, é tão mais ele mesmo quanto mais escancarado, como a boca de uma Maria Callas.

Sobre a Escala e o Ritmo: Razão e Sentimentos

12. Outra súbita união aparece no canto, a qual diz respeito, de modo geral, à sua natureza musical: a da razão com o sentimento. É conhecida a definição de Leibniz da música: *"Exercitium arithmeticae occultum nescientis se numerare animi* – um exercício de aritmética ocul-

---

²⁴ Jean-Pierre Blivet, *Les Voies du Chant. Traité de Technique Vocale*. Paris, Fayard, 1999, p. 30.

to, no qual a alma não sabe que está contando".²⁵ O preguiçoso em matemática, que, aliás, se acha muito rebelde, empolga-se com uma música do AC/DC e começa espontaneamente a medir as relações de intervalo. Aliás, ele faz uma conta dupla ou tripla, porque há o número do ritmo, o da melodia e o da harmonia. E tudo isso como quem não faz nada, com tanta facilidade que pode sacudir a cabeça como um psicótico. Se esse ato se tornasse consciente e refletido, nosso preguiçoso se descobriria campeão da conta de cabeça. Mas o exercício de que fala Leibniz precisa permanecer oculto: se quisermos mudá-lo, como os pitagóricos, numa aritmética consciente, enchendo um caderno com equações complexas (isso seria necessário ao menos para os primeiros compassos de "Hell's Bells"), o prazer imediatamente desapareceria (exceto no caso de um matemático emérito, mas o prazer seria então mais especulativo do que musical).

O maior paradoxo a esse respeito é que a aritmética inconsciente suscita em nós diretamente não equações, mas emoções: "Na melodia", observa Aristóteles, "encontramos imitações dos sentimentos".²⁶ O sistema de diferenças ativas que são a escala e o tempo forma um organismo passional. O tempo pode ser *andante* ou *allegro*, *scherzo* ou grave... A escala pode ser menor, e por isso mais triste, ou maior, e por isso mais alegre (nos modos bizantinos, porém, e fora do temperamento de orquestra, encontram-se espécies de menor alegre e de maior lúgubre). A combinação do ritmo e da tonalidade (mas também dos modos de execução, do volume, das *appoggiaturas*...) pode levar a nuances como as da rapsódia húngara ou do *klezmer* judaico, em que a angústia faz travessuras, e a melancolia põe-se a dançar. Schopenhauer ficava estupefato porque uma minúscula modificação num intervalo, e portanto na *ratio* entre as notas, pudesse engendrar uma metamorfose tão radical no clima afetivo: "Não é maravilhoso que a simples mudança de um meio-tom, que a troca da terça maior pela terça menor faça nascer em

---

²⁵ Gottfried Wilhelm Leibniz. *Lettres*, 154. (Coleção Kortholt)
²⁶ Aristóteles, *Política*, VIII, 5, 1340 A.

nós, imediata e infalivelmente, um penoso sentimento de angústia, do qual o modo maior nos tira não menos subitamente?".[27]

11. Assim, a música é o sinal de um estado em que a razão e o sentimento estão perfeitamente unificados. A aritmética torna-se uma apaixonada; o amor ajusta uma nova aritmética. E se acrescentamos que, no canto, a palavra se junta à música, à articulação e à modulação, é uma unificação ainda mais alta que se realiza. O sentimento não fica no que é sentido e se declara com as palavras do poema; o discurso não fica no conceito, e confessa seu excesso.

Como romântico, Victor Hugo afirma: "Cantar parece libertar-se. Aquilo que não pode ser dito e que não pode ser calado é expresso pela música".[28] Voltaire, porém, contesta como homem franco: "Aquilo que é bobo demais para ser dito é cantado". Inefável ou inepto? A distinção nem sempre é fácil de fazer: há romances tolos que, por aquilo que testemunham do amor ingênuo, aproximam-se de abismos; e é possível encontrar sem dificuldade livros sibilinos que não passam de grossas bobagens. A conclusão permanece, no entanto, a mesma: para que a melopeia empolgante não seja o tapa-misérias da bobagem, é necessária a profundidade real de suas palavras. O discurso é necessário para que o excesso seja um excesso verdadeiro, pelo alto e não por baixo, por assunção e não por dissolução. De fato, se não há mais referências nem cartografia, como ter certeza de que dobramos o cabo e que não ficamos na verdade no porto, contentes em afundar o navio?

Tornar-se canto, para o bem-aventurado, é, portanto, encontrar a unidade profunda de seu ser, mas uma unidade que não cria um bloco, porque nela os pensamentos se modulam e os sentimentos são articulados ao infinito. É a reconciliação da inteligência e do coração; são as núpcias de *Animus* e *Anima*. Núpcias que criam, como na fusão nuclear, uma energia maior, ou, como no leito conjugal, uma impressionante fecundidade.

---

[27] Arthur Schopenhauer, *Le Monde comme Volonté et Représentation*, § 52. Trad. A. Burdeau, Paris, PUF, 1966, p. 333. (Coleção Quadridge)

[28] Victor Hugo, *William Shakespeare*. 1864, Primeira Parte, Livro II, cap. IV.

Coral: Comunhão e Dissidência

10. Duas outras observações muito comuns podem nos trazer uma lição singular. Aquele que fala sozinho parece um pouco excêntrico; mas admitimos sem pestanejar que um homem normal possa cantar sozinho. No mais, aqueles que falam ao mesmo tempo se parasitam e se confundem; porém, toda a arte coral consiste precisamente em cantar ao mesmo tempo.

O falar nos vem espontaneamente em vista de uma expressão dos pensamentos a outrem, e é por isso que ficamos inquietos com aquele que fala sozinho, como se ele fosse afligido de um desdobramento de personalidade. Sabe-se, aliás, que o tempo da palavra e o tempo da escuta em princípio se sucedem, e é por isso que o moderador de um debate impede as intervenções de se atropelarem, e distribui a palavra a cada um alternadamente. Com o canto, esse protocolo é subvertido. De um lado, a palavra própria e a escuta do outro não estão mais em tempos diferentes, sendo aliás sua simultaneidade a condição para cantar efetiva e verdadeiramente em coro. De outro lado, o falar não vem mais como meio de expressão do eu para o outro, mas como o recolhimento do eu e do mundo numa ressonância afetiva.

Dito de outro modo, o canto reúne indissociavelmente o solitário e o solidário. Ele é a manifestação íntima que não se exibe a ninguém, exceto para si mesmo e para aquele *que vê num lugar oculto* (Mateus 6, 6). E ele é a comunhão aberta em que um se une ao outro até formar um único tecido sonoro. Ele é, aliás, a única arte em que se pode, numa mesma obra, e simultaneamente, multiplicar sem fim os participantes. O número dos atores que podem estar juntos sobre o palco é limitado por sua superfície. O número de pintores que pode trabalhar ao mesmo tempo e no mesmo lugar da tela é extremamente restrito. Num coral, as vozes podem adicionar-se sem restrição, sempre pode haver novas vozes, que vêm acrescentar-se aos baixos e aos tenores, aos contraltos e aos sopranos, ou a tessituras intermediárias que enriquecem a heterofonia com seu timbre recalcitrante... Compreende-se que o Apocalipse fala de uma *voz inumerável*. Mesmo aqueles que cantam desafinado acabam sendo admitidos e aumentando a amplitude espectral de um tom: é um prodígio ouvir o uníssono dos fãs, num estádio, com suas vozes de todos os tipos, roucas, trêmulas, estridentes, anasaladas, argênteas e desembaraçadas, ásperas e destoantes, que compensam reciprocamente seus defeitos e levam a uma justeza mais ampla.

9. Porém, o efeito mais impressionante está na polifonia. Karl Popper ousa escrever a respeito de sua invenção: "Ela representa talvez o feito mais inaudito, mais original, até o mais miraculoso, de nossa civilização ocidental, sem excluir a ciência".[29] Isso porque "a polifonia é algo muito mais espantoso do que a harmonia: ela supõe a independência na interdependência das linhas musicais".[30] As vozes não cantam mais junto, em uníssono ou em paralelo. Cada qual segue sua própria trajetória, assumindo até o contrapé, ou ao menos o contraponto da outra. Ela começa expressamente depois, atrasada, exatamente para incomodar: você está em "vamos todos cirandar" e ela começa a dizer "ciranda, cirandinha" (o nome disso é cânone). Ela pode até seguir um caminho completamente inverso, *per motum contrarium ou reversum*: no movimento contrário, ela canta todos os intervalos "inversamente", quando a sua voz sobe uma quinta, é uma quinta que ela desce; no movimento retrógrado, ela toma sua melodia inteira no sentido contrário, começa pelo fim, de modo que, quando você está na primeira nota, ela está na última, e reciprocamente... E no entanto, como por milagre, esse puro espírito de contradição realiza uma sinfonia "desconcertante": a ovelha perdida reencontra ainda mais alegremente suas irmãs, o bom pastor a levou em seus ombros...

Essa contradição convergente é ainda mais forte em certos trechos de ópera. No teatro, os atores respondem um depois do outro, ou fazem apartes que deixam os demais papéis em segundo plano: na ópera, todos podem cantar ao mesmo tempo, viver sentimentos contrários,

---

[29] Karl Popper, *La Quête Inachevée*. Trad. R. Bouveresse. Paris, Calmann-Lévy, 1981, XII, p. 82-83.

[30] B. Sève, *L'Altération Musicale*, op. cit., p. 215.

ter, sobre a mesma situação, as intenções mais opostas. Assim, em *La Cenerentola*, de Rossini (ato I, cena 1), os arautos anunciam que o príncipe chegará e que ele vai se casar com a mais bela das convidadas; diante dessa notícia, Clorinda e Tisbe (Anastasie e Javotte) ficam cantando assim: "Borralheira, venha cá! Meus sapatos e meu chapéu! Minhas plumas e meus colares!". A gata borralheira se queixa para o público por cima de suas ordens (como o Fígaro do *Barbeiro*): "Borralheira pra cá! Borralheira pra lá! Borralheira em cima! Borralheira embaixo! Como elas me perseguem, o que elas querem é me matar!", e, concomitantemente, Alidoro, o mendigo filósofo, comenta: "Elas estão se arruinando, vou morrer de rir". Essas vozes todas se contrapõem, se entrecortam, se ridicularizam e mesmo assim concorrem para uma harmonia inesperada: os oficiais e os segredos, as perseguidoras e sua vítima, as criminosas e seu juiz, todos concordam sem saber, inexplicavelmente.

Se o paraíso é coral dessa maneira, é que a mais profunda compenetração ali não proíbe a maior divergência. A polifonia não absorve nada, ela exige o individual, o surpreendente, o irregular. Quanto mais as linhas são distintas, como sob os dedos de Glenn Gould, mais o conjunto dá testemunho de uma consonância que vem por graça, de maneira livre e não monolítica. A relação com a fusão de um grupo inebriado por sua força despersonalizante é nenhuma. O próprio afastamento dos caminhos se torna uma riqueza. E, se todos levam a Roma, então os mais distanciados também devem servir. No céu de Júpiter, Dante fica deslumbrado com a águia constituída por uma multidão de espíritos incontáveis: "Que eu vi e ouvi também falar o rostro, / e a voz dizendo 'eu' e 'meu' ouvi-o, / quando era no conceito 'nos' e 'nosso'".[31] O "nós" não é impessoal. Seu plural não abole a primeira pessoa do singular. Ele a reclama, ele a reforça no amor. E, para que a polifonia seja divina, ele assume a voz *contrarium stricte reversum*, ao mesmo tempo retrógrada e contrária, desde que ela aceite deixar-se surpreender por esse acordo sobrenatural, para o qual ela contribui com suas próprias dissidências.

---

[31] Dante, *Paraíso*, XIX, 10-12.

Fuga: o Tempo Transfigurado

8. O canto, dissemos, opera uma certa dominação sobre o espaço: a voz se expande pelo cômodo, aquilo que é entoado se chama então de "air",[32] como aquilo que nos cerca e que respiramos. Mas o canto também opera uma certa dominação sobre o tempo. Por ser ao mesmo tempo música e poesia, ele pertence duplamente às artes rítmicas, àquelas de que o tempo é de certa maneira a matéria-prima, matéria à qual elas impõem sua pulsação, sua cor, sua forma afetiva, e que elas dramatizam de lado a lado com sua intriga, pedindo essa dissonância episódica por sua resolução.

Desde Santo Agostinho, um lugar comum entre os filósofos consiste em tomar como exemplo uma melodia para falar da duração vivida: cada qual de seus momentos não é o instante sem dimensão das ciências físicas, ele é carregado de passado e grávido de futuro; cada nota só tem seu valor em relação à memória das precedentes e por antecipação das seguintes, no seio do sistema de tensões engendradas pelo ritmo, pela escala, pelo contraste dos volumes ou dos timbres, etc. É preciso contudo reconhecer que, se a temporalidade que vivemos no presente é a mesma da música, então a música não lhe traz nada, não modifica nossa relação com o tempo, apenas explicitando aquilo que já está lá e que a atenção por si bastaria para extrair. Essa confusão, tão frequente em Bergson, é sintomática de uma impaciência fundamental: tanto desejamos entrar num tempo musical, espiritual, que desenrole segundo a liberdade de nosso canto, que cremos já estar nele. Na verdade, o tempo, em nossa condição atual, talvez se assemelhe a uma melodia, mas é uma melodia em migalhas, cotocos de canção, com seus começos falhados, seus finais desajeitados, suas fifias a dar e vender. Seus epitalâmios se transformam em zurros mecânicos; seus Lieder terminam sem pescoço... Jankélévitch marca essa diferença: "A música [...] é uma estilização do tempo, mas esse tempo não passa de

---

[32] Em francês, a palavra *air* significa tanto "ar" quanto "ária" ou "melodia". (N. T.)

uma suspensão provisória do tempo amorfo e desalinhado, prosaico e tumultuoso do cotidiano".[33] Mais do que uma suspensão, contudo, trata-se de uma fluidificação, de uma desobstrução, de uma orientação viva: se é preciso não confundir a duração assim como a vivemos com a da música, também é preciso não separá-las, assim como não se deve separar o tempo da eternidade, porque ele é seu filho querido.

No fundo, o drama, cá embaixo, é que só temos abortos de drama: nada que parta a toda velocidade e continue em fanfarras; nem mesmo a felicidade da grande tirada no profundo da tragédia. A música carece dos nossos minutos. Nosso tempo não tem tempo. A aventura rebaixa-se em avatares e avarias. Assim, um canto que não estivesse no tempo, mas que inventasse sua temporalidade sob medida, corresponde a esse tempo transfigurado que a beatitude realiza. Repito (verbo que deve ser entendido à maneira do ator ou do concertista, isto é, menos como reiteração daquilo que passou do que como preparação para aquilo que está para vir): os bem-aventurados não são consumidos no intemporal. Uma pura eternidade seria a destruição da criatura, sua reabsorção num Criador avaro ou que fizesse as coisas pela metade. A vida eterna certamente é união íntima com o Eterno, mas, precisamente por ser união, ela mantém a natureza e a personalidade daquele que se une com o Eterno, e transforma-o, a partir da fonte que harmoniza todas as nossas discordâncias, numa sinfonia jamais concluída. Penso nos quartetos de Beethoven (sobretudo no décimo quarto) e seu "excesso de acontecimentos",[34] com suas bifurcações súbitas, seu violoncelo que toca por cima do segundo violino, seu desenvolvimento seccionado por reprises aturdidoras... Mas é preciso um coração bastante aberto para entrar na alegria desse drama: guardar, como toda música, em cada uma das suas partes, a memória de uma promessa, e estar disponível para o imprevisto de suas realizações.

---

[33] V. Jankélévitch, *La Musique et l'Innefable*, op. cit., p. 151.
[34] B. Sève, *L'Altération Musicale*, op. cit., p. 259.

7. Por liberar um tempo fluvial, épico, orientado e desobstruído em seu curso, a música se opõe ao mesmo tempo ao laxismo e ao fundamentalismo. Ela reclama uma disciplina extrema, mas essa disciplina é para a interpretação. Sua seriedade está em interpretar bem. Sua diversão é obedecer à musa. O músico que se prende ao rigor mais rígido é também aquele que chega à mais ampla liberdade. Nadia Boulanger, em sua primeira lição de piano, pedia aos alunos já experientes que tocassem apenas uma nota: *o sol 4*. Mas eles tinham de interpretá-la pelo menos de doze maneiras diferentes, variando a intensidade, o ataque, a duração, soltando a tecla como se fosse a pele de uma amante, e variando ainda sobre a repetição mesma, porque tocar uma segunda vez a mesma nota da mesma maneira é ouvi-la afetada pela precedente, e portanto de modo distinto. O mais comum era que os alunos que já se achavam virtuoses se aborrecessem depois do sexto ou sétimo (sub-)*sol*. Essa exigência elementar lhes parecia humilhante. Contudo, ela tinha em vista sua emancipação: assim, quando o professor pedisse precisamente algo, o músico conheceria melhor toda a latitude que conserva na interpretação (interpretação essa que está ao mesmo tempo nos dedos e nos ouvidos, tendo a ver tanto com a execução quanto com a exegese). A estrita observância das regras não é um entrave, mas uma condição do jogo.

Em música, assim como no teatro, as repetições nunca se repetem. As variações são inevitáveis. Para perceber isso, a gravação é enganosa, e a alta-fidelidade, traidora, ainda outra vez: ela toca, mas ninguém interpreta, ainda que o disco em perfeito estado esteja sempre de algum modo arranhado. O concertista pode arrastar toda noite a mesma partitura: ele nunca toca a mesma coisa, ou do contrário não tocaria mais. Quanto ao improvisador, é evidente que ele pode inventar cem trilhões de variações do mesmo *Aleluia*. Só podemos ficar "tomados pela vertigem diante da potência de alterabilidade de todo tema ou motivo musical"[35]: "A ideia mesma de fidelidade literal ao texto musical não tem sentido. [...] Partamos do axioma de [São]

---

[35] Ibidem, p. 157.

Isidoro de Sevilha: *Nisi enim ab homine memoria teneantur soni, pereunt, quia scribi non possunt*, 'se os sons não pudessem ser guardados pela memória dos homens, os sons desapareceriam, porque não podem ser escritos.' Toda a história da notação musical é a história de como essa impossibilidade foi sendo contornada. E, no entanto, permanece a verdade do axioma: aquilo é que está escrito está sempre, informativamente falando, recuado em relação àquilo que é tocado e escutado". E Bernard Sève ilustra essa constatação com uma comparação com Jacques Chailley: "Aplicar um 'respeito ao texto' a notações feitas para não serem respeitadas equivale muitas vezes a querer encenar *Commedia dell'arte* sem mudar uma palavra ou uma sinopse".[36]

Por conseguinte, compreender o destino do fiel como essencialmente musical é dizer até que ponto sua fidelidade não poderia ser servil. Obedecer ao Criador é ser criativo. Sua Lei é uma lei de graça. Quem ressaltar sua necessidade sem também viver sua gratuidade, quem fizer de sua libertação uma prisão, será nada mais nada menos do que um perverso. É isso que Jesus censura nos escribas e nos fariseus. Eles leem as Escrituras como um *diktat*, não como uma partitura. Eles esquecem que cada mandamento só está anotado para ser executado de maneira viva, e que essa execução não consiste em aplicá-lo como um teorema, mas em interpretá-lo como um prelúdio, em cantá-lo com o timbre e as variações de que só esta ou aquela voz são capazes. Trata-se de uma sinopse, não de uma cadeia; como na *Commedia dell'arte*, ele só está lá para que possamos lançar nosso Arlequim ou inventar nosso Pantaleão... Recordo o maestro Guennadi Rojdestvenky regendo *As Almas Mortas*, de Alfred Schnittke: no quadro mais delimitado, encarregado de uma orquestra de cem músicos, seguiu tão melhor a parruda partitura quanto a recriou através de seu gesto incomparável, tão minucioso quanto cômico, com sorrisos de lado, olhares maliciosos, surpresas infantis, pequenas danças bufas numa figura de velhote entre Rembrandt e Bozo...

---

[36] Ibidem, p. 180-81.

6. O canto nos permite abordar uma outra dimensão da vida eterna (dimensão que contudo se relaciona àquilo que ele tem em comum com todas as outras artes): ela assume todas as comoções da história, inclusive o ruído e o furor.

Não sem razão, o Céu é apresentado como o lugar da alegria, excluindo-se todo outro sentimento. Não será isso um pouco triste? No fim das contas, o ódio tinha seu interesse expressivo, e também a cólera, a espera dolorosa, a melancolia... Toda a paleta de cores vai se estender num júbilo monocromático? Claude Mussino – que, aliás, é trombonista – me disse um dia: "Alegria, alegria sempre, isso pode ficar entediante". Foi corajoso da parte dele: tinha acabado de ter uma briga com a terceira mulher. Assim, também eu achei inconveniente corrigi-lo apontando a flagrante antinomia de sua frase (por definição, a alegria afasta o tédio). Sua objeção tinha alguma verdade, na medida em que nossa dificuldade em nos comover impõe fortes contrastes. E foi aqui que a ideia do canto veio em meu socorro: monotonia e monocórdia são incompatíveis com a noção de vida, e mais ainda de vida coral (essa última expressão, *Duelo Sem Lei* [*Gunfight at the OK Corral*], com seus duelos que também são duos).

Segundo Schopenhauer, o desejo humano só encontra seu repouso num certo movimento; ora, esse movimento do desejo é justamente aquilo que a música recolhe e amplia:

> É da natureza do homem ter anseios, realizá-los, imediatamente ter novos, e assim em seguida, indefinidamente; ele só é feliz se, a passagem do desejo à realização e a passagem do sucesso a um novo desejo acontecem rapidamente, porque o atraso de uma traz o sofrimento, e a ausência de outra produz uma dor estéril, o tédio. A melodia por essência reproduz tudo isso...[37]

---

[37] A. Schopenhauer, *Le Monde comme Volonté et Représentation*, op. cit., p. 332.

Santo Agostinho dizia algo similar: "Todos os sentimentos da nossa alma encontram na voz e no canto modulações que se adaptam a suas nuances diversas, e por uma secreta harmonia fazem-nos vibrar".[38]

É preciso contudo evitar um mal-entendido. Antes, Schopenhauer falava do tom menor como algo que faz nascer em nós um "penoso sentimento de angústia". Se ele era penoso, segundo toda verossimilhança, taparíamos os ouvidos antes do terceiro compasso. Igualmente, quando Aristóteles declara que o teatro trágico provoca em nós sentimentos de terror e piedade, não se pode tratar nem de um terror nem de uma piedade direta e dolorosa, ou fugiríamos do teatro para evitar a ameaça, ou até subiríamos no palco para socorrer o herói. O prodígio da mímesis, isto é, da imitação artística, seja musical ou pictórica, é que o horror enquanto horror nela é assumido em beleza: veja-se o *Triunfo da Morte*, de Breughel, o Velho, e nossos olhos se arregalam de alegria. Quando minha mulher fica ouvindo o *Lamento* de Ariadne, joia de Monteverdi, e repete com veemência "*Lasciatemi morire*" – "Deixe-me morrer", eu poderia ficar preocupado. Mas não: ela tem prazer nessa tristeza, ela se alegra com esse abandono. Igualmente, Schopenhauer deveria ter falado do alegre sentimento da angústia; ou ainda, se pensamos na Rainha da Noite, de *A Flauta Mágica,* de um adorável ataque de ódio. Nessa perspectiva, é preciso reconhecer em Schubert um verdadeiro príncipe da alegria. Nada ultrapassa em melancolia a *Winterreise* [Viagem de Inverno] ou a *Fantasia em Fá Menor* (a quatro mãos); mas trata-se de uma melancolia de que gostamos, uma tristeza que traz uma alegria profunda, e que assim inicia o ouvinte naquele júbilo superior, não afastando, mas transmutando a tristeza em seu próprio grito. Os grandes cantores fazem melodias com os bramidos. E a grande música assume até a inclinação suicida para transformá-lo em pista de voo.

Assim, o canto celeste admite em sua própria exultação toda a gama de sentimentos, até os mais sombrios – Ó, noite transfigurada!

---
[38] Santo Agostinho, *Confissões*, X, XXXII.

Como se trata de ódio interpretado, de terror representado, de tristeza contemplada, e até de desespero cantante, esses sentimentos não nos diminuem como no momento em que nos atingem e nos emudecem. De resto, será que a infelicidade, falando propriamente, nos atinge? Aquilo que a torna tão terrível é precisamente que ela nos ausenta de nós mesmos e coloca em nosso lugar uma espécie de animal imundo convulsivo. Eis por quê, em última instância, a vida eterna é mais dramática: o bem-aventurado está ali como um oratório, inventando o drama em toda a sua amplitude, sem jamais perder-se, sem ser sufocado por ele, mas de tal modo que entra em seu escancaramento.

Louvor: Dilaceramento e Dilatação

5. Daquele canto coral em que devemos ser transformados, até aqui só discutimos o essencial: trata-se de um canto de louvor. O termo pode causar uma certa repulsa, e não apenas ao orgulhoso a quem todo exercício sincero de admiração queimaria a língua. O verbo *"louer"*[39] é sobrecarregado em nosso idioma com uma incômoda ambiguidade. Para muitíssimas pessoas, ele remete primeiro à locação. Aluga-se um apartamento, aluga-se um carro, aluga-se um filme de aventura (exatamente aquele que prega você na poltrona). Quem pensará então em louvar a Deus? Ainda mais que, no que diz respeito ao outro sentido dessa palavra, alguns o ouvirão como a operação que consiste em cantar uma música de acampamento num ambiente de franca camaradagem, ou então em mudar as letras das músicas da moda, botando "Jesus" no lugar de "Lolita".[40] Essa mudança, sem nenhuma dúvida, afasta muitas boas vontades (e lisonjeia muitas outras, vocês dirão); mas, acima de tudo, ela arrisca enganar-nos sobre a essência mesma do louvor. Esse seria um entusiasmo de empréstimo,

---

[39] Em francês, *louer* significa tanto "louvar" quanto "alugar". (N. T.)

[40] Uma provável referência à canção "Moi, Lolita", de Alizée. (N. T.)

um efêmero reapertar de molas, um enchimento de balão que estoura à ponta da provação. Caules sem raízes da parábola do semeador, que sobem rápido e imediatamente murcham. Assim o louvor seria efetivamente reduzido a um aluguel de bons sentimentos, a uma locação do divino a preço baratinho...

Mas ainda há coisas mais incômodas. Por que Deus quer nosso louvor? Então lhe falta confiança em si? Ele precisa ser incentivado? Será que ele foi tão frustrado por uma mãe judia que ordena a suas criaturas repetir-lhe: "Campeão do mundo!"? Será que ele é como aqueles tiranos pueris que organizam o culto de sua personalidade: "Sim, papai Adolf, você é o maior! O mais bonito! Ninguém está acima de você!"? Enfim, será que ele barganha suas graças ao ponto de tarifá-las em hosanas ou *magnificats*? Afinal, se existe uma coisa que não pede nada em troca é a graça. Se ela nos impusesse a gratuidade, não seria mais totalmente gratuita... Ela nos *faria cantar*, claro, mas como uma chantagem, não como um encantamento.

Para dizer a verdade, Deus não exige absolutamente nosso louvor (ao menos não para si): "As palavras humanas não podem incitá-lo a tornar-se melhor ou a perseverar nas boas ações: ele é o Bem supremo, que não poderíamos aumentar em nada...".[41] Essa natureza que faz com que ele dê tudo sem nada pedir em compensação, e que portanto não espera louvores para si, eis o que nos deixa boquiabertos e que só faz dar mais vontade de louvar... De fato, aquele que convoca a mostrar gratidão a reduz a uma moeda de troca, e assim renuncia ao dom por um sórdido escambo. Por outro lado, o benfeitor que não espera gratidão para si provoca-a ainda mais – mas gratuitamente. E é por isso que nós lhe *damos graças*, porque ele nos abre o espaço dessa gratuidade, porque ele nos faz participar de sua própria generosidade. "Por conseguinte, não louvamos a Deus para seu bem, mas para o nosso."[42]

---

[41] São Tomás de Aquino, *Suma Teológica*, II-II, q. 91, art. 1, ad 3.
[42] Ibidem.

Um prefácio eucarístico louva o Eterno justamente por essa inversão da situação que vem quando o louvamos: "Como não tens necessidade do nosso louvor, é um dom que nos dás quando te damos graças: nossos cânticos não te acrescentam nada, mas nos fazem crescer na salvação".[43] O Altíssimo não é um artista vaidoso que espreita nossos aplausos. Vocês podem dar-lhe qualquer Goncourt ou Nobel da caridade, "porque ele merece mais do que qualquer outro", e cometeriam um erro, senão uma afronta. Primeiro, vocês não poderiam inscrevê-lo em nenhum *palmarès*, porque ele não é o primeiro de uma multidão da mesma categoria ("Poderíamos ter escolhido Astarte ou Odin, mas a escolha do júri finalmente recaiu sobre o senhor"). Segundo, vocês não poderiam ser juízes supremos, sobretudo em matéria de bem, daquele que é o Juiz de todas as coisas ("Realmente, Senhor, foi ótimo o seu trabalho, a recompensa é bastante merecida"). Terceiro, vocês não poderiam lhe dar nada, ou ao menos a sua oferenda é também alguma coisa que ele dá a vocês e que serve para a glória de vocês próprios. E esse dom último, neste caso, é que vocês possam oferecer a voz do seu canto.

Santo Agostinho afirma isso com inigualável concisão: "Vocês ouviram: *Cantai ao Senhor um cântico novo*. Procuraram onde estão seus louvores? *Seu louvor está na assembleia de seus fiéis*. O louvor daquele que queremos cantar é o próprio cantor (*Laus cantandi est ipse cantator*). Vocês querem dizer os louvores de Deus? Sejam aquilo que falam. *Vocês são o louvor quando vivem segundo o bem*".[44] Tornar-se louvor é a vocação do animal irracional. Isso não significa apenas que o canto deve invadir todo o seu ser como uma medula mais substancial soprando nos grandes órgãos dos seus ossos; isso quer dizer antes de tudo que o louvor de Deus é para a glória daquele que a dá, e não daquele que a recebe – ou que Aquele que a recebe é precisamente Aquele que a dá a você e só pode recebê-la, em última instância, em você.

---

[43] "Prefatio Communis IV", *Missal Romano* (edição 2002 – latim).

[44] Santo Agostinho, *Sermões*, 34, 6.

4. Devemos compreender esse fenômeno como o retorno de um investimento? Não, pois o investimento é o próprio retorno: o louvor não é um meio de obter outra coisa, ele mesmo é o dom, a salvação, o fim imanente pelo qual somos unidos a esse fim transcendente que é o Eterno (e, n'Ele, a cada uma de suas criaturas). Em que consiste exatamente esse dom? Numa ferida torrencial. Afinal, o louvor é uma palavra dilacerada. Como oferecer a Deus um canto à sua altura? Como louvá-lo como se deve? Já, no amor humano, aquele que se declara o melhor não é o que fala bem, seguro de honrar sua senhorita com um soneto que lhe fez consultar por muitas horas seu dicionário de rimas; é, pelo contrário, aquele que perde seus meios, gagueja, treme, cora como uma lagosta... Então, se é assim, como fazer com o *superlaudabilis*, aquele que está além de todo louvor? Que fazer mesmo com o menor dos bem-aventurados, resplandecendo com uma beleza divina?

Com toda a evidência, esse louvor só começa a partir do momento em que reconhece que não começou. Não que ele não tenha canto, mas não cantou ainda da maneira suficientemente certa, suficientemente nova, suficientemente bela *para aquele que seu coração ama* (Cântico dos Cânticos 3, 1). E, dessa impotência, ele tira outras forças. Nesse fracasso, ele se renova. Como a fênix. Como o *clown*. Sua alegria aumenta com suas derrotas. Sua inventividade cresce nas fraquezas. Porque esse fracasso não é devido a uma carência de suas faculdades, mas ao excesso de sua destinação.

Aqueles que estão persuadidos de que seu canto está à altura não fazem nada além de escutar a si mesmos e só retomam o fôlego para bombear o torso. Eles não encontram mais resistência; eles não estão mais diante de um outro que os transcende. Esse outro, quer se trate do Altíssimo ou do mínimo, não passa de uma ocasião para seu *bel canto* e para uma soberba performance. Assim, eles não cantam mais por cantar (com tudo que esse verbo implica de transitividade: não apenas cantar *alguma coisa*, mas também *cantar alguém* e, portanto, entrar no louvor); eles cantam para "cantar de galo" e só "se aquilo lhes canta". Eles não interpretam mais: eles interpretam para si. Dante interpela aquele que "escreve cancelando"[45]: os elogios deste último não passam de rasuras; através delas, ele tenta valorizar a si mesmo, e seu objeto só terá servido para fazer reluzir seu próprio brio. É que Dante fez a experiência inversa, a de uma escritura que se cancela para sempre acolher melhor a beleza que a excede de todas as partes:

> Desse passo vencido me concedo
> mais que já foi por ponto de seu tema,
> cómico ou trágico, um autor de enredo;
> que, como o sol em viso que mais trema,
> assim no recordar do doce riso
> a minha mente já de mim se trema.[46]

O louvor não poderia se apoiar em seu passado, a menos que ele fosse tomado como a promessa e o desafio de um louvor mais alto. Ele abre, portanto, um futuro radical. Eis os verdadeiros amanhãs que cantam. Não como uma fuga para a frente, para esconder a miséria atual, mas como o apelo de uma superabundância, para fazer crescer ainda mais o canto de hoje. Não o dilatório, mas o dilatador.

3. Esse dilaceramento do louvor não é uma postura sentimental. Ele exige um acréscimo objetivo. Os salmos não param de dizê-lo por meio de expressões assombrosas. Quase nunca se diz: "Louvo o Eterno", ou "Senhor, veja como te canto", como teria feito qualquer bom pagão. Longe disso, há milênios os salmos cantam que ainda não cantam. E isso de três maneiras: 1ª Eles sempre pedem a invenção de um canto inaudito: *Cantai-lhe um cântico novo* (Salmo 32, 3); 2ª Eles declaram que só cantarão verdadeiramente amanhã: *Bendirei continuamente ao Senhor* (Salmo 33, 2); 3ª Em sua insuficiência, eles pedem a ajuda de todas as criaturas: *Louvai a Javé no céu, louvai a Javé nas alturas. Louvai a Javé, todos*

---

[45] Dante, *Paraíso*, XVIII, 130.
[46] Ibidem, XXX, 22-27.

os anjos [...] *Louvai a Javé, céus dos céus* [...] *Louvai a Javé na Terra, monstros marinhos e todos os abismos!* (Salmo 148, 1-7). O louvor, como uma oxigenação, reclama incansavelmente o acréscimo de uma novidade, de um futuro e de uma comunhão mais vasta. Ele constrói com sua fraqueza uma sinagoga hospitaleira a tudo o que respira (Salmo 150, 5).

Comentando os versículos do salmo 95: *Cantai ao Senhor um cântico novo. Cantai ao Senhor, terra inteira,* Santo Agostinho ressalta esse terrível imperativo do Céu:

Quem não cantar o novo cântico com toda a terra, pode falar o que quiser, sua língua pode soar o Aleluia, dizê-lo o dia inteiro, a noite inteira, meus ouvidos não estarão atentos ao som de seus cantos, deter-me-ei em suas obras. [...] O que significa Aleluia? "Louvai o senhor." Vem, louvemos juntos o Senhor. Por que deveríamos estar em desacordo? A caridade louva o Senhor, a discórdia blasfema contra ele.[47]

Aleluia é a palavra definitiva. A última palavra do saltério. Aquela em que se deve consumar o fim dos tempos. E, ao mesmo tempo, essa palavra conclusiva é também uma abertura. Ela é uma exclamação no júbilo, e, portanto, na alegria que nunca para de nos surpreender e nos desconcertar. Mas, sobretudo, ela confessa seu abandono e exige sua multiplicação coral, como em *O Messias* de Händel. Ela não diz: "Cá está, estou enfim louvando como se deve, pode tomar nota!". Ela convoca os outros para o Outro: *Louvai o Senhor*. Como se eu não tivesse ainda cantado nada do paraíso, enquanto ainda não o tiver cantado – de maneira nova – com vocês...

Anacruse

2. Quais eram as prerrogativas de Adão e Eva no paraíso terrestre? Um comentário judaico do Gênesis, o *Yalqout* de Simeão de Frankfurt, resume-as aos dois seguintes dons: "A realeza e os cantos

---

[47] Santo Agostinho, *Enarrationes in Psalmos*, 149, 1-2.

de louvor".[48] Juntos eles tinham por prazer e missão ser cantores e maestros do cosmos. A Trindade lhes aparecia como o canto infinito, onde o Pai é a Voz, o Filho, a Palavra, e o Espírito, a música, e onde cada Pessoa só é ela própria chamando a outra em coral. Todas as criaturas, do sol à larva, da cotovia ao sapo-boi, eram para eles como instrumentistas que tocavam sua parte na sinfonia. Isso é testemunhado pela coletânea rabínica intitulada *Le Chapitre du Chant* [O Capítulo do Canto] *(Pérèq Chira)*, que compila todos os louvores que a Bíblia faz elevarem-se das maiores e menores coisas, inclusive o aspargo e o tupinambor: "Os legumes que estão nos campos dizem: *Irrigastes os seus sulcos, nivelastes as suas glebas; amolecendo-as com as chuvas, abençoastes a sua sementeira (Salmo 64, 11)*".

Mas quem sabe ouvir hoje o louvor do aspargo? E quem pode tocar uma giga com as cordas dos enforcados? A cacofonia está vencendo. Trocamos nossa realeza orquestral por um principado caprichoso. Trocamos a maestria do canto pelo controle do déspota. Temos medo do canto profundo, com sua dupla exigência de rigor e de liberdade, de *vocalise* e de escancaramento, de escala e de improvisação. Tanto perdemos a via das vozes que foi preciso que Deus mesmo se fizesse uma criancinha que grita e chora, para que uma das nossas, sua mãe, o acalmasse com uma canção de ninar, e que em seus lábios de moça reaprendêssemos a cantar definitivamente.

1. Às vezes volta o obstinado murmúrio: tudo isso não passa de fumaça. Uma pazada de terra na boca, e vai-se embora todo canto: *Cessai de confiar no homem, cuja vida se prende a um fôlego: como se pode estimá-lo?* (Isaías 2, 22). A angústia reativa sua broca. E, ainda que eu conheça o que está por baixo – o inexpugnável desejo de alegria, sem o qual a morte perderia sua mordida, a orelha ainda aberta à harmonia sem a qual a dissonância não soaria mais falsa –, ainda que eu também creia na necessidade dessa obscuridade para me desfazer de minhas próprias clarezas mundanas, ela mesmo assim permanece

---

[48] Ver *Tehilim – Les Psaumes*, I. Paris, Colbo, 1990. p. [XIX]

obscura, e essa ausência de justiça e de justeza em mim não deixa de me fazer mal.

Agostinho fala em "cantar o Aleluia nas preocupações para um dia poder cantá-lo na paz".[49] O além não está em outro canto diferente daquele que podemos cantar desde agora. Está no fato de cantá-lo de modo diferente dessa mistura de panes e de penas. Ainda estamos penando em nossas escalas e suando com nosso solfejo: a invenção a várias vozes, cuja escuta nos encantou como um sonho, que esforços para que ela nos entre no corpo, que violências para que possamos interpretá-la nessa liberdade que não está aquém, mas além da Lei! Se já soubéssemos abrir o baile com o fole de uma alma como um acordeão, o tempo todo titilada, sacudida, puxada e empurrada por mãos misteriosas e implacáveis, não poderíamos ter certeza absoluta de honrar a gaita da Musa e não a da Morte. São Francisco de Sales compara o fiel aqui embaixo a um músico surdo, que não canta para escutar a si mesmo, mas para o prazer de um príncipe amigo que acaba por plantá-lo ali e ir caçar...[50] Ele continua mesmo assim tocando sua *passacaglia*, improvisando no alaúde (e na luta) prodígios de colcheias triplas, ainda que nem veja mais se seu amigo aprecia ou escuta. E sua melodia fica ainda mais desconcertante por modular-se nesse abandono.

Sei que virá a hora em que todas essas páginas me parecerão ridículas – uma hora em que não poderei cantar como antes. Mas faça então, Deus meu, que dividido como as cordas de um violino e vazio como sua caixa de ressonância, isso seja para que eu me torne inteiro a vossa música...

Inconcluso em Vins-sur-Carami, em 25 de janeiro de 2011, na conversão de São Paulo, enquanto no quarto ao lado soavam as gargalhadas das crianças.

---

[49] Santo Agostinho, *Sermões*, 256, 3.
[50] São Francisco de Sales, *Tratado do Amor de Deus*, livro IX, cap. 9-11.

Você também pode se interessar por:

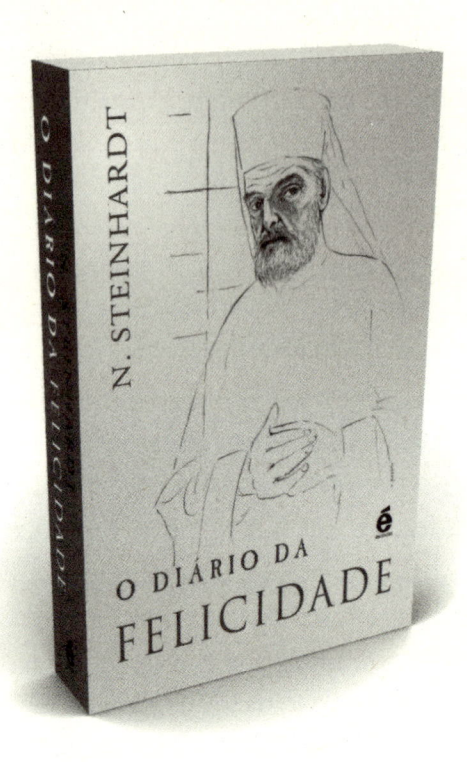

O Diário da Felicidade — N. Steinhardt

Um intelectual judeu convertido ao cristianismo numa prisão comunista romena. Dito dessa forma, já se pode ver a riqueza do que se encontra aqui. Num relato comovente, Steinhardt conta como encontrou esperança em meio ao sofrimento, luz em meio às trevas e vida num ambiente marcado pela morte. Este livro é, ao mesmo tempo, o documento de uma época, uma narrativa autobiográfica e um testemunho de fé.

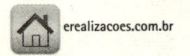

facebook.com/erealizacoeseditora
twitter.com/erealizacoes
instagram.com/erealizacoes
youtube.com/editorae
issuu.com/editora_e
erealizacoes.com.br
atendimento@erealizacoes.com.br